# 소 방
# 공무원
# 영어

# PREFACE

소방공무원은 화재를 예방·진압하고 재난·재해 등의 위급한 상황에서의 구급·구조 활동 등을 통해 국민의 생명과 신체 및 재산을 보호함으로써 공공의 안녕과 질서 유지, 복리증진에 이바지함을 목적으로 한다. 또한 화재예방 및 구조와 구급 업무 이외에 지령실 업무 및 각 시설물들에 대한 소방점검을 비롯해 각종 긴급재난 예방활동도 하며, 해마다 각종 화재사고가 증가하고 있어 소방공무원의 선발인원은 매년 증가하고 있는 추세이다.

**소방공무원(공채) 필기시험과목**

시험의 출제수준은 소방업무수행에 필요한 기본적인 능력·지식을 검정할 수 있는 정도로 각 과목별로 변경된 출제분야에 대해 유의하여 학습전략을 세워야 한다.

본서는 영어의 내용을 체계적으로 구분하고, 기출문제 분석과 함께 출제가 예상되는 핵심문제 풀이를 실어 단기간에 최대의 학습효과를 거둘 수 있도록 만전을 기하였다. 또한 최신 기출문제분석으로 학습의 마무리를 책임진다. 본서가 수험생 여러분을 합격의 길로 안내하기를 희망한다.

# STUDY 학습Guide

## step 1
### 핵심유형 정리

영어는 학습 범위가 방대해서 공부 방향을 잘못 잡는다면 고득점하기 어려운 과목입니다. 실제 시험에서 출제되는 문제 유형(어휘, 독해, 문법, 생활영어 등) 별로 학습방법을 익힐 수 있도록 구성하였습니다.

## step 2
### 기출문제 파악

공무원 시험에서 가장 중요한 것은 기출 동향을 파악하는 것입니다. 이론정리와 기출문제를 함께 수록하여 개념이해와 출제경향 파악이 즉각적으로 이루어지도록 구성했습니다. 이를 통해 문제에 대한 이해도와 해결능력을 동시에 향상시켜 학습의 효율성을 높였습니다.

## step3
### 예상문제 연계

문제가 다루고 있는 개념과 문제 유형, 문제 난도에 따라 엄선한 예상문제를 수록하여 문제풀이를 통해 기본개념과 빈출이론을 다시 한 번 학습할 수 있도록 구성하였습니다. 예상문제를 통해 응용력과 문제해결능력을 향상시켜 보다 탄탄하게 실전을 준비할 수 있습니다.

## step 4
### 최신 기출분석

부록으로 최근 시행된 2021년 기출문제를 수록하였습니다. 최신 기출 동향을 파악하고 학습한 이론을 기출과 연계하여 정리할 수 있습니다. 각 문제마다 꼼꼼하고 명쾌한 해설을 제공하여 혼자서도 충분히 출제경향을 파악하고 스스로의 학습상태를 점검할 수 있습니다.

## step 5
### 반복학습

반복학습은 자신의 약점을 보완하고 학습한 내용을 온전히 자기 것으로 만드는 과정입니다. 반복학습을 통해 이전 학습에서 확실하게 깨닫지 못했던 세세한 부분까지 철저히 파악하여 보다 완벽하게 실전에 대비할 수 있습니다.

## 01

### 핵심이론정리

방대한 양의 영어 이론 중 시험에 빈출되는 핵심 내용만을 체계적으로 정리하여 학습의 효율을 높였습니다. 빈출유형 분석을 통해 실전에서 당황하지 않고 문제풀이에 임할 수 있도록 구성하였습니다.

## 02

### 기출 및 예상문제

그동안 치러진 기출문제와 함께 출제가 예상되는 문제만을 엄선하여 수록하였습니다. 다양한 난도와 유형의 문제들로 실전에 확실하게 대비할 수 있습니다.

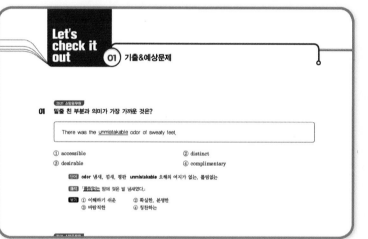

## 03

### 최근 기출문제

2021년에 시행된 실제 기출문제를 풀어보면서 최종적으로 마무리하여 합격에 한 걸음 더 가까이 다가갈 수 있습니다..

# CONTENTS 차 례

# CONTENTS

PART

01

# 어휘

# 01 단어

**TYPE 1** 다음 문장의 빈칸에 들어갈 가장 적당한 것은?

이 유형은 문장 전체에 대한 정확한 이해의 선행과 보기로 주어지는 단어들의 뜻을 확실하게 알고 있어야 정답을 찾을 수 있는 문제로, 출제빈도가 높은 어휘문제의 유형이다.

**단어**

**primary** 첫째의, 근본적인
**self-destructive** 자기 파괴적인
**not only A but also B** A뿐만 아니라 B도
**ignorance** 무지, 무학, 부지
**pessimism** 비관(주의), 염세사상
**distrust** 불신, 의혹, 의심하다

## 다음 빈칸에 들어갈 단어로 가장 옳은 것은?

I consider _____ the primary enemy of mankind. The human mind is not only self-destructive but naturally stupid. So man requires various kind of education.

① ignorance　　　　　② pessimism
③ distrust　　　　　　④ literacy

**해석** 「나는 <u>무지</u>가 인류의 근본적인 적이라고 생각한다. 인류는 자기 파괴적일 뿐만 아니라, 선천적으로 어리석다. 그래서 인간은 다양한 종류의 교육이 필요하다.」

**단어**

**stranger** 낯선 사람, 이방인
**benign** 상냥한, 친절한, 온화한
**arrogant** 건방진, 거만한, 교만한
**lucrative** 유리한, 이익이 있는
**mandatory** 명령적인, 강제적인

## 다음 문장의 빈칸에 들어갈 가장 옳은 것은?

Finding a stranger on our doorstep startled me, but the _____ expression on his face told me not to worry.

① benign　　　　　　② arrogant
③ lucrative　　　　　④ mandatory

**해석** 「우리의 문 앞 계단에서 낯선 사람을 발견한 것이 나를 놀라게 했지만, 그의 얼굴에 나타난 <u>상냥한</u> 표정은 나에게 걱정하지 말라고 말했다.」

**TYPE 2** 다음 밑줄 친 부분과 뜻이 같은 것은?

이 유형은 문장 전체에 대한 정확한 이해와 밑줄 친 단어의 정확한 뜻과 다양한 쓰임을 제대로 알고 있어야 정답을 찾을 수 있는 문제로, 출제빈도가 높은 어휘문제의 유형이다.

### 다음 밑줄 친 부분과 의미가 가장 가까운 것은?

> You can sense it as employers <u>quietly</u> read employee's electronic mail for controlling them.

① silently　　　　　　　② honestly

③ rapidly　　　　　　　④ secretly

> **해석** 「당신은 고용주가 종업원들을 통제하기 위해 <u>은밀하게</u> 전자메일을 읽을 때, 그것을 감지할 수 있을 것이다.」

**단어**
**quietly(= secretly)** 은밀하게, 조용하게
**control** 관리하다, 통제하다

### 다음 밑줄 친 'terms'와 같은 뜻으로 쓰인 것은?

> The <u>terms</u> culture and society are frequently used interchangeably, and there is usually no great harm in doing so as long as we know what the difference is. In simplest form, we can say that a society is always made up of people ; their culture is the way they behave.

① We are apt to see life in <u>terms</u> of money.
② Since our contract is getting near its <u>terms</u> we must negotiate a new one.
④ There are so many technical <u>terms</u> in this book.
④ I am good <u>terms</u> with him.

> **해석** 「문화와 사회라는 <u>용어</u>는 종종 교환적으로 사용되며, 보통 우리가 그 차이가 무엇인지 알기만 하면 그렇게 하는 데 크게 해(지장)는 없다. 가장 단순한 형태에서, 우리는 어떤 사회가 항상 사람들로 구성된다고 말할 수 있다 : 그들의 문화는 그들이 행동하는 방식이다.」
> ① 우리는 인생을 금전적인 <u>면으로</u> 보는 경향이 있다.
> ② 우리의 계약은 그것의 <u>만기</u>에 가까워지고 있기 때문에 우리는 새로운 계약을 협상해야 한다.
> ③ 이 책에는 너무 많은 기술용어들이 있다.
> ④ 나는 그와 <u>사이</u>가 좋다.

**단어**
**term** 말, 용어, 기간, 학기, 조건, 약정, 만기, 사이(대인관계)
**interchangeably** (서로) 교환적으로, 교체적으로
**as long as** ~하는 동안은, ~하는 한은, ~하기만 하면
**be made up of** ~으로 구성되다
**behave** 행동하다, 처신하다
**be apt to do** ~하기 쉽다, ~하는 경향이 있다
**in terms of** ~의 말로, ~의 견지에서, ~에 의하여
**contract** 계약
**negotiate** 협상하다, 교섭하다

2021 소방공무원

**01** 밑줄 친 부분과 의미가 가장 가까운 것은?

> There was the <u>unmistakable</u> odor of sweaty feet.

① accessible
② distinct
③ desirable
④ complimentary

**단어** **odor** 냄새, 낌새, 평판 **unmistakable** 오해의 여지가 없는, 틀림없는

**해석** 「<u>틀림없는</u> 땀에 젖은 발 냄새였다.」

**보기** ① 이해하기 쉬운    ② 확실한, 분명한
     ③ 바람직한    ④ 칭찬하는

2021 소방공무원

**02** 밑줄 친 부분과 의미가 가장 가까운 것은?

> It is easy to understand the conflict that arises between humans and nature as human populations grow. We bring to every <u>encounter</u> with nature an ancient struggle for our own survival. In the old days, all too often it was nature — her predators, winters, floods, and droughts — that did us in.

① confrontation
② reproduction
③ encouragement
④ magnificence

**단어** **encounter** 맞닥뜨리다

**해석** 「인간과 자연 사이에서 인구 증가로 인해 일어나는 갈등을 이해하기는 쉽다. 우리는 자연과 <u>맞닥뜨릴</u> 때마다 우리 자신의 생존을 위한 오래된 투쟁을 해왔다. 옛날에는 포식동물, 동절기, 홍수, 가뭄과 같은 자연이 아주 빈번히 우리를 그런 상황으로 만들었다.」

**보기** ① 대치    ② 생식
     ③ 격려    ④ 장려

**Answer**   01.②   02.①

**03** 빈칸에 들어갈 말로 가장 적절한 것은?

> When the fire alarm sounds, act immediately to ensure your safety. The fire alarm system is designed and engineered to provide you with an early warning to allow you to safely _____ the building during an urgent situation.

① exit                  ② renovate

③ demolish            ④ construct

**단어** ensure 보장하다

**해석** 「화재 경보가 울릴 때, 즉시 당신의 안전을 보장할 행동을 취하라. 화재 경보 시스템은 당신에게 당신이 긴급 상황에서 건물을 안전하게 빠져나가게끔 초기에 경고를 주도록 설계, 계획되었다.」

**보기** ① 나가다
② 개조하다
③ 철거하다
④ 건설하다

**04** 밑줄 친 부분의 의미와 가장 가까운 것을 고르시오.

> The influence of Jazz has been so <u>pervasive</u> that most popular music owes its stylistic roots to jazz.

① deceptive           ② ubiquitous

③ persuasive          ④ disastrous

**단어** influence 영향력 pervasive 만연하는, 스며드는

**해석** 「재즈의 영향력이 매우 <u>만연</u>해 있어서 대부분의 인기 있는 대중음악은 재즈에 형태적 근거를 두고 있다.」

**보기** ① 기만적인, 현혹하는
② 어디에나 있는, 아주 흔한
③ 설득력 있는
④ 처참한, 형편없는

**Answer** 03.① 04.②

2021 인사혁신처

**05** 밑줄 친 부분의 의미와 가장 가까운 것을 고르시오.

> This novel is about the <u>vexed</u> parents of an unruly teenager who quits school to start a business.

① callous

② annoyed

③ reputable

④ confident

**단어** **vexed** 곤란한, 짜증이 난  **unruly** 제멋대로의  **quit** 그만두다

**해석** 「이 소설은 사업을 시작하기 위해 학교를 그만두려는 다루기 힘든 한 10대의 <u>짜증이 난</u> 부모에 관한 이야기이다.」

**보기** ① 냉담한
② 짜증이 난, 약이 오른
③ 평판이 좋은
④ 자신감 있는

2020 소방공무원

**06** 빈칸에 들어갈 말로 가장 적절한 것은?

> _____ occurs when a foreign object lodges in the throat, blocking the flow of air. In adults, a piece of food often is the cause. Young children often swallow small objects.

① Sore throat

② Heart attack

③ Choking

④ Food poisoning

**단어** **lodge** 박히다, 들어가다  **swallow** 삼키다

**해석** 「질식은 이물질이 목구멍에 박혀 공기의 흐름을 차단할 때 발생한다. 어른들의 경우, 음식 한 조각이 종종 원인이다. 어린 아이들은 종종 작은 물건들을 삼킨다.」

**보기** ① 후두염
② 심장발작
③ 숨막힘, 질식
④ 식중독

**Answer**  05.②  06.③

**07** 빈칸에 들어갈 말로 가장 적절한 것은?

> Always watch children closely when they're in or near any water, no matter what their swimming skills are. Even kids who know how to swim can be at risk for drowning. For instance, a child could slip and fall on the pool deck, lose consciousness, and fall into the pool and possibly drown. _____ is the rule number one for water safety.

① Superstition
② Foundation
③ Collision
④ Supervision

**단어** **drown** 익사하다 **deck** 갑판 **consciousness** 의식

**해석** 「수영 실력이 어떻든 간에, 아이들이 어떤 물속이나 물 근처에 있을 때는 항상 가까이서 아이들을 지켜봐라. 수영을 할 줄 아는 아이들도 익사할 위험이 있다. 예를 들어, 아이는 수영장 갑판에서 미끄러져 넘어지고 의식을 잃고 수영장에 빠져 익사할 수도 있다. 감독은 수상 안전을 위한 규칙 1호이다.」

**보기** ① 미신
② 설립, 기초
③ 충돌
④ 감독

**08** 밑줄 친 부분과 의미가 가장 가까운 것은?

> Predicting natural disasters like earthquakes in advance is an <u>imprecise</u> science because the available data is limited.

① accurate
② inexact
③ implicit
④ integrated

**단어** **predict** 예측하다 **in advance** 미리 **imprecise** 부정확한 **accurate** 정확한 **implicit** 암묵적인 **integrate** 통합하다

**해석** 「지진과 같은 자연 재해를 미리 예측하는 것은 이용 가능한 데이터가 제한되어 있기 때문에 <u>부정확한</u> 과학이다.」

**보기** ① 정확한
② 부정확한
③ 암묵적인
④ 통합하다

**Answer** 07.④ 08.②

**09** 밑줄 친 부분과 의미가 가장 가까운 것은?

The rapid spread of fire and the smoke rising from the balcony made a terrible reminder of the Lacrosse building fire in Melbourne in 2014. It also reminds us of the Grenfell Tower inferno in London. This catastrophe took the lives of 72 people and <u>devastated</u> the lives of more people.

① derived

② deployed

③ deviated

④ destroyed

**단어** **reminder** 생각나게 하는 사람(것) **catastrophe** 큰 재해 **devastate** 황폐화시키다 **derive** 유래하다 **deploy** 배치하다 **deviate** 벗어나다 **destroy** 파괴하다, 말살하다

**해석** 「빠르게 번지는 불길과 발코니에서 솟아오르는 연기는 2014년 멜버른에서 발생한 라크로스 건물 화재를 떠올리게 하는 끔찍한 계기가 되었다. 그것은 또한 우리에게 런던의 그렌펠 타워 화재를 생각나게 한다. 이 재앙은 72명의 목숨을 앗아갔고 더 많은 사람들의 삶을 황폐화시켰다.」

**10** 빈칸에 들어갈 말로 가장 적절한 것은?

Firefighters are people whose job is to put out fires and _____ people. Besides fires, firefighters save people and animals from car wrecks, collapsed buildings, stuck elevators and many other emergencies.

① endanger

② imperil

③ rescue

④ recommend

**단어** **put out** 끄다 **rescue** 구조하다 **besides** 이외에 **wreck** 난파선 **collapse** 붕괴하다

**해석** 「소방관들은 불을 끄고 사람들을 구출하는 일을 하는 사람들이다. 화재 외에도 소방관들은 부서진 차, 붕괴된 건물, 멈춘 엘리베이터 및 기타 많은 비상 사태로부터 사람과 동물을 구한다.」

**보기** ① 위험에 빠뜨리다
② 위태롭게 하다
③ 구하다, 구조하다
④ 추천하다

**Answer** 09.④ 10.③

**11** 다음 밑줄 친 부분과 의미가 가장 가까운 것은?

> The ability to communicate effectively is often listed as a required <u>attribute</u> in many job advertisements.

① nutrition
② qualification
③ distribution
④ compensation

> **단어** **attribute** 자질, 속성  **effectively** 효과적으로  **advertisement** 광고

> **해석** 「효과적으로 의사소통할 수 있는 능력은 종종 많은 구직 광고에서 요구되는 <u>자질</u>로 목록에 올라있다.」

> **보기** ① 영양
> ② 자격
> ③ 분배
> ④ 보상

**12** 다음 빈칸에 들어갈 말로 가장 적절한 것은?

> Fire departments are dedicated to saving lives and property from the _____ of fire. Saving lives is the highest priority at the incident scene.

① perils
② shelters
③ overviews
④ sanctuaries

> **단어** **be dedicated to~** ~에 헌신하다  **property** 재산  **priority** 우선하는 것  **incident** 사건

> **해석** 「소방서는 화재의 <u>위험</u>으로부터 생명과 재산을 지키는 데 헌신한다. 생명을 구하는 것은 사고현장에서 가장 우선시되는 것이다.」

> **보기** ① 위험
> ② 피난처
> ③ 개관
> ④ 보호구역

**Answer** 11.② 12.①

2018 소방공무원

**13** 다음 글의 빈칸에 들어갈 말로 가장 적절한 것은?

> If someone has a cardiac arrest, he will suddenly become _____ and show no signs of breathing or a pulse.

① selfish                              ② sensible

③ unconscious                          ④ tremendous

**단어** **cardiac arrest** 심장 마비

**해석** 「만일 누군가가 심장마비를 일으킨다면, 그는 갑자기 의식을 잃고, 호흡이나 맥박의 신호가 보이지 않을 것이다.」

**보기** ① 이기적인
② 합리적인
③ 의식이 없는
④ 엄청난

2018 소방공무원

**14** 다음 글의 빈칸에 들어갈 말로 가장 적절한 것은?

> Fire can destroy your house and all of your possessions in less than an hour, and it can reduce an entire forest to a pile of ash. It's a(n) _____ weapon, with nearly unlimited destructive power.

① subtle                               ② ordinary

③ hilarious                            ④ terrifying

**단어** **possessions** 소지품, 가재도구

**해석** 「불은 한 시간도 안 되어서 당신의 집과 전 재산을 파괴할 수 있다. 그리고 숲 전체를 잿더미로 없애버릴 수 있다. 그것은 거의 무한정의 파괴적인 힘을 가진 무서운 무기다.」

**보기** ① 미묘한, 교묘한
② 평범한
③ 재미있는
④ 무서운

**Answer** 13.③ 14.④

**15** 밑줄 친 부분의 의미와 가장 가까운 것을 고르시오.

Natural Gas World subscribers will receive accurate and reliable key facts and figures about what is going on in the industry, so they are fully able to <u>discern</u> what concerns their business.

① distinguish
② strengthen
③ undermine
④ abandon

단어 **subscriber** 구독자 **accurate** 정확한 **reliable** 믿을 만한 **figure** 수치, 숫자 **discern** 알다, 식별하다 **concern** 관련 시키다, 영향을 미치다

해석 「Natural Gas World 구독자들은 산업에서 무슨 일이 일어나고 있는지에 대해 정확하고 믿을 만한 중요한 사실과 수치를 받게 될 것입니다. 그래서 그들은 그들의 사업과 관련된 것을 충분히 알 수 있습니다.」

보기 ① 구별하다, 알아보다
② 강화하다
③ 약화시키다
④ 포기하다

**16** 밑줄 친 부분의 의미와 가장 가까운 것을 고르시오.

Schooling is <u>compulsory</u> for all children in the United States, but the age range for which school attendance is required varies from state to state.

① complementary
② systematic
③ mandatory
④ innovative

단어 **compulsory** 강제적인 **attendance** 출석 **vary** 다양하다

해석 「학교교육은 미국에서 모든 아이들에게 강제적이지만, 학교 출석이 요구되는 나이의 범위는 주마다 다르다.」

보기 ① 보완적인
② 체계적인
③ 강제적인
④ 혁신적인

Answer 15.① 16.③

**17** 밑줄 친 부분의 의미와 가장 가까운 것을 고르시오.

> I came to see these documents as relics of a sensibility now dead and buried, which needed to be <u>excavated</u>.

① exhumed　　　　　　　　　② packed

③ erased　　　　　　　　　　④ celebrated

> 단어　**relic** 유물, 유적　**sensibility** 감성, 정서　**buried** 파묻힌　**excavate** 발굴하다　**exhume** 파내다, 발굴하다　**pack** (짐을) 꾸리다　**erase** 지우다

> 해석　「나는 이 문서들을 이제 죽어서 파묻힌 감성의 유물로서 보게 됐는데, 그것은 발굴될 필요가 있었다.」

**18** 밑줄 친 부분의 의미와 가장 가까운 것을 고르시오.

> Riding a roller coaster can be a joy ride of emotions: the nervous anticipation as you're strapped into your seat, the questioning and regret that comes as you go up, up, up, and the <u>sheer</u> adrenaline rush as the car takes that first dive.

① utter　　　　　　　　　　② scary

③ occasional　　　　　　　　④ manageable

> 단어　**joy ride** 폭주　**anticipation** 기대　**strap** ~을 끈으로 묶다　**sheer** 완전한, 순전한

> 해석　「롤러코스터를 타는 것은 감정의 폭주일 수 있다. 다시 말해서, 당신이 좌석벨트를 맬 때의 초조한 기대감, 당신이 높이, 높이, 높이 올라갈 때 오는 의문과 후회, 그리고 롤러코스터가 첫 번째 하강할 때의 <u>완전한</u> 아드레날린의 쇄도와 같은 것들 말이다.」

> 보기　① 완전한
> ② 무서운
> ③ 가끔
> ④ 관리할 수 있는

**Answer** 17.① 18.①

**19** 밑줄 친 부분의 의미와 가장 가까운 것은?

> Justifications are accounts in which one accepts responsibility for the act in question, but denies the <u>pejorative</u> quality associated with it.

① derogatory          ② extrovert

③ mandatory          ④ redundant

> **단어** justification 변명   account 설명, 해석   in question 논쟁 중인   deny 부인하다   pejorative 가치를 떨어뜨리는, (낱말·발언이) 경멸적인   associated with ~랑 관련된

> **해석** 「변명은 사람이 논쟁 중인 행위에 대해서 책임은 받아들이지만, 그것과 관련된 <u>가치를 떨어뜨리는</u> 본질을 부정하는 말이다.」

> **보기** ① 가치를 떨어뜨리는
> ② 외향적인
> ③ 강제적인
> ④ 여분의

**20** 밑줄 친 부분에 들어갈 말로 가장 적절한 것은?

> Tests ruled out dirt and poor sanitation as causes of yellow fever, and a mosquito was the _____ carrier.

① suspected          ② uncivilized

③ cheerful          ④ volunteered

> **단어** rule out 배제하다   sanitation 위생   yellow fever 황열병   suspected 의심되는   uncivilized 미개한

> **해석** 「검사는 황열병의 원인으로 먼지와 나쁜 위생을 제외했고, 모기가 <u>의심 가는</u> 매개체였다.」

> **보기** ① 미심쩍은, 의심가는
> ② 예의없는, 미개한
> ③ 발랄한, 생기를 주는
> ④ 자원한

**Answer** 19.①   20.①

**21** 밑줄 친 부분에 들어갈 말로 가장 적절한 것은?

> Generally speaking, people living in 2018 are pretty fortunate when you compare modern times  to the full scale of human history. Life expectancy _____ at around 72 years,  and diseases like smallpox and diphtheria, which were widespread and deadly only a century ago, are  preventable, curable, or altogether eradicated.

① curtails
② hovers
③ initiates
④ aggravates

> **단어** **life expectancy** 기대수명 **smallpox** 천연두 **diphtheria** 디프테리아 **preventable** 예방할 수 있는 **curable** 치료할 수 있는 **eradicate** 근절하다

> **해석** 「일반적으로 말해서, 당신이 현대를 전체적인 인류 역사에 비교해 봤을 때, 2018년에 사는 사람들은 꽤 운이 좋다. 기대 수명은 약 72세 정도에서 맴돌고, 한 세기 전만 해도 널리 퍼져 있고 치명적이던 천연두와 디프테리아 같은 질병들은 예방할 수 있거나, 치료할 수 있거나, 혹은 완전히 근절되었다.」

> **보기** ① 생략하다
> ② 하늘에 멈춰 떠 있다, 맴돌다
> ③ 시작하다
> ④ 악화시키다

**22** 밑줄 친 부분에 들어갈 말로 가장 적절한 것은?

> To imagine that there are concrete patterns to past events, which can provide _____ for our lives and decisions, is to project on to history a hope for a certainty which it cannot fulfill.

① hallucinations
② templates
③ inquiries
④ commotion

> **단어** **concrete** 구체적인 **project** 투영하다 **certainty** 확실성 **fulfill** 수행하다

> **해석** 「우리의 삶과 결정을 위한 본보기를 제공할 수 있는, 과거 사건들에 구체적인 패턴이 있다고 상상하는 것은 그것이 수행할 수 없는 확실성에 대한 희망을 역사에 투사하는 것이다.」

> **보기** ① 환각 ② 본보기 ③ 질문 ④ 동요

**Answer** 21.② 22.②

**23** 밑줄 친 부분의 의미와 가장 가까운 것은?

> Robert J. Flaherty, a legendary documentary filmmaker, tried to show how <u>indigenous</u> people gathered food.

① itinerant  
③ ravenous

② impoverished  
④ native

> **단어** **indigenous** 토착의, 토종의
>
> **해석** 「전설적인 다큐멘터리 영화 제작자인 Robert J. Flaherty는 어떻게 토착민들이 음식을 모았는지를 보여주려고 노력했다.」
>
> **보기** ① 떠돌아다니는
> ② 빈곤한
> ③ 배가 고파 죽을 지경인
> ④ 토박이의

**24** 밑줄 친 부분의 의미와 가장 가까운 것을 고르시오.

> The police spent seven months working on the crime case but were never able to determine the identity of the <u>malefactor</u>.

① culprit  
③ pariah

② dilettante  
④ demagogue

> **단어** **spend A ~ing** ~하는 데 A를 소요하다 **determine** 밝히다 **malefactor** 죄인, 범인, 악인
>
> **해석** 「경찰은 7개월 동안 범죄사건을 조사했지만, 결국 범인의 신원을 밝혀낼 수 없었다.」
>
> **보기** ① 죄인, 범죄자
> ② 호사가
> ③ 천민, 부랑자
> ④ 선동자

**Answer** 23.④ 24.①

2018 지방직

**25** 밑줄 친 부분의 의미와 가장 가까운 것을 고르시오.

> The <u>paramount</u> duty of the physician is to do no harm. Everything else—even healing—must take second place.

① chief
② sworn
③ successful
④ mysterious

**단어** paramount 다른 무엇보다 중요한

**해석** 「의사의 <u>가장 중요한</u> 의무는 해를 끼치지 않는 것이다. 치료와 같은 그 밖의 모든 것은 2순위이다.」

**보기** ① 주된
② 선서를 한
③ 성공적인
④ 의문의

2018 지방직

**26** 밑줄 친 부분의 의미와 가장 가까운 것은?

> The student who finds the state-of-the-art approach <u>intimidating</u> learns less than he or she might have learned by the old methods.

① humorous
② friendly
③ convenient
④ frightening

**단어** state-of-the-art 최첨단의  approach 접근법  intimidating 위협하는

**해석** 「최신식 접근법이 <u>위협적이라고</u> 생각하는 학생들은 그들이 구식 방법으로 배운 것보다 덜 배우게 된다.」

**보기** ① 재미있는
② 친근한
③ 편리한
④ 위협하는

**Answer** 25.① 26.④

**27** 밑줄 친 부분과 의미가 가장 가까운 것은?

> Man has continued to be disobedient to authorities who tried to <u>muzzle</u> new thoughts and to the authority of long-established opinions which declared a change to be nonsense.

① express

② assert

③ suppress

④ spread

> **단어** disobedient 반항하는, 거역하는  authority 당국, 관세사  muzzle 새살을 물리다, 억압하다

> **해석** 「인간은 새로운 사상을 <u>퍼뜨리지 못하게 한</u> 정부 당국에도, 그리고 변화를 무의미한 것으로 선언한 오랫동안 확립된 의견의 권위에도 계속해서 복종하지 않았다.」

> **보기** ① 표현하다, 나타내다
> ② 주장하다
> ③ 진압하다, 억제하다
> ④ 펼치다, 퍼뜨리다

**28** 밑줄 친 부분과 의미가 가장 가까운 것은?

> Don't be <u>pompous</u>. You don't want your writing to be too informal and colloquial, but you also don't want to sound like someone you're not—like your professor or boss, for instance, or the Rhodes scholar teaching assistant.

① presumptuous

② casual

③ formal

④ genuine

> **단어** pompous 젠체하는, 거만한  informal 일상적인, 편안한  colloquial 구어의, 일상적인 대화체의  teaching assistant 조교

> **해석** 「잘난 <u>척하지</u> 마십시오. 당신은 당신의 글이 너무 일상적인 구어체가 되는 것을 원하지 않겠지만, 예를 들어 여러분의 교수, 상사 같은 사람이나 로즈 장학생 조교 같이 당신이 아닌 다른 사람처럼 말하고 싶지도 않을 겁니다.」

> **보기** ① 주제넘은, 건방진
> ② 무심한, 평상시의
> ③ 정중한, 형식적인
> ④ 진짜의, 진실한

**Answer** 27.③ 28.①

**29** 다음 빈칸에 들어갈 단어로 가장 옳은 것은?

> The _____ of foreign words in any language may come about in different ways, and the extent to which foreign elements become naturalized varies considerably.

① adaption

② quotation

③ adoption

④ exclusion

> 단어 **adoption** 차용, 채택 **come about** 발생하다 **extent** 정도 **element** 요소 **vary** 다양하다 **considerably** 상당히, 매우
> **adaption** 각색 **quotation** 인용 **exclusion** 배제

> 해석 「어떤 언어의 외국어 차용은 여러 가지 방법으로 일어날 수 있고 외국적인 요소의 자국화 정도는 매우 다양하다.」

> 보기 ① 각색, 적응
> ② 인용
> ③ 차용, 채택
> ④ 배제

**30** 다음 밑줄 친 부분과 의미가 가장 가까운 것은?

> Just as cats and dogs like to be stroked, so do some human beings like to be stroked by words at fairly regular intervals ; it is a form of <u>primitive</u> pleasure.

① original

② instinctive

③ considerable

④ sheer

> 단어 **stroke** 어루만지다, 달래다 **at regular intervals** 일정한 시간의 간격을 두고 **primitive** 원시적인, 근본적인 **original** 원초적인 **instinctive** 본능적인 **considerable** 상당한 **sheer** 순전한

> 해석 「고양이와 강아지가 어루만져 주는 것을 좋아하는 것 같이 사람도 사실상 일정한 간격을 두고 <u>원초적인</u> 기쁨의 한 형태인 칭찬을 받는 것을 좋아한다.」

> 보기 ① 원초적인
> ② 본능적인
> ③ 상당한
> ④ 순전한

Answer 29.③ 30.①

**┃31~35┃ 다음 밑줄 친 부분의 의미와 가장 가까운 것을 고르시오.**

**31**

> Movie studios often <u>boost</u> a new star with guest appearances on television talk show.

① promote ② watch

③ denounce ④ assault

> **단어** boost(= promote) ~에 앉히다, 모시다, 밀어 올리다, 격려하다, 후원하다, 끌어올리다 **promote** 진전시키다, 조장하다, 승진하다 **appearance** 출현, 등장

> **해석** 「영화 스튜디오는 종종 텔레비전 토크쇼에 초대손님으로 출연하는 새로운 스타를 <u>후원한다</u>.」

> **보기** ① 진전시키다, 조장하다, 촉진하다
> ② 보다, 지켜보다
> ③ 탄핵하다, 고발하다
> ④ 강습하다, 습격하다

**32**

> In the autumn, the mountain are <u>ablaze</u> with shades of red, yellow, and orange.

① abloom ② inaccessible

③ feasible ④ radiant

> **단어** ablaze(= radiant) 불타는, 밝게 빛나는, 활활 타오르는 **shades of** 명암(색의 농도), 그늘, 그림자

> **해석** 「가을에는 산이 붉고 노랗고 오렌지의 빛깔들로 <u>불타오른다</u>.」

> **보기** ① 개화하여, 꽃이 피어(= in bloom)
> ② 가까이 하기 어려운
> ③ 실행할 수 있는, 적당한(= suitable)
> ④ 빛나는, 찬란한

**33**

Although the work needs to be done more <u>exhaustively</u>, efforts have been made to collect the songs and ballads of the American Revolution.

① precisely                ② frantically

③ selectively            ④ thoroughly

> **단어** exhaustively 철저하게, 남김없이

> **해석** 「그 일이 더 철저하게 행해질 필요가 있지만, 미국 독립혁명의 노래들과 민요들을 수집하기 위한 노력들이 있어 왔다.」

> **보기** ① 정밀하게, 정확하게
> ② 미친듯이, 미쳐서
> ③ 선택적으로
> ④ 철저하게, 완전히

**34**

In spite of the confusion, Jane was able to give investigators a <u>lucid</u> account of what had happened when the train collided with the truck.

① hysterical             ② foggy

③ clear                  ④ exaggerated

> **단어** confusion 혼란, 혼동, 당황 investigator 수사관 lucid 맑은, 투명한, 명백한, 명료한 collide 충돌하다, 부딪치다

> **해석** 「혼란스러움에도 불구하고 Jane은 수사관들에게 기차가 트럭과 충돌했을 때 일어났었던 일을 명쾌하게 설명해 줄 수 있었다.」

> **보기** ① 병적으로 흥분한, 히스테리에 걸린
> ② 안개가 낀, 자욱한, 막연한, 당황한, 혼란스러운
> ③ 맑은, 깨끗한, 분명한, 명백한
> ④ 과장된, 떠벌린

**Answer** 33.④ 34.③

**35**

It's best not to ask people how their marriage is going if they are <u>touchy</u> about discussing their personal lives.

① sensitive                 ② distinctive

③ delighted             ④ sentimental

> **단어** **touchy** 성미가 까다로운, 과민한, 다루기 힘든

> **해석** 「만약 자신의 개인생활을 말하는 것에 <u>과민한</u> 사람이 있다면, 그들의 결혼생활이 어떠한지 질문하지 않는 것이 가장 좋다.」

> **보기** ① 민감한, 예민한
> ② 구별되는, 특유한
> ③ 기뻐하는
> ④ 감상적인

**Answer** 35.①

# 숙어

**TYPE 1** 다음 문장의 빈칸에 들어갈 가장 적당한 것은?

이 유형은 문장 전체에 대한 정확한 이해의 선행과 보기로 주어지는 숙어가 나타내는 의미를 알고 있어야 정답을 찾을 수 있는 문제로 출제빈도가 높은 어휘문제의 유형이다. 숙어는 여러 영단어들의 조합이기 때문에 그 뜻을 추론할 수 있는 경우가 많으므로 그 숙어가 만들어내는 뜻을 잘 이해할 필요가 있다.

**단어**

**put up with** ~을 참다, 참고 견디다
**lose track of** ~을 놓치다, ~와 소식이 끊어지다
**take a stand on** 태도를 정하다
**make a point of** ~을 주장하다, 강조하다, 반드시 ~하다, ~하도록 노력하다
**take advantage of** ~을 이용하다

**다음 빈칸에 들어갈 가장 옳은 것은?**

> He _____ his fine secretary by leaving all the work to her and doing nothing himself. I wouldn't put up with him.

① loses track of      ② takes a stand on
③ makes a point of      ❹ takes advantage of

**해석** 「그는 그의 우수한 비서에게 모든 일을 맡기고 그 자신은 아무것도 하지 않으면서 그녀를 <u>이용한다</u>. 나는 그를 참을 수 없다.」

**다음 대화에서 밑줄 친 부분에 가장 알맞은 것은?**

**단어**

**give … a hand with ~** ~으로 …를 도와주다(= help … with ~)

> A : Can you _____ with this desk? I want to move it.
> B : Sure. Where are you going to put it?

① put up      ② give a ring
③ give a ride      ❹ give me a hand

**해석** 「A : 이 책상을 옮기려고 하는데 나를 좀 <u>도와주시겠습니까</u>?
      B : 물론, 도와드리지요. 그것을 어디에 두려고 합니까?」

**TYPE 2** 다음 밑줄 친 부분과 뜻이 같은 것은?

이 유형은 문장 전체가 나타내는 바를 바르게 이해하고 밑줄 친 숙어의 뜻을 정확하게 알고 있어야 정답을 찾을 수 있는 문제로 출제빈도가 높은 어휘문제의 유형이다.

## 다음 밑줄 친 부분과 의미가 가장 가까운 것은?

> The couple seemed to be taking calmly, when <u>out of the blue</u> she slapped him in the face.

① all of a sudden  ② in no time

③ long before   ④ in no way

**해석** 「갑자기 그녀가 그의 얼굴을 때렸을 때, 그 부부는 침착히 얘기하고 있는 것처럼 보였다.」

단어
**calmly** 온화하게, 침착히
**out of the blue** 갑자기
**all of a sudden** 갑자기
**in no time** 곧
**long before** 오래전에
**in no way** 결코 ~이 아니다

## 다음 밑줄 친 부분과 의미가 가장 가까운 것은?

> The foolish dog took his own shadow on the lake for another dog with a piece of meat larger than his own, and <u>let go of</u> his own meat so that he could attack the other dog and get his meat from him. Of course he lost his own meat by this, for it sank to the bottom and he was not able to get it back.

① ignored   ② clutched

③ released   ④ grasped

**해석** 「어리석은 개는 호수에 비친 자신의 그림자를 자기의 고기보다 더 큰 것을 물고 있는 다른 개로 여기고, 다른 개를 공격해서 그 개로부터 고기를 빼앗기 위해 자신의 고기를 놓게 되었다. 물론 고기가 바닥에 가라앉았기 때문에 이 행동으로 개는 고기를 잃게 되었고, 개는 고기를 다시 얻을 수 없었다.」

**해설** 이 유형의 문제들은 무엇보다도 평소 같은 뜻의 숙어를 익히는 것이 중요하다.

단어
**let go of** (쥐었던 것을) 놓다
**ignore** 무시하다
**clutch** 잡다
**release** 풀어놓다, 해방하다
**grasp** 붙잡다

**다음 밑줄 친 부분과 의미가 같은 것은?**

> It is a matter <u>of moment</u> to remove the suppression of publication of these obscene books.

① at any moment
② every moment
③ on the moment
④ of importance

해석 「이러한 음란서 출판에 대한 억압을 없애는 것은 <u>중요한</u> 문제이다.」
① 언제라도, 당장에라도 ② 모든 순간 ③ 당장에, 그 즉석에서 ④ 중요한
해설 이 문제의 보기에서 importance는 전치사 of와 결합하여 형용사의 의미를 나타낸다.

**TYPE 3** 다음 밑줄 친 부분의 의미가 서로 같지 않은(같은) 것으로 짝지어진 것은?

> 밑줄 친 부분과 뜻이 같은 것을 찾는 유형에서 확장된 문제인데, 각각 다른 숙어가 포함된 여러 문장들이 보기로 주어지고 그 숙어와 같은 의미를 나타내는 영단어, 또 다른 숙어, 우리말 등이 제시된다.

**다음 밑줄 친 부분의 의미가 서로 같지 않은 것으로 짝지어진 것은?**

① He went to Incheon <u>by way</u> of Seoul(= via).
② I <u>look forward to</u> seeing you soon(= think).
③ She broke the window <u>on purpose</u>(= intentionally).
④ He <u>gave up</u> smoking(= quit).

해석 「① 그는 서울을 <u>거쳐서</u> 인천으로 갔다.
② 나는 당신을 곧 만나기를 <u>학수고대한다</u>.
③ 그녀는 <u>고의로</u> 유리창을 깼다.
④ 그는 담배를 <u>끊었다</u>.」
해설 ② look forward to -ing와 같은 의미의 단어는 anticipate이다.

2021 소방공무원

**01** 밑줄 친 부분과 의미가 가장 가까운 것은?

> Candidates interested in the position should <u>hand in</u> theirresumes to the Office of Human Resources.

① emit

② omit

③ permit

④ submit

> **단어** **Office of Human Resources** 인사과  **hand in** 제출하다

> **해석** 「그 자리에 관심 있는 후보자들은 인사과에 이력서를 <u>제출해야</u> 한다.」

> **보기** ① 내보내다
> ② 제외하다
> ③ 허용하다
> ④ 제출하다

2021 인사혁신처

**02** 밑줄 친 부분의 의미와 가장 가까운 것을 고르시오.

> Privacy as a social practice shapes individual behavior <u>in conjunction with</u> other social practices and is therefore central to social life.

① in combination with

② in comparison with

③ in place of

④ in case of

> **단어** **practice** 관행  **in conjunction with** ~와 결합하여, 함께

> **해석** 「사회 관행으로서의 사생활은 다른 사회적 관행과 함께 개인의 행동을 형성하고 따라서 사회생활의 중심이 된다.」

> **보기** ① ~와 결합하여, 함께
> ② ~와 비교하여, ~에 비해서
> ③ ~ 대신에
> ④ ~의 경우에

**Answer** 01.④ 02.①

**2021 인사혁신처**

**03** 밑줄 친 부분에 들어갈 말로 가장 적절한 것은?

A group of young demonstrators attempted to _____ the police station.

① line up

② give out

③ carry on

④ break into

**단어** demonstrator 시위자

**해석** 「한 무리의 젊은 시위대가 경찰서에 <u>침입하려고</u> 시도했다.」

**보기** ① 줄 서다
② 배포하다
③ 계속하다
④ 침입하다

**2019 인사혁신처**

**04** 밑줄 친 부분의 의미와 가장 가까운 것을 고르시오.

Ms. West, the winner of the silver in the women's 1,500m event, <u>stood out</u> through the race.

① was overwhelmed

② was impressive

③ was depressed

④ was optimistic

**단어** event 경기 **stand out** 두드러지다

**해석** 「여자 1,500미터 경기에서 은메달을 딴 West는 경기 내내 <u>두각을 나타냈다.</u>」

**보기** ① 압도되었다
② 인상적이었다
③ 우울했다
④ 낙관적이었다

**Answer** 03.④ 04.②

**05** 밑줄 친 부분의 의미와 가장 가까운 것을 고르시오.

> Although the actress experienced much turmoil in her career, she never <u>disclosed</u> to anyone that she was unhappy.

① let on

② let off

③ let up

④ let down

> **단어** turmoil 혼란 disclose 말하다, 폭로하다

> **해석** 「비록 그 여배우는 그녀의 경력에 있어서 많은 혼란을 경험했지만, 그녀는 결코 누구에게도 그녀가 행복하지 않다는 것을 <u>털어놓지</u> 않았다.」

> **보기** ① 말하다
> ② 발사하다
> ③ 약해지다
> ④ 내리다

**06** 밑줄 친 부분의 의미와 가장 가까운 것을 고르시오.

> Time does seem to slow to a trickle during a boring afternoon lecture and race when the brain is <u>engrossed in</u> something highly entertaining.

① enhanced by

② apathetic to

③ stabilized by

④ preoccupied with

> **단어** slow to a trickle 눈곱만큼으로 줄어들다 engrossed in ~에 몰두하여 apathetic 무관심한, 심드렁한 stabilize 안정되다, 안정시키다 preoccupy 뇌리를 떠나지 않다, 사로잡다

> **해석** 「시간은 지루한 오후 강의 동안에는 눈곱만큼 줄어드는 것 같고, 뇌가 매우 재미있는 것에 <u>몰두할</u> 때에는 빠르게 가는 것 같다.」

> **보기** ② ~에 대해 냉담한
> ④ ~에 집착하는

**Answer** 5.① 06.④

**07** 밑줄 친 부분의 의미와 가장 가까운 것을 고르시오.

> These daily updates were designed to help readers <u>keep abreast of</u> the markets as the government attempted to keep them under control.

① be acquainted with
② get inspired by
③ have faith in
④ keep away from

**단어** **keep abreast of** ~을 잘 챙겨 알아두다   **keep A under control** A를 통제하다

**해석** 「이러한 매일의 업데이트는 정부가 그들을 통제하려고 시도하면서 독자들이 시장을 <u>잘 아는 것을</u> 돕기 위해서 고안됐다.」

**보기** ① ~을 잘 알다
② ~에 의해 영감을 받다
③ ~에 믿음을 갖다
④ ~와 멀리 하다

**08** 밑줄 친 부분의 의미와 가장 가까운 것은?

> At least in high school she made one decision where she finally <u>saw eye to eye</u> with her parents.

① quarreled
② disputed
③ parted
④ agreed

**단어** **see eye to eye** 견해가 일치하다

**해석** 「적어도 고등학교 때 그녀는 마침내 그녀의 부모님과 <u>견해가 일치하는</u> 하나의 결정을 내렸다.」

**보기** ① 다투다
② 논쟁하다
③ 나누다
④ 동의하다

**Answer** 07.① 08.④

**09** 밑줄 친 부분에 들어갈 말로 가장 적절한 것은?

> Listening to music is _____ being a rock star. Anyone can listen to music, but it takes talent to become a musician.

① on a par with                    ② a far cry from
③ contingent upon                  ④ a prelude to

> **단어** talent 재능, 재주

> **해석** 「음악을 듣는 것은 록 스타가 되는 것과는 <u>전혀 다른</u> 것이다. 누구나 음악을 들을 수 있지만 음악가가 되는 것은 재능을 필요로 한다.」

> **보기** ① ~와 동등한
> ② ~와 현저히 다른
> ③ ~여하에 달린
> ④ ~의 서막

**10** 밑줄 친 부분의 의미와 가장 가까운 것을 고르시오.

> While at first glance it seems that his friends are just leeches, they prove to be the ones he can depend on <u>through thick and thin</u>.

① in good times and bad times      ② in pleasant times
③ from time to time                ④ in no time

> **단어** at first glance 언뜻 보기에는   leech 거머리

> **해석** 「처음에는 그의 친구들이 거머리처럼 보이긴 하지만, 그들은 <u>좋을 때나 안 좋을 때나</u> 그가 의존할 수 있는 사람들임을 알게 된다.」

> **보기** ① 좋을 때나 나쁠 때나
> ② 행복한 순간에
> ③ 이따금
> ④ 당장에

**Answer** 09.② 10.①

**11** 밑줄 친 부분의 의미와 가장 가까운 것을 고르시오.

---

It is not unusual that people <u>get cold feet</u> about taking a trip to the North Pole.

---

① become ambitious　　　　　② become afraid

③ feel exhausted　　　　　　④ feel saddened

> **단어** **get cold feet** 겁이 나다, 용기를 잃다

> **해석** 「사람들이 북극으로 여행하는 것에 대해 <u>겁을 먹는</u> 것은 이상한 일이 아니다.」

> **보기** ① 야심적이게 되다
> ② 겁을 먹다
> ③ 기진맥진하다
> ④ 슬픔을 느끼다

**12** 밑줄 친 부분에 들어갈 말로 가장 적절한 것은?

---

Since the air-conditioners are being repaired now, the office workers have to _____ electric fans for the day.

---

① get rid of　　　　　　　　② let go of

③ make do with　　　　　　④ break up with

> **단어** **electric fan** 선풍기

> **해석** 「에어컨이 현재 수리 중이기 때문에, 사무실 직원들은 오늘 하루 동안은 <u>아쉬운 대로 선풍기를 써야 한다</u>.」

> **보기** ① ~을 제거하다
> ② ~를 놓다
> ③ ~으로 임시변통하다
> ④ ~와 헤어지다

**Answer** 11.② 12.③

2018 서울시

**13** 밑줄 친 부분과 의미가 가장 가까운 것은?

> Surgeons were forced to <u>call it a day</u> because they couldn't find the right tools for the job.

① initiate                  ② finish

③ wait                    ④ cancel

> 단어 **call it a day** ~을 그만하기로 하다

> 해석 「외과 의사들은 그들의 일에 적합한 도구를 찾을 수 없었기 때문에 어쩔 수 없이 그 날 일을 끝낼 수밖에 없었다.」

> 보기 ① 개시되게 하다, 착수시키다
> ② 끝내다
> ③ 기다리다
> ④ 취소하다

**|14~18|** 다음 밑줄 친 부분과 유사한 의미를 가진 것을 고르시오.

**14**

> It is easy for children to <u>come down with</u> the measles.

① contract               ② take care of

③ break in               ④ give rise to

> 단어 **come down with** 병에 걸리다 **measles** 홍역, 풍진

> 해석 「아이들은 홍역에 걸리기 쉽다.」

> 보기 ① 병에 걸리다, 계약하다, ~와 친교를 맺다
> ② 돌보다
> ③ 길들이다, 침입하다, 말참견하다
> ④ ~을 일으키다, ~의 근원이다

**15**

> The counsellor couldn't cope with the boy because he was very stubborn.

① come up with

② call for

③ reinforce

④ manage

> 단어 **cope with** 극복하다, 대처하다 **stubborn** 완고한, 고집센, 단단한

> 해석 「그 상담자는 소년이 너무 고집이 세서 대처할 수 없었다.」

> 보기 ① ~을 제안하다
> ② 불러내다, ~를 청하다
> ③ 강화하다, 보강하다
> ④ 간신히 해내다

**16**

> Some species of bacteria and fungi thrive on simple compounds such as alcohol.

① float on

② spread out

③ go down

④ do well on

> 단어 **fungi** fungus의 복수형, 버섯, 균류 **thrive on** 잘 자라다, 무성하다, 번성하다 **compound** 조성하다, 합성하다, 무마하다

> 해석 「박테리아 균류의 어떤 종들은 알코올처럼 단순한 화합물에서도 잘 자란다.」

> 보기 ① 뜨다
> ② 퍼지다
> ③ 가라앉다
> ④ ~을 잘하다

**Answer** 15.④ 16.④

**17**

> Fish oil mainly <u>consists of</u> unsaturated fats which can be used to form a base for margarine.

① is in place of

② is made up

③ is in need of

④ break up

> **단어** consist ~으로 이루어졌다, ~에 존재하다  **unsaturated** 불포화의  **margarine** 인조 버터, 마가린  **in place of** ~대신에  **in need of** ~을 필요로 하다  **break up** 분해하다

> **해석** 「어류의 기름은 주로 불포화 지방으로 <u>이루어졌는데</u> 마가린의 원료의 한 형태로 사용될 수 있다.」

**18**

> If you don't <u>come up with</u> some money to invest in this venture, you'll be left out of a gold mine.

① draw upon

② go for

③ provide

④ borrow

> **단어** come up with ~을 제공하다  **leave out of** ~에서 제외하다, 생략하다  **gold mine** 금광, 보고, 큰 돈벌이가 되는 것

> **해석** 「만약 당신이 어느 정도의 금액을 이 모험적 사업에 <u>투자하지</u> 않는다면 당신은 금광사업에서 제외될 것이다.」

> **보기** ① ~을 이용하다, ~에 의지하다
> ② 해당되다, 들어맞다
> ③ 제공하다
> ④ 벌리다, 차용하다, 모방하다

**Answer** 17.② 18.③

**▌19~23 ▌ 다음 문장을 읽고 밑줄 친 부분과 의미가 같은 것을 고르시오.**

**19**

> After that failure she <u>called his names</u>.

① recommended him          ② spoke well of him

③ abused him               ④ called the roll

> **단어** **call someone names** 험담하다, 욕하다(= abuse, speak ill of someone) **speak well of** 칭찬하다

> **해석** 「그 실패 이후 그녀는 그를 <u>욕했다</u>.」

**20**

> Karl's memo was <u>to the effect that</u> we all needed to think more about marketing possibilities.

① with the result          ② as a result

③ in conclusion            ④ with the purport

> **단어** **to the effect that ~** ~라는 취지로 **with the result that** ~이기 때문에 **as a result** 그 결과 **conclusion** 결말, 끝 (맺음), 결론 **in consequence** 그 결과, 그러므로, 따라서 **with the purport** ~라는 뜻으로

> **해석** 「Karl의 메모는 우리 모두가 마케팅 가능성들에 대해 좀 더 생각할 필요가 있었다는 <u>취지였다</u>.」

**21**

> Let's go slowly so that the others may <u>come up with</u> us.

① overtake                ② follow

③ get in touch with         ④ be the equal of

> **단어** **come up with** 따라잡다(= overtake), 공급하다, 제안하다(= propose)

> **해석** 「다른 사람들이 우리를 <u>따라올</u> 수 있도록 천천히 갑시다.」

**Answer** 19.③ 20.④ 21.①

**22**

Each student has to <u>hand in</u> a composition once a week.

① give in
② turn in
③ write
④ perform

> **단어** **hand in** 제출하다(= submit, give in)  **turn in** (방향을 바꾸어) 들어가다, 들르다

> **해석** 「어느 학생이나 일주일에 한번씩 작문을 제출해야 한다.」

**23**

He <u>made up his mind</u> to study harder.

① realized
② decided
③ printed
④ invented

> **단어** **make up one's mind** 결심하다(= decide, determine)

> **해석** 「그는 더 열심히 공부하기로 결심했다.」

PART

02

# 어법

# 문장의 형식과 종류

**기출PLUS**

**기출** 2019. 6. 15. 제2회 서울특별시

밑줄 친 부분 중 어법상 가장 옳지 않은 것은?

─ 보기 ─

By 1955 Nikita Khrushchev ① had been emerged as Stalin's successor in the USSR, and he ② embarked on a policy of "peaceful coexistence" ③ whereby East and West ④ were to continue their competition, but in a less confrontational manner.

## section 1 동사의 종류

문장을 구성하는 기본요소는 주어(S), 동사(V), 목적어(O), 보어(C)이고 동사의 종류에 따라 문장형식이 결정된다. 동사는 목적어의 유무에 따라서 자동사와 타동사로 구분된다. 즉 목적어를 필요로 하는 동사는 타동사, 필요로 하지 않는 동사는 자동사라고 한다. 또한, 보어의 유무에 따라서 완전동사와 불완전 동사로 구분되는데, 즉 보어를 필요로 하는 동사는 불완전 동사, 보어를 필요로 하지 않는 동사는 완전동사라고 한다.

### (1) 완전자동사

1형식 문장(S + V)에 쓰이는 동사로, 보어나 목적어를 필요로 하지 않는다.

### (2) 불완전자동사

2형식 문장(S + V + C)에 쓰이는 동사로, 반드시 보어가 필요하다.

### (3) 완전타동사

3형식 문장(S + V + O)에 쓰이는 동사로, 하나의 목적어를 가진다.

### (4) 수여동사

4형식 문장(S + V + I.O + D.O)에 쓰이는 동사로, 두 개의 목적어(직접목적어와 간접목적어)를 가진다.

### (5) 불완전타동사

5형식 문장(S + V + O + O.C)에 쓰이는 동사로, 목적어와 목적보어를 가진다.

**POINT** 동사의 구분

| 타동사 | 목적어를 필요로 하는 동사 |
|---|---|
| 자동사 | 목적어를 필요로 하지 않는 동사 |
| 완전동사 | 보어를 필요로 하지 않는 동사 |
| 불완전동사 | 보어를 필요로 하는 동사 |

1, 2형식 동사는 자동사에 해당되고, 3, 4, 5형식은 타동사에 해당된다. 여기에 완전동사인지 불완전 동사인지가 더해져서, 완전자동사, 불완전자동사, 완전타동사 불완전타동사라고 하며, 4형식(완전타동사에 해당) 동사는 예외적으로 수여동사라고 부른다.

**〈정답 ①**

## section 2 문장의 형식

### (1) 1형식[S + V(완전자동사)]

① S + V … 1형식의 기본적인 문장으로 동사를 수식하는 부사구를 동반할 수 있다.
The front door opened very slowly. 현관문이 매우 천천히 열렸다.

② There(Here) V + S + 부사구
There is a book on the table. 탁자 위에 책이 있다.

③ 전치사와 함께 쓰이는 자동사
　㉠ account for(설명하다, ~의 원인이 되다, 책임지다)
　㉡ agree to 계획, 제안(~에 동의하다)
　㉢ agree with 사람(~와 동감이다)
　㉣ apologize to(~에게 변명하다)
　㉤ complain of/about(~에 대해 불평하다)
　㉥ conform to(~을 따르다)
　㉦ consist in(~에 있다)
　㉧ consist of(~로 구성되다)
　㉨ graduate from(~을 졸업하다)
　㉩ object to(~에 반대하다)
　㉪ result in(그 결과 ~이 되다)
　㉫ result from(~로 부터 초래되다)
　㉬ strive for(~을 위해 노력하다)
　㉭ talk to/with(~와 대화하다)

### (2) 2형식[S + V(불완전자동사) + C]

① S + V + C … 2형식의 기본적인 문장이다.
He is a doctor. 그는 의사이다.

② 주격보어의 종류 … 주격보어로는 명사(상당어구), 형용사(상당어구)가 쓰이며 명사는 주어와 동인물, 형용사는 주어의 상태나 속성을 나타낸다.
　㉠ 명사
　I'm a singer in a rock'n roll band. 나는 락밴드의 가수이다.
　㉡ 형용사
　He is very handsome. 그는 매우 잘생겼다.

**기출PLUS**

📢**TIP**

**뜻에 주의해야 할 완전자동사**
matter(중요하다), do(충분하다), work (작동, 작용하다), last(지속되다), pay (이익이 되다), count(중요하다) 등이 있다.

기출 2018. 4. 7. 인사혁신처
**밑줄 친 부분 중 어법상 옳지 않은 것은?**

┌ 보기 ┐

It would be difficult ①to imagine life without the beauty and richness of forests. But scientists warn we cannot take our forest for ②granted. By some estimates, deforestation ③has been resulted in the loss of as much as eighty percent of the natural forests of the world. Currently, deforestation is a global problem, ④affecting wilderness regions such as the temperate rainforests of the Pacific.

❮정답 ③

01. 문장의 형식과 종류 **47**

**기출PLUS**

③ 불완전자동사의 유형

㉠ be동사

we are happy. 우리는 행복하다.

㉡ '~이 되다, 변하다'의 뜻을 가지는 동사 : become, grow, go, get, fall, come, run, turn 등이 있다.

It is getting colder. 점점 추워지고 있다.

㉢ 지속의 뜻을 가지는 동사 : continue, hold, keep, lie, remain 등이 있다.

She kept silent all the time. 그녀는 종일 침묵을 지켰다.

㉣ 감각동사 : 반드시 형용사가 보어로 위치하며 feel, smell, sound, taste, look 등이 있다.

That sounds good. 그거 좋군요.

### (3) 3형식[S + V(완전타동사) + O]

① S + V + O … 3형식의 기본적인 문장이다.

I shot the sheriff. 나는 보안관을 쏘았다.

② 목적어의 종류(Ⅰ)

㉠ 명사(절), 대명사

She always wears a ring. 그녀는 항상 반지를 끼고 있다.

I didn't know that he was a singer.

나는 그가 가수였다는 것을 알지 못했다.

I couldn't do anything. 나는 아무것도 할 수가 없었다.

㉡ 부정사 : 부정사만 목적어로 취하는 동사는 주로 미래지향적이며 긍정적인 의미의 동사가 많다.

wish, hope, want, decide, care, choose, determine, pretend, refuse 등이 있다.

Everybody wishes to succeed in life. 누구나 인생에서 성공하기를 원한다.

㉢ 동명사 : 동명사만 목적어로 취하는 동사는 주로 미래지향적이며 부정적인 의미의 동사가 많다.

mind, enjoy, give up, avoid, finish, escape, admit, deny, consider, practise, risk, miss, postpone, resist, excuse 등이 있다.

She really enjoys singing and dancing.

그녀는 노래 부르기와 춤추기를 정말 즐긴다.

㉣ 부정사, 동명사 모두 목적어로 취하면서 의미 차이가 없는 경우 : begin, start, continue, intend, attempt

**기출** 2018. 6. 23. 제2회 서울특별시

**밑줄 친 부분 중 어법상 가장 옳지 않은 것은?**

― 보기 ―

Blue Planet Ⅱ, a nature documentary ①produced by the BBC, left viewers ②heartbroken after showing the extent ③to which plastic ④affects on the ocean.

**〈정답 ④**

ⓗ 부정사, 동명사 모두 목적어로 취하면서 의미 차이가 있는 경우

 ┌ remember to V : 미래 사실
 └ remember Ving : 과거 사실

 ┌ forget to V : 미래사실
 └ forget Ving : 과거사실

 ┌ regret to V : 유감이다
 └ regret Ving : 후회한다

 ┌ try to V : 노력한다
 └ try ving : 시도한다

 ┌ stop to V : ~하기 위해서 멈추다
 └ stop Ving : ~하는 것을 그만두다

③ 자동사로 오인하기 쉬운 타동사

 ㉠ 타동사의 목적어가 항상 "을/를"로 해석되지는 않는다.

 ㉡ 타동사 다음에는 전치사를 쓰면 안 된다.

  • attend on/to→attend

  • enter into→enter

  • inhabit in→inhabit

  • marry with→marry

  • oppose to→oppose

  • reach in→reach

  • resemble with→resemble

## (4) 4형식[S + V(수여동사) + I.O + D.O]

① S + V + I.O(간접목적어) + D.O(직접목적어) … 4형식의 기본적인 문장으로 직접목적어는 주로 사물이, 간접목적어는 사람이 온다.

He gave me some money. 그는 나에게 약간의 돈을 주었다.

② 4형식→3형식 … 4형식의 간접목적어에 전치사를 붙여 3형식으로 만든다.

 ㉠ 전치사 to를 쓰는 경우 : give, lend, send, loan, post, accord, award, owe, bring, hand, pay, teach, tell 등 대부분의 동사가 이에 해당한다.

 Please hand me the book. 나에게 그 책을 건네주세요.

 →Please hand the book to me.

 ㉡ 전치사 for를 쓰는 경우 : make, buy, get, find, choose, build, prepare, reach, order, sing, cash 등이 있다.

 He made me a doll. 그는 나에게 인형을 만들어 주었다.

 →He made a doll for me.

 ㉢ 전치사 of를 쓰는 경우 : ask, require, demand, beg 등이 있다.

 He asked me many questions. 그는 나에게 많은 질문을 했다.

 →He asked many questions of me.

**기출PLUS**

[기출] 2017. 6. 24. 제2회 서울특별시

**다음 문장 중 어법상 가장 옳지 않은 것은?**

① John promised Mary that he would clean his room.
② John told Mary that he would leave early.
③ John believed Mary that she would be happy.
④ John reminded Mary that she should get there early.

[기출] 2015. 3. 14. 사회복지직

**어법상 틀린 것은?**

① Surrounded by great people, I felt proud.
② I asked my brother to borrow me five dollars.
③ On the platform was a woman in a black dress.
④ The former Soviet Union compris-ed fifteen union republics.

 **TIP**

**이중목적어를 취하는 동사**

envy, forgive, save, spare, kiss, cost, pardon, forget 등의 동사는 간접목적어에 전치사를 붙여 3형식으로 만들 수 없다.

I envy you your success(○).
→I envy your success to you(×).

**<정답 ③, ②**

**기출PLUS**

**기출** 2017. 12. 16. 지방직 추가선발

**밑줄 친 부분 중 어법상 옳은 것은?**

┌ 보기 ┐

Last week I was sick with the flu. When my father ①heard me sneezing and coughing, he opened my bedroom door to ask me ②that I needed anything. I was really happy to see his kind and caring face, but there wasn't ③anything he could do it to ④make the flu to go away.

**기출** 2015. 6. 13. 서울특별시

**밑줄 친 부분 중 어법상 옳지 않은 것은?**

┌ 보기 ┐

Most European countries failed ①to welcome Jewish refugees ②after the war, which caused ③many Jewish people ④immigrate elsewhere.

◀정답 ①, ④

### (5) 5형식[S + V(불완전타동사) + O + O.C]

① S + V + O + O.C … 5형식의 기본적인 문장이다.

I found the cage empty. 나는 그 새장이 비어있는 것을 발견했다.

② 목적보어의 종류 … 목적보어는 목적어와 동격이거나 목적어의 상태, 행동 등을 설명해 준다.

ㄱ 명사, 대명사 : 목적어와 동격이다.

They call Chaucer the Father of English poetry. Chaucer는 영시의 아버지라 불린다.

ㄴ 형용사 : 목적어의 상태를 나타낸다.

The news made us happy. 그 소식은 우리를 행복하게 했다.

ㄷ 부정사, 분사 : 목적어의 행동을 나타낸다.

She want him to come early. 그녀는 그가 일찍 오기를 바란다.

He kept me waiting long. 그는 나를 오래 기다리게 했다.

③ 지각동사 · 사역동사의 목적보어

ㄱ 지각동사(see, hear, feel, notice, watch, look at, observe, listen to 등)와 사역동사(have, make, let, bid 등)는 5형식 문장에서 원형부정사를 목적보어로 취한다.

I saw him cross the street. 나는 그가 길을 건너는 것을 보았다.

I make her clean my room. 나는 그녀가 내 방을 치우게 하였다.

ㄴ 지각동사 · 사역동사의 목적보어로 쓰이는 원형부정사는 수동문에서 to부정사의 형태를 취한다.

He was seen to cross the street. 그가 길을 건너는 것이 보였다.

She was made to clean my room. 그녀가 내 방을 치웠다.

ㄷ 진행 · 능동의 뜻일 때는 현재분사를, 수동의 뜻일 때는 과거분사를 목적보어로 취한다.

I heard him singing in the dark.

나는 그가 어둠 속에서 노래하고 있는 것을 들었다.

She had her watch mended. 그녀는 시계를 수리시켰다.

④ 준 사역 동사의 목적보어 … 다음에 나오는 준 사역 동사는 부정사를 목적보어로 취한다.

expect, with, desire, want, would like, intend, mean, advise, ask, beg, entreat, require, urge, persuade, command, order, cause compel, force, oblige, motivate, enable, encourage, get, allow, permit, leave, forbid

I wish you to go at once. 나는 네가 당장 가주기를 바란다.

I persuaded him to study hard. 나는 그를 설득해서 열심히 공부하게 했다.

**┃01~05┃ 다음 문장에서 틀린 부분을 찾아 고치시오.**

**01** Do you know why he objects to follow the directions?

> **TIPS!**
> follow → following
> 「너는 그가 왜 그 지시에 반대하는지 아니?」

**02** I saw Charles to swim across the river.

> **TIPS!**
> to swim → swim or swimming
> 「나는 찰스가 강을 가로질러 수영하는 것을 보았다.」

**03** I saw my parents on the stand after the game, and they seemed angrily.

> **TIPS!**
> angrily → angry
> 「나는 게임이 끝난 후 관중석에서 나의 부모님을 보았고, 그들은 화난 것처럼 보였다.」

**04** Pleasure must not be allowed to interfere business.

> **TIPS!**
> interfere → interfere with
> 「오락이 일에 방해가 되게 해서는 안 된다.」

**05** Contrary to our expectations, we could not rise the money.

> **TIPS!**
> rise → raise
> 「우리의 기대와는 반대로, 우리는 자금을 마련할 수가 없었다.」

# 02 동사의 시제와 일치

✓ **12시제 명칭과 해석**

| 구분 | 현재 | 과거 | 미래 |
|---|---|---|---|
| 기본시제 | 현재(한다) | 과거(했다) | 미래(할 것이다) |
| 진행형 | 현재진행(하고 있다) | 과거진행(하고 있었다) | 미래진행(하고 있을 것이다) |
| 완료형 | 현재완료(해왔다) | 과거완료(해왔었다) | 미래완료(해올 것이다) |
| 완료진행형 | 현재완료진행 (해오고 있는 중이다) | 과거완료진행 (해오고 있는 중이었다) | 미래완료진행 (해오고 있는 중일 것이다) |

✓ **12시제 형태**

| 구분 | 현재 | 과거 | 미래 |
|---|---|---|---|
| 기본시제 | I study | I studied | I will study |
| 진형형 | I am studying | I was studying | I will be studying |
| 완료형 | I have studied | I had studied | I will have studied |
| 완료진행형 | I have been studying | I had been studying | I will have been studying |

## section 1 기본시제

### (1) 현재시제

① 용법

　㉠ 현재의 상태나 동작을 나타낸다.

　　She lives in Busan. 그녀는 부산에 산다.

　㉡ 현재의 규칙적인 습관을 나타낸다. 흔히 always, usually, seldom 등의 빈도부사와 결합하여 쓴다.

　　I always wake up at 6:00 in the morning. 나는 항상 아침 6시에 일어난다.

ⓒ 일반적인 사실, 불변의 진리, 속담을 나타낸다.

The earth moves round the sun. 지구는 태양 주위를 돈다.

ⓓ 미래의 대용

- 왕래 · 발착 · 개시 · 종료동사가 미래를 나타내는 부사(구)와 함께 쓰일 때 : go, come, start, arrive, leave, get, return, begin, finish 등

We leave here tomorrow. 우리는 내일 여기를 떠난다(확정).

We will leave here soon. 우리는 곧 여기를 떠날 것이다(불확정).

## (2) 과거시제

① 과거의 행위, 상태, 습관을 나타낸다.

What did you do last night? 어젯밤에 뭐했니?

② 과거의 경험을 나타내며 현재완료로 고쳐 쓸 수도 있다.

Did you ever see such a pretty girl? 저렇게 예쁜 소녀를 본 적이 있니?

= Have you ever seen such a pretty girl?

③ 역사적 사실은 항상 과거로 나타내며, 시제일치의 영향을 받지 않는다.

He said that Columbus discovered America in 1492.

그는 콜럼버스가 1492년에 미국 대륙을 발견했다고 말했다.

④ **과거완료의 대용** ··· before, after 등의 시간을 나타내는 접속사와 함께 쓰여 전후관계가 명백할 때에는 과거완료 대신에 과거시제를 쓸 수도 있다.

He read many books after he entered the school(entered = had entered).

그는 학교에 들어간 후 많은 책을 읽었다.

## (3) 미래시제

① 단순미래와 의지미래

ⓐ 단순미래 : 미래에 자연히 일어날 사실을 나타낸다. 현대 영어에서는 주어의 인칭에 관계없이 'will + 동사원형'으로 쓴다.

I will(shall) be seventeen next year. 나는 내년에 열일곱 살이 될 것이다.

✔ **단순미래의 형태**

| 인칭 | 평서문 | 의문문 |
|------|--------|--------|
| 1인칭 | I will | Shall I? |
| 2인칭 | You will | Will you? |
| 3인칭 | He will | Will he? |

**기출PLUS**

ⓛ 의지미래 : 말하는 사람이나 듣는 사람의 의지를 표현한다. 의지의 주체가 문장의 주어일 때 will로 주어의 의지를 나타내며, 주어가 1인칭인 평서문과 2인칭인 의문문 외에는 언제나 'shall + 동사원형'으로 쓰인다.

You shall have money. 너는 돈을 갖게 될 것이다.

= I will let you have money.

Will you marry her? 그녀와 결혼할 작정이니?

= Do you intend to marry her?

✔ **의지미래의 형태**

| 인칭 | 주어의 의지 | 말하는 사람의 의지 | 상대방의 의지 |
|------|-----------|-----------------|-------------|
| 1인칭 | I will | I will | Shall I? |
| 2인칭 | You will | You shall | Will you? |
| 3인칭 | He will | He shall | Shall he? |

② be going to … 앞으로의 예정, 의지, 확실성을 나타낸다.

She is going to have a baby in April. 그녀는 4월에 출산할 것이다.

③ 왕래나 움직임을 나타내는 동사의 현재진행형 … 가까운 미래에 일어날 일을 나타낸다.

My brother is coming to stay in this city.

내 동생이 이 도시에 머물러 올 것이다.

④ 미래를 나타내는 관용적 표현

㉠ be about to do : 막 ~하려던 참이다. 아주 가까운 미래를 나타내므로 시간을 가리키는 부사가 필요없다.

I am about to go out.

막 나가려던 참이다.

㉡ be to do : ~할 예정이다. 공식적인 예정이나 계획을 나타낸다.

The meeting is to be held this afternoon.

모임은 오늘 오후에 열릴 예정이다.

㉢ be supposed to do : ~하기로 되어 있다. 미래대용으로 쓰인다.

He is supposed to call her at 10.

그는 그녀에게 10시에 전화하기로 되어 있다.

## section 2 완료시제

### (1) 현재완료(have / has + 과거분사)

① **완료** … 과거에 시작된 동작이 현재에 완료됨을 나타낸다. 주로 just, yet, now, already, today 등의 부사와 함께 쓰인다.

He has already arrived here. 그는 여기에 이미 도착했다.

② **결과** … 과거에 끝난 동작의 결과가 현재에도 영향을 미침을 나타낸다.

She has gone to Busan. 그녀는 부산에 가버렸다(그래서 지금 여기에 없다).

③ **계속** … 과거에서 현재까지의 상태 및 동작의 계속을 나타낸다. 주로 since, for, always, all one's life 등의 부사(구)와 함께 쓰인다.

I have studied English for 5 hours. 나는 5시간째 영어공부를 하고 있다.

④ **경험** … 과거에서 현재까지의 경험을 나타낸다. 주로 ever, never, often, before, once 등의 부사와 함께 쓰인다.

Have you ever been to New York? 당신은 뉴욕에 가본 적이 있습니까?

> **POINT** have been과 have gone
> ⊙ have been to : ~에 다녀온 적이 있다(경험).
>   I have been to Busan. 부산에 다녀온 적이 있다.
> ⓒ have been in : ~에 있은 적이 있다(경험).
>   I have been in Busan. 부산에 있은 적이 있다.
> ⓒ have gone to : ~에 가버렸다(결과). 주어가 3인칭일 때만 쓸 수 있다.
>   He has gone to Busan. 그는 부산에 가버렸다.

⑤ **특별용법**

⊙ since가 '시간표시'의 접속사(또는 전치사)로 쓰이는 경우 주절의 시제는 현재완료형 또는 현재완료 진행형을 쓰며, since가 이끄는 부사절의 동사는 보통 과거형을 쓴다.

Three years have passed since you returned from England.
당신이 영국에서 돌아온 이래로 3년이 지났다.

ⓒ when, if, after, till, as soon as 등의 접속사로 시작되는 부사절에서는 현재완료가 미래완료의 대용을 한다.

I will read that book when I have read this. 이것을 다 읽으면 저 책을 읽겠다.

> **POINT** 현재완료시제를 쓸 수 없는 경우
> 현재완료시제는 기준시점이 현재이므로 의문사 when이나 분명한 과거를 뜻하는 부사(구)와 함께 쓸 수 없다.
> • I have bought the pen yesterday(×).
>   →I bought the pen yesterday(○). 나는 어제 그 펜을 샀다.

**과거와 현재완료의 차이**
⊙ 과거 : 과거의 사실에만 관심을 둠
ⓒ 현재완료 : 과거에 발생한 일이 현재와 관련을 맺고 있음을 표시

**기출** 2021. 4. 3. 인사혁신처
**어법상 옳은 것은?**

① This guide book tells you where should you visit in Hong Kong.

② I was born in Taiwan, but I have lived in Korea since I started work.

③ The novel was so excited that I lost track of time and missed the bus.

④ It's not surprising that book stores don't carry newspapers any more, doesn't it?

❮정답 ②

**기출PLUS**

기출 2011. 1. 15. 기상청

**다음 중 문법상 바른 것을 고르시오.**

① Brad had known the story long before he received the book.

② John is talking to the man at the door when his mother phoned.

③ Soon after she has arrived, her aunt took her downtown in the city.

④ The children has just begun school when their father lost the job.

## (2) 과거완료(had + 과거분사)

① **완료** … 과거 이전의 동작이 과거의 한 시점에 완료됨을 나타낸다.

I had just written my answer when the bell rang.

종이 쳤을 때 나는 막 답을 쓴 뒤였다.

② **결과** … 과거의 어느 한 시점 이전의 동작의 결과를 나타낸다.

Father had gone to America when I came home.

내가 집으로 돌아왔을 때는 아버지가 미국에 가고 계시지 않았다.

③ **계속** … 과거 이전부터의 상태나 동작이 과거의 어느 한 시점까지 계속됨을 나타낸다.

He had loved his wife until he died.

그는 죽을 때까지 그의 아내를 사랑해 왔었다.

④ **경험** … 과거 이전부터 과거의 한 시점에 이르기까지의 경험을 나타낸다.

That was the first time we had ever eaten Japanese food.

우리가 일식을 먹어보기는 그것이 처음이었다.

## (3) 미래완료(will + have + 과거분사)

① **완료** … 미래의 어느 한 시점까지 이르는 동안에 완료된 동작을 나타낸다.

He will have arrived in New York by this time tomorrow.

그는 내일 이 시간까지는 뉴욕에 도착할 것이다.

② **결과** … 미래의 어느 한 시점 이전에 끝난 동작의 결과를 나타낸다.

By the end of this year he will have forgotten it.

올해 말이면 그것을 잊을 것이다.

③ **계속** … 미래의 어느 한 시점에 이르기까지 계속된 동작이나 상태를 나타낸다.

She will have been in hospital for two weeks by next Saturday.

다음 토요일이면 그녀는 2주일 동안 입원한 셈이 된다.

④ **경험** … 미래의 어느 한 시점에 이르기까지의 경험을 나타낸다.

If I visit Moscow again, I will have been there twice.

내가 모스크바를 다시 방문한다면, 나는 두 번째로 그 곳에 있게 될 것이다.

**〈정답 ①**

## section 3 진행시제

### (1) 현재진행시제(am / are / is + −ing)

① 현재 진행 중인 동작을 나타낸다.
He is learning English. 그는 영어를 배우고 있다.

② 미래를 뜻하는 부사(구)와 함께 쓰여 가까운 미래의 예정을 나타낸다.
They are getting married in September. 그들은 12월에 결혼할 예정이다.

③ 습관적 행위를 나타낸다.
I am always forgetting names. 나는 항상 이름을 잊어버린다.

### (2) 과거진행시제(was / were + −ing)

① 과거의 어느 한 시점에서 진행 중인 동작을 나타낸다.
It was snowing outside when I awoke. 내가 깨어났을 때 밖에서 눈이 내리고 있었다.

② 과거의 어느 한 시점에서 가까운 미래에의 예정을 나타낸다.
We were coming back the next week. 우리는 그 다음 주에 돌아올 예정이었다.

### (3) 미래진행시제(will / shall + be + −ing)

미래의 어느 한 시점에서 진행 중인 동작을 나타낸다.
About this time tomorrow she will be reading my letter.
내일 이 시간쯤이면 그녀는 내 편지를 읽고 있을 것이다.

### (4) 완료진행시제

완료진행시제는 기준시점 이전부터 기준시점(현재, 과거, 미래)까지 어떤 동작이 계속 진행 중임을 강조해서 나타낸다. 완료시제의 용법 중 '계속'의 뜻으로만 쓰인다.

① 현재완료진행(have / has been + −ing) … (현재까지) 계속 ~하고 있다.
She has been waiting for you since you left there.
그녀는 당신이 그 곳을 떠난 이래로 당신을 계속 기다리고 있다.

② 과거완료진행(had been + −ing) … (어느 한 시점과 시점까지) 계속 ~했다.
Her eyes were red ; she had evidently been crying.
그녀의 눈이 빨갛다 ; 그녀는 분명히 계속 울었다.

③ 미래완료진행(will / shall have been + -ing) … (미래의 어느 한 시점까지) 계속 ~
할 것이다.

It will have been raining for ten days by tomorrow.
내일부터 10일 동안 비가 계속 내릴 것이다.


**(5) 진행형을 쓸 수 없는 동사**

① 상태·소유·감정·인식의 동사 … be, seem, resemble, have, belong, like, love,
want, know, believe, remember 등
I'm not knowing him(×).
→I don't know him(○). 나는 그를 잘 모른다.

② 지각동사 중 무의지동사 … see, hear, sound, smell, taste 등이며 단 의지적 행위
를 나타낼 때에는 진행 시제를 쓸 수 있다.
She is smelling a rose. 그녀는 장미냄새를 맡고 있다.


**section 4** 시제의 일치


**(1) 시제일치의 원칙**

① 시제일치의 일반원칙 … 주절의 시제가 현재, 현재완료, 미래이면 종속절의 동사는
모든 시제를 쓸 수 있고, 주절의 시제가 과거이면 종속절의 동사는 과거·과거완료
만 쓸 수 있다.

② 주절의 시제변화에 따른 종속절의 시제변화 … 주절의 시제가 현재에서 과거로 바뀌
면 종속절의 시제변화는 아래와 같다.
 ㉠ 종속절의 시제가 현재일 때 : 과거시제로 바뀐다.
  I think it is too late. 나는 너무 늦다고 생각한다.
  →I thought it was too late. 나는 너무 늦다고 생각했다.
 ㉡ 종속절의 시제가 과거일 때 : 과거완료시제로 바뀐다.
  I think it was too late. 나는 너무 늦었다고 생각한다.
  →I thought it had been too late. 나는 너무 늦었다고 생각했다.
 ㉢ 종속절에 조동사가 있을 때 : 조동사를 과거형으로 바꾼다.
  I think it will be too late. 나는 너무 늦을 것이라고 생각한다.
  →I thought it would be too late. 나는 너무 늦을 것이라고 생각했다.

## (2) 시제일치의 예외

① **불변의 진리** ··· 항상 현재형으로 쓴다.

Columbus believed that the earth is round.

콜럼버스는 지구가 둥글다고 믿었다.

② **현재에도 지속되는 습관, 변함없는 사실** ··· 항상 현재형으로 쓴다.

She said that she takes a walk in the park every morning.

그녀는 매일 아침 공원을 산책한다고 말했다.

③ **역사적인 사실** ··· 항상 과거형으로 쓴다.

We learned that Columbus discovered America in 1492.

우리는 콜럼버스가 1492년에 미국을 발견했다고 배웠다.

④ **than, as 뒤에 오는 절** ··· 주절의 시제와 관련이 없다.

He did not run so fast as he usually does.

그는 보통 때처럼 빨리 달리지 못했다.

⑤ **가정법** ··· 시제가 변하지 않는다.

He said to me, "I wish I were rich."

= He told me that he wished he were rich.

그는 나에게 그가 부자였으면 좋겠다고 말했다.

# Let's check it out

**02** Practice 문제

**┃01~05┃ 다음 문장에서 틀린 부분을 찾아 고치시오.**

**01**  She earned more in a day than he do in a month.

> **TIPS!**
> earned → earns
> 「그녀는 그가 한 달에 버는 것보다 더 많은 돈을 하루에 번다.」

**02**  A 450-ton ship with 50 crew members have sunk last night.

> **TIPS!**
> have sunk → sank
> 「50명의 승무원을 태운 450톤급 배가 어젯밤 침몰했다.」

**03**  It had been 20 years since we graduated from middle school.

> **TIPS!**
> had been → has been
> 「우리가 중학교를 졸업한 이래로 20년이 흘렀다.」

**04**  He will write to you as soon as he will get to Canada.

> **TIPS!**
> will get → gets
> 「그가 캐나다에 도착하자마자 당신께 편지를 보낼 겁니다.」

**05**  Charles visited me last night because I have asked him for help early.

> **TIPS!**
> have asked → had asked
> 「내가 찰스에게 먼저 도움을 요청했기 때문에 그가 지난밤에 나를 방문했다.」

# 03 조동사

## section 1 be, have, do의 용법

### (1) be : 진행형, 수동태에서 be, have, do

He is playing computer games.(현재진행)
She was told that she won the first prize.(수동태)

### (2) have : 완료형을 만들 때

We have lived there.(현재완료)

### (3) do : 의문문, 부정문, 강조, 도치, 대동사

Do I know you?(의문문)
She did leave on Saturday.(강조)
Never did I see such a fool.(도치)
He works harder than I do.(대동사)

## section 2 can, could의 용법

### (1) 능력, 가능( = be able to, ~ 할 수 있다)

He can stand on his hand. 그는 물구나무를 설 수 있다.
= He is able to stand on his hand.

### (2) 허가( = may, ~ 해도 좋다)

의문문에서 could를 쓰면 can보다 더 정중하고 완곡한 표현이 된다.
Could I speak to you a minute? 잠깐만 이야기할 수 있을까요?

**기출PLUS**

**기출** 2016. 6. 18. 제1회 지방직

**어법상 옳은 것을 고르시오.**

① The poor woman couldn't afford to get a smartphone.
② I am used to get up early everyday.
③ The number of fires that occur in the city are growing every year.
④ Bill supposes that Mary is married, isn't he?

## (3) 의심, 부정

의문문에서는 강한 의심, 부정문에서는 강한 부정의 추측을 나타내기도 한다.

Can the news be true?  No, it can't be true.

그 뉴스가 사실일 수 있습니까? 아니오. 그것이 사실일 리가 없습니다.

**POINT** can과 관련된 관용적 표현

㉠ cannot help -ing : ~하지 않을 수 없다(= cannot but + 동사원형).

I cannot help falling in love with you.

나는 당신과 사랑에 빠지지 않을 수 없다.

= I cannot but fall in love with you.

㉡ as ~ as can be : 더할 나위 없이 ~하다.

I am as happy as can be. 나는 더할 나위 없이 행복하다.

㉢ as ~ as one can : 가능한 한 ~ (= as ~ as possible)

He ate as much as he could. 그는 가능한 한 많이 먹었다.

= He ate as much as possible.

㉣ cannot ~ too : 아무리 ~해도 지나치지 않다.

You cannot praise him too much.

너는 그를 아무리 많이 칭찬해도 지나치지 않다

= You cannot praise him enough.

= You cannot overpraise him.

= It is impossible to overpraise him.

㉤ cannot so much as ~ : ~조차 하지 못한다.

He cannot so much as write his own name.

그는 자신의 이름조차 쓰지 못한다.

## section 3 | may, might의 용법

### (1) 허가(= can, ~ 해도 된다)

A : May I smoke here? 제가 여기서 담배를 피워도 될까요?

B : Yes, you may. / No, you must(can) not.

예, 피워도 됩니다. / 아니오, 피우면 안됩니다.

### (2) 추측(~ 일지도 모른다, might는 더 완곡한 표현)

I might lose my job. 나는 직장을 잃을지도 모른다.

### (3) 기원(부디 ~ 하소서!)

May you succeed!

= I wish you succeed! 부디 성공하기를!

❮정답 ①

**POINT** may와 관련된 관용적 표현

     ⊙ may well ~ : ~하는 것도 당연하다(= have good reason to do, It is natural that S + should + V).

        You may well be angry. 네가 화를 내는 것도 당연하다.

     ⓛ may as well ~ : ~하는 편이 낫다, ~해도 좋다(had better보다 완곡한 표현).

        You may as well begin at once. 즉시 시작하는 편이 낫다.

     ⓒ may(might) as well A as B : B하느니 차라리 A하는 편이 낫다.

        You might as well expect a river to flow backward as hope to move me. 내 마음이 움직이기를 바라느니 차라리 강물이 거꾸로 흐르기를 바라는 것이 더 낫다.

     ⓔ so that + S + may(can, will) ~ : ~할 수 있도록

        Come home early so that we may eat dinner together. 함께 저녁식사를 할 수 있도록 일찍 집에 오너라.

## section 4 must의 용법

### (1) 명령 · 의무 · 필요

  '~해야만 한다[= have(has / had) to do]'의 뜻으로, 과거 · 미래 · 완료시제에서는 have(had) to를 쓴다.

You must be here by 6 o'clock at the latest.
당신은 늦어도 6시까지 여기로 와야 한다.

I had to pay the money(과거). 나는 돈을 지불해야만 했다.

I shall have to work tomorrow afternoon, although it's Saturday(미래).
토요일임에도 불구하고 나는 내일 오후까지 일해야 한다.

**POINT** 부정의 형태

     ⊙ must not[= be not allowed(obliged) to do] : ~해서는 안 된다(금지).

        May I go? No, you must(may) not.

     ⓛ need not(= don't have to do) : ~할 필요가 없다(불필요).

        Must I go? No, you need not.

     ⓒ 불허가의 표시에는 must not이 보통이지만, may not을 쓰면 공손한 표현이 된다.

### (2) 추측

  '~임에 틀림없다(부정은 cannot be)'의 뜻으로, 추측의 뜻을 나타낼 때는 have to를 쓰지 않고 must를 써야 한다(과거시제라도 had to를 쓰지 않음).

There's the doorbell. It must be Thomas.
초인종이 울렸다. Thomas임에 틀림없다.

I told him that it must be true.
나는 틀림없이 사실이었다고 그에게 말했다.

**기출PLUS**

기출 2020. 6. 13. 지방직/서울특별시

**어법상 옳은 것은?**

① Of the billions of stars in the galaxy, how much are able to hatch life?

② The Christmas party was really excited and I totally lost track of time.

③ I must leave right now because I am starting work at noon today.

④ They used to loving books much more when they were younger.

**◀정답 ③**

**기출PLUS**

**(3) 필연(반드시 ~ 하다)**

All men must die. 모든 사람은 반드시 죽는다.

## section 5 should, ought to의 용법

**(1) 의무 · 당연**

should와 ought to는 의무 · 당연을 나타내는 비슷한 뜻의 조동사이다.

You should pay your debts. 너는 빚을 갚아야 한다.

= You ought to pay your debts.

**(2) 판단 · 감정**

판단, 비판, 감정을 표시하는 주절에 이어지는 that절에서는 should를 쓴다.

① 이성적 판단의 형용사 … It is necessary(natural, important, essential, proper, reasonable, etc) + that + S + (should) + 동사원형 ~.

It is important that you (should) arrive here on time.

네가 제 시각에 이 곳에 도착하는 것이 중요하다.

② 감성적 판단의 형용사 … It is strange(surprising, amazing, a pity, no wonder, wonderful, etc) + that + S + (should) + 동사원형 ~.

It is strange that he (should) say so. 그가 그렇게 말하다니 이상하다.

**(3) 명령, 요구, 주장, 제안 등의 동사 + that + S + (should) + 동사원형**

명령, 요구, 주장, 제안, 희망 등의 동사(명사) 다음에 오는 that절에는 should를 쓰기도 하고 생략하여 동사원형만 쓰기도 한다[S + order(command, suggest, propose, insist, recommend) + that + S + (should) + 동사원형].

Mother insist that we (should) start early.

어머니는 우리가 일찍 출발할 것을 주장하셨다.

## section 6 will, would의 특수용법

**(1) 현재의 습성, 경향**

Children will be noisy. 아이들은 시끄럽다.

**기출** 2016. 4. 9. 인사혁신처

**어법상 옳은 것은?**

① Jessica is a much careless person who makes little effort to improve her knowledge.

② But he will come or not is not certain.

③ The police demanded that she not leave the country for the time being.

④ The more a hotel is expensiver, the better its service is.

**기출** 2015. 3. 14. 사회복지직

**밑줄 친 부분 중 어법상 옳지 않은 것은?**

┌ 보기 ┐

A college girl was really ① upset with her father. She was ashamed of him because he didn't treat his workers well. She demanded that he ② shared the profits with the employees. She explained to him ③ how unfairly workers ④ were treated.

└───────────┘

**‹** 정답 ③, ②

**(2) 과거의 불규칙적 습관**

He would go for a long walk. 그는 오랫동안 산책하곤 했다.

**(3) 현재의 거절, 고집**

He will have his way in everything. 그는 모든 일을 마음대로 한다.

**(4) 과거의 거절, 고집**

He would not come to the party after all my invitation.
그는 나의 초대에도 그 파티에 오려고 하지 않았다.

**(5) 희망, 욕구**

He who would search for pearls, must dive deep.
진주를 찾으려는 사람은 물속 깊이 잠수해야 한다.

## section 7 used to, need의 용법

**(1) 'used to + 동사원형'의 용법**

① 과거의 규칙적·반복적 습관… ~하곤 했다.
I used to get up early. 나는 예전에 일찍 일어났었다.

② 과거의 일정기간이 계속된 상태… 이전에는 ~이었다(현재는 그렇지 않음).
There used to be a tall tree in front of my house.
나의 집 앞에는 키가 큰 나무 한 그루가 있었다(현재는 없다).

**(2) need의 용법**

① 긍정문… 본동사로 쓰인다.
The boy needs to go there(need는 일반동사). 그 소년은 거기에 갈 필요가 있다.

② 부정문, 의문문… 조동사로 쓰인다.
ㄱ need not : ~할 필요가 없다(= don't have to do).
The boy need not go there. 그 소년은 거기에 갈 필요가 없다.
ㄴ need not have p.p. : ~할 필요가 없었는데(실제로는 했음).
I need not have waited for Mary. 나는 Mary를 기다릴 필요가 없었는데.
ㄷ Need + S + 동사원형 : ~할 필요가 있느냐?
Need he go now? 그가 지금 갈 필요가 있느냐?

**참고**
• be used to (동)명사 : ~에 익숙해지다
• be used to v : ~하는 데 사용되다

## section 8 had better, had(would) rather의 용법

### (1) had better do(~하는 편이 좋다)

① had better는 조동사의 역할을 하므로 그 다음에 오는 동사의 형태는 반드시 동사원형이어야 한다.

② 부정형 … had better not do

### (2) had(would) rather do(차라리 ~하는 편이 좋다, 차라리 ~하고 싶다)

① had(would) rather는 조동사의 역할을 하므로 그 다음에 오는 동사의 형태는 반드시 동사원형이어야 한다.

② 부정형 … had(would) rather not do

> **POINT** 조동사 + have + p.p.의 용법
>
> ㉠ cannot have + p.p. : ~했을 리가 없다(과거의 일에 대한 강한 부정).
>   He cannot have said such a thing. 그가 그렇게 말했을리가 없다.
>   = It is impossible that he said such a thing.
> ㉡ must have + p.p. : ~했음에 틀림없다(과거의 일에 대한 확실한 추측).
>   She must have been beautiful when she was young.
>   그녀는 젊었을 때 미인이었음이 틀림없다.
>   = It is certain(evident, obvious) that she was beautiful when she was young.
>   = I am sure that she was beautiful when she was young.
> ㉢ may have + p.p. : ~했을지도 모른다(과거의 일에 대한 불확실한 추측).
>   I suspect he may have been aware of the secret.
>   나는 그가 비밀을 알고 있었는지도 모른다고 의심한다.
>   = It is probable that he was aware of the secret.
> ㉣ should(ought to) have + p.p. : ~했어야 했는데(하지 않았다, 과거에 하지 못한 일에 대한 유감·후회).
>   You should(ought to) have followed his advice.
>   너는 그의 충고를 따랐어야 했는데.
>   = It is a pity that you did not follow his advice.
> ㉤ need not have + p.p. : ~할 필요가 없었는데(해버렸다, 과거에 행한 일에 대한 유감·후회).
>   He need not have hurried. 그는 서두를 필요가 없었는데.
>   = It was not necessary for him to hurry, but he hurried.

**┃01~05┃ 다음 문장에서 틀린 부분을 찾아 고치시오.**

**01**  His car is gone, so he must leave already.

> **TIPS!**
>
> must leave → must have left
> 「그의 자동차가 사라진걸 보니, 그는 이미 떠났음에 틀림없다.」

**02**  I insisted that nothing might start until I arrived.

> **TIPS!**
>
> might → should
> 「나는 내가 도착할 때까지 아무것도 시작하지 말 것을 주장했다.」

**03**  She had a wonderful time at the party and so I did.

> **TIPS!**
>
> I did → did I
> 「그녀는 파티에서 멋진 시간을 보냈고 나도 그랬다.」

**04**  I am used to study at least 4 hours every night.

> **TIPS!**
>
> am used → used
> 「나는 매일 밤 적어도 네 시간씩 공부 하곤 했다.」

**05**  You needs not answer such a stupid question.

> **TIPS!**
>
> needs → need
> 「당신은 그렇게 바보 같은 질문에 답할 필요가 없다.」

# 04 수동태

**기출** 2018. 3. 24. 제1회 서울특별시

**밑줄 친 부분 중 어법상 가장 옳지 않은 것은?**

┌ 보기 ┐

I ①convinced that making pumpkin cake ②from scratch would be ③even easier than ④making cake from a box.

**기출** 2014. 3. 22. 사회복지직

**밑줄 친 부분 중 어법상 옳지 않은 것을 고르시오.**

┌ 보기 ┐

When I was growing up, many people asked me ①if I was going to follow in my father's footsteps, to be a teacher. As a kid, I remember ②saying, "No way. I'm going to go into business." Years later I found out that I actually love teaching. I enjoyed teaching because I taught in the method ③in which I learn best. I learn best via games, cooperative competition, group discussion, and lessons. Instead of punishing mistakes, I encouraged mistakes. Instead of asking students to take the test on their own, they ④required to take tests as a team. In other words, action first, mistakes second, lessons third, laughter fourth.

① if          ② saying
③ in which     ④ required

## section 1 수동태로의 전환

### (1) 능동태와 수동태

① 능동태 : 동작(행위)의 주체가 주어로 오는 것

② 수동태 : 동작의 영향을 받거나 당하는 대상이 주어로 오는 것

### (2) 3형식의 전환

① 주어는 'by + 목적격'으로, 목적어는 주어로, 동사는 be + p.p.로 바뀐다.
He broke this window. 그는 이 창문을 깨뜨렸다.
→This window was broken by him.

② 목적어가 that절일 때의 수동태
일반주어 + think/believe/suppose/expect/say/know + that + S + V.
= It + be + thought/believed/supposed/expected/said/known + that + S + V
= S + be + thought/believed/supposed/expected/said/known + to + V
I believe that he is innocent. 나는 그가 무죄라고 믿는다.
= It is believed that he is innocent.
= He is believed to be innocent.

### (3) 4형식의 전환

일반적으로 간접목적어(사람)를 주어로 쓰고, 직접목적어(사물)가 주어 자리에 올 때에는 간접목적어 앞에 전치사(to, for of 등)를 붙인다. 이 때 전치사 to는 생략 가능하다.
She gave me another chance. 그녀는 나에게 다른 기회를 주었다.
→I was given another chance by her(간접목적어가 주어).
→Another chance was given (to) me by her(직접목적어가 주어).
My mother bought me these books. 나의 어머니가 나에게 이 책들을 사주었다.
→These books was bought for me by my mother(직접목적어가 주어).
He asked me a question. 그는 나에게 질문을 하였다.
→I was asked a question by him(간접목적어가 주어).
→A question was asked of me by him(직접목적어가 주어).

**⚡POINT** 수동태를 만들 수 없는 경우

　ⓐ 목적어를 갖지 않는 1·2형식 문장은 수동태를 만들 수 없다.

　ⓑ 목적어를 갖는 타동사 중에서도 상태를 나타내는 동사(have, resemble, lack, fit 등)는 수동태를 만들 수 없다.

　　She resembles her mother(○). 그녀는 엄마를 닮았다.

　　→Her mother is resembled by her(×).

　ⓒ 4형식 문장에서 buy, make, bring, read, sing, write, get, pass 등은 간접목적어를 주어로 한 수동태를 만들 수 없다.

　　He made me a doll. 그는 나에게 인형을 만들어 주었다.

　　→A doll was made for me by him(○).

　　→I was made a doll by him(×).

## (4) 5형식의 전환

　목적어가 주어로, 목적보어가 주격보어로 된다.

She always makes me happy. 그녀는 항상 나를 행복하게 한다.

→I am always made happy by her.

---

## section **2** 의문문과 명령문의 수동태

### (1) 의문문의 수동태

① 일반의문문 … 먼저 평서문으로 전환해서 수동태로 고친 후, 주어와 동사를 도치시켜 의문문을 만든다.

　Did he write this letter? 그가 이 편지를 썼습니까?

　→He wrote this letter.

　→This letter was written by him.

　→Was this letter written by him?

② 의문사가 있는 의문문 … 의문사가 있는 의문문의 수동태는 의문사를 문두에 두어야 한다.

　ⓐ 의문사가 주어일 때

　　Who invented the telephone?

　　→The telephone was invented by whom.

　　→By whom was the telephone invented? 전화는 누구에 의해 발명되었느냐?

　ⓑ 의문사가 목적어일 때

　　What did he make?

　　→He made what.

　　→What was made by him? 무엇이 그에 의해 만들어졌느냐?

ⓒ 의문부사가 있을 때

When did you finish it?

→When you finished it.

→When it was finished (by you).

→When was it finished (by you)? 언제 그것이 끝나겠느냐?

### (2) 명령문의 수동태

사역동사 let을 써서 바꾼다.

① 긍정명령문 … let + O + be + p.p.

Play that music. 그 음악을 틀어라.

→Let that music be played.

② 부정명령문 … Don't let + O + be + p.p. = Let + O + not + be + p.p.

Don't forget your umbrella. 우산을 잊지 말아라.

→Don't let your umbrella be forgotten.

→Let your umbrella not be forgotten.

**어법상 옳은 것은?**

① A week's holiday has been promised to all the office workers.

② She destined to live a life of serving others.

③ A small town seems to be preferable than a big city for raising children.

④ Top software companies are finding increasingly challenging to stay ahead.

## section 3 진행형과 완료형의 수동태

### (1) 진행형의 수동태(be + being + p.p.)

Tom is painting this house.

→This house is being painted by Tom.(현재진행 수동태) 이 집은 Tom에 의해 페인트칠이 되었다.

Oceanographers were monitoring the surviving whales. →The surviving whales were being monitored by oceanographers.(과거진행 수동태) 생존한 고래들이 해양학자들에 의해 추적 관찰되고 있었다.

### (2) 완료형의 수동태(have + been + p.p.)

Your words have kept me awake.

→I have been kept awake by your words.(현재완료 수동태) 나는 너의 말에 의해 눈뜨게 되었다.

He notified the police that his store had been robbed.(과거완료 수동태) 그가 그의 가게에 강도가 들었다고 경찰에 신고했다.

**(3) 조동사의 수동태(can/will/should) + be + p.p)**

I can be arrested if I do it again.
다시 이 일을 저지를 경우 나는 체포 당할 수 있습니다.

## section 4 │ 주의해야 할 수동태

### (1) 사역동사와 지각동사의 수동태

① 5형식 문장에서 사역동사와 지각동사의 목적보어로 쓰인 원형부정사는 수동태로 전환할 때 앞에 to를 붙여준다.

I saw them cross the road.

→They were seen to cross the road by me. 그들이 길을 건너는 것이 나에게 보였다.

We made him finish the work.

→He was made to finish the work (by us). (우리는) 그가 일을 끝내게 시켰다.

② 사역동사 let의 수동태 ··· 사역동사 let이 쓰인 문장의 수동태는 allowed, permitted 등의 유사한 뜻을 가진 단어로 대체한다.

Her mother let her go out.

→She was allowed to go out by her mother.
그녀는 외출하도록 그녀의 어머니에게 허락받았다.

### (2) by 이외의 전치사를 쓰는 수동태

① 기쁨, 슬픔, 놀람 등의 감정을 나타내는 동사 ··· 주로 수동태로 표현되며, 전치사는 at, with 등을 쓴다.

㉠ be surprised[astonished, frightened] at : ~에 놀라다

The news surprised me.

→I was surprised at the new. 나는 그 소식에 깜짝 놀랐다.

㉡ be pleased[delighted, satisfied, disappointed] with : ~에 기뻐하다(기뻐하다, 만족하다, 실망하다)

The result pleased me.

→I was pleased with the result. 나는 결과에 기뻤다.

**기출PLUS**

[기출] 2017. 3. 18. 제1회 서울특별시

**다음 중 문법적으로 올바른 문장은?**

① Both adolescents and adults should be cognizant to the risks of second-hand smoking.

② His address at the luncheon meeting was such great that the entire audience appeared to support him.

③ Appropriate experience and academic background are required of qualified applicants for the position.

④ The major threat to plants, animals, and people is the extremely toxic chemicals releasing into the air and water.

◀정답 ③

**기출** 2020. 7. 11. 인사혁신처

**어법상 옳은 것은?**

① The traffic of a big city is busier than those of a small city.

② I'll think of you when I'll be lying on the beach next week.

③ Raisins were once an expensive food, and only the wealth ate them.

④ The intensity of a color is related to how much gray the color contains.

**☞POINT** 그 외의 관용적인 표현

㉠ be married to : ~와 결혼하다

㉡ be interested in : ~에 관심이 있다

㉢ be caught in : ~을 만나다

㉣ be absorbed in : ~에 몰두하다

㉤ be robbed of : ~을 빼앗기다, 강탈당하다(사람주어)

㉥ be dressed in : ~한 옷을 입고 있다

㉦ be ashamed of : ~을 부끄럽게 여기다

㉧ be convinced of : ~을 확신하다

㉨ be covered with : ~으로 덮이다

㉩ be tired with : ~에 지치다

㉪ be tired of : ~에 싫증나다

㉫ be made of : ~으로 만들어지다(물리적)

㉬ be made from : ~으로 만들어지다(화학적)

㉭ be known + 전치사

• be known to : ~에게 알려지다(대상)

• be known by : ~을 보면 안다(판단의 근거)

• be known for : ~때문에 알려지다(이유)

• be known as : ~으로서 알려지다(자격·신분)

### (3) 주어가 'no + 명사'인 문장의 수동태

not(never) ~ by any의 형태로 쓴다.

No scientist understood his idea.

→ His idea was not understood by any scientist(○).

그의 생각은 어느 과학자에게도 이해받지 못했다.

→ His idea was understood by no scientist(×).

### (4) 타동사구의 수동태

'자동사 + (부사) + 전치사'나 '타동사 + 목적어 + 전치사'를 하나의 타동사로 취급한다.

① 자동사 + (부사) + 전치사

㉠ send for : ~을 부르러 보내다

㉡ look for : ~을 찾다(= search)

㉢ account for : ~을 설명하다(= explain)

㉣ ask for : ~을 요구하다(= demand)

㉤ laugh at : ~을 비웃다, 조롱하다(= ridicule)

㉥ add to : ~을 증가시키다(= increase)

㉦ look up to : ~을 존경하다(= respect)

㉧ look down on : ~을 경멸하다(= despise)

**◀정답 ④**

ⓩ put up with : ~을 참다(= bear, endure)

ⓩ do away with : ~을 폐지하다(= abolish)

㉠ speak well of : ~을 칭찬하다(= praise)

㉣ speak ill of : ~을 욕하다, 비난하다(= blame)

　　We cannot put up with these things.

　　→These things cannot be put up with (by us).

　　이것들은 참을 수 없게 한다.

② 타동사 + 목적어 + 전치사

　㉠ take care of : ~을 보살피다.

　㉡ pay attention to : ~에 주의를 기울이다.

　㉢ take notice of : ~을 주목하다.

　㉣ make use of : ~을 이용하다.

　㉤ get rid of : ~을 제거하다.

　㉥ take advantage of : ~을 이용하다.

　　She took good care of the children.

　　→The children was taken good care of by her.

　　　아이들은 그녀에 의해 잘 보살펴졌다.

　　→Good care was taken of the children by her(타동사구 부분의 목적어를
　　　주어로 활용할 수도 있다).

**04** Practice 문제

▌01~05 ▌ 다음 문장에서 틀린 부분을 찾아 고치시오.

**01** She's not interesting in men who think love is not important.

> **TIPS!**
> interesting → interested
> 「그녀는 사랑이 중요하지 않다고 생각하는 남자한테는 관심이 없다.」

**02** Many doctors are hoping cures for many forms of cancer will discover in the near future.

> **TIPS!**
> will discover → will be discovered
> 「많은 의사들은 많은 형태의 암에 대한 치료법이 가까운 미래에 발견될 것이라고 희망한다.」

**03** Prevention thinks to be more important than treatment.

> **TIPS!**
> thinks → is thought
> 「예방이 치료보다 보다 더 중요한 것이라고 생각된다.」

**04** People have told us that mom is taking advantage of.

> **TIPS!**
> taking → being taken
> 「사람들은 엄마가 이용을 당하고 있다고 말합니다.」

**05** A surprised discovery in the Mexican desert excited the world.

> **TIPS!**
> surprised → surprising
> 「멕시코 사막에서의 놀라운 발견이 세상을 들뜨게 했습니다.」

# 05 부정사와 동명사

## section 1 부정사

### (1) 부정사의 용법

① 부정사의 명사적 용법

   ㉠ 주어 역할 : 문장의 균형상 가주어 it을 문장의 처음에 쓰고 부정사는 문장 끝에 두기도 한다.

     To tell the truth is difficult. 진실을 말하는 것은 어렵다.

     It is sad to lose a friend(It : 가주어, to lose ~ : 진주어).

     친구를 잃는 것은 슬픈 일이다.

   ㉡ 보어 역할 : be동사의 주격보어로 쓰여 '~하는 것이다'의 뜻을 나타낸다.

     To teach is to learn. 가르치는 것이 배우는 것이다.

   ㉢ 목적어 역할 : 타동사의 목적어로 쓰인다. 특히 5형식 문장에서 believe, find, make, think 등의 동사가 부정사를 목적어로 취할 때에는 목적어 자리에 가목적어 it을 쓰고, 진목적어인 부정사는 문장 뒤에 둔다.

     I promised Mary to attend the meeting.

     나는 Mary에게 그 모임에 나가겠다고 약속했다.

     I made it clear to give up the plan(it : 가목적어, to give up ~ : 진목적어).

     나는 그 계획을 포기할 것을 명백하게 밝혔다.

② 부정사의 형용사적 용법

   ㉠ 한정적 용법 : 명사를 수식해 줄 때 한정적 용법이라고 한다.

     She was the only one to survive the crash.

     그녀는 충돌사고에서의 유일한 생존자였다.

     He has nothing to complain about.

     그는 아무런 불평이 없다.

     He had the courage to admit his mistakes.

     그는 자기의 실수를 인정할 용기가 있었다.

     = He had the courage of admitting his mistake.

   ㉡ 서술적 용법 : 부정사가 보어로 쓰인다.

     • seem(appear, happen, prove) + to부정사

     She seems to be clever. 그녀는 총명한 것 같다.

     = It seems that she is clever.

• be동사 + to부정사의 용법 : 예정[~할 것이다(= be going to)], 의무[~해야 한다 (= should)], 가능[~할 수 있다(= be able to)], 운명[~할 운명이다(= be destined to)], 의도(~할 의도이다)

If you are to be a doctor, you should study hard.
만약 네가 의사가 되고자 한다면, 너는 열심히 공부해야 한다.
President is to visit Japan in August.
대통령은 8월에 일본을 방문할 것이다.
You are to eat all your meal. 당신은 당신의 식사를 모두 먹어야 한다.
Her ring was nowhere to be seen. 그녀의 반지는 어디에서도 볼 수 없었다.
They were never to meet again. 그들은 결코 다시 만나지 못할 운명이다.

③ **to부정사의 부사적 용법** … 동사 · 형용사 · 부사를 수식하여 다음의 의미를 나타낸다.

ㄱ **목적** : '~하기 위하여(= in order to do, so as to do)'의 뜻으로 쓰인다.
To stop the car, the policeman blew his whistle.
차를 세우기 위해 경찰관은 호각을 불었다.

ㄴ **감정의 원인** : '~하니, ~해서, ~하다니, ~하는 것을 보니(판단의 근거)'의 뜻으로 쓰이며, 감정 및 판단을 나타내는 어구와 함께 쓰인다.
I am sorry to trouble you. 불편을 끼쳐서 죄송합니다.

ㄷ **조건** : '만약 ~한다면'의 뜻으로 쓰인다.
I should be happy to be of service to you.
당신에게 도움이 된다면 기쁘겠습니다.

ㄹ **결과** : '(그 결과) ~하다'의 뜻으로 쓰이며 'live, awake, grow (up), never, only + to부정사'의 형태로 주로 쓰인다.
He grew up to be a wise judge. 그는 자라서 훌륭한 판사가 되었다.
= He grew up, and became a wise judge.

ㅁ **형용사 및 부사 수식** : '~하기에'의 뜻으로 쓰이며, 앞에 오는 형용사 및 부사 (easy, difficult, enough, too, etc)를 직접 수식한다.
His name is easy to remember. 그의 이름은 기억하기에 쉽다.

• A enough to do : ~할 만큼 (충분히) A하다(= so A as to do, so A that + 주어 + can ~).
You are old enough to understand my advice.
당신은 나의 충고를 이해할 만큼 충분히 나이가 들었다.
= You are so old as to understand my advice.
= You are so old that you can understand my advice.

• too A to do : 너무 A하여 ~할 수 없다(= so A that + 주어 + cannot ~).
The grass was too wet to sit on. 그 잔디는 너무 젖어서 앉을 수 없었다.
= The grass was so wet that we couldn't sit on it.

## (2) 부정사의 의미상 주어

① 의미상 주어를 따로 표시하지 않는 경우 … 부정사의 의미상 주어는 원칙적으로 'for + 목적격'의 형태로 표시되지만, 다음의 경우에는 그 형태를 따로 표시하지 않는다.

  ㉠ 문장의 주어나 목적어와 일치하는 경우

    She promised me to come early[She(주어)가 come의 의미상 주어와 일치].

    그녀는 일찍 오겠다고 나와 약속했다.

    He told me to write a letter[me(목적어)가 write의 의미상 주어와 일치].

    그는 나에게 편지를 쓰라고 말했다.

  ㉡ 일반인인 경우

    It always pays (for people) to help the poor.

    가난한 사람들을 도우면 반드시 보답받는다.

  ㉢ 독립부정사인 경우

> **POINT** 독립부정사
>
> 관용적 표현으로 문장 전체를 수식한다.
>
> ㉠ to begin(start) with : 우선
>
> ㉡ so to speak : 소위
>
> ㉢ strange to say : 이상한 얘기지만
>
> ㉣ to be frank(honest) : 솔직히 말해서
>
> ㉤ to make matters worse : 설상가상으로
>
> ㉥ to make matters better : 금상첨화로
>
> ㉦ to cut(make) a long story short : 요약하자면

② 의미상 주어의 형태

  ㉠ for + 목적격 : It is + 행위판단의 형용사(easy, difficult, natural, important, necessary, etc) + for 목적격 + to부정사

    It is natural for children to be noisy. 어린이들이 시끄러운 것은 당연하다.

  ㉡ of + 목적격 : It is + 성격판단의 형용사(kind, nice, generous, wise, foolish, stupid, careless, etc) + of 목적격 + to부정사

    It is generous of her to help the poor.

    가난한 이들을 돕다니 그녀는 관대하다.

## (3) 부정사의 시제

① 단순부정사 … 'to + 동사원형'의 형태로 표현한다.

  ㉠ 본동사의 시제와 일치하는 경우

    He seems to be rich. 그는 부자처럼 보인다.

    = It seems that he is rich.

ⓛ 본동사의 시제보다 미래인 경우 : 본동사가 희망동사(hope, wish, want, expect, promise, intend, etc)나 remember, forget 등일 경우 단순부정사가 오면 미래를 의미한다.

Please remember to post the letter. 편지 부칠 것을 기억하세요.

= Please remember that you should post the letter.

② 완료부정사 ··· 'to + have p.p.'의 형태로 표현한다.

㉠ 본동사의 시제보다 한 시제 더 과거인 경우

He seems to have been rich. 그는 부자였던 것처럼 보인다.

= It seems that he was(has been) rich.

ⓛ 희망동사의 과거형 + 완료부정사 : 과거에 이루지 못한 소망을 나타내며, '~하려고 했는데 (하지 못했다)'로 해석한다.

I intended to have married her.

나는 그녀와 결혼하려고 작정했지만 그렇게 하지 못했다.

= I intended to marry her, but I couldn't.

### (4) 원형부정사

원형부정사는 to가 생략되고 동사원형만 쓰인 것이다.

① 조동사 + 원형부정사 ··· 원칙적으로 조동사 뒤에는 원형부정사가 쓰인다.

> **POINT** 원형부정사의 관용적 표현
> ㉠ do nothing but + 동사원형 : ~하기만 하다.
> ㉡ cannot but + 동사원형 : ~하지 않을 수 없다(= cannot help + -ing).
> ㉢ had better + (not) + 동사원형 : ~하는 것이(하지 않는 것이) 좋겠다.

② 지각동사 + 목적어 + 원형부정사 ~ (5형식) ··· '(목적어)가 ~하는 것을 보다, 듣다, 느끼다'의 뜻으로 see, watch, look at, notice, hear, listen to, feel 등의 동사가 이에 해당한다.

She felt her heart beat hard. 그녀는 심장이 몹시 뛰는 것을 느꼈다.

③ 사역동사 + 목적어 + 원형부정사 ~ (5형식)

㉠ '(목적어)가 ~하도록 시키다, 돕다'의 뜻으로 make, have, bid, let, help 등의 동사가 이에 해당한다.

Mother will not let me go out.

어머니는 내가 외출하지 못하게 하신다.

ⓛ help는 뒤에 to부정사가 올 수도 있다.

They helped me (to) paint the wall.

그들은 내가 그 벽에 페인트를 칠하는 것을 도왔다.

## (5) 기타 용법

① 부정사의 부정 … 'not, never + 부정사'의 형태로 표현한다.

Tom worked hard not to fail again.

Tom은 다시 실패하지 않기 위해 열심히 노력했다.

② 대부정사 … 동사원형이 생략되고 to만 쓰인 부정사로, 앞에 나온 동사(구)가 부정사에서 반복될 때 쓰인다.

A : Are you and Mary going to get married? 너와 Mary는 결혼할거니?

B : We hope to(= We hope to get married). 우리는 그러고(결혼하고) 싶어.

③ 수동태 부정사(to be + p.p.) … 부정사의 의미상 주어가 수동의 뜻을 나타낼 때 쓴다.

There is not a moment to be lost. 한순간도 허비할 시간이 없다.

= There is not a moment for us to lose.

## section 2 동명사

### (1) 동명사의 용법

'동사원형 + -ing'를 이용해 명사형으로 만든 것으로 동사의 성격을 지닌 채 명사의 역할(주어 · 보어 · 목적어)을 한다.

① 주어 역할 … 긴 동명사구가 주어일 때 가주어 It을 문두에 쓰고 동명사구는 문장 끝에 두기도 한다.

Finishing the work in a day or two is difficult.

하루나 이틀 안에 그 일을 끝내기는 힘들다.

= It is difficult finishing the work in a day or two(it : 가주어, finishing ~ : 진주어).

② 보어 역할

My hobby is collecting stamps. 내 취미는 우표수집이다.

③ 목적어 역할

　㉠ 타동사의 목적어 : 5형식 문장에서는 가목적어 it을 쓰고, 동명사구는 문장의 끝에 두기도 한다.

　　He suggested eating dinner at the airport.

　　그는 공항에서 저녁을 먹자고 제안했다.

　　I found it unpleasant walking in the rain(it : 가목적어, walking ~ : 진목적어).

　　나는 빗속을 걷는 것이 유쾌하지 않다는 것을 깨달았다.

　㉡ 전치사의 목적어

　　He gets his living by teaching music. 그는 음악을 가르쳐서 생활비를 번다.

**동명사의 부정**

동명사 앞에 not이나 never을 써서 부정의 뜻을 나타낸다.

I regret not having seen the movie.

나는 그 영화를 보지 않았던 것을 후회한다.

◀ 정답 ③

기출 2011. 6. 11. 서울특별시

**다음 중 어법상 올바른 문장은?**

① I never dreamed of there being a river in the deep forest.
② No sooner he had gone out than it started raining.
③ Most tellers in the banks these days cannot dispense without computers.
④ I have successfully completed writing the book three weeks ago.
⑤ I can't hardly make myself understood in English.

## (2) 동명사의 의미상 주어

① **의미상 주어를 따로 표시하지 않는 경우** … 문장의 주어 또는 목적어와 일치하거나 일반인이 주어일 때 의미상 주어를 생략한다.
   ㉠ 문장의 주어 또는 목적어와 일치하는 경우
      I've just finished reading that book(주어와 일치). 나는 막 그 책을 다 읽었다.
      He will probably punish me for behaving so rudely(목적어와 일치).
      내가 무례하게 행동한 것에 대해 그는 아마 나를 나무랄 것이다.
   ㉡ 일반인인 경우
      Teaching is learning(일반인이 주어). 가르치는 것이 배우는 것이다.

② **의미상 주어의 형태**
   ㉠ 소유격 + 동명사 : 의미상 주어가 문장의 주어나 목적어와 일치하지 않을 때 동명사 앞에 소유격을 써서 나타낸다. 구어체에서는 목적격을 쓰기도 한다.
      There is no hope of his coming. 그가 오리라고는 전혀 기대할 수 없다.
   ㉡ 그대로 쓰는 경우 : 의미상 주어가 소유격을 쓸 수 없는 무생물명사나 this, that, all, both, oneself, A and B 등의 어구일 때에는 그대로 쓴다.
      I can't understand the train being so late.
      나는 그 기차가 그렇게 늦었는지 이해할 수 없다.

## (3) 동명사의 시제와 수동태

① **단순동명사** … 본동사와 동일시제 또는 미래시제일 때 사용한다.
   He is proud of being rich. 그는 부유한 것을 자랑한다.
   = He is proud that he is rich.

② **완료동명사** … having + p.p.의 형태를 취하며, 본동사의 시제보다 하나 앞선 시제를 나타낸다.
   He denies having told a lie. 그는 거짓말했던 것을 부인한다.
   = He denies that he told a lie.

③ **수동태 동명사** … 동명사의 의미상 주어가 수동의 뜻을 나타낼 때 being + p.p., having been + p.p.의 형태로 쓴다.
   I don't like being asked to make a speech(단순시제).
   나는 연설청탁받는 것을 싫어한다.
   He complained of having been underpaid(완료시제).
   그는 급료를 불충분하게 받았던 것을 불평하였다.

＜정답 ①

**POINT** 동명사의 관용적 표현

    ㉠ It is no use + 동명사 : ~해봐야 소용없다(= It is useless to부정사).
        It is no use pretending that you are not afraid.
        당신이 무서워하지 않는 척 해봐야 소용없다.

    ㉡ There is no + 동명사 : ~하는 것은 불가능하다(= It is impossible to부정사).
        There is no accounting for tastes. 기호를 설명하는 것은 불가능하다.

    ㉢ cannot help + 동명사 : ~하지 않을 수 없다(= cannot out + 동사원형).
        I cannot help laughing at the sight. 나는 그 광경에 웃지 않을 수 없다.

    ㉣ feel like + 동명사 : ~하고 싶다(= feel inclined to부정사, be in a mood to부정사).
        She felt like crying when she realized her mistake.
        그녀가 그녀의 실수를 깨달았을 때, 그녀는 울고 싶었다.

    ㉤ of one's own + 동명사 : 자신이 ~한(= p.p. + by oneself)
        This is a picture of his own painting. 이것은 그 자신이 그린 그림이다.

    ㉥ be on the point(verge, blink) of + 동명사 : 막 ~하려 하다(= be about to부정사).
        He was on the point of breathing his last.
        그는 막 마지막 숨을 거두려 하고 있었다.

    ㉦ make a point of + 동명사 : ~하는 것을 규칙으로 하다(= be in the habit of + 동명사).
        He makes a point of attending such a meeting.
        그는 그러한 모임에 참석하는 것을 규칙으로 한다.

    ㉧ be accustomed to + 동명사 : ~하는 버릇(습관)이 있다(= be used to + 동명사).
        My grandfather was accustomed to rising at dawn.
        나의 할아버지는 새벽에 일어나는 습관이 있었다.

    ㉨ on(upon) + 동명사 : ~하자마자 곧(= as soon as + S + V)
        On hearing the news, he turned pale.
        그 뉴스를 듣자마자 그는 창백해졌다.

    ㉩ look forward to + 동명사 : ~하기를 기대하다(= expect to부정사)
        He looked forward to seeing her at the Christmas party.
        그는 크리스마스 파티에서 그녀를 보기를 기대하였다.

**기출PLUS**

**기출** 2016. 4. 9. 인사혁신처

**밑줄 친 부분 중 어법상 옳은 것은?**

┌ 보기 ┐

  ① As the old saying go, you are what you eat. The foods you eat ② obvious affect your body's performance. They may also influence how your brain handles tasks. If your brain handles them well, you think more clearly, and you are more emotionally stable. The right food can ③ help you being concentrated, keep you motivated, sharpen your memory, speed your reaction time, reduce stress, and perhaps ④ even prevent your brain from aging.

---

## section 3 부정사와 동명사의 비교

**(1) 부정사만을 목적어로 취하는 동사(주로 미래지향적이면서 긍정적인 의미를 갖는 동사들이 주요하다)**

  ask, choose, decide, demand, expect, hope, order, plan, pretend, promise, refuse, tell, want, wish 등이 있다.
She pretended to asleep. 그녀는 자는 체했다.

**〈정답 ④**

**어법상 옳은 것을 고르시오.**

① That place is fantastic whether you like swimming or to walk.

② She suggested going out for dinner after the meeting.

③ The dancer that I told you about her is coming to town.

④ If she took the medicine last night, she would have been better today.

**(2) 동명사만을 목적어로 취하는 동사(주로 과거지향적이면서 부정적인 의미를 갖는 동사들이 주요하다)**

　admit, avoid, consider, deny, enjoy, escape, finish, give up, keep, mind, miss, postpone, practice, stop 등이 있다.

I'd like to avoid meeting her now. 나는 지금 그녀와 만나는 것을 피하고 싶다.

**(3) 부정사와 동명사 둘 다를 목적어로 취하는 동사**

　begin, cease, start, continue, fear, decline, intend, mean 등이 있다.

Do you still intend to go(going) there? 너는 여전히 그 곳에 갈 작정이니?

**(4) 부정사와 동명사 둘 다를 목적어로 취하지만 의미가 변하는 동사**

① remember(forget) + to부정사 / 동명사 … ~할 것을 기억하다[잊어버리다(미래)] / ~했던 것을 기억하다[잊어버리다(과거)].

I remember to see her. 나는 그녀를 볼 것을 기억한다.

I remember seeing her. 나는 그녀를 보았던 것을 기억한다.

② regret + to부정사 / 동명사 … ~하려고 하니 유감스럽다 / ~했던 것을 후회하다.

I regret to tell her that Tom stole her ring.

나는 Tom이 그녀의 반지를 훔쳤다고 그녀에게 말하려고 하니 유감스럽다.

I regret telling her that Tom stole her ring.

나는 Tom이 그녀의 반지를 훔쳤다고 그녀에게 말했던 것을 후회한다.

③ need(want) + to부정사 / 동명사 … ~할 필요가 있다(능동) / ~될 필요가 있다(수동).

We need to check this page again. 우리는 이 페이지를 재검토할 필요가 있다.

= This page needs checking again. 이 페이지는 재검토될 필요가 있다.

④ try + to부정사 / 동명사 … ~하려고 시도하다, 노력하다, 애쓰다 / ~을 시험삼아 (실제로) 해보다.

She tried to write in fountain pen. 그녀는 만년필로 써보려고 노력했다.

She tried writing in fountain pen. 그녀는 만년필로 써보았다.

⑤ mean + to부정사 / 동명사 … ~할 작정이다(= intend to do) / ~라는 것을 의미하다.

She means to stay at a hotel. 그녀는 호텔에 머무를 작정이다.

She means staying at a hotel. 그녀가 호텔에 머무른다는 것을 의미한다.

⑥ like(hate) + to부정사 / 동명사 … ~하고 싶다[하기 싫다(구체적 행동)] / ~을 좋아하다[싫어하다(일반적 상황)].

I hate to lie. 나는 거짓말하기 싫다.

I hate lying. 나는 거짓말하는 것이 싫다.

⑦ stop + to부정사 / 동명사 … ~하기 위해 멈추다(부사구) / ~하기를 그만두다(목적어).

He stopped to smoke(1형식). 그는 담배를 피우려고 걸음을 멈췄다.

He stopped smoking(3형식). 그는 담배를 끊었다.

**〈 정답 ②**

**05** Practice 문제

■01~05■ 다음 문장에서 틀린 부분을 찾아 고치시오.

**01** Charles was never seeing his parents again.

> 🌟 TIPS!
> seeing → to see
> 「찰스는 그의 부모를 다시 보지 못할 운명이었다.」

**02** Brian found the way solving the math problem.

> 🌟 TIPS!
> solving → to solve
> 「브라이언은 그 수학 문제를 해결할 방법을 찾아냈다.」

**03** A policeman helped the blind man crossing the street.

> 🌟 TIPS!
> crossing → to cross or cross
> 「한 순경이 맹인이 길을 건너는 것을 도와주었다.」

**04** I've spent the last 10 years or so to learn about men.

> 🌟 TIPS!
> to learn → learning
> 「저는 남자들을 연구하는데 10여 년을 보냈습니다.」

**05** We are opposed to have a party without them.

> 🌟 TIPS!
> have → having
> 「우리는 그들 없이 파티를 여는 것을 반대한다.」

**06 분사**

**밑줄 친 부분 중 어법상 가장 옳지 않은 것은?**

┌ 보기 ┐

　　Lewis Alfred Ellison, a small-business owner and ① a construction foreman, died in 1916 after an operation to cure internal wounds ② suffering after shards from a 100-lb ice block ③ penetrated his abdomen when it was dropped while ④ being loaded into a hopper.

**밑줄 친 부분 중 어법상 옳지 않은 것은?**

┌ 보기 ┐

　　Focus means ① getting stuff done. A lot of people have great ideas but don't act on them. For me, the definition of an entrepreneur, for instance, is someone who can combine innovation and ingenuity with the ability to execute that new idea. Some people think that the central dichotomy in life is whether you're positive or negative about the issues ② that interest or concern you. There's a lot of attention ③ paying to this question of whether it's better to have an optimistic or pessimistic lens. I think the better question to ask is whether you are going to do something about it or just ④ let life pass you by.

❮정답 ②, ③

## section 1 분사의 용법

'동사원형 + -ing(현재분사)'와 '동사원형 + -ed(과거분사)'를 이용해 형용사형으로 만든 것으로 형용사의 역할을 한다.

### (1) 명사 앞에서 수식하는 분사

분사가 단독으로 사용될 때 명사 앞에서 수식한다.

① 현재분사 … 진행(자동사의 현재분사), 능동(타동사의 현재분사)의 뜻
　a sleeping baby = ○ a baby who is sleeping 잠자는 아기
　A rolling stone gathers no moss. 구르는 돌은 이끼가 끼지 않는다.

② 과거분사 … 완료(자동사의 과거분사), 수동(타동사의 과거분사)의 뜻
　fallen leaves = leaves which are fallen(which have fallen) 떨어진 나뭇잎
　Two wounded soldiers were sent to the hospital.
　두 명의 부상병이 병원으로 이송되었다.

### (2) 명사 뒤에서 수식하는 분사

① 분사가 보어나 목적어 또는 부사적 수식어(구)와 함께 구를 이룰 때 명사 뒤에서 수식한다.
　Who is the boy reading a letter written in English?
　영어로 쓰여진 편지를 읽은 소년은 누구인가?

② 분사가 단독으로 사용될지라도 대명사를 수식할 때에는 뒤에서 수식한다.
　Those killed were innumerable. 전사한 사람들이 무수히 많았다.

> **POINT 현재분사와 동명사의 구별**
> -ing형이 명사를 수식할 때 현재 진행 중인 동작을 나타내면 현재분사, 용도를 나타내면 동명사이다.
> • a dancing girl (현재분사) 춤추는 소녀
> • a dancing room = a room for dancing (동명사) 무도장

## (3) 보어 역할의 분사

2형식에서의 주격보어와 5형식에서의 목적격 보어로 쓰이는 분사
He stood looking at the picture. 그는 그 사진을 보면서 서 있었다.
The mystery remained unsettled. 미스테리는 풀리지 않고 남겨졌다.
He kept me waiting for two hours. 그는 나를 두 시간 동안 기다리게 하였다.
I don't like to see you disappointed. 나는 네가 실망하는 것을 보고 싶지 않다.

## section 2 분사구문

### (1) 분사구문

부사절에서 접속사(의미를 명확하게 하고자 할 때는 접속사를 생략하지 않는다), 주어(주절의 주어와 다를 때는 생략하지 않고 일반인 주어나 예측 가능한 주어일 때는 주절의 주어와 다를지라도 생략할 수 있다)를 생략하고 동사를 분사로 바꾸어 구로 줄인 것을 분사구문이라고 하는데 현재분사가 이끄는 분사구문은 능동의 뜻을, 과거분사가 이끄는 분사구문은 수동의 뜻을 가진다.

① 시간 … '~할 '의 뜻으로 쓰인다(= when, while, as, after + S + V).
Thinking of my home, I felt sad. 집 생각을 할 때면, 나는 슬퍼진다.
= When I think of my home, I felt sad.

> **POINT** 접속사 + 분사구문
> 주로 시간과 양보의 부사절에서 분사구문의 의미를 명확히 하기 위하여 접속사를 남겨두기도 한다.
> While swimming in the river, he was drowned.
> 강에서 헤엄치는 동안 그는 익사했다.
> = While he was swimming in the river, he was drowned.

② 이유·원인 … '~하기 때문에, ~이므로'의 뜻으로 쓰인다(= as, because, since + S + V).
Tired with working, I sat down to take a rest. 일에 지쳤기 때문에, 나는 앉아서 휴식을 취했다.
= As I was tired with working, I sat down to take a rest.

③ 조건 … '~한다면'의 뜻으로 쓰인다(= If + S + V).
Once seen, it can never been forgotten. 그것은 한번 보면 잊을 수 없다.
= If it is once seen, it can never been forgotten.

④ 양보 … '비록 ~ 한다 할지라도'의 뜻으로 쓰인다(= though, although + S + V).
Admitting the result, I can't believe him.
그 결과를 인정한다고 할지라도 나는 그를 믿을 수 없다.
= Although I admit the result, I can't believe him.

**기출PLUS**

기출 2017. 6. 17. 제1회 지방직
**어법상 옳은 것은?**

① The oceans contain many forms of life that has not yet been discovered.

② The rings of Saturn are so distant to be seen from Earth without a telescope.

③ The Aswan High Dam has been protected Egypt from the famines of its neighboring countries.

④ Included in this series is "The Enchanted Horse," among other famous children's stories.

◀ 정답 ④

⑤ 부대상황

　㉠ 연속동작 : 그리고 ~하다(= and + 동사).

　　A fire broke out near my house, destroying some five houses.

　　우리 집 근처에서 화재가 발생해서 다섯 집 정도를 태웠다.

　　= A fire broke out near my house, and destroyed some five houses.

　㉡ 동시동작 : ~하면서(= as, while)

　　Smiling brightly, she extended her hand. 그녀는 밝게 웃으면서,
　　손을 내밀었다.

　　= While she smiled brightly, she extended her hand.

**POINT 분사구문의 부정**

분사 앞에 not, never 등을 쓴다.

Not knowing what to do, he asked me for help.

무엇을 해야 할지 몰랐기 때문에 그는 나에게 도움을 청했다.

= As he did not know what to do, he asked me for help.

**(2) 독립분사구문**

① 독립분사구문 … 주절의 주어와 분사구문의 의미상 주어가 다른 경우를 독립분사구문이라고 하고, 분사 앞에 의미상 주어를 주격으로 표시한다.

It being fine, we went for a walk. 날씨가 맑았으므로, 우리는 산책했다.

= As it was fine, we went for a walk.

② 비인칭 독립분사구문 … 분사구문의 의미상 주어가 일반인(we, you, they, people, etc)일 경우 주어를 생략하고 관용적으로 쓰인다.

　㉠ generally speaking : 일반적으로 말하면(= If we speak generally)

　㉡ strictly speaking : 엄격히 말한다면(= If we speak strictly)

　㉢ roughly speaking : 대충 말한다면(= If we speak roughly)

　㉣ frankly speaking : 솔직히 말한다면(= If we speak frankly)

　㉤ talking of ~ : ~으로 말할 것 같으면, 이야기가 났으니 말인데

　㉥ judging from ~ : ~으로 판단하건대

　㉦ compared with ~ : ~와 비교해 보면

　㉧ taking ~ into consideration : 모든 것을 고려해 볼 때(considering ~ : ~을 고려해 보니, 생각해 보면, ~으로서는)

　㉨ providing that : 만약 ~이면(= provided that)

　㉩ supposing that : 만약에 ~하면(= supposed that)

　㉪ granting that : 가령 ~라고 치고, 만약 ~이면(= granted that)

　㉫ seeing that : ~인 점에서 보면, ~라는 점에 비추어(= now that)

　㉬ concerning ~ : ~에 대하여

　㉭ notwithstanding ~ : ~에도 불구하고

③ with + 독립분사구문 … 'with + 목적어 + 분사·형용사·부사(구)'의 형태로, 부대상황을 나타내는 독립분사구문에 with를 함께 써서 묘사적 표현을 강조하며, 해석은 ~하면서, ~한채, ~해서로 해석된다.

He stood there, with his eyes closed. 그는 그 곳에 서서 눈을 감고 있었다.
= He stood there, his eyes (being) closed (by him).
= He stood there, and his eyes were closed (by him).

## (3) 분사구문의 시제

① 단순분사구문 … '동사원형 + -ing'로 주절의 시제와 일치한다.

Opening the window, I felt fresh. 창문을 연 후에 나는 상쾌함을 느꼈다.
= After I opened the window, I felt fresh.

② 완료분사구문 … 'Having + p.p.'로 주절의 시제보다 한 시제 앞서거나 완료를 나타낸다.

Having finished my work, I went to bed. 나는 내 일을 끝낸 후에 자러 갔다.
= After I had finished my work, I went to bed.

**POINT** 분사구문에서 분사의 생략

Being + p.p., Having been + p.p.의 수동형식인 분사구문의 경우 being과 having been이 생략되는 경우가 많다.

(Being) Taken by surprise, he gave up the contest.
그는 불시에 기습을 당했으므로 그 시합을 포기했다.
= As he was taken by surprise, he gave up the contest.

기출 2016. 3. 19. 사회복지직

**밑줄 친 부분 중 어법상 옳지 않은 것을 고르시오.**

→ 보기 •

In 1778 Carlo de Buonaparte, re-elected as one of the Council of Twelve Nobles, ①was chosen to be a member of a Corsican delegation to King Louis XVI. He took ten-year-old Giuseppe and nine-year-old Napoleone with him, ②to begin their life in their new country. They spent a night in a miserable inn at the port, sleeping on mattresses ③lay out on the floor. En route from Corsica they visited Florence, where Carlo was able to procure a letter of introduction from the Habsburg Grand Duke Pietro Leopoldo to his sister Queen Marie Antoinette. Then they went on to France. Admittedly Carlo had something to celebrate, ④having been informed by the Minister for War that Napoleone had been granted a scholarship and a place in the military school at Brienne as 'Royal Pupil' whose expenses would be paid by the King.

기출 2015. 4. 18. 인사혁신처

**어법상 옳지 않은 것은?**

① The main reason I stopped smoking was that all my friends had already stopped smoking.
② That a husband understands a wife does not mean they are necessarily compatible.
③ The package, having wrong addressed, reached him late and damaged.
④ She wants her husband to buy two dozen of eggs on his way home.

❮정답 ③, ③

| 01~05 | 다음 문장에서 틀린 부분을 찾아 고치시오.

**01** Weather permits, the works will be completed by the end of March.

> **TIPS!**
> permits → permitting
> 「만약 날씨가 허락한다면, 그 일은 3월 말쯤 완료될 것이다.」

**02** Being introduced to the book, he am now hooked on it.

> **TIPS!**
> Being → Having been
> 「그 책을 소개받은 후 그는 지금 그 책에 푹 빠져있다.」

**03** Sat in her room alone, Elizabeth decided to write poetry.

> **TIPS!**
> Sat → Sitting
> 「엘리자베스는 그녀의 방에 혼자 있을 때, 시를 쓰기로 결심했다.」

**04** Finding in all parts of the country, maple trees are the most common tree in Korea.

> **TIPS!**
> Finding → Found
> 「한국의 모든 지역에서 발견되므로, 단풍나무는 한국에서 가장 흔한 나무이다.」

**05** The books to lie on the table belong to you.

> **TIPS!**
> to lie → lying
> 「테이블 위에 있는 책들은 너의 것이다.」

# 07 관계사

## section 1 분사의 용법 관계대명사의 종류와 격

관계대명사는 문장과 문장을 연결하는 접속사의 역할과 대명사의 역할을 동시에 한다. 관계대명사가 이끄는 절은 선행사(관계대명사 앞에 오는 명사)를 수식하는 형용사절이다.

#### ✔ 관계대명사의 종류에 따른 격

| 선행사 | 주격 | 소유격 | 목적격 |
|---|---|---|---|
| 사람 | who | whose | whom |
| 동물, 사물 | which | whose, of which | which |
| 사람, 동물, 사물 | that | 없음 | that |

## section 2 관계대명사 who, which, that, what

### (1) 관계대명사 who

관계대명사 who는 선행사가 사람일 때 쓴다.

① who(주격) … 자신이 이끄는 절에서 주어 역할을 하며, 동사의 형태는 선행사의 인칭과 수, 주절의 시제에 좌우된다.

I know the boy who did it. 나는 그 일을 했던 소년을 안다.
→I know the boy. + He did it.

② whose(소유격) … 명사와 결합하여 형용사절을 이끈다.

A child whose parents are dead is called an orphan.
부모가 돌아가신 아이는 고아라 불린다.
→A child is called an orphan. + His parents are dead.

③ whom(목적격) … 자신이 이끄는 절에서 타동사와 전치사의 목적어로 쓰인다.

She is the girl whom I am fond of. 그녀는 내가 좋아하는 소녀이다.
→She is the girl. + I am fond of her(전치사의 목적어).

기출 2011. 3. 12. 법원행정처

**다음 글의 밑줄 친 부분이 어법상 바르지 않은 것은?**

— 보기 •

　Code talkers was a term used to describe people ①who talk using a coded language. It is frequently used to describe Native Americans who served in the United States Marine Corps ②which primary job was the transmission of secret tactical messages. Code talkers transmitted these messages over military telephone or radio communi-cations nets ③using formal or informally developed codes built upon their native languages. Their service was very valuable because it enhanced the communications security of vital front line operations ④during World War II.

❮정답 ②

**기출PLUS**

기출 2018. 5. 19. 제1회 지방직

**밑줄 친 부분 중 어법상 옳지 않은 것은?**

— 보기 •

I am writing in response to your request for a reference for Mrs. Ferrer. She has worked as my secretary ①for the last three years and has been an excellent employee. I believe that she meets all the requirements ②mentioned in your job description and indeed exceeds them in many ways. I have never had reason ③to doubt her complete integrity. I would, therefore, recommend Mrs. Ferrer for the post ④ what you advertise.

기출 2016. 6. 25. 서울특별시

**어법상 빈칸에 들어가기에 가장 적절한 것은?**

— 보기 •

Creativity is thinking in ways that lead to original, practical and meaningful solutions to problems or _____ new ideas or forms of artistic expression.

① that generate
② having generated
③ to be generated
④ being generated

**〈** 정답 ④, ①

## (2) 관계대명사 which

관계대명사 which는 선행사가 사물·동물일 때 쓴다.

① which(주격)

The road which leads to the station is narrow. 역에 이르는 길은 폭이 좁다.
→The road is narrow. + The road leads to the station.

② of which(= whose, 소유격)

This is the car of which the engine(the engine of which) is of the latest type.

이것은 엔진이 최신형인 차이다.

= This is the car whose engine is of the latest type.
→This is the car. + Its engine is of the latest type.

③ which(목적격)

This is the book which I bought yesterday. 이것은 내가 어제 산 책이다.
→This is the book. + I bought it yesterday(타동사의 목적어).

## (3) 관계대명사 that

① 관계대명사 that은 who 또는 which를 대신하여 선행사에 관계없이 두루 쓸 수 있다.

I know the boy that broke the window. 나는 그 창문을 깨뜨렸던 소년을 안다.

> **POINT** 관계대명사 that을 쓸 수 없는 경우
> ㉠ 전치사 + that : 관계대명사 that은 전치사의 목적격으로 쓸 수 없으므로 그 전치사는 문미에 둔다.
> This is the book that I spoke of(○). 이것이 내가 말했던 책이다.
> →This is the book of that I spoke(×).
> ㉡ 계속적 용법 : 관계대명사 that은 한정적 용법으로만 쓰인다. 즉, 콤마(,) 다음에 쓸 수 없다.
> I met the man, who did not tell me the truth(○).
> 나는 그 사람을 만났다. 그러나 그는 나에게 진실을 말하지 않았다.
> I met the man, that did not tell me the truth(×).

② 관계대명사 that만을 쓸 수 있는 경우

㉠ 선행사가 최상급, 서수사, the only, the very, the last, the same, every, no 등에 의해 수식될 때

He is the fastest runner that I have ever seen.
그는 내가 본 가장 빠른 주자이다.

㉡ 선행사가 '사람 + 동물(사물)'일 때

He spoke of the men and the things that he had seen.
그는 그가 보았었던 사람들과 일들에 대해서 말했다.

ⓒ 선행사가 부정대명사 또는 부정형용사(-thing, -body -one, none, little, few, much, all, any, some, etc)일 때

I'll give you everything that you want.
나는 당신이 원하는 모든 것을 당신에게 줄 것이다.

## (4) 관계대명사 what

① 관계대명사 what은 선행사가 포함된 관계대명사로 명사절을 이끌어 문장 속에서 주어, 목적어, 보어의 역할을 한다. 이때 what은 the thing which 등으로 바꿔 쓸 수 있다.

ⓐ 주어 역할

What(The thing which, That which) cannot be cured must be endured.
고칠 수 없는 것은 견뎌내어야만 한다.

ⓑ 목적어 역할

Don't put off until tomorrow what you can do today.
오늘 할 수 있는 일을 내일로 미루지 말아라.

ⓒ 보어 역할

Manners are what makes men different from animals.
예절은 사람을 동물과 다르게 만드는 것이다.

② 관용적 표현

ⓐ what is better : 더욱 더 좋은 것은, 금상첨화로

This book is instructive and, what is better, interesting.
이 책은 교육적인 데다가 금상첨화로 재미있기도 하다.

ⓑ what is worse : 더욱 더 나쁜 것은, 설상가상으로

It is blowing very hard and, what is worse, it begin to snow hard.
바람이 매우 세차게 불고 있는데, 설상가상으로 눈이 심하게 내리기 시작한다.

ⓒ what is more : 게다가

ⓓ what is called : 소위, 이른바[= what we(you, they) call]

He is what is called a self-made man. 그는 이른바 자수성가한 사람이다.

ⓔ A is to B what C is to D : A와 B의 관계는 C와 D의 관계와 같다.

Reading is to the mind what food is to the body.
독서와 정신의 관계는 음식과 육체의 관계와 같다.
= Reading is to the mind as food is to the body.
= What food is to the body, reading is to the mind.
= Just as food is to the body, so is reading to the mind.

ⓕ What + S + be : S의 인격 · 상태

ⓖ What + S + have : S의 재산 · 소유물

She is charmed by what he is, not by what he has.
그녀는 그의 재산이 아니라 그의 인격에 반했다.

**기출PLUS**

기출 2017. 6. 17. 제1회 지방직
**어법상 옳지 않은 것은?**

① You might think that just eating a lot of vegetables will keep you perfectly healthy.
② Academic knowledge isn't always that leads you to make right decisions.
③ The fear of getting hurt didn't prevent him from engaging in reckless behaviors.
④ Julie's doctor told her to stop eating so many processed foods.

기출 2014. 3. 8. 법원사무직
**다음 글의 밑줄 친 부분 중, 어법상 가장 옳지 않은 것은?**

┌ 보기 ┐

People who are satisfied appreciate what they have in life and don't worry about how it compares to ① which others have. Valuing what you have over what you do not or cannot have ②leads to greater happiness. Four-year-old Alice runs to the Christmas tree and sees wonderful presents beneath it. No doubt she has received fewer presents ③ than some of her friends, and she probably has not received some of the things she most wanted. But at that moment, she doesn't ④ stop to think why there aren't more presents or to wonder what she may have asked for that she didn't get. Instead, she marvels at the treasures before her.

❮정답 ②, ①

기출PLUS

**기출** 2020. 6. 20. 소방공무원

밑줄 친 부분 중 어법상 틀린 것은?

┌ 보기 ┐

Australia is burning, ① being ravaged by the worst bushfire season the country has seen in decades. So far, a total of 23 people have died nationwide from the blazes. The deadly wildfires, ② that have been raging since September, have already burned about 5 million hectares of land and destroyed more than 1,500 homes. State and federal authorities have deployed 3,000 army reservists to contain the blaze, but are ③ struggling, even with firefighting assistance from other countries, including Canada. Fanning the flames are persistent heat and drought, with many pointing to climate change ④ as a key factor for the intensity of this year's natural disasters.

**기출** 2013. 9. 7. 서울특별시

밑줄 친 부분이 어법상 옳지 않은 것은?

┌ 보기 ┐

Most children shift ㉠adapti-vely between two general strategies for managing emotion. In problem-centered coping, they appraise the situation ㉡ as changeable, identify the difficulty, and decide ㉢what to do about it. If this does not work, they engage in ㉣ emotional centered coping, ㉤ that is internal and private.

① ㉠ ㉡
② ㉢ ㉣
③ ㉣ ㉤
④ ㉡ ㉣
⑤ ㉠ ㉢ ㉣

❮정답 ②, ③

---

## section **3** 관계대명사의 한정적·계속적 용법

### (1) 한정적 용법

선행사를 수식하는 형용사절을 이끌어 수식을 받는 선행사의 뜻을 분명히 해주며 뒤에서부터 해석한다.
He smiled at the girl who nodded to him.
그는 그에게 목례를 한 소녀에게 미소지었다.

### (2) 계속적 용법

관계대명사 앞에 'comma(,)'를 붙이며 관계대명사절이 선행사를 보충 설명한다. 문맥에 따라 '접속사(and, but, for, though, etc) + 대명사'로 바꾸어 쓸 수 있다.
He smiled at the girl, who nodded to him.
그는 소녀에게 미소지었고, 그녀는 그에게 목례를 하였다.
= He smiled at the girl, and she nodded to him.

### (3) which의 계속적 용법

계속적 용법으로 쓰인 which는 형용사, 구, 절, 또는 앞문장 전체를 선행사로 받을 수 있다.
Tom is healthy, which I am not. Tom은 건강하지만 나는 그렇지 못하다.
= Tom is healthy, but I am not healthy(형용사가 선행사).

## section **4** 관계대명사의 생략

### (1) 목적격 관계대명사의 생략

한정적 용법(관계대명사 앞에 콤마가 없는 경우)으로 쓰인 관계대명사가 타동사 또는 전치사의 목적격으로 쓰일 때는 생략할 수 있다.

① 관계대명사가 타동사의 목적어로 쓰일 때
Roses are the flowers (which) I like most. 장미는 내가 제일 좋아하는 꽃이다.
→ Roses are flowers. + I like roses most(타동사의 목적어).

② 관계대명사가 전치사의 목적어로 쓰일 때
Things (which) we are familiar with are apt to escape our notice.
우리에게 익숙한 것들은 우리의 주의를 벗어나기 쉽다.
→ Things are apt to escape our notice. + We are familiar with things(전치사의 목적어).

**POINT** 관계대명사를 생략할 수 없는 경우

목적격 관계대명사라 할지라도 다음의 경우 생략할 수 없다.

㉠ 계속적 용법으로 쓰였을 때

I bowed to the gentleman, whom I knew well(whom = for him).

나는 그 신사에게 인사를 했는데, 나는 그를 잘 알고 있었기 때문이다.

㉡ '전치사 + 목적격 관계대명사'가 함께 쓰였을 때

I remember the day on which he went to the front.

나는 그가 전선에 간 날을 기억하고 있다.

㉢ of which가 어느 부분을 나타낼 때

I bought ten pencils, the half of which I gave my brother.

나는 연필 열 자루를 사서, 내 동생에게 그 중의 반을 주었다.

## (2) 주격 관계대명사의 생략

주격 관계대명사는 생략할 수 없는 것이 원칙이지만, 다음의 경우에는 생략해도 된다.

① 관계대명사가 보어로 쓰일 때

㉠ 주격보어로 쓰일 때

He is not the man (that) he was. 그는 예전의 그가 아니다.

㉡ 목적격보어로 쓰일 때

I'm not a fool (that) you think me (to be).

나는 당신이 생각하는 그런 바보가 아니다.

② 관계대명사 다음에 'there + be동사'가 이어질 때

He is one of the greatest scholars (that) there are in the world.

그는 세계적인 대학자 중의 하나이다.

③ There is ~, It is ~로 시작되는 구문에서 쓰인 주격 관계대명사

There is a man (who) wants to see you. 당신을 만나려는 사람이 있다.

It was he (that) met her yesterday(It ~ that 강조구문).

어제 그녀를 만난 사람은 바로 그였다.

④ '주격 관계대명사 + be동사'의 경우 둘 다를 함께 생략한다.

The cap (which is) on the table belongs to Inho.

탁자 위의 모자는 인호의 것이다.

**기출PLUS**

**기출** 2013. 8. 24. 제1회 지방직

**밑줄 친 부분 중 어법상 옳지 않은 것은?**

⎡ 보기 ⎤

A Caucasian territory ①whose inhabitants have resisted Russian rule almost since its beginnings in the late 18th century has been the center of the incessant political turmoil. It was eventually pacified by the Russians only in 1859, ② though sporadic uprisings continued until the collapse of Tsarist Russia in 1917. Together with Ingushnya, it formed part of the Soviet Union as an Autonomous Soviet Republic within Russian from 1936. Continuing uprising against Russian/Soviet rule, ③the last was in 1934, caused the anger of Stalin. In retaliation, he dissolved Chechnyan autonomy in 1944, and ordered the deporta-tion of the ethnic Chechnyan population to Central Asia, in which half of the population died. They were not allowed ④ to return to their homeland until 1957, when Khrushchev restored an autonomous status for Chechnya.

**◀ 정답 ③**

## section 5 유사관계대명사

접속사인 as, but, than 등이 관계대명사와 같은 역할을 하는 경우 유사관계대명사라고 한다.

### (1) 유사관계대명사 as

① 제한적 용법 ··· the same, such, as ~ 가 붙은 선행사 뒤에서 상관적으로 쓰인다.
   This is the same watch as I lost(유사물).
   이것은 내가 잃어버린 것과 같은 시계이다.
   This is the very same watch that I lost(동일물).
   이것은 내가 잃어버린 바로 그 시계이다.
   This book is written in such easy English as I can read(as : 관계대명사).
   이 책은 내가 읽을 수 있는 그런 쉬운 영어로 쓰여져 있다.
   This book is written in such easy English that I can read it(that : 접속사).
   이 책은 매우 쉬운 영어로 쓰여져 있어서 내가 읽을 수 있다.

② 계속적 용법 ··· 문장 전체를 선행사로 할 때도 있다.
   As is usual with him, he was late for school.
   그에게는 흔한데, 그는 학교에 늦었다.

### (2) 유사관계대명사 but

부정어구가 붙은 선행사 뒤에 쓰여 이중부정(강한 긍정)의 뜻을 지닌다(= who ~ not, which ~ not, that ~ not).
There is no rule but has some exceptions. 예외 없는 규칙은 없다.
= There is no rule that has not exceptions.
= Every rule has exceptions.

### (3) 유사관계대명사 than

비교급이 붙은 선행사 뒤에 쓰인다.
Children should not have more money than is needed.
아이들은 필요한 돈보다 더 많은 돈을 가지지 않아야 한다.

## section 6 관계형용사와 관계부사

### (1) 관계형용사

which, what 등이 다음에 오는 명사를 수식하여 관계형용사(접속사 + 형용사)의 역할을 한다.

① what + 명사 = all the + 명사 + that ~

I have sold what few things I had left.

나는 몇 개 안되지만 내가 남겨 두었던 물건 전부를 팔았다.

＝I have sold all the few things (that) I had left.

② which + 명사 = 접속사 + 지시형용사 + 명사 … 관계형용사 which는 계속적 용법으로만 쓰인다.

He spoke to me in French, which language I could not understand.

그는 나에게 불어로 말했는데, 나는 그 언어를 이해할 수가 없었다.

= He spoke to me in French, but I could not understand that language.

### (2) 관계부사

관계부사는 '접속사 + 부사'의 역할을 하여 선행사를 수식하며, '전치사 + 관계대명사'로 바꿔 쓸 수 있다.

① where(= on, at, in which) … 선행사가 장소를 나타낼 때 쓰이며, 종종 상황이나 입장을 나타낼 때에도 쓰인다.

This is the house where he lived. 이 곳이 그가 살았던 집이다.

= This is the house in which he lived.

② when(= on, at, in which) … 선행사가 시간을 나타낼 때 쓰인다.

I know the time when he will arrive. 나는 그가 도착할 시간을 안다.

= I know the time on which he will arrive.

③ why(= for which) … 선행사가 이유를 나타낼 때 쓰인다.

That is the reason why I was late. 그것이 내가 늦었던 이유이다.

= That is the reason for which I was late.

④ how(= in which) … 선행사가 방법을 나타낼 때 쓰이며, 보통 the way와 how 중 하나를 생략해야 한다.

I don't like (the way) how he talks.

나는 그가 이야기하는 방법을 좋아하지 않는다.

= I don't like the way in which he talks.

---

기출 2014. 6. 28. 서울특별시

**어법상 빈칸에 들어가기에 적절한 것은?**

┌─ 보기 ─────────────┐

The sales industry is one _____ constant interaction is required, so good social skills are a must.

└──────────────────┘

① but which

② in which

③ those which

④ which

⑤ what

◀ 정답 ②

**➲POINT** 관계부사의 계속적 용법

관계부사 중 when, where는 계속적 용법으로 쓸 수 있다.

Wait till nine, when the meeting will start.

9시까지 기다려라. 그러면 모임을 시작할 것이다.

= Wait till nine, and then the meeting will start.

We went to Seoul, where we stayed for a week.

우리는 서울에 가서, 거기서 1주일간 머물렀다.

= We went to Seoul, and we stayed there for a week.

## section **7** 복합관계사

**(1) 복합관계대명사**

복합관계대명사는 '관계대명사 + ever'의 형태로서 '선행사 + 관계대명사'의 역할을 하며, 명사절이나 양보의 부사절을 이끈다.

① 명사절을 이끌 때

    ㉠ whatever, whichever = anything that

      I will accept whatever you suggest.

      나는 네가 제안하는 것은 무엇이든지 받아들이겠다.

      = I will accept anything that you suggest.

    ㉡ whoever = anyone who

      Whoever comes first may take it.

      누구든 가장 먼저 오는 사람이 그것을 가져도 좋다.

      = Anyone who comes first may take it.

    ㉢ whosever = anyone whose

      Whosever horse comes in first wins the prize.

      누구의 말이든 먼저 들어오는 말이 상을 탄다.

      = Anyone whose horse comes in first wins the prize.

    ㉣ whomever = anyone whom

      She invited whomever she met.

      그녀는 그녀가 만나는 사람은 누구든지 초대하였다.

      = She invited anyone whom she met.

② 양보의 부사절을 이끌 때 … 'no matter + 관계대명사'로 바꿔 쓸 수 있다.

    ㉠ whoever = no matter who : 누가 ~하더라도

      Whoever may object, I will not give up.

      누가 반대하더라도 나는 포기하지 않을 것이다.

      = No matter who may object, I will not give up.

ⓛ whatever = no matter what : 무엇이(을) ~하더라도

Whatever may happen, I am ready.

어떤 일이 일어나더라도 나는 준비되어 있다.

= No matter what may happen, I am ready.

ⓒ whichever = no matter which : 어느 것을 ~하더라도

Whichever you may choose, you will be pleased.

어느 것을 고르든 마음에 드실 겁니다.

= No matter which you choose, you will be pleased.

## (2) 복합관계형용사

복합관계형용사는 '관계형용사 + ever'의 형태로 명사절이나 양보의 부사절을 이끈다.

① 명사절을 이끌 때 ··· whatever, whichever = any(all the) + 명사 + that ~

Take whatever ring you like best. 당신이 가장 좋아하는 어떤 반지라도 가져라.

= Take any ring that you like best.

② 양보의 부사절을 이끌 때

ⓣ whatever + 명사 = no matter what + 명사

Whatever results follow, I will go. 어떠한 결과가 되든 나는 가겠다.

= No matter what results follow, I will go.

ⓛ whichever + 명사 = no matter which + 명사

Whichever reasons you may give, you are wrong.

당신이 어떤 이유들을 제시하든 당신은 잘못하고 있다.

= No matter which reasons you may give, you are wrong.

## (3) 복합관계부사

복합관계부사는 '관계부사 + ever'의 형태로 '선행사 + 관계부사'의 역할을 하며, 장소·시간의 부사절이나 양보의 부사절을 이끈다.

① 장소, 시간의 부사절을 이끌 때

ⓣ whenever = at(in, on) any time when

You may come whenever it is convenient to you.

편리할 때면 언제든지 와도 좋다.

= You may come at any time when it is convenient to you.

ⓛ wherever = at(in, on) any place where

She will be liked wherever she appears.

그녀는 어디에 나오든지 사랑받을 것이다.

= She will be liked at any place where she appears.

**기출** 2014. 4. 19. 안전행정부

**어법상 옳은 것은?**

① While worked at a hospital, she saw her first air show.
② However weary you may be, you must do the project.
③ One of the exciting games I saw were the World Cup final in 2010.
④ It was the main entrance for that she was looking.

② 양보의 부사절을 이끌 때 … 주로 may를 동반한다.

ㄱ whenever = no matter when

Whenever you may call on him, you'll find him reading something.

당신이 언제 그를 찾아가더라도 당신은 그가 어떤 것을 읽고 있는 것을 발견할 것이다.

= No matter when you may call on him, you'll find him reading something.

ㄴ wherever = no matter where

Wherever you may go, you will not be welcomed.

너는 어디에 가더라도 환영받지 못할 것이다.

= No matter where you may go, you will not be welcomed.

ㄷ however = no matter how

However cold it may be, he will come.

날씨가 아무리 춥더라도 그는 올 것이다.

= No matter how cold it may be, he will come.

**〈정답 ②**

**┃01~05┃ 다음 문장에서 틀린 부분을 찾아 고치시오.**

**01** Make sure you have a good seat, that allows you to pay attention.

> **⚡TIPS!**
>
> that → which
> 「반드시 여러분이 집중할 수 있도록 하는 좋은 자리를 확보하세요.」

**02** This is a design by Charles, whom I guess is in the audience at this very moment.

> **⚡TIPS!**
>
> whom → who
> 「이것은 찰스가 디자인 했으며 제가 추측하기에 그는 바로 이 순간 관중 중에 있습니다.」

**03** Whomever wins elections decides certain aspects of education, environment, healthcare, and immigration.

> **⚡TIPS!**
>
> Whomever → Whoever
> 「선거에서 이기는 사람이 누구든 그 사람은 교육, 환경, 보건, 이민 등의 특정 분야에 대한 결정을 내린다.」

**04** Maybe you are too young to understand the way how this machine works.

> **⚡TIPS!**
>
> the way how → how or the way
> 「어쩌면 너는 이 기계가 어떻게 작동하는지 이해하기엔 너무 어릴지도 몰라.」

**05** Brian wanted to transform it into a beautiful island which people can live.

> **⚡TIPS!**
>
> which → on which
> 「Brian은 그것을 사람들이 살 수 있는 아름다운 섬으로 바꾸고 싶었다.」

# 08 가정법

**기출PLUS**

기출 2018. 5. 19. 제1회 지방직

**어법상 옳은 것은?**

① Please contact to me at the email address I gave you last week.
② Were it not for water, all living creatures on earth would be extinct.
③ The laptop allows people who is away from their offices to continue to work.
④ The more they attempted to explain their mistakes, the worst their story sounded.

## section 1 가정법 과거, 과거완료

### (1) 가정법 과거

'If + 주어 + 동사의 과거형(were) ~, 주어 + would(should, could, might) + 동사원형'의 형식이다. 현재의 사실에 반대되는 일을 가정하는 것으로, if절에서는 주어의 인칭·수에 관계없이 be동사는 were를 쓰고, 현재형으로 해석한다.

If I were a bird, I could fly to you. 내가 새라면, 당신에게 날아갈 수 있을텐데.
= As I am not a bird, I can't fly to you(직설법 현재).

### (2) 가정법 과거완료

'If + 주어 + had + p.p. ~, 주어 + would(should, could, might) + have + p.p.'의 형식이다. 과거의 사실에 반대되는 일을 가정하는 것으로, 해석은 과거형으로 한다.

If you had done it at once, you could have saved him.
내가 그것을 즉시 했었더라면, 그를 구할 수 있었을텐데.
= As you didn't do it at once, you could not save him(직설법 과거).

> **POINT 혼합가정법**
> 과거의 사실이 현재에까지 영향을 미치고 있는 경우 현재에 영향을 미치는 과거의 사실과 반대되는 일을 가정하는 것으로 'If + 주어 + had p.p.~(가정법 과거완료), 주어 + would(should, could, might) + 동사원형(가정법 과거)'의 형식으로 나타낸다.
> If he had not helped her then, she would not be here now.
> 그가 그때 그녀를 도와주지 않았다면, 그녀는 지금 여기에 없을텐데.
> = As he helped her then, she is here now.
> = She is here now because he helped her then.

기출 2015. 6. 27. 제1회 지방직

**다음 중 어법상 옳은 것은?**

① She supposed to phone me last night, but she didn't.
② I have been knowing Jose until I was seven.
③ You'd better to go now or you'll be late.
④ Sarah would be offended if I didn't go to her party.

**◁정답 ②, ④**

## section 2 가정법 현재, 미래

### (1) 가정법 현재

'If + 주어 + 동사원형(현재형) ~, 주어 + will(shall, can, may) + 동사원형'의 형식이다. 현재 또는 가까운 미래의 불확실한 일을 가정하여 상상한다. 현대 영어에서는 if절의 동사를 주로 현재형으로 쓰며, 거의 직설법으로 취급된다.

If he be(is) healthy, I will employ him.
그가 건강하다면, 나는 그를 고용할 것이다.

## (2) 가정법 미래

① **If + 주어 + should + 동사원형, 주어 + will[would, shall(should), can(could), may (might)] + 동사원형** … 비교적 실현가능성이 없는 미래의 일에 대한 가정이다.
If I should fail, I will(would) try again. 내가 실패한다면, 다시 시도할 것이다.

② **If + 주어 + were to + 동사원형, 주어 + would(should, could, might) + 동사원형** … 절대적으로 실현 불가능한 미래의 일에 대한 가정이다.
If I were to be born again, I would be a doctor.
내가 다시 태어난다면, 나는 의사가 되겠다.

> **POINT** 가정법을 직설법으로 전환하는 방법
> ㉠ 접속사 If를 as로 바꾼다.
> ㉡ 가정법 과거는 현재시제로, 가정법 과거완료는 과거시제로 고친다.
> ㉢ 긍정은 부정으로, 부정은 긍정으로 바꾼다.
> If I had money, I could buy it(가정법 과거).
> 돈이 있다면, 그것을 살 텐데.
> = As I don't have money, I can't buy it(직설법 현재).
> = I don't have money, so I can't buy it.
> If I had been there, I could have seen it(가정법 과거완료).
> 거기에 있었다면 그것을 볼 수 있었을 텐데.
> = As I was not there, I couldn't see it(직설법 과거).
> = I was not there, so I couldn't see it.

## section 3 주의해야 할 가정법

### (1) I wish 가정법

① **I wish + 가정법 과거** … ~하면 좋을 텐데(아니라서 유감스럽다). 현재사실에 반대되는 소망이다(wish를 뒤따르는 절의 시제는 wish와 같은 시제).
② **I wish + 가정법 과거완료** … ~했으면 좋았을 텐데(아니라서 유감스럽다). 과거사실에 반대되는 소망이다(wish를 뒤따르는 절의 시제는 wish보다 한 시제 앞선다).
I wish I were rich. 부자라면 좋을 텐데(아니라서 유감스럽다).
= I am sorry (that) I am not rich.
I wish I had been rich. 부자였다면 좋을 텐데(아니라서 유감스럽다).
= I am sorry (that) I was not rich.
I wished I were rich. 부자였다면 좋았을 텐데(아니라서 유감스러웠다).
= I was sorry (that) I was not rich.
I wished I had been rich. 부자였었다면 좋았을 텐데(아니라서 유감스러웠다).
= I was sorry (that) I had been rich.

**기출PLUS**

기출 2018. 3. 24. 제1회 서울특별시
**어법상 가장 옳은 것은?**

① If the item should not be deliver -ed tomorrow, they would complain about it.
② He was more skillful than any other baseball players in his class.
③ Hardly has the violinist finished his performance before the audience stood up and applauded.
④ Bakers have been made come out, asking for promoting wheat consumption.

< 정답 ①

**POINT** I wish 가정법을 직설법으로 전환

㉠ I wish를 I am sorry로, I wished는 I was sorry로 바꾼다.

㉡ wish 뒤의 절에서 과거는 현재시제로, 과거완료는 과거시제로 고친다. wished 뒤의 절에서는 시제를 그대로 둔다.

㉢ 긍정은 부정으로, 부정은 긍정으로 바꾼다.

I wish it were true.

그것이 사실이라면 좋을 텐데(아니라서 유감스럽다).

= I am sorry (that) it is not true.

= It is a pity that it is not true.

I wish it had been true.

그것이 사실이었다면 좋을 텐데(아니라서 유감스럽다).

= I am sorry (that) it was not true.

= It is a pity that it was not true.

I wished it were true.

그것이 사실이었다면 좋았을 텐데(아니라서 유감스러웠다).

= I was sorry (that) it was not true.

= It was a pity that it was not true.

I wished it had been true.

그것이 사실이었다면 좋았을 텐데(아니라서 유감스러웠다).

= I was sorry (that) it had been true.

= It was a pity that it had not been true.

### (2) as if 가정법

'마치 ~처럼'의 뜻으로 쓰인다.

① as if + 가정법 과거 … 마치 ~인 것처럼. 현재의 사실에 대한 반대·의심이다(주절과 종속절이 같은 시제).

② as if + 가정법 과거완료 … 마치 ~였던 것처럼. 과거의 사실에 대한 반대·의심이다 (종속절이 주절보다 한 시제 앞섬).

He looks as if he were sick(in fact he is not sick).

그는 마치 아픈 것처럼 보인다(현재사실의 반대).

He looks as if he had been sick(in fact he was not sick).

그는 마치 아팠던 것처럼 보인다(과거사실의 반대).

He looked as if he were sick(in fact he was not sick).

그는 마치 아픈 것처럼 보였다(과거사실의 반대).

He looked as if he had been sick(in fact he had not been sick).

그는 마치 아팠던 것처럼 보였다(과거 이전 사실의 반대).

### (3) if only + 가정법 과거(과거완료)

'~한다면(했다면) 얼마나 좋을(좋았을)까'의 뜻으로 쓰인다.

If only I were married to her! 그녀와 결혼한다면 얼마나 좋을까!

If only I had been married to her! 그녀와 결혼했다면 얼마나 좋았을까!

## section 4 if절 대용어구 & if의 생략

### (1) 주어

An wise man would not do such a thing.
현명한 사람이라면 그런 일을 하지 않을텐데.
= If he were an wise man, he would not do such a thing.


### (2) without[= but(except) for]

① ～가 없다면 … If it were not for ～ = Were it not for ～ = If there were no ～ (가정법 과거)
Without air and water, we could not live.
공기와 물이 없다면, 우리는 살 수 없을텐데.
= If it were not for air and water, we could not live.

② ～가 없었다면 … If it had not been for ～ = Had it not been for ～ = If there had not been ～ (가정법 과거완료)
Without air and water, we could not have lived.
물과 공기가 없었다면, 우리는 살 수 없었을텐데.
= If it had not been for air and water, we could not have lived.


### (3) to부정사

To try again, you would succeed. 한 번 더 시도한다면 당신은 성공할텐데.
= If you tried again, you would succeed.


### (4) 직설법 + otherwise(or, or else)

'그렇지 않다면, 그렇지 않았더라면'의 뜻으로 쓰인다.
I am busy now, otherwise I would go with you.
내가 지금 바쁘지 않다면 너와 함께 갈텐데.
= If I were not busy, I would go with you.


### (5) if의 생략

조건절의 if는 생략할 수 있으며, 이때 주어와 동사의 어순은 도치된다.
If I should fail, I would not try again. 만일 실패한다면 나는 다시는 시도하지 않을 것이다.
= Should I fail, I would not try again.

**08** Practice 문제

▌01~05▐ 다음 문장에서 틀린 부분을 찾아 고치시오.

**01** If Elizabeth hadn't gone to the party last night, she would meet Charles here.

> **TIPS!**
> would meet → would have met
> 「만약 엘리자베스가 지난밤 그 파티에 가지 않았다면, 그녀는 찰스를 여기서 만날 수도 있었을 텐데.」

**02** She should go, she would return.

> **TIPS!**
> She should → should she
> 「만약에 간다면 그녀는 다시 돌아올 것이다.」

**03** I wish I have eaten up all the food at the last picnic.

> **TIPS!**
> have eaten → had eaten
> 「지난 소풍 때 모든 음식을 먹어 치웠으면 좋았을 텐데.」

**04** People must receive compatible blood, and their bodies could have a bad reaction.

> **TIPS!**
> and → otherwise
> 「사람들은 반드시 본인 혈액에 맞는 피를 수혈 받아야 하며, 그렇지 않을 경우 신체에 좋지 않은 반응이 나타날 수 있다.」

**05** I would be able to finish the project if I hadn't gone to the party.

> **TIPS!**
> would be → would have been
> 「만약 내가 파티에 가지 않았다면, 그 프로젝트를 끝낼 수 있었을 텐데.」

# 09 관사와 명사·대명사

## section 1 관사

### (1) 부정관사 a / an

셀수 있는 명사 앞에서 "one(하나)", "any(어떤)"이라는 의미로 쓰인다. 명사의 발음이 모음인지 자음인지에 따라서 a(자음일경우), an(모음일경우)를 사용한다.
I bought an apple and a banana.
나는 사과와 바나나를 샀다.

### (2) 정관사 the

앞에 언급한 명사를 반복하거나, 말하는 당사자 간에 이미 알고 있는 특정한 명사 앞, 또는 최상급이나 서수 앞에서 쓰인다.
Please open the window. 창문을 열어라.

## section 2 명사

### (1) 명사의 종류

① 보통명사

  ㉠ a(the) + 단수보통명사 : 복수보통명사로 종족 전체를 나타내는 뜻으로 쓰인다.

    A dog is a faithful animal(구어체). 개는 충실한 동물이다.

    = The dog is a faithful animal(문어체).

    = Dogs are faithful animals(구어체).

  ㉡ 관사 없이 쓰인 보통명사 : 사물 본래의 목적을 표시한다.

    go to sea(선원이 되다), in hospital(입원 중), at table(식사중)

    **POINT** 명사의 전용

      the + 보통명사 → 추상명사

      The pen is mightier than the sword. 문(文)은 무(武)보다 강하다.

② 집합명사

  ㉠ family형 집합명사 : 집합체를 하나의 단위로 볼 때는 단수 취급, 집합체의 구성원을 말할 때는 복수 취급(군집명사)한다. family(가족), public(대중), committee(위원회), class(계층), crew(승무원) 등이 있다.

    My family is a large one. 우리 가족은 대가족이다.

    My family are all very well. 우리 가족들은 모두 잘 지내고 있다.

기출 2020. 6. 13. 지방직/서울특별시

**밑줄 친 부분 중 어법상 옳지 않은 것은?**

─ 보기 ─

Elizabeth Taylor had an eye for beautiful jewels and over the years amassed some amazing pieces, once ①declaring "a girl can always have more diamonds." In 2011, her finest jewels were sold by Christie's at an evening auction ②that brought in $115.9 million. Among her most prized possessions sold during the evening sale ③were a 1961 bejeweled timepiece by Bulgari. Designed as a serpent to coil around the wrist, with its head and tail ④covered with diamonds and having two hypnotic emerald eyes, a discreet mechanism opens its fierce jaws to reveal a tiny quartz watch.

**< 정답 ③**

ⓒ **police형 집합명사**: the를 붙여 항상 복수 취급한다. police(경찰), clergy(성직자), gentry(신사계급), nobility(귀족계급) 등 사회적 계층이나 신분을 뜻하는 명사를 말한다.

The police are on the murderer's track.
경찰들은 살인범의 흔적을 좇고 있다.

ⓒ **cattle형 집합명사**: 관사를 붙일 수 없으며 복수 취급한다. people(사람들), poultry(가금), vermin(해충) 등이 있다.

There are many people in the theater. 그 극장에 많은 사람들이 있다.

ⓔ **부분을 나타내는 집합명사**: 뒤에 오는 명사에 따라 단·복수가 결정된다. part, rest, portion, half, the bulk, the majority, most 등이 있다.

Half of the apple is rotten. 그 사과의 반쪽이 썩었다.
Half of the apples are rotten. 그 사과들의 절반이 썩었다.

**TIP**
people이 '국민, 민족'의 뜻일 경우 이 경우 단수 취급한다.
ⓐ many peoples : 많은 민족들
ⓑ many people : 많은 사람들

③ **추상명사** … 성질, 상태, 동작 등과 같이 형태가 없는 것을 나타낸다. 관사를 붙일 수 없으며 복수형도 없다. happiness, beauty, peace, success, truth, knowledge, learning, discovery, shopping 등이 있다.

> **POINT** 명사의 전용
> a(an) + 추상명사, 복수형 추상명사 → 보통명사
> She is a failure as an actress, but a success as a mother.
> 그녀는 배우로서는 실패자이지만 어머니로서는 성공한 사람이다.

ⓐ **of + 추상명사**: 형용사(구)로서 앞의 명사를 수식한다.

This is a matter of importance. 이것은 중요한 문제이다.
= This is an important matter.

ⓑ **all + 추상명사 = 추상명사 itself = very + 형용사**

Mary is all beauty. Mary는 대단히 아름답다.
= Mary is beauty itself.
= Mary is very beautiful.

ⓒ **전치사(with, by, in, on 등) + 추상명사 = 부사(구)**

I met him by accident. 나는 우연히 그를 만났다.
= I met him accidently.

ⓔ **have + the 추상명사 + to + 동사원형**: 대단히 ~하게도 …하다.

She had the kindness to help me.
그녀는 대단히 친절하게도 나를 도와주었다.
= She was kind enough to help me.
= She was so kind as to help me.
= She was so kind that she helped me.
= She kindly helped me.
= It was kind of her to help me.

ⓜ 추상명사가 집합명사로 쓰일 때는 복수 취급을 하기도 한다.

　　Youth(= young people) should respect age(= aged people).
　　젊은이들은 노인들을 존경해야 한다.

ⓗ 추상명사의 가산법(수량표시) : 보통 a piece of, a little, some, much, a lot of, lots of 등에 의해서 표시된다.

　　a piece of advice 충고 한 마디, a stroke of good luck 한 차례의 행운

④ **물질명사** … 일정한 형체가 없이 양으로 표시되는 물질을 나타내는 명칭이다. 관사를 붙일 수 없고, 복수형으로 만들 수 없으며 항상 단수 취급한다. gold, iron, stone, cheese, meat, furniture, money 등이 있다.

ⓐ 정관사의 사용 : 물질명사가 수식어의 한정을 받을 때에는 정관사 the를 붙인다.

　　The water in this pond is clear. 이 연못의 물은 깨끗하다.

ⓑ 집합적 물질명사 : 물건의 집합체이지만 양으로 다루므로 항상 단수 취급한다. furniture(가구), clothing(의류), baggage(짐), machinery(기계류), produce(제품) 등이 있다.

　　She bought two pieces of furniture. 그녀는 가구 두 점을 샀다.

ⓒ 물질명사의 가산법(수량표시) : 물질명사를 셀 때에는 단위를 표시하는 말을 사용하여 단·복수를 나타낸다.

　　a spoon(ful) of sugar 설탕 한 숟가락, a cake of soap 비누 한 개

ⓓ 물질명사의 양의 적고 많음을 나타낼 때 : (a) little, some, much, lots of, a lot of, plenty of 등을 쓴다.

　　There is much beef in the refrigerator. 냉장고에 많은 쇠고기가 있다.

⑤ **고유명사** … 사람, 사물 및 장소의 이름을 나타내는 명칭으로, 유일무이하게 존재하는 것이다. 항상 대문자로 시작하고 대부분 관사를 붙일 수 없으며 복수형도 없다. David Bowie, Central Park, the Korea Herald, July 등이 있다.

---

✔ **가산명사와 불가산명사**

| 구분 | | 개념 |
| --- | --- | --- |
| 가산명사 (셀 수 있는 명사) | 보통명사 | 같은 종류의 사람 및 사물에 붙인 이름 |
| | 집합명사 | 사람 또는 사물의 집합을 나타내는 이름 |
| 불가산명사 (셀 수 없는 명사) | 고유명사 | 특정한 사람 또는 사물의 고유한 이름 |
| | 물질명사 | 일정한 형체가 없는 원료, 재료 등에 붙인 이름 |

기출 2018. 6. 23. 제2회 서울특별시

**밑줄 친 부분 중 어법상 가장 옳지 않은 것은?**

보기

I'm ①pleased that I have enough clothes with me. American men are generally bigger than Japanese men so ②it's very difficult to find clothes in Chicago that ③fits me. ④What is a medium size in Japan is a small size here.

기출 2015. 6. 13. 서울특별시

**밑줄 친 부분 중 어법상 옳지 않은 것은?**

보기

It was ①a little past 3 p.m. when 16 people gathered and sat cross-legged in a circle, blushing at the strangers they knew they'd ②be mingling with for the next two hours. Wearing figure-hugging tights and sleeveless tops in ③a variety of shape and size, each person took turns sharing their names and native countries. ④All but five were foreigners from places including the United States, Germany and the United Kingdom.

◀정답 ③, ③

## (2) 명사의 수

① 명사의 복수형 만들기

㉠ 규칙변화

* 일반적으로는 어미에 −s를 붙인다.
  cats, desks, days, deaths 등

* 어미가 s, x, sh, ch, z로 끝나면 −es를 붙인다. 단, ch의 발음이 [k]인 경우에는 −s를 붙인다.
  buses, boxes, dishes, inches, stomachs, monarchs 등

* '자음 + y'는 y를 i로 고치고 −es를 붙인다.
  cities, ladies, armies 등

* '자음 + o'는 −es를 붙인다(예외 : pianos, photos, solos, autos 등).
  potatoes, heroes, echoes 등

* 어미가 f, fe로 끝나면 f를 v로 고치고 −es를 붙인다(예외 : roofs, chiefs, handkerchiefs, griefs, gulfs, safes(금고) 등).
  lives, leaves, wolves 등

**POINT** 불규칙변화

㉠ 모음이 변하는 경우 : man→men, foot→feet, tooth→teeth, mouse→mice, ox→oxen

㉡ 단수, 복수가 같은 경우 : sheep, deer, salmon, corps, series, species, Chinese, Swiss 등

㉢ 외래어의 복수형

* −um, −on→−a : medium→media, phenomenon→phenomena

* −us→−i : stimulus→stimuli, focus→foci, fungus→fungi

* −sis→−ses : oasis→oases, crisis→crises, thesis→theses, analysis→analyses, basis→bases

㉡ 복합명사의 복수형

* 중요한 말이나 명사에 −s를 붙인다.
  step-mother→step-mothers(계모), passer-by→passers-by(통행인)

* 중요한 말이나 명사가 없는 경우 끝에 −s나 −es를 붙인다.
  forget-me-not→forget-me-nots(물망초), have-not→have-nots(무산자),

* 'man, woman + 명사'는 둘 다 복수형으로 고친다.
  man-servant(하인)→men-servants, woman-doctor(여의사)→women-doctors

② 절대 · 상호 · 분화복수

㉠ 절대복수 : 항상 복수형으로 쓰이는 명사이다.

* 짝을 이루는 의류, 도구 : 복수 취급한다(수를 셀 때는 a pair of, two pairs of ~를 씀).
  trousers(바지), braces(멜빵바지), glasses(안경), scissors(가위), 등

* 학문, 학과명(−ics로 끝나는 것), 게임명, 병명 : 단수 취급한다.
  statistics(통계학), billiards(당구), measles(홍역) 등

• 기타 : 복수 취급한다(예외 : news, series, customs는 단수 취급).
goods(상품), riches(재산), belongs(소유물), savings(저금)

ⓛ **상호복수** : 상호 간에 같은 종류의 것을 교환하거나 상호작용을 할 때 쓰는 복수이다.
shake hands with(악수를 하다), change cars(차를 갈아타다)

ⓒ **분화복수** : 복수가 되면서 본래의 의미가 없어지거나, 본래의 의미 외에 또 다른 의미가 생겨나는 복수이다.
letter(문자) / letters(문자들, 문학), arm(팔) / arms(팔들, 무기), good(선) / goods(상품), pain(고통) / pains(고생, 수고), force(힘) / forces(군대)

**POINT** 복수형을 쓰지 않는 경우
ⓐ '수사 + 복수명사'가 다른 명사를 수식할 경우 복수형에서 s를 뺀다.
a ten-dollar bill, three-act drama, a five-year plan
ⓑ 시간, 거리, 가격, 중량을 한 단위로 취급할 때는 형태가 복수일지라도 단수 취급을 한다.
Ten dollars a day is a good pay.
하루에 10달러는 높은 급료이다.

## (3) 명사의 소유격

① **원칙** … 명사가 생물인 경우에는 's를 붙이고, 무생물인 경우에는 'of + 명사'로 표시하며, 복수명사(-s)인 경우에는 '만 붙이는 것을 원칙으로 한다.

**POINT** 무생물의 소유격
ⓐ 일반적으로 'of + 명사'를 쓴다.
the legs of the table(○) 다리가 네 개인 책상
→the table's legs(×)
ⓑ 의인화된 경우 's를 붙인다.
heaven's will 하늘의 의지, fortune's smile 운명의 미소
ⓒ 시간, 거리, 가격, 중량 등을 나타내는 명사는 of를 쓰지 않고 -'s를 붙인다.
ten mile's distance 10마일의 거리, a pound's weight 1파운드의 무게

② **독립소유격** … 소유격 뒤에 올 명사가 예측 가능할 때 생략한다.
ⓐ 같은 명사의 반복을 피하기 위해 생략한다.
My car is faster than Tom's (car). 내 차는 Tom의 것보다 빠르다.
ⓑ 장소 또는 건물 등을 나타내는 명사 house, shop, office, restaurant, hospital 등은 생략한다.
I am going to the dentist's (clinic). 나는 치과에 갈 예정이다.

③ **이중소유격** … a, an, this, that, these, those, some, any, no, another 등과 함께 쓰이는 소유격은 반드시 이중소유격(a + 명사 + of + 소유대명사)의 형태로 해야 한다.
He is an old friend of mine(○). 그는 나의 오랜 친구이다.
→He is a my old friend(×).
→He is an old my friend(×).

④ 명사 + of + 명사(목적격) … '명사 + 명사'의 형태로 변환시킬 수 있다.

a rod of iron = an iron rod 쇠막대기

⑤ 명사(A) + of + a(n) + 명사(B) … 'B와 같은 A'의 뜻으로 해석된다.

a wife of an angel 천사같은 아내

= an angelic wife

## section 3 대명사

### (1) 인칭대명사 it의 용법

① 특정한 단어, 구절을 받을 때 … 이미 한 번 언급된 사물·무생물·성별불명의 유아 등이나 구절을 가리킬 때 it을 쓴다.

Where is my pen? I left it on the table(it = my pen).

내 펜이 어디에 있니? 나는 그것을 책상 위에 두고 갔어.

② 비인칭주어 … 날씨, 시간, 거리, 계절, 명암 등과 같은 자연현상이나 측정치를 나타 내는 비인칭주어로 쓰일 때의 it은 해석하지 않는다.

It is cold outside. 밖은 춥다.

It is two o'clock. 2시이다.

③ 가주어 … to부정사나 that절이 문장의 주어로 쓰이는 경우 이를 뒤로 보내고 대신 가주어 it을 문장의 주어로 세울 수 있다.

It is impossible to start at once(to start 이하가 진주어).

즉시 출발하는 것은 불가능하다.

④ 가목적어 … 5형식의 문장에서 목적어로 to부정사나 that절이 올 때 반드시 가목적 어 it을 쓰고 to부정사나 that절을 문장의 뒤로 보낸다.

I think it wrong to tell a lie(to tell 이하가 진목적어).

나는 거짓말하는 것을 나쁘다고 생각한다.

⑤ 강조용법 … 문장 내에서 특정한 어구[주어, 목적어, 부사(구·절) 등]를 강조하려 할 때 It is ~ that 구문을 쓴다.

I met him in the park yesterday. 나는 어제 그를 공원에서 만났다.

→ It was I that(who) met him in the park yesterday(주어 강조).

어제 공원에서 그를 만난 사람은 나였다.

→ It was him that(whom) I met in the park yesterday(목적어 강조).

어제 공원에서 내가 만난 사람은 그였다.

→ It was in the park that(where) I met him yesterday(부사구 강조).

내가 어제 그를 만난 곳은 공원이었다.

→ It was yesterday that(when) I met him in the park(부사 강조).

내가 공원에서 그를 만난 때는 어제였다.

**어법상 빈칸에 들어가기에 가장 적 절한 것은?**

보기

It was when I got support across the board politically, from Republicans as well as Democrats, _____ I knew I had done the right thing.

① who        ② whom

③ whose      ④ that

< 정답 ④

## (2) 지시대명사

① this와 that

   ㉠ this(these)는 '이것'을, that(those)은 '저것'을 가리키는 대표적인 지시대명사이다.

   ㉡ this와 that이 동시에 쓰일 경우 this는 후자, that은 전자를 가리킨다.

   I can speak English and Japanese ; this is easier to learn than that(this = Japanese, that = English).

   나는 영어와 일어를 할 줄 안다. 후자가 전자보다 배우기 쉽다.

② this의 용법

   ㉠ this는 사물뿐만 아니라 사람을 가리키는 주격 인칭대명사로도 쓰인다.

   This is Mrs. Jones. 이쪽은 Jones 부인입니다.

   ㉡ this는 다음에 이어질 문장의 내용을 지칭할 수 있다.

   I can say this. He will never betray you.

   나는 이 말을 할 수 있습니다. 그는 결코 당신을 배신하지 않을 것입니다.

③ that의 용법

   ㉠ those는 주격 관계대명사 who와 함께 쓰여 '~하는 사람들'의 의미를 나타낸다.

   Heaven helps those who help themselves. 하늘은 스스로 돕는 자를 돕는다.

   ㉡ 동일한 명사의 반복을 피하기 위해 that(= the + 명사)을 쓴다. 복수형 명사일 때에는 those를 쓴다.

   His dress is that of a gentleman, but his speech and behaviors are those of a clown(that = the dress, those = the speech and behaviors).

   그의 옷은 신사의 것이지만 말투나 행동거지는 촌뜨기의 것이다.


## (3) such의 용법

   앞에 나온 명사 혹은 앞문장 전체를 받을 때 such를 쓴다.
   If you are a gentleman, you should behave as such.
   만약 당신이 신사라면, 당신은 신사로서 행동해야 한다.


## (4) so의 용법

① so는 동사 believe, expect, guess, hope, think, say, speak, suppose, do 등의 뒤에 와서 앞문장 전체 혹은 일부를 대신한다.
   A : Is he a liar? 그는 거짓말쟁이니?
   B : I think so. / I don't think so. 나는 그렇게(거짓말쟁이라고) 생각해 / 나는 그렇게 생각하지 않아.

기출 **PLUS**

기출 2014. 4. 19. 안전행정부

**밑줄 친 부분 중 어법상 옳은 것은?**

┌ 보기 ┐

   Compared to newspapers, magazines are not necessarily up-to-the-minute, since they do not appear every day, but weekly, monthly, or even less frequently. Even externally they are different from newspapers, mainly because magazines ①resemble like a book. The paper is thicker, photos are more colorful, and most of the articles are relatively long. The reader experiences much more background information and greater detail. There are also weekly news magazines, ②which reports on a number of topics, but most of the magazines are specialized to attract various consumers. For example, there are ③women's magazines cover fashion, cosmetics, and recipes as well as youth magazines about celebrities. Other magazines are directed toward, for example, computer users, sports fans, ④those interested in the arts, and many other small groups.

❮정답 ④

**기출PLUS**

**기출** 2021. 4. 17. 인사혁신처

**우리말을 영어로 가장 잘 옮긴 것을 고르시오.**

① 나는 너의 답장을 가능한 한 빨리 받기를 고대한다.
→ I look forward to receive your reply as soon as possible.

② 그는 내가 일을 열심히 했기 때문에 월급을 올려 주겠다고 말했다.
→ He said he would rise my salary because I worked hard.

③ 그의 스마트 도시 계획은 고려할 만했다.
→ His plan for the smart city was worth considered.

④ Cindy는 피아노 치는 것을 매우 좋아했고 그녀의 아들도 그랬다.
→ Cindy loved playing the piano, and so did her son.

**〈정답 ④〉**

---

② 동의 · 확인의 so … ~도 그렇다.

　㉠ 긍정문에 대한 동의(= 주어 + 동사 + too)

　　• A와 B의 주어가 다른 경우 : So + (조)동사 + 주어

　　• A와 B의 주어가 같은 경우 : So + 주어 + (조)동사

　　　A : I like watermelons. 나(A)는 수박을 좋아해.

　　　B : So do I(= I like them, too). 나(B)도 그래(좋아해).

　　　　So you do. 너(A)는 정말 그래(좋아해).

　㉡ 부정문에 대한 동의 : Neither + (조)동사 + 주어[= 주어 + (조)동사 + either]

　　　A : I don't like watermelons. 나(A)는 수박을 좋아하지 않아.

　　　B : Neither do I(= I don't like them, either). 나(B)도 그래(좋아하지 않아).

## (5) 부정대명사

① all과 each의 용법

　㉠ all의 용법 : '모든 사람(전원) · 것(전부)'을 의미한다.

　　• all이 사람을 나타내면 복수, 사물을 나타내면 단수로 취급한다.

　　　All were dead at the battle. 모두가 전쟁에서 죽었다.

　　　All that glitters is not gold. 반짝이는 모든 것이 다 금은 아니다.

　　• all과 인칭대명사 : all of + 인칭대명사 = 인칭대명사 + all(동격대명사)

　　　All of us have to go. 우리들 전원은 가야 한다.

　　　= We all have to go.

　㉡ each의 용법 : '각자, 각각'을 의미하는 each는 부정어를 수반하는 동사와 함께 쓰이지 않으며 'each of (the) + 복수명사 + 단수동사 = 복수명사 + each(동격대명사) + 복수동사 = each(형용사) + 단수명사 + 단수동사'의 형태로 단수 취급한다.

　　　Each of the boys has his duty. 그 소년들은 각자 그의 의무를 가지고 있다.

　　　= The boys each have their duty.

　　　= Each boy has his duty.

② both와 either의 용법

　㉠ both의 용법 : '둘(두 사람 또는 두 개의 사물) 모두'를 의미하는 both는 'both of the + 복수명사 + 복수동사 = 복수명사 + both(동격대명사)'의 형태로 복수로 취급한다.

　　　Both of the questions were difficult. 질문은 둘 다 어려웠다.

　㉡ either의 용법 : '둘(두 사람 또는 두 개의 사물) 중 어느 한쪽'을 의미하는 either는 원칙적으로 단수 취급하지만 'either of (the) + 복수명사 + 단수동사(원칙) / 복수동사(구어)'의 형태로 쓰이기도 한다.

　　　Either of them is(are) good enough. 그 둘 중 어느 쪽도 좋다.

③ none과 neither의 용법

    ㉠ none의 용법 : no one(아무도 ~않다)을 의미하며 셋 이상의 부정에 사용한다.

      • 'none of the + 복수명사 + 단수동사 / 복수동사'의 형태로 단 · 복수를 함께 사용한다.

        None of them goes out. 그들 모두가 외출하지 않는다.

        None of them go out. 그들 중 아무도 외출하지 않는다.

      • 'none of the + 물질 · 추상명사 + 단수동사'의 형태로 단수로만 취급하기도 한다. neither은 모두 단수 취급을 한다.

        None of the money is hers. 그 돈은 한 푼도 그녀의 것이 아니다.

    ㉡ neither의 용법 : both의 부정에 사용되며 '둘 중 어느 쪽도 않다[= not ~ either of (the) + 복수명사]'를 의미하는 neither는 원칙적으로 단수 취급하지만, 'neither of (the) + 복수명사 + 단수동사(원칙) / 복수동사(구어) = neither + 단수명사 + 단수동사'의 형태로 쓰이기도 한다.

      Neither of his parents is(are) alive.

      그의 부모님들 중 한 분도 살아계시지 않다.

④ some과 any의 용법 … '약간'을 의미하는 some과 any는 불특정한 수 또는 양을 나타내는 대명사로 'some /any of the + 단수명사 + 단수동사, some /any of the + 복수명사 + 복수동사'의 형태로 쓰인다.

    ㉠ some의 용법 : 긍정문, 평서문의 대명사로 쓰인다.

      Some of the fruit is rotten. 그 과일 중 몇 개는 썩었다.

    ㉡ any의 용법 : 부정문, 의문문, 조건문의 대명사로 쓰인다.

      Any of the rumors are not true. 그 소문들 중 몇몇은 사실이 아니었다.

⑤ some-, any-, every-, no-와 결합된 대명사 -body, -one, -thing은 단수로 취급한다(no-와 -one은 no one의 형태로 결합).

    Someone has left his bag. 누군가 가방을 두고 갔다.

⑥ another와 other의 용법

    ㉠ another의 용법 : 불특정한 '(또 하나의) 다른 사람 · 것'을 의미하며, 단수로만 쓰인다.

      • 하나 더(= one more)

      He finished the beer and ordered another(= one more beer).

      그는 맥주를 다 마시고 하나 더 주문했다.

      • 다른(= different)

      I don't like this tie. Show me another(= different tie).

      나는 이 넥타이가 마음에 안들어요. 다른 것을 보여주세요.

    ㉡ other의 용법

      • '(나머지) 다른 사람 · 것'을 의미하며, 정관사 the와 함께 쓰이면 특정한 것을 나타내고, the 없이 무관사로 쓰이면 불특정한 것을 나타낸다.

      • 복수형은 others이다.

**기출PLUS**

기출 2017. 3. 18. 제1회 서울특별시

**밑줄 친 부분 중 어법상 옳지 않은 것은?**

보기

Allium vegetables — edible bulbs ①including onions, garlic, and leeks — appear in nearly every cuisine around the globe ②They are fundamental in classic cooking bases, such as French *mirepoix* (diced onions, celery, and carrots), Latin American *sofrito* (onions, garlic, and tomatoes), and Cajun *holy trinity* (onions, bell peppers and celery). ③While we sometimes take these standbys for granted, the flavor of allium vegetables can not be replicated. And neither their health benefits ④can, which include protection from heart diseases and cancer.

❮정답 ④

기출**PLUS**

**POINT** another와 other의 주요 용법

㉠ A is one thing, B is another : A와 B는 별개이다(다르다).
To say is one thing, to do is another. 말하는 것과 행하는 것은 별개이다.

㉡ some + 복수명사, others ~ : (불특정 다수 중) 일부는~, 또 일부는~
Some people like winter, others like summer.
어떤 사람들은 겨울을 좋아하고 또 어떤 사람들은 여름을 좋아한다.

㉢ some + 복수명사, the others ~ : (특정 다수 중) 일부는~, 나머지는~
Some of the flowers are red, but the others are yellow.
몇몇 꽃들은 빨갛지만 나머지들은 노랗다.

㉣ one, the others ~ : (특정 다수 중) 하나는~, 나머지는~
I keep three dogs ; one is black and the others are white.
나는 개를 세 마리 키운다. 하나는 까맣고 나머지들은 하얗다.

㉤ one, the other ~ : (둘 중) 하나는~, 나머지 하나는~
There are two flowers in the vase ; one is rose, the other is tulip.
꽃병에 두 송이의 꽃이 있다. 하나는 장미이고 하나는 튤립이다.

㉥ one, another, the other ~ : (셋을 열거할 때) 하나는~, 또 하나는~, 나머지 하나는~
One is eight years, another is ten, the other is twelve.
하나는 여덟 살이고, 또 하나는 열 살이고, 나머지 하나는 열두 살이다.

㉦ one, another, a third ~ : (셋 이상을 열거할 때) 하나는~, 또 하나는~, 세 번째는~
One man was killed, another was wounded, and a third was safe.
하나는 죽고 또 하나는 다치고 세 번째 사람은 무사하였다.

⑦ one의 용법

㉠ 수의 개념을 지니는 부정대명사 one의 복수형은 some이다.
There are some apples. You may take one.
사과가 몇 개 있다. 네가 하나를 가져가도 된다.

㉡ 형용사의 수식을 받는 단수보통명사를 대신해 쓰이며, 이때 복수형은 ones이다.
His novel is a successful one(one = novel). 그의 소설은 성공적이다.

㉢ a + 단수보통명사 = one, the + 단수보통명사 = it
I bought a camera, but I lost it(it = the camera).
나는 카메라를 샀는데, 그것을 잃어버렸다.

### (6) 재귀대명사

① 강조용법 … 주어·목적어·보어의 뒤에 와서 동격으로 그 뜻을 강조하는 경우 생략해도 문장이 성립한다.
You must do it yourself. 너는 네 스스로 그것을 해야 한다.

② 재귀용법 … 문장의 주어와 동일인물이 타동사의 목적어로 쓰이는 경우로 자동사의 의미로 해석될 때가 많다.
enjoy oneself 즐기다, avail oneself of ~을 이용하다, pride oneself on ~을 자랑스럽게 여기다(= take pride in), repeat oneself 되풀이하다

기출 2020. 6. 20. 소방공무원

**밑줄 친 부분 중 어법상 틀린 것은?**

┌ 보기 ┐

It can be difficult in the mornings, especially on cold or rainy days. The blankets are just too warm and comfortable. And we aren't usually ① excited about going to class or the office. Here are ②a few tricks to make waking up early, easier. First of all, you have to make a definite decision to get up early. Next, set your alarm for an hour earlier than you need to. This way, you can relax in the morning instead of rushing around. Finally, one of the main reasons we don't want to get out of bed in the morning ③ are that we don't sleep well during the night. That's ④ why we don't wake up well -rested. Make sure to keep your room as dark as possible. Night lights, digital clocks, and cell phone power lights can all prevent good rest.

◀정답 ③

③ 전치사 + 재귀대명사(관용적 표현) … 재귀대명사가 전치사의 목적어로 쓰이는 경우에 해당한다.

for oneself 자기 힘으로, 남의 도움 없이(= without other's help), by oneself 혼자서, 홀로(= alone), beside oneself 제 정신이 아닌(= insane)

## (7) 의문대명사

① 의문대명사의 용법

    ㉠ who : 사람의 이름, 혈연관계 등을 물을 때 사용한다.

      A : Who is he? 그는 누구니?

      B : He is Jinho, my brother. 그는 내 동생 진호야.

    ㉡ what : 사람의 직업, 신분 및 사물을 물을 때 사용한다.

      A : What is he? 그는 뭐하는 사람이니?

      B : He is an English teacher. 그는 영어 선생님이야.

    ㉢ which : 사람이나 사물에 대한 선택을 요구할 때 사용한다.

      Which do you like better, this or that?

      이것과 저것 중 어떤 것이 더 좋으니?

② 의문사가 문두로 나가는 경우 … 간접의문문에서 주절의 동사가 think, suppose, imagine, believe, guess 등일 때 의문사가 문두로 나간다(yes나 no로 대답이 불가능).

  A : Do you know what we should do? 우리가 무엇을 해야 할지 알겠니?

  B : Yes, I do. I think we should tell him the truth.

    응. 내 생각에는 그에게 사실을 말해줘야 해.

  A : What you guess we should do? 우리가 무엇을 해야 할 것 같니?

  B : I guess we'd better tell him the truth.

    내 생각에는 그에게 사실을 말해 주는 것이 낫겠어.

---

**기출PLUS**

기출 2011. 5. 14. 상반기 지방직

**밑줄 친 부분 중 어법상 옳지 않은 것을 고르시오.**

┌ 보기 ┐

Yesterday at the swimming pool everything seemed ①to go wrong. Soon after I arrived, I sat on my sunglasses and broke them. But my worst moment came when I decided to climb up to the high diving tower to see ②how the view was like. ③Once I was up there, I realized that my friends were looking at me because they thought I was going to dive. I decided I was too afraid to dive from that height. So I climbed down the ladder, feeling very ④embarrassed.

**〈정답 ②**

**09 Practice 문제**

▌01~05▐ 다음 문장에서 틀린 부분을 찾아 고치시오.

**01** We want to gather as many informations.

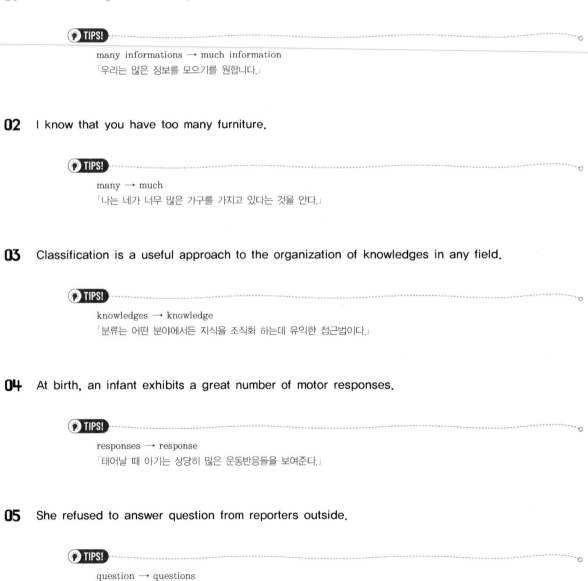

> **TIPS!**
> many informations → much information
> 「우리는 많은 정보를 모으기를 원합니다.」

**02** I know that you have too many furniture.

> **TIPS!**
> many → much
> 「나는 네가 너무 많은 가구를 가지고 있다는 것을 안다.」

**03** Classification is a useful approach to the organization of knowledges in any field.

> **TIPS!**
> knowledges → knowledge
> 「분류는 어떤 분야에서든 지식을 조직화 하는데 유익한 접근법이다.」

**04** At birth, an infant exhibits a great number of motor responses.

> **TIPS!**
> responses → response
> 「태어날 때 아기는 상당히 많은 운동반응들을 보여준다.」

**05** She refused to answer question from reporters outside.

> **TIPS!**
> question → questions
> 「그녀는 외부 기자들의 질문에 답변하지 않았다.」

# 10 형용사와 부사

### section 1 형용사

## (1) 형용사의 용법과 위치

① 형용사의 용법

  ㉠ 한정적 용법

    • 명사의 앞·뒤에서 직접 명사를 수식한다.

      I saw a beautiful girl. 나는 아름다운 소녀를 보았다.

    • 한정적 용법으로만 쓰이는 형용사 : wooden, only, former, latter, live, elder, main 등

      This is a wooden box. 이것은 나무(로 만들어진) 상자이다.

  ㉡ 서술적 용법

    • 2형식 문장에서 주격보어나 5형식 문장에서 목적격보어로 쓰여 명사를 간접적으로 수식한다.

      The girl is beautiful. 그 소녀는 아름답다.

      I think him handsome. 나는 그가 잘생겼다고 생각한다.

    • 서술적 용법으로만 쓰이는 형용사 : absent, alive, alike, alone, awake, asleep, aware, afraid 등

      I am afraid of snakes. 나는 뱀을 무서워한다.

> **POINT** 한정적·서술적 용법에 따라 뜻이 달라지는 형용사
> present(현재의 / 참석한), late(故 / 늦은), ill(나쁜 / 아픈), able(유능한 / 할 수 있는), certain(어떤 / 확실한), right(오른쪽의 / 옳은)
> the late Dr. Brown 故 브라운 박사
> She was late. 그녀는 늦었다.

② 형용사의 위치

  ㉠ 형용사가 한정적 용법으로 쓰일 때 보통 형용사가 명사의 앞에서 수식(전치수식)한다.

  ㉡ 형용사는 원칙적으로 명사의 앞에서 전치수식하지만, 다음의 경우 형용사가 명사의 뒤에 위치한다(후치수식).

    • 여러 개의 형용사가 겹칠 때

      She is a lady kind, beautiful, and rich.

      그녀는 친절하고 아름답고 부유한 아가씨이다.

    • 다른 수식어구를 동반하여 길어질 때

      This is a loss too heavy for me to bear.

      이것은 내가 견디기에는 너무 큰 손실이다.

**기출PLUS**

**기출** 2018. 6. 23. 제2회 서울특별시

**밑줄 친 부분 중 어법상 가장 옳은 것은?**

┌ 보기 ┐

  More than 150 people ①have fell ill, mostly in Hong Kong and Vietnam, over the past three weeks. And experts ② are suspected that ③another 300 people in China's Guangdong province had the same disease ④begin in mid-November.

**기출** 2011. 3. 12. 법원행정처

**다음 글에서 밑줄 친 부분 중 어법상 틀린 것은?**

┌ 보기 ┐

  The works of discovery in every age ①shape—and shake up—the thinking of the whole literate community. And this effect has multiplied with the rise of democracy and literacy. The familiar example, of course, is ②how the works of Copernicus (1473-1543) and his followers disturbed Western culture with the realization that the earth was no longer the center. More ③recently examples are the impact of Darwinian biology and Freudian psychology. Nowadays, the space sciences, arcane and specialized ④though they have become, continue to have a profound and wide influence on the whole community's thinking.

**◀정답 ③, ③**

- -thing, -body, -one 등으로 끝나는 부정대명사를 수식할 때
  Is there anything strange about him? 그에게 뭔가 이상한 점이 있나요?
- -ble, -able 등으로 끝나는 형용사가 최상급이나 all, every 등이 붙은 명사를 수식할 때
  Please send me all tickets available. 구할 수 있는 모든 표를 보내주세요.

ⓒ all, both, double, such, half 등의 형용사는 맨 먼저 나온다.

ⓔ 그 밖의 형용사의 어순

| 관사 등 | 서수 | 기수 | 성질 | 대소 | 상태,<br>색깔 | 신구,<br>재료 | 소속 | 명사 |
|---|---|---|---|---|---|---|---|---|
| those | first | three | brave | | | young | American | soldiers |
| her | | two | nice | little | black | | Swiss | watches |
| 고정적 | | | 강조, 관용, 결합성의 관계에 따라 다소 유동적 | | | | | |

③ 주의해야 할 형용사 every … all과 each와의 구별이 중요하다.

ⓞ every는 '모든'을 뜻하면서 셋 이상의 전체를 포괄하는 점에서 all과 같으나 둘 이상의 개개의 것을 가리키는 each와 다르다.

ⓛ every는 'every + 단수명사 + 단수동사'의 형태로 단수명사를 수식하는 점에서 each와 같으나(each + 단수명사 + 단수동사), 복수명사를 수식하는 all과 다르다 (all + 복수명사 + 복수동사).

ⓒ every는 형용사로만 쓰이나 all과 each는 형용사 외에 대명사로도 쓰인다.

ⓔ 매(每) ~마다 : every + 기수 + 복수명사 = every + 서수 + 단수명사
  The Olympic Games are held every four years(every fourth year).
  올림픽 경기는 4년마다 개최된다.

### (2) 수량형용사와 수사

① 수량형용사

ⓞ many와 much : many는 수를, much는 양·정도를 나타낸다.
  - many : many는 가산명사와 결합하며, 'many a / an + 단수명사 + 단수동사 = many + 복수명사 + 복수동사'의 형태로 쓰인다.
    Many boys are present at the party. 많은 소년들이 그 파티에 참석했다.
    = Many a boy is present at the party.
  - much : 'much + 불가산명사 + 단수동사'의 형태로 쓰인다.
    Much snow has fallen this winter. 많은 눈이 이번 겨울에 내렸다.

ⓛ few와 little : few는 수를, little은 양이나 정도를 나타내며 a few (= several), a little(= some)은 '약간 있는', few(= not many), little(= not much)은 '거의 없는'의 뜻이다.

- (a) few + 복수(가산)명사 + 복수동사

  She has a few friends. 그녀는 친구가 약간 있다.

  She has few friends. 그녀는 친구가 거의 없다.
- (a) little + 불가산명사 + 단수동사

  I have a little time to study. 나는 공부할 시간이 약간 있다.

  I have little time to study. 나는 공부할 시간이 거의 없다.

ⓒ 막연한 수량형용사 : dozens of(수십의), hundreds of(수백의), thousands of(수천의), millions of(수백만의), billions of(수십억의) 등은 막연한 불특정다수의 수를 나타낸다(dozen, hundred, thousand, million, billion 등 수량을 나타내는 명사가 수사와 함께 다른 명사를 직접적으로 수식하는 형용사의 역할을 할 때는 단수형태를 유지해야 하며 복수형태를 취할 수 없음).

  dozens of pear 수십 개의 배

② 수사

  ㉠ 수사와 명사의 결합
  - '수사 + 명사'의 표현방법 : 무관사 + 명사 + 기수 = the + 서수 + 명사
  - 수사 + 명사(A) + 명사(B) : '수사 + 명사(A)'가 명사(B)를 수식하는 형용사의 역할을 할 경우에는 일반적으로 수사와 명사(A) 사이에 Hypen(-)을 넣으며 명사(A)는 단수로 나타낸다.
  - 기수로 표시된 수량을 나타내는 복수형 단위명사가 한 단위를 나타내면 단수로 취급한다.

  ㉡ 수사 읽기
  - 세기 : 서수로 읽는다.

    This armor is 15th century. 이 갑옷은 15세기의 것이다.

    →15th century : the fifteenth (century)
  - 연도 : 두 자리씩 나누어 읽는다.

    Between 1898 and 1906, Peary tried five times to reach the North Pole.

    1898 ~ 1906년 사이에 Peary는 북극(점)에 도달하기 위해서 다섯 번 시도하였다.

    →1898 : eighteen ninety-eight, →1906 : nineteen O-six
  - 전화번호 : 한 자리씩 끊어 읽으며, 국번 다음에 comma(,)를 넣는다.

    123 - 0456 : one two three, O four five six
  - 분수 : 분자는 기수로, 분모는 서수로 읽으며 분자가 복수일 때는 분모에 -s를 붙인다.

    1 / 3 : a third, 2 / 5 : two fifths

  ⓟPOINT 주의해야 할 수사 읽기

  ㉠ 제2차 세계대전 : World War Two, the Second World War

  ㉡ 엘리자베스 2세 : Elizabeth the Second

  ㉢ 7쪽 : page seven, the seventh page

  ㉣ -5℃ : five degrees below zero Centigrade

  ㉤ 18℃ : eighteen degrees Centigrade

  ㉥ 제3장 : chapter three, the third chapter

**기출PLUS**

기출 2016. 6. 25. 서울특별시

**밑줄 친 부분 중 어법상 가장 옳지 않은 것은?**

┌ 보기 ┐

  He acknowledged that ① the number of Koreans were forced ②into labor ③under harsh conditions in some of the locations ④during the 1940's.

정답 ①

## (3) 주의해야 할 형용사

① 명사 + ─ly = 형용사 ⋯ neighborly(친절한), worldly(세속적인), shapely(몸매 좋은) 등

② 형용사 + ─ly = 형용사 ⋯ kindly(상냥한, 친절한) 등

③ 현재분사 · 과거분사 → 형용사 ⋯ 감정을 나타내는 타동사의 현재분사(─ing)가 형용사의 역할을 하는 경우 사물 · 동물과 함께 쓰이며, 그 과거분사(─ed)가 형용사의 역할을 하는 경우 사람과 함께 쓰인다.
boring / bored, depressing /depressed, embarrassing / embarrassed, frightening / frightened, exciting / excited, satisfying / satisfied 등

④ 주어를 제한하는 형용사
  ㉠ 사람을 주어로 할 수 없는 형용사: convenient, difficult, easy, possible, probable, improbable, necessary, tough, painful, dangerous, useful, delightful, natural, hard, regrettable, useless 등
  It is necessary for you to help me. 너는 나를 도울 필요가 있다.
  ㉡ 사람만을 주어로 하는 형용사: happy, anxious, afraid, proud, surprised, willing, thankful, excited, sorry, angry, sure, pleased 등의 형용사는 무생물이 주어가 될 수 없다.
  I was afraid that he would attack me. 그가 나를 공격할 것이 두려웠다.

  **POINT** 사람이 주어가 될 수 있는 경우
  주어가 to부정사의 의미상의 목적어일 경우에는 사람이 주어가 될 수 있다.
  It is hard to please him. 그를 만족시키기는 어렵다.
  = He is hard to please(주어 He는 to please의 의미상 목적어임).

⑤ be worth ─ing = be worthy of ─ing = be worthy to be p.p. = be worthwhile to do(doing) ~할 가치가 있다.
These books are worth reading carefully.
이 책들은 신중하게 읽을 가치가 있다.
= These books are worthy of careful reading.
= These books are worthy to be read carefully.
= These books are worthwhile to read(reading) carefully.

## (1) 부사의 용법과 위치

① 동사를 수식할 때 … '동사 + (목적어) + 부사'의 어순을 취한다.

He speaks English well. 그는 영어를 잘한다.

>**POINT** '타동사 + 부사'의 2어동사에서 목적어의 위치
>㉠ 목적어가 명사일 때 : 부사의 앞·뒤 어디에나 올 수 있다.
>Put the light out. 불을 꺼라.
>= Put out the light.
>㉡ 목적어가 대명사일 때 : 반드시 동사와 부사의 사이에 와야 한다.
>Give it up(○). 그것을 포기해라.
>→Give up it(×).

② 형용사나 다른 부사(구, 절)를 수식할 때 … 수식하는 단어의 앞에 놓인다.

I am very tired(형용사 수식). 나는 무척 피곤하다.

She works very hard(부사 수식). 그녀는 매우 열심히 일한다.

I did it simply because I felt it to be my duty(부사절 수식).
나는 단지 그것이 내 의무였기 때문에 했다.

③ 명사나 대명사를 수식할 때 … 'even(only) + (대)명사'의 형태를 취한다.

Even a child can do it(명사 수식). 심지어 어린이조차도 그것을 할 수 있다.

Only he can solve the problem(대명사 수식).
오직 그만이 문제를 해결할 수 있다.

④ 문장 전체를 수식할 때 … 주로 문장의 처음에 놓인다.

Happily he did not die. 다행히도 그는 죽지 않았다.

He did not die happily(동사 die 수식). 그는 행복하게 죽지 않았다.

⑤ 주의해야 할 부사의 위치

㉠ 부사의 어순 : 부사가 여러 개일 때는 장소(방향→위치)→방법(양태)→시간의 순이고, 시간·장소의 부사는 작은 단위→큰 단위의 순이다.

He will come here at six tomorrow. 그는 내일 6시에 여기 올 것이다.

㉡ 빈도부사의 위치 : always, usually, sometimes, often, seldom, rarely, never, hardly 등 'How often ~?'에 대한 대답이 되는 부사를 말한다. be동사 뒤, 조동사 뒤, 일반동사 앞, used to do와 함께 쓰이면 used의 앞·뒤에 위치한다.

㉢ 시간을 나타내는 부사 yesterday, today, tomorrow 등은 항상 문두(강조) 또는 문미(일반)에 위치한다.

㉣ enough의 위치 : 부사로 쓰일 때는 수식하는 단어의 뒤에 놓으며, 형용사로 쓰여 명사를 수식할 때는 주로 명사의 앞에 온다.

기출**PLUS**

**기출** 2014. 6. 28. 서울특별시

**어법상 옳지 않은 것은?**

① At certain times may this door be left unlocked.

② Eloquent though she was, she could not persuade him.

③ So vigorously did he protest that they reconsidered his case.

④ The sea has its currents, as do the river and the lake.

⑤ Only in this way is it possible to explain their actions.

**기출** 2012. 5. 12. 상반기 지방직

**어법상 옳은 것은?**

① Without plants to eat, animals must leave from their habitat.

② He arrived with Owen, who was weak and exhaust.

③ This team usually work late on Fridays.

④ Beside literature, we have to study history and philosophy.

❮정답 ①, ③

기출PLUS

## (2) 주의해야 할 부사의 용법

① too와 either … '또한, 역시'의 뜻이다.

    ㉠ too : 긍정문에서 쓰인다(too가 '너무나'의 의미로 형용사·부사를 수식할 때에는 형용사·부사 앞에서 수식함).

        I like eggs, too. 나도 역시 달걀을 좋아한다.

    ㉡ either : 부정문에서 쓰인다.

        I don't like eggs, either. 나도 역시 달걀을 좋아하지 않는다.

② very와 much

    ㉠ very : 형용사·부사의 원급과 현재분사를 수식한다.

        He asked me a very puzzling question.

        그는 나에게 매우 난처한 질문을 하였다.

    ㉡ much : 형용사·부사의 비교급·최상급과 과거분사를 수식한다.

        He is much taller than I. 그는 나보다 키가 훨씬 더 크다.

③ ago, before, since

    ㉠ ago : (지금부터) ~전에, 현재가 기준, 과거형에 쓰인다.

        I saw her a few days ago. 나는 몇 년 전에 그녀를 보았다.

    ㉡ before : (그때부터) ~전에, 과거가 기준, 과거·현재완료·과거완료형에 쓰인다.

        I have seen her before. 나는 이전부터 그녀를 봐왔다.

    ㉢ since : 과거를 기준으로 하여 현재까지를 나타내고, 주로 현재완료형에 쓰인다.

        I have not seen him since. 나는 (그때) 이후로 그를 만나지 못했다.

④ already, yet, still

    ㉠ already : 긍정문에서 '이미, 벌써'의 뜻으로 동작의 완료를 나타낸다.

        I have already read the book. 나는 그 책을 벌써 읽었다.

    ㉡ yet : 부정문에서 부정어의 뒤에서 '아직 ~않다', 의문문에서 '벌써', 긍정문에서 '여전히, 아직도'의 뜻으로 쓰인다.

        I haven't yet read the book. 나는 아직 그 책을 읽지 않았다.

        Have you read the book yet? 당신은 벌써 그 책을 읽었습니까?

    ㉢ still : '여전히, 아직도'의 뜻으로 쓰이며, 그 위치에 따라 '가만히'의 뜻으로 쓰이기도 한다.

        I still read the book. 나는 여전히 그 책을 읽는다.

        I stood still. 나는 가만히 서 있었다.

⑤ 부정을 나타내는 부사

    ㉠ 준부정의 부사 never, hardly, scarcely, rarely, seldom 등은 다른 부정어와 함께 사용할 수 없다.

        I can hardly believe it. 나는 그것을 거의 믿을 수가 없다.

    ㉡ 강조하기 위해 준부정의 부사를 문두에 위치시키며 '주어 + 동사'의 어순이 도치되어 '(조)동사 + 주어 + (일반동사의 원형)'의 어순이 된다.

        Hardly can I believe it. 나는 거의 그것을 믿을 수 없다.

기출 2018. 6. 23. 제2회 서울특별시

**밑줄 친 부분 중 어법상 가장 옳지 않은 것은?**

┌ 보기 ┐

  His survival ①over the years since independence in 1961 does not alter the fact that the discussion of real policy choices in a public manner has hardly ②never occurred. In fact, there have always been ③a number of important policy issues ④which Nyerere has had to argue through the NEC.

◀ 정답 ②

**┃01~05┃ 다음 문장에서 틀린 부분을 찾아 고치시오.**

**01** Flight is a very difficult activity for most alive things.

**TIPS!**

alive → living

「비행은 대부분의 살아있는 존재에게는 매우 어려운 일이다.」

**02** I wand to buy something colorful and decoration in your store.

**TIPS!**

decoration → decorative

「당신 가게에서 화려하고 장식적인 것을 사길 원합니다.」

**03** Scientists are searching for the oldest alive tree.

**TIPS!**

alive tree → tree alive

「과학자들은 살아있는 최고령 나무를 찾고 있다.」

**04** Hospitals across the nation are crowded with sick children late.

**TIPS!**

late → lately

「전국의 병원은 최근에 아픈 아이들로 붐빕니다.」

**05** I couldn't say anything because they were very older than me.

**TIPS!**

very → much

「그들이 나보다 나이가 훨씬 더 많았기 때문에 나는 아무 말도 할 수가 없었어.」

# 11 비교

기출PLUS

## section 1 원급에 의한 비교

### (1) 동등비교와 열등비교

① 동등비교 … as A as B는 'B만큼 A한'의 뜻이다.

I am as tall as she (is tall). 나는 그녀만큼 키가 크다.

I am as tall as her(×).

> **POINT** 직유의 표현 … B처럼 매우 A한
> I am as busy as a bee. 나는 꿀벌처럼 매우 바쁘다.

② 열등비교 … not so(as) A as B는 'B만큼 A하지 못한'의 뜻이다.

He is not so tall as I. 그는 나만큼 키가 크지 않다.

= I am taller than he.

### (2) 배수사 + as A as B

'B의 몇 배만큼 A한'의 뜻으로 쓰인다.

The area of China is forty times as large as that of Korea.

중국의 면적은 한국 면적의 40배이다.

= The area of China is forty times larger than that of Korea.

### (3) as A as possible

'가능한 한 A하게'의 뜻으로 쓰이며, as A as + S + can의 구문과 바꿔쓸 수 있다.

Go home as quickly as possible. 가능한 한 빨리 집에 가거라.

= Go home as quickly as you can.

### (4) as A as (A) can be

'더할 나위 없이 ~한, 매우 ~한'의 뜻으로 쓰인다.

He is as poor as (poor) can be. 그는 더할 나위 없이 가난하다.

## (5) 최상급의 뜻을 가지는 원급비교

① as A as any + 명사 … 어떤 ~에도 못지않게 A한

She is as wise as any girl in her class. 그녀는 자기 반의 어느 소녀 못지않게 현명하다.

② as A as ever + 동사 … 누구 못지않게 A한, 전례 없이 A한

He was as honest a merchant as ever engaged in business.
그는 지금까지 사업에 종사했던 어느 상인 못지않게 정직한 상인이었다.

③ 부정주어 + so A as B … B만큼 A한 것은 없다.

Nothing is so precious as time. 시간만큼 귀중한 것은 없다.

> **POINT** 원급을 이용한 관용표현
>
> ㉠ not so much as A as B = rather B than A = more B than A : A라기보다는 B이다.
>
> He is not so much as a novelist as a poet. 그는 소설가라기보다는 시인이다.
> = He is rather a poet than a novelist.
> = He is more a poet than a novelist.
>
> ㉡ A as well as B = not only B but (also) A : B뿐만 아니라 A도
>
> He is handsome as well as tall. 그는 키가 클 뿐만 아니라 잘생기기도 했다.
> = He is not only tall but (also) handsome.
>
> ㉢ may as well A as B : B하기보다는 A하는 편이 낫다.
>
> You may as well go at once as stay.
> 너는 머물기보다는 지금 당장 가는 편이 낫다.
>
> ㉣ as good as = almost : ~와 같은, ~나 마찬가지인
>
> The wounded man was as good as dead.
> 그 부상자는 거의 죽은 것이나 마찬가지였다.
> = The wounded man was almost dead.
>
> ㉤ A is as B as C : A는 C하기도 한 만큼 B하기도 하다.
>
> Gold is as expensive as useful. 금은 유용하기도 한 만큼 비싸기도 하다.

## section 2 | 비교급에 의한 비교

## (1) 우등비교와 열등비교

① 우등비교 … '비교급 + than ~'은 '~보다 더 …한'의 뜻이다.

I am younger than he. 나는 그보다 어리다.

> **POINT** 동일인물 · 사물의 성질 · 상태 비교
>
> -er을 쓰지 않고, 'more + 원급 + than'을 쓴다. 여기서 more는 rather의 뜻이다.
> He is more clever than wise.
> 그는 현명하다기보다는 영리하다.

**기출PLUS**

기출 2014. 6. 28. 서울특별시

**어법상 옳지 않은 것은?**

┌ 보기 ┐

My ①art history professors prefer Michelangelo's painting ②to viewing his sculpture, although Michelangelo ③himself was ④more proud of the ⑤ latter.

❮정답 ②

② **열등비교** … 'less + 원급 + than ~'은 '~만큼 …하지 못한'의 뜻이다[= not so(as) + 형용사 + as].

I am less clever than she. 나는 그녀만큼 똑똑하지 못하다.

= I am not so clever as she.

③ **차이의 비교** … '비교급 + than + by + 숫자'의 형태로 차이를 비교한다.

She is younger than I by three years. 그녀는 나보다 세 살 더 어리다.

= She is three years younger than I.

= I am three years older than she.

= I am three years senior to her.

> **POINT** 라틴어 비교급
>
> 어미가 -or로 끝나는 라틴어 비교급(senior, junior, superior, inferior, exterior, interior, major, minor, anterior 등)은 than을 쓰지 않고 to를 쓴다.
> He is two years senior to me.
> 그는 나보다 두 살 위이다.

### (2) 비교급의 강조

비교급 앞에 much, far, even, still, a lot 등을 써서 '훨씬'의 뜻을 나타낸다.
She is much smarter than he. 그녀는 그보다 훨씬 더 총명하다.

### (3) the + 비교급

비교급 표현임에도 불구하고 다음의 경우에는 비교급 앞에 the를 붙인다.

① 비교급 다음에 of the two, for, because 등이 오면 앞에 the를 붙인다.

He is the taller of the two. 그가 두 명 중에 더 크다.

I like him all the better for his faults.

나는 그가 결점이 있기 때문에 그를 더욱 더 좋아한다.

He studied the harder, because his teacher praised him.

선생님이 그를 칭찬했기 때문에 그는 더욱 열심히 공부했다.

② **절대비교급** … 비교의 특정상대가 없을 때 비교급 앞에 the를 붙인다.

the younger generation 젊은 세대

③ The + 비교급 ~, the + 비교급~ … '~하면 할수록 그만큼 더 ~하다'의 관용적인 의미로 쓰인다.

The more I know her, the more I like her.

그녀를 알면 알수록 그녀가 더 좋아진다.

### (4) 최상급의 뜻을 가지는 비교급 표현

'부정주어 + 비교급 + than ~'을 사용하여 '~보다 …한 것은 없다'를 나타낸다. '긍정주어 + 비교급 + than any other + 단수명사[all other + 복수명사, anyone(anything) else]'의 구문으로 바꿔 쓸 수 있다.

No one is taller than Tom in his class.

그의 반에서 Tom보다 키가 큰 사람은 아무도 없다.

= Tom is taller than any other student in his class.

= Tom is taller than all other students in his class.

= Tom is taller than anyone else in his class.

= Tom is the tallest student in his class.

### (5) 비교급을 이용한 관용표현

① much more와 much less

  ㉠ much(still) more : ~은 말할 것도 없이(긍정적인 의미)

  He is good at French, much more English. 그는 영어는 말할 필요도 없고 불어도 잘한다.

  ㉡ much(still) less : ~은 말할 것도 없이(부정적인 의미)

  He cannot speak English, still less French.

  그는 영어는 말할 필요도 없고, 불어도 못한다.

② no more than과 not more than

  ㉠ no more than : 겨우, 단지(= only)

  I have no more than five dollars. 나는 겨우 5달러밖에 없다.

  ㉡ not more than : 기껏해야(= at most)

  I have not more than five dollars. 나는 기껏해야 5달러 가지고 있다.

③ no less than과 not less than

  ㉠ no less than : ~만큼이나[= as many(much) as]

  He has no less than a thousand dollars.

  그는 1,000달러씩이나 가지고 있다.

  ㉡ not less than : 적어도(= at least)

  He has not less than a thousand dollars. 그는 적어도 1,000달러는 가지고 있다.

④ no less ~ than과 not less ~ than

  ㉠ no less A than B : B만큼 A한[= as (much) A as B]

  She is no less beautiful than her sister. 그녀는 언니만큼 예쁘다.

  = She is as beautiful as her sister.

**기출PLUS**

ⓛ not less A than B : B 못지않게 A한

She is not less beautiful than her sister. 그녀는 언니 못지않게 예쁘다.

= She is perhaps more beautiful than her sister.

⑤ A is no more B than C is D … A가 B가 아닌 것은 마치 C가 D가 아닌 것과 같다

[= A is not B any more than C is D, A is not B just as C is D(B = D일 때 보통 D는 생략)].

A bat is no more a bird than a rat is (a bird).

박쥐가 새가 아닌 것은 쥐가 새가 아닌 것과 같다.

= A bat is not a bird any more than a rat is (a bird).

= A bat is not a bird just as a rat is (a bird).

**POINT** 기타 비교급을 이용한 중요 관용표현

ⓐ not more A than B : B 이상은 A 아니다.

ⓑ no better than ~ : ~나 다를 바 없는(= as good as)

ⓒ no less 명사 than ~ : 다름아닌, 바로(= none other than ~)

ⓓ little more than ~ : ~내외, ~정도

ⓔ little better than ~ : ~나 마찬가지의, ~나 다름없는

ⓕ nothing more than ~ : ~에 지나지 않는, ~나 다름없는

ⓖ none the less : 그럼에도 불구하고

---

### section **3** 최상급에 의한 비교

**(1) 최상급의 형식**

최상급은 셋 이상의 것 중에서 '가장 ~한'의 뜻을 나타내며 형용사의 최상급 앞에는 반드시 the를 붙인다.

Health is the most precious (thing) of all. 건강은 모든 것 중에서 가장 귀중한 것이다.

**(2) 최상급의 강조**

최상급 앞에 much, far, by far, far and away, out and away, the very 등을 써서 '단연'의 뜻을 나타낸다.

He is the very best student in his class.

그는 그의 학급에서 단연 최우수학생이다.

**최상급을 이용한 관용표현**

ⓐ at one's best : 전성기에

ⓑ at (the) most : 많아야

ⓒ at last : 드디어, 마침내

ⓓ at least : 적어도

ⓔ at best : 기껏, 아무리 잘 보아도

ⓕ at (the) latest : 늦어도

ⓖ for the most part : 대부분

ⓗ had best ~ : ~하는 것이 가장 낫다(had better ~ : ~하는 것이 더 낫다).

ⓘ try one's hardest : 열심히 해보다

ⓙ make the best(most) of : ~을 가장 잘 이용하다.

ⓚ do one's best : 최선을 다하다.

ⓛ not in the least : 조금도 ~않다.

### (3) 최상급 앞에 the를 쓰지 않는 경우

① 동일인, 동일물 자체를 비교할 때

The river is deepest at this point. 그 강은 이 지점이 가장 깊다.

② 부사의 최상급일 때

Which season do you like best? 어느 계절을 가장 좋아하세요?

③ 절대최상급 표현일 때 ··· 비교대상을 명확히 나타내지 않고 그 정도가 막연히 아주 높다는 것을 표현할 때 'a most + 원급 + 단수명사', 'most + 원급 + 복수명사'의 절대최상급 구문을 이용한다(이때 most는 very의 의미).

He is a most wonderful gentleman. 그는 매우 멋진 신사분이다.

= He is a very wonderful gentleman.

④ most가 '매우(= very)'의 뜻일 때

You are most kind to me. 너는 나에게 매우 친절하다.

⑤ 명사나 대명사의 소유격과 함께 쓰일 때

It is my greatest pleasure to sing. 노래하는 것은 나의 가장 큰 기쁨이다.

### (4) 최상급을 이용한 양보의 표현

'아무리 ~라도'의 뜻으로, 이 때 최상급 앞에 even을 써서 강조할 수 있다.

(Even) The wisest man cannot know everything.

아무리 현명한 사람이라도 모든 것을 다 알 수는 없다.

= However wise a man may be, he cannot know everything.

### (5) The last + 명사

'결코 ~하지 않을'의 뜻으로 쓰인다.

He is the last man to tell a lie. 그는 결코 거짓말을 하지 않을 사람이다.

= He is the most unlikely man to tell a lie.

**11** Practice 문제

**┃01~05┃** 다음 문장에서 틀린 부분을 찾아 고치시오.

**01** The more money bet on a particular horse, lower the odds are for that horse.

> **TIPS!**
> lower → the lower
> 「특정한 말에 거는 돈의 액수가 많을수록 해당 말의 확률은 낮아집니다.」

**02** He will become the more famous doctor in the world.

> **TIPS!**
> more → most
> 「그는 세계에서 가장 유명한 의사가 될 것이다.」

**03** The pupil proved cleverer than his teacher.

> **TIPS!**
> cleverer → more clever
> 「그 학생이 그의 교사보다 더 영리한 것으로 입증됐다.」

**04** Farther research is required to explore how the gene influences one's looks.

> **TIPS!**
> Farther → Further
> 「그 유전자가 사람들의 겉모습에 어떤 영향을 끼치는지 탐구하기 위해 더 많은 연구가 필요하다.」

**05** As much as 1,000 people lost their houses by the flood.

> **TIPS!**
> much → many
> 「무려 천 명이나 되는 사람들이 홍수로 집을 잃었다.」

# 12 접속사와 전치사

## section 1 접속사

### (1) 등위접속사

① 등위접속사 … 단어 · 구 · 절을 어느 한쪽에 종속되지 않고 대등하게 연결해 주는 접속사이다.

   ⊙ and : '~와, 그리고, (명령문, 명사구 다음) 그러면'의 뜻으로 쓰인다.
     Another step, and you are a dead man!
     한 발만 더 내디디면 당신은 죽은 목숨이다!

   ⓒ or : '또는(선택), 즉, 말하자면, (명령문, 명사구 다음) 그렇지 않으면'의 뜻으로 쓰인다.
     Will you have coffee or tea?
     커피를 마시겠습니까? 아니면 차를 마시겠습니까?
     Hurry up, or you will miss the train.
     서둘러라. 그렇지 않으면 기차를 놓칠 것이다.

   ⓒ but
     • '그러나(대조, 상반되는 내용의 연결)'의 뜻으로 쓰인다.
     He tried hard, but failed. 그는 열심히 노력했지만, 실패하였다.
     • not A but B : A가 아니라 B, A하지 않고 B하다.
     I did not go, but stayed at home. 나는 가지 않고 집에 있었다.

   ⓔ for : '~이니까, ~을 보니(앞의 내용에 대한 이유의 부연설명)'의 뜻으로 쓰인다.
     We can't go, for it's raining hard. 비가 심하게 와서 갈 수 없겠다.

② 대등절의 평행구조

   ⊙ 평행구조 : 문장에서 등위접속사는 동일한 성분의 구나 절을 연결해야 하고, 이를 평행구조를 이룬다고 말한다.

   ⓒ A and(but, or) B일 때 : A가 명사, 형용사, 부사, 부정사, 동명사, 절이면 B도 명사적 어구, 형용사적 어구, 부사적 어구, 부정사, 동명사, 절이어야 한다.
     She is kind and beautiful(형용사끼리 연결). 그녀는 친절하고 아름답다.
     He look on me questioningly and distrustfully(부사끼리 연결).
     그가 나를 미심쩍고 의심스럽게 본다.

기출 2014. 3. 22. 사회복지직

**밑줄 친 부분 중 어법상 옳지 않은 것을 고르시오.**

┌ 보기 ┐

  Sometimes a sentence fails to say ①what you mean because its elements don't make proper connections. Then you have to revise by shuffling the components around, ②juxtapose those that should link, and separating those that should not. To get your meaning across, you not only have to choose the right words, but you have to put ③ them in the right order. Words in disarray ④produce only nonsense.

① what      ② juxtapose
③ them      ④ produce

◀ 정답 ②

**어법상 옳은 것은?**

① They didn't believe his story, and neither did I.
② The sport in that I am most interested is soccer.
③ Jamie learned from the book that World War I had broken out in 1914.
④ Two factors have made scientists difficult to determine the number of species on Earth.

## (2) 상관접속사

① 상관접속사 ··· 양쪽이 상관관계를 갖고 서로 짝을 이루게 연결시키는 접속사로 다음 A와 B는 같은 문법구조를 가진 동일성분이어야 한다.

　㉠ both A and B : 'A와 B 둘 다'의 뜻으로 쓰인다.
　　Both brother and sister are dead. 오누이가 다 죽었다.

　㉡ not only A but also B(= B as well as A) : 'A뿐만 아니라 B도'의 뜻으로 쓰인다.
　　Not only you but also he is in danger. 너뿐만 아니라 그도 위험하다.
　　= He as well as you is in danger.

　㉢ either A or B : 'A 또는 B 둘 중에 하나'의 뜻으로 쓰인다.
　　He must be either mad or drunk. 그는 제 정신이 아니거나 취했음에 틀림없다.

　㉣ neither A nor B : 'A 또는 B 둘 중에 어느 것도 (아니다)'의 뜻으로 쓰인다.
　　She had neither money nor food. 그녀는 돈도 먹을 것도 없었다.

② 주어와 동사의 일치

　㉠ both A and B : 복수 취급한다.
　　Both you and I are drunk(복수 취급). 너와 나 모두 취했다.

　㉡ not only A but also B(= B as well as A) : B에 동사의 수를 일치시킨다.
　　Not only you but also I am drunk(후자에 일치). 너뿐만 아니라 나도 취했다.
　　= I as well as you am drunk(전자에 일치).

　㉢ either A or B : B에 동사의 수를 일치시킨다.
　　Either you or I am drunk(후자에 일치). 너와 나 둘 중에 하나는 취했다.

　㉣ neither A nor B : B에 동사의 수를 일치시킨다.
　　Neither you nor I am drunk(후자에 일치). 너도 나도 취하지 않았다.

## (3) 종속접속사

① 명사절을 이끄는 종속접속사 ··· 명사절은 문장 속에서 주어, 보어, 목적어 및 명사와 동격으로 쓰인다.

　㉠ that : '~하는 것'의 뜻으로 주어, 보어, 목적어, 동격으로 쓰인다.
　　That he stole the watch is true(주어로 쓰임).
　　그가 시계를 훔쳤다는 것은 사실이다.
　　The fact is that he stole the watch(보어로 쓰임). 사실은 그가 시계를 훔쳤다.
　　I know that he stole the watch(목적어로 쓰임).
　　나는 그가 시계를 훔쳤다는 것을 알고 있다.
　　There is no proof that he stole the watch(동격으로 쓰임).
　　그가 시계를 훔쳤다는 증거는 없다.

**〈정답 ①**

**POINT** 명사절을 이끄는 종속접속사 that의 생략

⊙ that절이 동사의 목적어 또는 형용사의 보어가 되는 경우 that은 생략해도 된다.

⊙ that절이 주어인 경우 또는 주격보어인 경우 that은 생략할 수 없다.

⊙ that절로 된 명사절이 둘 이상일 때 처음에 나오는 that절의 that은 생략할 수 있으나, 그 다음에 나오는 that절의 that은 생략할 수 없다.

ⓒ whether와 if : '~인지(아닌지)'의 뜻으로 쓰인다. whether가 이끄는 명사절은 문장에서 주어, 보어, 목적어로 쓰일 수 있으나 if절은 타동사의 목적어로만 쓰인다.

Whether he will come is still uncertain(주어 – if로 바꿔 쓸 수 없음).
그가 올지는 여전히 불확실하다.

The question is whether I should pay or not(보어 – if로 바꿔 쓸 수 없음).
문제는 내가 돈을 지불하느냐 마느냐이다.

I don't know whether(if) I can do it(타동사의 목적어 – if로 바꿔 쓸 수 있음).
내가 그것을 할 수 있을지 모르겠다.

② 시간의 부사절을 이끄는 종속접속사

⊙ while : ~하는 동안
Make hay while the sun shines. 해가 빛나는 동안 건초를 말려라.

ⓒ before : ~전에
I want to take a trip around the world before I die.
나는 죽기 전에 세계일주여행을 하고 싶다.

ⓒ after : ~후에
I'll go to bed after I finish studying. 나는 공부를 마친 후에 자러갈 것이다.

ⓔ when, as : ~할 때
The event occurred when I was out on a trip.
그 사건은 내가 여행으로 집에 없을 때 일어났다.
He was trembling as he spoke. 그는 이야기할 때 떨고 있었다.

ⓜ whenever : ~할 때마다
Whenever she drinks, she weeps. 그녀는 술 마실 때마다 운다.

ⓗ since : '~한 이래'의 의미로 주로 '현재완료 + since + S + 동사의 과거형 ~[~한 이래 (현재까지) 계속 …하다]'의 형태로 쓰인다.
He has been ill since he had the accident.
그는 그 사고를 당한 이래로 계속 아팠다.

ⓢ not ~ until … : '…할 때까지 ~하지 않다, …하고 나서야 비로소 ~하다'의 의미로 It is not until … that ~ (= ~ only after …) 구문으로 바꿔쓸 수 있다.
He did not come until it grew dark. 그는 어두워진 후에야 왔다.
= It was not until it grew dark that he came.
= Not until it grew dark did he come.

**기출PLUS**

**기출** 2010. 5. 22. 상반기 지방직

**다음 문장 중 어법상 옳지 않은 것은?**

① Everything changed afterwards we left home.

② At the moment, she's working as an assistant in a bookstore.

③ I'm going to train hard until the marathon and then I'll relax.

④ This beautiful photo album is the perfect gift for a newly -married couple.

◀ 정답 ①

**기출PLUS**

기출 2017. 4. 8. 인사혁신처
**어법상 옳지 않은 것은?**

① A few words caught in passing set me thinking.
② Hardly did she enter the house when someone turned on the light.
③ We drove on to the hotel, from whose balcony we could look down at the town.
④ The homeless usually have great difficulty getting a job, so they are losing their hope.

◎ as soon as + S + 동사의 과거형 ~, S + 동사의 과거형 ~ : '~하자마자 …했다'의 의미로 다음 구문과 바꿔쓸 수 있다.
- The moment(Immediately) + S + 동사의 과거형 ~, S + 동사의 과거형
- No sooner + had + S + p.p. + than + S + 동사의 과거형
- Hardly(Scarcely) + had + S + p.p. + when(before) + S + 동사의 과거형

As soon as he saw me, he ran away. 그는 나를 보자마자 도망쳤다.
= The moment(Immediately) he saw me, he ran away.
= No sooner had he seen me than he ran away.
= Hardly(Scarcely) had he seen me when(before) he ran away.

③ 원인 · 이유의 부사절을 이끄는 종속접속사
㉠ since, as, now(seeing) that ~ : '~이므로'의 뜻으로 쓰이며, 간접적이거나 가벼운 이유를 나타낸다.
Since it was Sunday, she woke up late in the morning.
일요일이었기에 그녀는 아침 늦게 일어났다.
As he often lies, I don't like him.
그가 종종 거짓말을 했기 때문에 나는 그를 좋아하지 않는다.
Now (that) he is absent, you go there instead.
그가 부재중이므로 당신이 대신 거기에 간다.
㉡ because : '~이기 때문에'의 뜻으로 쓰이며, 강한 인과관계를 표시한다.
Don't despise a man because he is poorly dressed.
초라하게 차려입었다고 사람을 무시하지 마라.

④ 목적 · 결과의 부사절을 이끄는 종속접속사
㉠ 목적의 부사절을 이끄는 종속접속사
- 긍정의 목적 : (so) that : may(can, will) ~(= in order that)의 구문을 사용하며 '~하기 위해, ~하도록(긍정)'의 뜻으로 쓰인다.
I stood up so that I might see better. 나는 더 잘 보기 위해 일어났다.
= I stood up in order that I might see better.
= I stood up in order to see better.
- 부정의 목적 : lest … (should) ~(= for fear that … should ~ = so that … not ~)의 구문을 사용하며 '~하지 않기 위해, ~하지 않도록(부정)'의 뜻으로 쓰인다.
He worked hard lest he should fail. 그는 실패하지 않도록 열심히 일했다.
= He worked hard so that he would not fail.
= He worked hard in case he should fail.
= He worked hard for fear that he should fail.

❮정답 ②

ⓒ 결과의 부사절을 이끄는 종속접속사

• so (that)은 '그래서'의 뜻으로 쓰이며, 이때 so 앞에 반드시 comma(,)가 있어야 한다.

• so(such) : that ~의 구문을 사용하며 '너무 …해서 (그 결과) ~하다'의 뜻으로 쓰인다.

He is so kind a man that everyone likes him[so + 형용사 + (a / an) + 명사].
그는 너무 친절해서 모든 사람들이 좋아한다.

= He is such a kind man that everyone likes him[such + (a / an) + 형용사 + 명사].

⑤ 조건·양보·양태의 부사절을 이끄는 종속접속사

㉠ 조건의 부사절을 이끄는 종속접속사

• if : '만약 ~라면'의 뜻으로 쓰이며 실현가능성이 있는 현실적·긍정적 조건절을 만든다.

We can go if we have the money.
만약 우리가 돈을 가지고 있다면 우리는 갈 수 있다.

• unless : '만약 ~가 아니라면(= if ~ not)'의 뜻이며 부정적 조건절을 만든다.

I shall be disappointed unless you come.
만약 당신이 오지 않는다면 나는 실망할 것이다.

• 조건을 나타내는 어구 : provided (that), providing, suppose, supposing (that) 등이 있다.

I will come provided (that) I am well enough. 건강이 괜찮으면 오겠습니다.

㉡ 양보의 부사절을 이끄는 종속접속사

• whether ~ or not : ~이든 아니든
Whether it rains or not, I will go. 비가 내리든 내리지 않든 나는 갈 것이다.

• though, although, even if : 비록 ~라 할지라도
Even if I am old, I can still fight. 내가 비록 늙었다 할지라도 나는 여전히 싸울 수 있다.

• 형용사·부사·(관사 없는) 명사 + as + S + V ~(= as + S + V + 형용사·부사·명사) : 비록 ~라 할지라도, ~이지만
Pretty as the roses are, they have many thorns.
장미꽃들은 예쁘지만, 그것들은 가시가 많다.

• 동사원형 + as + S + may, might, will, would(= as + S + may, might, will, would + 동사원형) : 비록 ~라 하더라도, ~이지만
Laugh as we would, he maintained the story was true.
우리가 웃었지만 그는 그 이야기가 사실이라고 주장하였다.

• no matter + 의문사(what, who, when, where, which, how) + S + V : 비록 (무엇이, 누가, 언제, 어디에서, 어느 것이, 어떻게) ~할지라도, 아무리 ~해도
No matter what I say or how I say it, he always thinks I'm wrong.
내가 아무리 무슨 말을 하거나 그것을 어떻게 말해도, 그는 항상 내가 틀렸다고 생각한다.

**기출PLUS**

**기출** 2021. 4. 17. 인사혁신처
① 당신이 부자일지라도 당신은 진실한 친구들을 살 수는 없다.
→ Rich as if you may be, you can't buy sincere friends.
② 그것은 너무나 아름다운 유성 폭풍이어서 우리는 밤새 그것을 보았다.
→ It was such a beautiful meteor storm that we watched it all night.
③ 학위가 없는 것이 그녀의 성공을 방해했다.
→ Her lack of a degree kept her advancing.
④ 그는 사형이 폐지되어야 하는지 아닌지에 대한 에세이를 써야 한다.
→ He has to write an essay on if or not the death penalty should be abolished.

**기출** 2014. 3. 8. 법원사무직
**다음 글의 밑줄 친 부분 중 어법상 가장 옳지 않은 것은?**

┌ 보기 ┐
Across the nation, East Timor ①has been involved in conflicts for more than 30 years to gain independence from Indonesia. In a ②war-torn country, people with intellectual challenges are often forgotten and abandoned. Alcino Pereira, an intellectually challenged orphan from East Timor, ③who is unable to speak, has never had access to health care. He can use one of his arms but only in a very limited way and walks with a limp. ④Although these intellectual and physical challenges, he loves to run. In his worn-out shoes, Pereira runs every day in his home town of Dili. So he got his nickname, the "running man."
└ ┘

◀정답 ②, ④

ⓒ 양태의 부사절을 이끄는 종속접속사 : (just) as를 사용하며 '~하는 대로, ~하듯이'의 뜻으로 쓰인다.

Everything happened just as I had said.
모든 일이 내가 말해 왔던 대로 일어났다.

## section 2 전치사

### (1) 시간을 나타내는 전치사

① 특정한 때를 나타내는 전치사

ㄱ at : (시각, 정오, 밤)에

at ten, at noon, at night

ㄴ on : (날짜, 요일)에

on July 4, on Sunday

ㄷ in : (월, 계절, 연도, 세기, 아침, 오후, 저녁)에

in May, in winter, in 2001, in the 21th century, in the morning(afternoon, evening)

② 기간을 나타내는 전치사

ㄱ 'for + 숫자'로 표시되는 기간 : ~동안에

He was in hospital for six months. 그는 여섯 달 동안 병원에 있었다.

ㄴ during + 특정기간 : ~동안에

He was in hospital during the summer. 그는 여름 동안 병원에 있었다.

ㄷ through + 특정기간 : (처음부터 끝까지) ~내내(기간의 전부)

He worked all through the afternoon. 그는 오후 내내 일하였다.

③ 시간의 추이를 나타내는 전치사

ㄱ in : ~안에(시간의 경과)

I will be back in an hour. 나는 1시간 후에 돌아올 것이다.

ㄴ within : ~이내에(시간의 범위)

I will be back within an hour. 나는 1시간 이내에 돌아올 것이다.

ㄷ after : ~후에(시간의 경과)

I will be back after an hour. 나는 1시간 후에 돌아올 것이다.

④ '~까지는'의 뜻을 가지는 전치사

ㄱ until : ~까지(동작·상태의 계속)

I will wait until seven. 나는 7시까지 기다릴 것이다.

**기출PLUS**

기출 2010. 4. 10. 행정안전부

**다음 밑줄 친 부분 중 어법상 옳지 않은 것을 고르시오.**

보기

New York's Christmas is featured in many movies ①while this time of year, ②which means that this holiday is the most romantic and special in the Big Apple. ③The colder it gets, the brighter the city becomes ④with colorful lights and decorations.

< 정답 ①

ⓒ by : ~까지는(동작의 완료)

I will come by seven. 나는 7시까지 돌아올 것이다.

ⓒ since : ~이래(현재까지 계속)

It has been raining since last night. 어젯밤 이래 계속 비가 내리고 있다.

⑤ 예외적으로 on을 사용하는 경우 … 특정한 날의 아침, 점심, 저녁, 밤 등이거나 수식어
가 붙으면 on을 쓴다.

on the evening of August 27th, on Friday morning, on a rainy(clear, gloomy)
night


## (2) 장소를 나타내는 전치사

① 상하를 나타내는 전치사

ⓐ on과 beneath

• on : (표면에 접촉하여) ~위에

There is a picture on the wall. 벽에 그림이 하나 있다.

• beneath : (표면에 접촉하여) ~아래에

The earth is beneath my feet. 지구는 내 발 아래에 있다.

ⓑ over와 under

• over : (표면에서 떨어져 바로) ~위에

There is a bridge over the river. 강 위에 다리가 하나 있다.

• under : (표면에서 떨어져 바로) ~아래에

There is a cat under the table. 탁자 아래에 고양이가 한 마리 있다.

ⓒ above와 below

• above : (표면에서 멀리 떨어져) ~위에

The sun has risen above the horizon. 태양이 수평선 위에 떴다.

• below : (표면에서 멀리 떨어져) ~아래에

The moon has sunk below the horizon. 달이 수평선 아래로 졌다.

ⓓ up과 down

• up : (방향성을 포함하여) ~위로

I climbed up a ladder. 나는 사닥다리 위로 올라갔다.

• down : (방향성을 포함하여) ~아래로

Tears were rolling down his cheeks.
눈물이 그의 볼 아래로 흘러내리고 있었다.

② 방향을 나타내는 전치사

ⓐ to, for, toward(s)

• to : ~으로(도착지점으로)

He went to the bank. 그는 은행에 갔다.

기출**PLUS**

- for : ~을 향해(방향, 목표)

  He left for New York. 그는 뉴욕으로 떠났다.
- toward(s) : ~쪽으로(막연한 방향)

  He walked towards the church. 그는 교회쪽으로 걸었다.

&#x24C1; in, into, out of

- in : ~안에[정지상태(= inside of)]

  There was no one in this building. 이 건물 안에는 아무도 없었다.
- into : (밖에서) ~안으로(운동방향)

  A car fell into the river. 자동차가 강물에 빠졌다.
- out of : (안에서) ~밖으로(운동방향)

  He ran out of the house. 그는 그 집에서 도망쳤다.

③ 앞뒤를 나타내는 전치사

&#x326A; before : ~앞에(위치)

  The family name comes before the first name in Korea.

  한국에서는 성이 이름 앞에 온다.

&#x326B; in front of : ~의 앞에, 정면에(장소)

  There are a lot of sunflowers in front of the cafe.

  그 카페 앞에는 해바라기가 많이 있다.

&#x326C; behind : ~뒤에(장소)

  The man hid behind the tree. 그 남자는 나무 뒤에 숨었다.

&#x326D; opposite : ~의 맞은편에(위치)

  She sat opposite me at the party. 모임에서 그녀는 내 맞은편에 앉았다.

&#x326E; after : ~을 뒤쫓아(운동상태), ~다음에(전후순서)

  Come after me. 나를 따라와.

  B comes after A in the alphabet. B는 알파벳에서 A 다음에 온다.

**┃01~05┃ 다음 문장에서 틀린 부분을 찾아 고치시오.**

**01** She have neither knowledge or understanding of politics.

> **TIPS!**
> or → nor
> 「나는 정치에 대한 지식도 이해도 없다.」

**02** I really don't know how do they make such a loud sound.

> **TIPS!**
> do they make → they make
> 「나는 어떻게 그들이 그렇게 큰 소리를 내는지 정말 모르겠다.」

**03** Many people drink and smoke because their failure in business.

> **TIPS!**
> because → because of
> 「많은 사람들은 사업에 실패했기 때문에 술을 마시고 담배를 피운다.」

**04** I was ashamed that David gave me a game to purpose.

> **TIPS!**
> to → on
> 「나는 데이비드가 일부러 져주었다는 것이 부끄러웠다.」

**05** We don't know that she'll be promoted or not.

> **TIPS!**
> that → whether
> 「우리는 그녀가 승진할지 못할지 알지 못한다.」

2021 소방공무원

**01** 밑줄 친 부분 중 어법상 틀린 것은?

Honey's role as a primary sweetener was challenged by the rise of sugar. Initially made from the sweet juice of sugar cane, sugar in medieval times was very expensive and time-consuming ① to produce. By the eighteenth century, however, sugar — due to the use of slave labor on colonial plantations — ② had become more affordable and available. Honey is today ③ far more expensive than sugaror other artificial sweeteners. While ④ considering as something of a luxury rather than an essential, honey is still regarded with affection, and, interestingly, it continues to be seen as an ingredient with special, health-giving properties.

단어 **sugar cane** 사탕수수 **medieval** 중세의 **time-consuming** 시간이 많이 걸리는 **colonial** 식민의 **plantation** 농장 **affordable** 입수 가능한 **available** 구할 수 있는

해석 「주요 감미료로서 꿀의 역할은 설탕의 대두로 인해 도전받았다. 처음에 설탕은 사탕수수의 즙으로 만들어졌고, 중세 시대에는 만들어지는 데에 비용이 매우 많이 들고, 시간이 많이 걸렸다. 하지만 18세기까지 식민지 농장에서 강제 노동을 이용했기 때문에 설탕은 더 알맞은 가격에 구할 수 있게 되었다. 오늘날 꿀은 설탕이나 다른 인공 감미료보다 훨씬 더 비싸다. 꿀이 필수품이라기보다는 사치품으로 ④ 여겨지면서도, 꿀은 여전히 총애를 받고 흥미롭게도 특별하고 건강에 이로운 성질을 가진 재료로 계속 여겨진다.」

해설 ④ 부사절에서 생략된 주어가 honey인 분사구문이기 때문에, honey is considered에서 (being) considered로 변경해야 한다.

Answer 01.④

2021 인사혁신처

## 02 어법상 옳은 것은?

① This guide book tells you where should you visit in Hong Kong.

② I was born in Taiwan, but I have lived in Korea since I started work.

③ The novel was so excited that I lost track of time and missed the bus.

④ It's not surprising that book stores don't carry newspapers any more, doesn't it?

> **해설** ② 시간의 부사절 since 절에 과거시제 started가, 주절에는 현재완료시제 have lived가 적절하게 쓰였다.
> ① where to visit나 where you should visit이 알맞다.
> ③ 주어 the novel은 감정의 원인의 주체로 exciting을 사용해야 옳다.
> ④ 주절의 주어와 동사가 It is이기 때문에 부가의문문으로 is it이 알맞다.

2021 인사혁신처

## 03 밑줄 친 부분 중 어법상 옳지 않은 것은?

> Urban agriculture (UA) has long been dismissed as a fringe activity that has no place in cities; however, its potential is beginning to ① be realized. In fact, UA is about food self-reliance: it involves ② creating work and is a reaction to food insecurity, particularly for the poor. Contrary to ③ which many believe, UA is found in every city, where it is sometimes hidden, sometimes obvious. If one looks carefully, few spaces in a major city are unused. Valuable vacant land rarely sits idle and is often taken over—either formally, or informally—and made ④ productive.

> **단어** dismiss 묵살하다 fringe 변두리, 주변 self-reliance 자립 insecurity 불안정 unused 사용되지 않은 vacant 비어 있는 idle 놀고 있는

> **해석** 「도시 농업(UA)은 오랫동안 도시에 설 자리가 없는 변두리 활동이라고 일축되어 왔지만, 그것의 잠재력이 실현되기 시작하고 있다. 사실, UA는 식량자립에 관한 것인데, 그것은 일자리를 창출하는 것을 포함하며, 특히 가난한 사람들을 위한 식량 불안정에 대한 대응이다. 많은 사람들이 믿는 것과는 달리, UA는 모든 도시에서 발견되는데, 이 곳에서 때로는 숨겨지고 때로는 분명하게 드러난다. 주의 깊게 살펴보면, 대도시에는 사용되지 않는 공간이 거의 없다. 가치 있는 빈 땅은 거의 놀고 있지 않으며 종종 공식적으로나 비공식적으로 인계되어 생산적으로 만들어진다.」

> **해설** ③ which → what : 전치사 to 뒤에 올 수 있는 명사절을 이끌면서 many believe라는 관계사절의 목적어 역할을 할 수 있는 what으로 고쳐야 한다.

**Answer** 02.② 03.③

**|04~05|** 우리말을 영어로 가장 잘 옮긴 것을 고르시오.

**2021 인사혁신처**

**04** ① 나는 너의 답장을 가능한 한 빨리 받기를 고대한다.

→ I look forward to receive your reply as soon as possible.

② 그는 내가 일을 열심히 했기 때문에 월급을 올려 주겠다고 말했다.

→ He said he would rise my salary because I worked hard.

③ 그의 스마트 도시 계획은 고려할 만했다.

→ His plan for the smart city was worth considered.

④ Cindy는 피아노 치는 것을 매우 좋아했고 그녀의 아들도 그랬다.

→ Cindy loved playing the piano, and so did her son.

**해설** ④ '~ 또한 그러하다'는 의미의 so 뒤에서는 도치가 발생한다(so+V+S). 도치할 때 동사가 일반 동사이면 do동사를 대신 써서 도치해야 한다. '~ 또한 그러하다'의 표현은 긍정문의 경우는 so를 쓰고 부정문의 경우 neither를 사용한다.

① '~하기를 고대하다'를 의미하는 준동사 주요 표현은 look forward to -ing를 써야 한다. 이때의 to는 전치사이므로 목적어로 동명사가 와야 한다. 따라서 'to receiving'으로 고친다.

② rise는 자동사이므로 목적어를 가질 수 없다. 뒤에 목적어 my salary가 있으므로 타동사인 raise로 고쳐야 한다.

③ '~할 만한 가치가 있다'를 의미하는 준동사 주요 표현은 'be worth -ing'를 써야 한다. 주어인 그의 계획이 고려되는 것으로 수동의 의미이지만 'worth -ing'는 -ing 형태로 표현해도 수동의 의미를 가질 수 있으므로 수동형으로 쓰지 않는다.

**2021 인사혁신처**

**05** ① 당신이 부자일지라도 당신은 진실한 친구들을 살 수는 없다.

→ Rich as if you may be, you can't buy sincere friends.

② 그것은 너무나 아름다운 유성 폭풍이어서 우리는 밤새 그것을 보았다.

→ It was such a beautiful meteor storm that we watched it all night.

③ 학위가 없는 것이 그녀의 성공을 방해했다.

→ Her lack of a degree kept her advancing.

④ 그는 사형이 폐지되어야 하는지 아닌지에 대한 에세이를 써야 한다.

→ He has to write an essay on if or not the death penalty should be abolished.

**Answer** 04.④  05.②

**2019 소방공무원**

## 06 다음 밑줄 친 부분 중 어법상 틀린 것은?

Curiosity is the state of mind in which we are driven to go beyond what we already know and to seek what is novel, new, and ① <u>unexplored</u>. Without regular activation of the brain's curiosity circuits, we can ② <u>subtly</u> settle into what is overly familiar, routine, and predictable. These are not bad things, but excessively predictable ③ <u>lives</u> can lead to stagnation. Indeed, this may be one of the reasons so many people ④ <u>struggling</u> early in their retirement.

While it can be nice to leave the stress of work behind, the lack of challenge, stimulation, or novelty is sometimes a high price to pay.

**단어** **curiosity** 호기심 **drive** 할수 없이 ...하게 하다 **seek** 찾다, 추구하다 **novel** 신기한, 기발한 **unexplored** 탐험되지 않은 **regular** 규칙적인 **activation** 활동 **circuit** 회로 **subtly** 섬세하게 **settle into** 자리잡다 **overly** 너무, 과도하게 **routine** 일상적인 **predictable** 예측가능한 **excessively** 과도하게 **lead to** 이끌다, 초래하다 **stagnation** 정체 **indeed** 사실, 실제로 **struggle** 고군분투하다 **retirement** 퇴직 **leave behind** 뒤에 남기다 **lack** 부족 **challenge** 도전 **stimulation** 자극 **novelty** 신선함 **price** 대가

**해석** 「호기심은 우리가 이미 알고 있는 것을 넘어, 신기하고 새롭고 탐구되지 않은 것을 추구하도록 이끄는 마음의 상태이다. 뇌의 호기심 회로의 규칙적인 활동 없이, 우리는 매우 익숙하고 일상적이고 예측할 수 있는 것에 섬세하게 자리 잡을 수 있다. 이러한 것들은 나쁜 것들은 아니지만, 매우 예측 가능한 삶은 정체를 초래할 수 있다. 실제로, 이것은 그렇게 많은 사람들이 조기 퇴직에 있어서 고군분투하는 이유들 중 하나이다. 일에 대한 스트레스를 뒤에 남겨 놓는 것이 좋을 수 있지만, 도전, 자극, 신선함의 부족이 때때로 치러야 할 값비싼 대가이다.」

**해설** ① what is unexplored의 형태로서 "탐구되지 않은 것"이라는 의미로서 수동의 형태로서 올바른 표현이다.
② 조동사(can)와 동사원형(settle into) 사이에 들어갈 수 있는 품사는 부사이다.
③ lives는 인생이라는 의미의 life의 복수형으로서 적절한 표현이다.
④ 주어(many people) 다음에 정동사가 들어갈 위치이다. 따라서 struggle이 맞는 표현이다.

**Answer** 06.④

**07** 다음 밑줄 친 부분 중 어법상 틀린 것은?

When people think of the word philanthropist, they're apt to picture a grand lady in pearls ① <u>writing</u> out checks with a lot of zeros. But the root meaning of philanthropy is ② <u>much</u> more universal and accessible. In other words, it doesn't mean "writing big checks." Rather, a philanthropist tries to make a difference with whatever ③ <u>riches</u> he or she possesses. For most of us, it's not money — especially these days — but things like our talents, our time, our decisions, our body, and our energy ④ <u>what</u> are our most valuable assets.

**단어** **philanthropist** 독지가, 박애주의자 **be apt to...** ...하기 쉽다 **grand** 웅장한, 당당한 **pearl** 진주 **check** 수표 **root** 근원, 뿌리 **philanthropy** 박애, 자선 **universal** 보편적인 **accessible** 접근할 수 있는 **in other words** 다른 말로 하면 **make a difference** 차이를 만들다 **rich** 부(富) **possess** 소유하다 **talent** 재능 **valuable** 소중한 **asset** 자산

**해석** 「사람들이 독지가라는 단어를 생각할 때, 그들은 굉장히 많은 0(영)이 있는 수표를 써주는 진주로 장식한 당당한 여성을 그리기 쉽다. 하지만 독지가라는 단어의 근원은 훨씬 더 보편적이고 (누구든) 접근 가능하다. 다른 말로 하면 그것은 "큰 금액의 수표를 쓰는 것"을 의미하지 않는다. 오히려 독지가는 그 또는 그녀가 소유하고 있는 어떤 재산이든지 그것을 가지고 차이를 만들려고 노력한다. 대부분 우리에게 있어서, 특히나 요즘에는, 그것은 돈이 아니라, 우리의 재능, 우리의 시간, 우리의 결정(할 수 있는 능력), 우리의 신체, 그리고 우리의 가장 소중한 자산인 우리의 에너지와 같은 것들이다.」

**해설** ① a grand lady가 수표(checks)를 쓰는 주체이기 때문에 능동태 표현이 적절하다
② 뒤에 나오는 비교급(more)를 강조하는 표현으로 much가 적절하다.
③ 동사(possesses)의 목적어가 필요하기 때문에 부, 재산을 의미하는 riches가 올바른 표현이다. rich는 형용사로서 부적절하다.
④ 앞에 선행사 역할을 하는 명사(energy)가 있어서 선행사를 포함하고 있는 what은 부적절하다. what을 that이나 which로 고쳐야 한다.

**Answer** 07.④

**08** 다음 밑줄 친 부분 중 어법상 적절하지 않은 것은?

> Our ethical behavior is linked to our cognitive and emotional need to be ① <u>seen</u> in a positive light by those we admire. But what ② <u>emerges</u> during adolescence is a concept known as the moral self. Augusto Blasi pioneered the ways in ③ <u>which</u> the moral self motivates our ethical actions. More recently, researchers have been modeling and ④ <u>tests</u> the notion that ethical leaders have a strong moral identity.

**단어** **adolescence** 청소년기 **notion** 개념

**해석** 「우리의 윤리적 행동은 우리가 존경하는 사람들에게 긍정적인 시각으로 보이고자 하는 인지적, 감정적 필요성과 연관되어 있다. 그러나 청소년기 동안 나타나는 것은 도덕적 자아라고 알려진 개념이다. Augusto Blasi는 도덕적 자아가 우리의 윤리적 행동에 동기를 부여하는 방법을 개척했다. 보다 최근에, 연구원들은 윤리적인 지도자들이 강한 도덕적 정체성을 가지고 있다는 개념을 모델링하고 시험해 왔다.」

**해설** ④ and로 연결되는 문장의 앞뒤는 같은 형태를 취해야 한다. 따라서 test→have been testing으로 고치는 것이 적절하다.

**09** 다음 밑줄 친 부분 중 어법상 적절하지 않은 것은?

> There are many kinds of love, but most people seek ① <u>its</u> expression in a romantic relationship with a compatible partner. For some, romantic relationships are the most meaningful element of life, ② <u>providing</u> a source of deep fulfillment. The ability to have a healthy, loving relationship ③ <u>is</u> not innate. A great deal of evidence suggests ④ <u>whose</u> the ability to form a stable relationship begins in infancy, in a child's earliest experiences with a caregiver.

**단어** **fulfillment** 이행, 수행 **innate** 선천적인 **infancy** 유아기, 초창기 **care-giver** 돌보는 사람

**해석** 「많은 종류의 사랑이 있지만, 대부분의 사람들은 그 표현을 화합할 수 있는 파트너와의 로맨틱한 관계에서 찾는다. 어떤 사람들에게는, 로맨틱한 관계가 인생의 가장 의미 있는 요소이며, 깊은 성취의 원천을 제공한다. 건강하고 사랑스런 관계를 맺는 능력은 선천적인 것이 아니다. 많은 증거들은 안정적인 관계를 형성할 수 있는 능력이 유아기에, 아동의 돌보는 사람과의 초기 경험에서 시작된다는 것을 암시한다.」

**해설** ④ whose는 소유격이므로 the + 명사가 올 수 없다. 따라서 whose→that으로 고치는 것이 적절하다.

**Answer** 08.④ 09.④

**10** 밑줄 친 부분 중 어법상 옳지 않은 것을 고르시오.

---

Domesticated animals are the earliest and most effective 'machines' ① available to humans. They take the strain off the human back and arms. ② Utilizing with other techniques, animals can raise human living standards very considerably, both as supplementary foodstuffs (protein in meat and milk) and as machines ③ to carry burdens, lift water, and grind grain. Since they are so obviously ④ of great benefit, we might expect to find that over the centuries humans would increase the number and quality of the animals they kept. Surprisingly, this has not usually been the case.

---

**단어** **domesticated** 길들인 **take off** 제거하다 **strain** 무거운 짐 **utilize** 이용하다 **considerably** 상당히 **supplementary** 보충의, 추가의 **foodstuff** 식료품 **burden** 짐

**해석** 「가축은 인간에게 이용 가능한 가장 초기의 그리고 가장 효과적인 '기계'이다. 그들은 인간의 등과 팔의 무거운 짐을 덜어준다. 다른 기술들과 함께 이용될 때, 동물들은 보충 식량제(육류에서의 단백질과 우유)로서 그리고 물건을 나르고 물을 길어 올리고 곡식을 갈기 위한 기계로서 매우 상당히 인간의 삶의 수준을 향상시킬 수 있다. 그들은 너무 명백하게 유용했기 때문에, 우리는 인간이 수 세기 동안 그들이 보유한 동물의 수와 품질을 향상시켰을 거라고 기대할지도 모른다. 놀랍게도, 이것은 대개 그렇지만은 않았다.」

**해설** ① 앞에 있는 machines를 수식할 수 있는 형용사가 오는 것이 적절하다. available 앞에 "which are"가 생략된 것으로 볼 수 있다.
② utilize의 목적어가 없는 것으로 봐서 수동태의 형태가 오는 것이 적절하다. utilized로 고쳐야 한다.
③ 앞에 있는 machines을 수식해주는 to carry의 형태가 적절하다. to 부정사의 형용사적 용법이다.
④ "of + 추상명사"는 형용사의 역할을 한다. 따라서 of great benefit은 very beneficial과 같은 의미이다.

**Answer** 10.②

2019 인사혁신처

**11** 밑줄 친 부분 중 어법상 옳지 않은 것을 고르시오.

> A myth is a narrative that embodies – and in some cases ① <u>helps to explain</u> – the religious, philosophical, moral, and political values of a culture. Through tales of gods and supernatural beings, myths ② <u>try to make</u> sense of occurrences in the natural world. Contrary to popular usage, myth does not mean "falsehood." In the broadest sense, myths are stories – usually whole groups of stories – ③ <u>that can be</u> true or partly true as well as false; regardless of their degree of accuracy, however, myths frequently express the deepest beliefs of a culture. According to this definition, the Iliad and the Odyssey, the Koran, and the Old and New Testaments can all ④ <u>refer to as</u> myths.

**단어** narrative 이야기 embody 구현하다 philosophical 철학적인 moral 도덕적인 political 정치적인 supernatural 초자연적인 occurrence 사건 contrary to ∼와 반대로 usage 사용, (단어의) 용법 falsehood 거짓 regardless of ∼와 상관없이 accuracy 정확성 frequently 빈번히 refer to A as B A를 B로 부르다(지칭하다)

**해석** 「신화는 문화의 종교적, 철학적, 도덕적, 정치적인 가치를 구현하는 – 몇몇 경우에 있어서는 이를 설명하는 데 도움을 주는 – 이야기이다. 신과 초자연적인 존재에 대한 이야기를 통해서, 신화는 자연에서 사건을 이해하려고 노력한다. 대중적으로 사용되는 의미와는 다르게, 신화는 거짓을 의미하지 않는다. 가장 넓게 보면, 신화는 사실이거나 혹은 부분적으로 거짓이기도 하며 부분적으로 사실일 수도 있는 이야기 – 대개는 이야기들의 전체적인 묶음들 – 이다. 하지만 그들의 정확함의 정도와 상관없이, 신화는 빈번하게 한 문화의 가장 깊은 믿음을 표현한다. 이러한 정의에 따르면, 일리아드와 오디세이, 코란, 구약과 신약 모두 신화로 간주될 수 있다.」

**해설** ① helps의 주어는 a myth로서 3인칭 단수 주어로 받아서 helps가 되는 것이 적절하다.
② try to v 는 '∼하려고 노력하다'라는 의미로서 적절한 표현이다.
③ that은 주격 관계대명사로서 앞에 첫 번째 하이픈 앞에 있는 strories를 선행사로 받는 것으로서 적절한 표현이다.
④ refer to A as B는 'A를 B로 부르다'라는 표현으로서 문장에 있는 주어(일리아드와 오디세이, 코란, 구약과 신약)가 '불려지는' 것이기 때문에 수동태 be referred to as로 고쳐야 한다.

**Answer** 11.④

**12** 밑줄 친 부분 중 어법상 옳지 않은 것은?

> Each year, more than 270,000 pedestrians ① <u>lose</u> their lives on the world's roads. Many leave their homes as they would on any given day never ② <u>to return</u>. Globally, pedestrians constitute 22% of all road traffic fatalities, and in some countries this proportion is ③ <u>as high as</u> two thirds of all road traffic deaths. Millions of pedestrians are non – fatally ④ <u>injuring</u> – some of whom are left with permanent disabilities. These incidents cause much suffering and grief as well as economic hardship.

**단어** pedestrian 보행자  constitute 구성하다  fatality 사망자, 치사율  proportion 비율  grief 슬픔

**해석** 「매년 270,000명 이상의 보행자들이 전 세계의 도로에서 생명을 잃는다. 많은 사람들은 어떤 날에 (평소처럼) 떠나듯이 그들의 집을 나서지만 결코 집에 돌아오지 못한다. 전 세계적으로, 보행자들은 모든 도로 교통 사망자 중에 22%를 차지하고, 몇몇 국가에서는 이 비율이 모든 도로 교통 사망자의 3분의 2만큼 높다. 수백만 명의 보행자들이 치명상을 당하지는 않는다 – (하지만) 그들 중 일부에게는 영구적인 장애가 남게 된다. 이런 사고들은 경제적 어려움뿐만 아니라 많은 고통과 슬픔을 야기한다.」

**해설** ① 주어 more than 270,000 pedestrians가 복수 주어이기 때문에 복수형 동사인 lose가 올바르다.
② never to는 '결코 ~하지 못하다'라는 뜻으로, to부정사의 부사적 용법 중 결과를 의미한다. 올바른 표현이다.
③ as ~ as 사이에 들어갈 수 있는 품사는 형용사와 부사의 원급이다. high가 올바르게 쓰였다.
④ 주어인 millions of pedestrians가 부상을 당하는 것이므로 능동(injuring)이 아니라 수동(injured)이 되어야 한다.

**Answer** 12.④

**13** 어법상 옳은 것은?

① The paper charged her with use the company's money for her own purposes.

② The investigation had to be handled with the utmost care lest suspicion be aroused.

③ Another way to speed up the process would be made the shift to a new system.

④ Burning fossil fuels is one of the lead cause of climate change.

**단어** **utmost** 극도의, 최고의 **suspicion** 의심, 혐의 **arouse** 불러일으키다

**해설** ① charge A with B는 'B라는 이유로 A를 비난하다'라는 뜻이며 전치사 with 뒤에는 명사가 와야 한다. 보기 지문에서 use가 the company's money를 목적어로 취하고 있어 동사 역할도 하고 있으므로 동명사 형태 using으로 써주어야 한다.

② 부사절 접속사인 lest는 'lest S(주어) (should) + 동사원형'의 형태로 사용되어 '~하지 않도록 하기 위해'라는 부정의 의미를 나타낸다. 보기 지문에서는 should가 생략되고 be동사가 원형의 형태로 남았다. 올바른 표현이다.

③ be made를 수동태로 본다면 the shift가 목적어로 남게 되어 문법상 틀리게 되며, 해석 또한 어색하다. to부정사 형태를 취해 be동사의 보어로 오게 할 수 있으며 'S(주어) + be동사 + to부정사' 형태가 되어 'S는 ~이다/~는 것이다'의 뜻이 된다. 따라서 to make로 고쳐야 한다.

④ 'one of 복수명사'로 써주어야 한다. cause는 셀 수 있는 명사이므로 복수형이 가능하다. lead는 causes라는 명사를 수식하므로 형용사 형태인 leading으로 쓰는 것이 적절하다.

**보기** ① 그 신문은 그녀를 그녀 자신의 목적을 위해 회사의 돈을 사용한 것으로 기소했다.
② 그 조사는 의심을 사지 않기 위해서 매우 주의 깊게 다뤄져야만 했다.
③ 그 과정의 속도를 높이는 또 다른 방법은 새로운 체계로의 변화를 만드는 것일 것이다.
④ 화석연료를 태우는 것이 기후변화의 주요한 원인들 중 하나다.

**Answer** 13.②

**14** 밑줄 친 부분 중 어법상 가장 옳지 않은 것은?

> Inventor Elias Howe attributed the discovery of the sewing machine ① <u>for</u> a dream ② <u>in which</u> he was captured by cannibals. He noticed as they danced around him ③ <u>that</u> there were holes at the tips of spears, and he realized this was the design feature he needed ④ <u>to solve</u> his problem.

**단어** cannibal 식인종  spear 창

**해석** 「발명가 Elias Howe는 재봉틀의 발견을 그가 식인종에게 붙잡힌 꿈의 탓으로 돌린다. 그는 그들이 그 주위에서 춤을 출 때 창 끝에 구멍들이 있다는 것을 알아차렸고, 그는 이것이 그가 이 문제를 풀기 위해서 필요로 했던 디자인의 특징이라는 것을 깨달았다.」

**해설** ① to a dream, attribute A to B는 'A를 B의 탓으로 돌리다'라는 뜻을 가진 표현으로 to a dream으로 고치는 것이 적절하다.
② he was captured by cannibals in a dream 문장을 a dream을 선행사로, which를 관계대명사로 하여 앞 문장과 연결하면, ~for a dream which he was captured by cannibals in이 된다. 전치사 in을 which 앞으로 위치시킬 수 있으므로 ~for a dream in which(= where) he was captured by cannibals로 쓸 수 있다.
③ notice의 목적어로 that절이 왔다. as they danced around him은 중간에 삽입된 부사절이다.
④ '~하기 위해서'의 뜻을 나타내기 위해 쓰인 to부정사의 부사적 용법이다.

**15** 밑줄 친 부분 중 어법상 가장 옳지 않은 것은?

> By 1955 Nikita Khrushchev ① <u>had been emerged as</u> Stalin's successor in the USSR, and he ② <u>embarked on</u> a policy of "peaceful coexistence" ③ <u>whereby East and West</u> ④ <u>were to continue their competition</u>, but in a less confrontational manner.

**단어** embark on ~에 착수하다  coexistence 공존  whereby (그것에 의해) ~하는  confrontational 대립하는

**해석** 「1955년쯤 Nikita Khrushchev는 USSR(소비에트 사회주의 공화국 연방)에서 스탈린의 후계자로 나타났고, 그는 "평화공존 정책"에 착수했는데, 그것에 의해 동서양은 그들의 경쟁을 계속 하긴 했어도 덜 대립하는 방식으로 하였다.」

**해설** ① emerge는 '나타나다'라는 의미의 자동사이기 때문에 수동태로 쓸 수 없다.
② embark (on)은 '~에 착수하다, 관계하다'는 의미로 맞는 표현이다.
③ whereby는 관계사의 의미로 '(그것에 의해) ~하는'이라는 의미이다.
④ were to continue는 to부정사의 be to 용법으로 '예정, 가능, 당연, 의무, 의도'등을 나타낸다.

**Answer** 14.① 15.①

**16** 밑줄 친 부분 중 어법상 가장 옳지 않은 것은?

> Squid, octopuses, and cuttlefish are all ① <u>types</u> of cephalopods. ② <u>Each</u> of these animals has special cells under its skin that ③ <u>contains</u> pigment, a colored liquid. A cephalopod can move these cells toward or away from its skin. This allows it ④ <u>to change</u> the pattern and color of its appearance.

**단어** **cuttlefish** 오징어 **cephalopod** (오징어, 문어와 같은) 두족류 동물 **pigment** 인료, 색소

**해석** 「(작은) 오징어, 문어 그리고 오징어는 모두 두족류 동물의 종류이다. 이 동물들의 각각은 색소, 즉 색깔을 띠는 색소를 포함하는, 피부 밑 특별한 세포를 가지고 있다. 두족류 동물은 이 세포들을 피부 쪽으로 또는 피부로부터 멀리 이동시킬 수 있다. 이것은 두족류 동물이 그 외양의 패턴과 색깔을 바꾸도록 한다.」

**해설** ① 모든 종류의 두족류 동물들을 의미하는 "all types of cephalopods"는 맞는 표현이다.
② each는 형용사와 대명사의 쓰임 모두 가능하다. 문제에서는 대명사로 쓰였다.
③ 관계대명사 that의 선행사가 skin이 아닌 cells이기 때문에 수 일치시켜 contains를 contain으로 고쳐 준다.
④ allow는 목적보어로 to 부정사를 취해야 한다. to change는 맞는 표현이다.

**17** 밑줄 친 부분 중 어법상 가장 옳지 않은 것은?

> There is a more serious problem than ① <u>maintaining</u> the cities. As people become more comfortable working alone, they may become ② <u>less</u> social. It's ③ <u>easier</u> to stay home in comfortable exercise clothes or a bathrobe than ④ <u>getting</u> dressed for yet another business meeting!

**단어** **bathrobe** 실내복

**해석** 「도시를 유지하는 것보다 심각한 문제들이 있다. 혼자 일하는 게 더 편하게 되면서, 사람들은 덜 사회적으로 될지 모른다. 편한 운동복이나 실내복으로 집에 머무르는 것이 다른 사업상의 미팅을 위해서 갖추어 입는 것보다 더 쉽다.」

**해설** ① 비교 대상이 주어인 명사구(a more serious problem)이기 때문에 (동)명사구 maintaining the cities는 맞는 표현이다.
② 양, 정도의 비교급을 나타내는 less가 형용사 앞에 쓰였다. 맞는 표현이다.
③ 뒤에 나오는 than과 병치를 이루어서 비교급 easier가 맞는 표현이다.
④ 비교대상이 집에 머무르는 것(to stay)과 옷을 갖추어 입는 것(getting dressed)이기 때문에 비교대상의 형태를 일치시켜 (to) get dressed가 되어야 한다.

**Answer** 16.③ 17.④

**18** 어법상 옳은 것은?

① While worked at a hospital, she saw her first air show.

② However weary you may be, you must do the project.

③ One of the exciting games I saw were the World Cup final in 2010.

④ It was the main entrance for that she was looking.

**보기** ① 병원에서 일하는 동안 그녀는 생전 처음으로 에어쇼를 보았다.
② 아무리 당신이 지쳐있을지라도, 당신은 그 프로젝트를 해야만 한다.
③ 내가 보았던 가장 흥미진진한 게임 중 하나는 2010년 월드컵 결승전이었다.
④ 그녀가 찾고 있던 것은 현관이었다.

**해설** ① while 다음에 she was가 생략되었다. worked → working
③ One of 복수명사 뒤에는 단수동사를 쓴다. were → was
④ 전치사 뒤에는 관계 대명사 that이 올 수 없다. that → which로 고쳐야 한다.

**Answer** 18.②

**19** 밑줄 친 부분 중 어법상 옳은 것은?

Compared to newspapers, magazines are not necessarily up-to-the-minute, since they do not appear every day, but weekly, monthly, or even less frequently. Even externally they are different from newspapers, mainly because magazines ① resemble like a book. The paper is thicker, photos are more colorful, and most of the articles are relatively long. The reader experiences much more background information and greater detail. There are also weekly news magazines, ② which reports on a number of topics, but most of the magazines are specialized to attract various consumers. For example, there are ③ women's magazines cover fashion, cosmetics, and recipes as well as youth magazines about celebrities. Other magazines are directed toward, for example, computer users, sports fans, ④ those interested in the arts, and many other small groups.

**단어** **not necessarily** 반드시 ~은 아닌

**해석** 「신문과 비교해볼 때, 잡지는 매일 나오는 것이 아니라 매주나 매달 또는 그보다 더 드물게 나오기 때문에 반드시 최신판은 아니다. 대게 외면조차도 잡지는 책과 닮았기 때문에 그것들은 신문과는 다르다. 종이는 더 두껍고, 사진은 보다 화려하고, 대부분의 기사들은 비교적 길다. 독자들은 훨씬 많은 배경정보들과 더 많은 세부사항들을 경험하게 된다. 주간 뉴스 잡지는 많은 주제를 보도하지만, 대부분의 잡지들은 다양한 소비자들의 마음을 끌기 위해 특화되어있다. 예를 들면 여성 잡지들은 패션, 화장품, 그리고 요리법을 다루고 청춘 잡지들은 유명 인사들을 다룬다. 다른 잡지들은 컴퓨터 사용자들, 스포츠팬들, 예술에 관심 있는 사람들, 그리고 많은 다른 소그룹을 겨냥한다.」

**해설** ① resemble like a book → resemble a book
② 선행사가 magazines가 복수이므로 reports → report
③ cover → covering

**20** 밑줄 친 부분에 들어갈 가장 적절한 것은?

> A tenth of the automobiles in this district alone _____ stolen last year.

① was

② had been

③ were

④ have been

**21** 밑줄 친 부분 중 어법상 옳지 않은 것은?

> ① In the mid 1990s, ② it was estimated that 9 million Americans ③ were planning a summer vacation alone. Since then, the number of solo travelers ④ have increased.

**22** 다음 문장의 밑줄 친 부분 중에서 어법상 가장 어색한 것은?

> In order to ① raise public consciousness ② concerning environmental problems, everyone should distribute leaflets, write to his or her Congressman, ③ as well as ④ signing the necessary petitions.

단어 **raise** 올리다, 끌어올리다, 일으키다   **consciousness** 자각, 의식   **concerning** ~에 관하여, ~에 대하여   **environmental** 환경의, 주위의   **distribute** 분배하다, 배포하다   **leaflet** 작은 잎, 전단, 리플릿   **congressman** 국회의원   **B as well as A** A뿐만 아니라 B도   **petition** 청원, 탄원, 진정서

해석 「환경문제에 관하여 대중의 의식을 끌어올리기 위해, 모든 사람들은 필요한 탄원서에 서명해야 할 뿐만 아니라 전단을 배포하고 각자의 국회의원에게 편지를 써야 한다.」

해설 ④ as well as는 등위상관접속사이므로 앞뒤가 병치가 되어야 한다. 따라서 distribute, write, sign 세 동사가 should에 걸려 모두 동사원형이 되어야 한다.

**23** 다음 밑줄 친 곳에 들어갈 적당한 것은?

> Since he ＿＿＿＿＿＿＿, the governor has recommended many practical plans.

① elected
② has elected
③ has been elected
④ was elected

해석 「그가 당선된 이후로 관료들은 많은 실용적인 계획안을 제출하였다.」

해설 he가 당선된 것이므로 수동형을 쓴다.

**Answer** 22.④ 23.④

**24**

> Bill wasn't happy about the delay, and _____.

① I was neither

② neither I was

③ neither was I

④ either was I

**단어** delay 연기되다

**해석** 「Bill은 연기되는 것에 대해 좋아하지 않았고 나도 역시 좋지 않았다.」

**해설** '~ 역시 ~하다'는 긍정문에서는 so + V + S이고 부정문에서는 neither + V + S이다.

**25**

> If you had not helped me. I _____ alive now.

① should not have been

② should not be

③ will not be

④ shall not be

**해석** 「만일 당신이 나를 돕지 않았었다면, 지금 나는 살아있지 못했을 것이다.」

**해설** 혼합가정법 … if절에 가정법 과거완료, 주절에 가정법 과거를 써서 과거의 사실이 현재에까지 영향을 미치고 있음을 표현한다.
  ㉠ If I had taken your advice then, I would be happier now.
    (만일 내가 그때 네 충고를 들었더라면, 나는 지금 더 행복할텐데.)
    = As I did not take your advice then, I am not happier now.
  ㉡ If it had not rained last night, the road would not be so muddy today.
    (어젯밤에 비가 오지 않았더라면, 오늘 땅이 이렇게 질지는 않을텐데.)
    = As it rained last night, the road is so muddy today.

**Answer** 24.③ 25.②

**26** 다음 밑줄 친 부분 중 어법상 틀린 것은?

> There is widespread fear among policy makers and the public today ① that the family is disintegrating. ② Much of that anxiety stems from a basic misunderstanding of the nature of the family in the past and a lack of appreciation for its resiliency in response to broad social and economic changes. The general view of the family is that it has been a stable and ③ relative unchanging institution through history and ④ is only now undergoing changes; in fact, change has always been characteristic of it.

**단어** disintegrate 분해되다. 산산조각 나다  **stem from** ~에서 생겨나다  **appreciation** 감탄, 감상 (올바른) 평가, 판단, 이해; 감상; 가격의 등귀  **resiliency** 탄성  **undergo** 겪다, 받다  **characteristic** 특유의

**해석** 「오늘날 정책 입안자들과 대중들 사이에는 가족이 붕괴되고 있다는 두려움이 널리 퍼져 있다. 그러한 불안감 중 많은 부분이 과거 가족의 본질에 대한 기본적인 오해와 폭넓은 사회적·경제적 변화들에 따른 가족의 탄성(복원력)에 대한 이해 부족에서 비롯된다. 가족에 대한 일반적인 관점은 가족이 역사적으로 안정적이며 비교적 변하지 않는 제도였으며, 그것이 지금에서 변화를 겪고 있을 뿐이라는 것이다; 사실 변화는 항상 가족의 특성이었다.」

**해설** ③ unchanging을 꾸며 줄 수 있는 부사의 형태가 적절하다. 따라서 relatively가 와야 한다.

**27** 다음 문장의 밑줄 친 부분 중 문법적으로 틀린 부분을 고르시오.

> When I ① was grown up, I spent ② every summer ③ helping out ④ on my uncle's farm.

**해석** 「내가 자랐을 때, 매년 여름 아저씨 농장에서 일손을 도왔다.」

**해설** ① was grown up → was growing

**Answer**  26.③  27.①

**28** 다음 밑줄 친 부분 중 어법상 틀린 것은?

> Biologists often say ① that the tallest tree in the forest is the tallest not just because it grew from the hardiest seed. They say that is also because no other trees blocked its sunlight, the soil around it was rich, no rabbit chewed through its bark, and no lumberjack ② cut down it before it matured. We all know that successful people come from hardy seeds. But do we know enough about the sunlight that warmed them, the soil ③ where they put down the roots, and the rabbits and lumberjacks they were lucky enough to avoid? They are beneficiary of ④ hidden advantages and extraordinary opportunities and cultural legacies.

**단어** lumberjack 벌목꾼　mature 어른스러운, 성숙한　extraordinary 기이한, 놀라운　cultural legacy 문화유산
accumulation 축적, 누적

**해석** 「생물학자들은 종종 숲에서 가장 키가 큰 나무가 가장 강인한 씨앗에서 자랐기 때문에 가장 큰 것만은 아니라고 말한다. 또한 그들은 햇빛을 가리는 다른 나무들이 없었으며, 나무 주위의 토양이 비옥했으며, 토끼들이 나무의 껍질을 갉아서 뚫지 않았고, 나무가 다 자라기 전에 벌목꾼들이 잘라내어 쓰러뜨리지 않았기 때문이라고 말한다. 우리들 모두는 성공적인 사람들이 강인한 씨앗에서 나온다는 것을 안다. 그러나 우리는 그들을 따뜻하게 덮여 줄 햇빛과, 그들이 뿌리를 내리는 토양, 그리고 그들이 운 좋게 피한 토끼와 벌목꾼들에 대해 충분히 알고 있을까? 그들은 숨겨진 이점들과 놀라운 기회들과 문화유산들의 수혜자이다.」

**해설** ② cut down it → cut it down

**29** 다음 밑줄 친 부분 중 어법상 틀린 것은?

> The digital world offers us many advantages, but if we yield to that world too ① completely we may lose the privacy we need to develop a self. Activities that require time and careful attention, like serious reading, ② is at risk; we read less and skim more as the Internet occupies more of our lives. And there's a link between self-hood and reading slowly, rather than scanning for quick information, as the Web encourages us ③ to do. Recent work in sociology and psychology suggests that reading books, a private experience, is an important aspect of coming to know ④ who we are.

**Answer** 28.② 29.②

**해석** 「디지털 세상은 우리에게 많은 이점들을 제공하지만, 만약 우리가 너무 완전히 그러한 세상에 굴복한다면, 우리는 스스로를 발전시키는 데 필요한 사생활을 잃을지도 모른다. 진지한 독서처럼 시간과 세심한 주의력을 요구하는 활동들이 위기에 처해 있다; 인터넷이 우리의 삶을 더 많이 차지해 감에 따라, 우리는 덜 읽으며 더 훑어본다. 그리고 웹이 우리로 하여금 그렇게 하도록 부추기는 빠른 정보검색보다는, 천천히 읽는 것과 자아 사이에 더 많은 연관성이 있다. 사회학과 심리학의 최근 연구는 개인적 체험인 책을 읽는 것이 우리가 누구인지 알아가게 되는 중요한 측면임을 시사한다.」

**해설** ② is → are 주어가 'Activities'이므로 'are'로 고치는 것이 적절하다.

---

**30** 다음 밑줄 친 부분 중 어법상 틀린 것은?

---

The heavy eye make-up favored by ancient Egyptians ① <u>may be</u> good for the eyes. Lead is usually a risk to health. But the study by French scientists ② <u>published</u> in the journal Analytical Chemistry suggests that the lead salt in the cosmetics helps prevent and treat eye illness. At very low levels, salts promote the action of cells in the immune system to fight off bacteria ③ <u>that</u> can cause eye infections. The scientists from the Louvre Museum and the CNRS research institute also found that the lead salts ④ <u>found</u> in the make-up could actually have a positive effect to protect people against eye disease.

---

**단어** favor 호의, 친절, 지지  **lead** 납

**해석** 「고대 이집트인들에게 사랑받은 짙은 눈 화장은 눈에 좋았을지도 모른다. 납은 보통 건강에 해롭다. 그러나 Analytical Chemistry라는 학술지에 발표된 프랑스 과학자들의 연구는 화장품에 들어있는 소금 납이 눈병을 예방하고 치료하는 데에 도움이 된다고 밝힌다. 매우 작은 양의 수준에선, 소금은 눈의 감염을 유발 할 수 있는 박테리아를 퇴치하는 면역체계 내의 세포의 활동을 촉진시킨다. Louvre Museum과 CNRS 연구소의 과학자들은 또한 화장품에서 발견된 소금납이 실제로 눈병으로부터 사람들을 보호하는데 긍정적인 효과를 가짐을 발견하였다.」

**해설** ① may be → may have been

**31** 다음 밑줄 친 부분 중 어법상 틀린 것은?

According to Dr. Weil, green tea is prepared in a ① <u>much</u> more gentle fashion than ordinary black tea. Green tea leaves are steamed, rolled and dried to preserve the antioxidant compounds that give us health benefits. Dr. Weil suggests this antioxidant protects our heart by ② <u>lowering</u> cholesterol and boosting metabolism, and guards against cancer by removing radicals that can damage cells and push them in the direction of uncontrolled growth. Green tea also has antibacterial properties, ③ <u>which</u> help prevent and fight illness. In China, green tea ④ <u>has used</u> as a medicine for at least 400 years, and numerous studies are reporting drinking green tea brings positive aspects to their health.

> 단어 in (a) ~fashion 방식으로  antioxidant 산화 방지제  compound 복합체, 화합물  metabolism 신진대사  radical 기 (基), 라디칼  antibacterial 항균성의  numerous 많은

> 해석 「Weil 박사에 따르면, 녹차는 보통의 홍차보다 훨씬 더 부드러운 방식으로 만들어진다. 녹차 잎은 우리에게 건강상의 이익을 주는 항산화 성분을 보존하기 위해 쪄지고, 말아져, 건조된다. Weil 박사는 이러한 항산화 성분이 콜레스테롤 수치를 낮추고 신진대사를 촉진시킴으로써 심장을 보호하며, 세포를 손상시키고 그 세포들이 무절제하게 성장하도록 하는 라디칼을 제거함으로써 암이 생기지 않도록 해준다고 한다. 녹차는 또한 항균성질을 가지고 있어 질병을 예방하고, 질병과 싸우는 데 도움을 준다. 중국에서는 녹차가 적어도 400년 동안 약으로 사용되어 왔으며, 수많은 연구들은 녹차를 마시는 것이 건강에 긍정적인 효과를 가져다준다고 보고하고 있다.」

> 해설 ④ has used → has been used

**32** 다음 문장의 밑줄 친 부분 중 문법적으로 틀린 부분을 고르시오.

He did not know ① <u>to deal</u> with the problem ② <u>when</u> ③ <u>his</u> adviser ④ <u>had disappeared</u>.

> 해석 「그의 충고자가 사라졌을 때 그 문제를 어떻게 다루어야 할지 몰랐다.」

> 해설 ① to deal → how to deal

**Answer** 31.④ 32.①

**33** 다음 문장의 밑줄 친 부분 중 문법적으로 틀린 부분을 고르시오.

The ① emphasizing in oratory is on the ② skillful ③ utilization of the ④ voice.

해석 「연설에서 강조는 음성을 잘 활용함으로써 가능하다」

해설 ① emphasizing → emphasis

**34** 다음 문장의 밑줄 친 부분 중 문법적으로 틀린 부분을 고르시오.

Geography depends ① greatly on other fields of knowledge for ② basic information, ③ particularly in some of its ④ specializing branches.

해석 「지리학은 특히 전문화된 분야에 있어서 기본이 되는 정보를 얻기 위해서는 다른 지식 분야에 상당히 의존하고 있다.」

해설 ④ specializing → specialized

**35** 다음 문장의 밑줄 친 부분 중 문법적으로 틀린 부분을 고르시오.

Jerry ① will not lend you the book because ② he is fearful ③ if you will forget ④ to return it.

해석 「제리는 너가 책을 돌려주는 것을 염려되어 너에 책을 빌려주지 않을 것이다.」

해설 ③ if → that

Answer 33.① 34.④ 35.③

**36** 다음 문장의 밑줄 친 부분 중 문법적으로 틀린 부분을 고르시오.

> The ① biggest single hoppy in America, the one ② that Americans ③ spend most time, energy and money ④ is gardening.

> [해석] 「미국인들이 대부분의 시간, 정력, 돈을 쓰는 미국에서 가장 크고 유일한 취미가 정원 가꾸기이다.」

> [해설] ② that → on which

**37** 다음 문장의 밑줄 친 부분 중 문법적으로 틀린 부분을 고르시오.

> The Greeks ① believed in the power ② of men ③ to control ④ his own destinies.

> [해석] 「컴퓨터를 이용할 방법을 아는 것은 엔지니어에게 매우 중요하다.」

> [해설] ④ his → their

**38** 다음 문장의 밑줄 친 부분에 가장 적절한 표현을 고르시오.

> Tom called me last night because I _____ him earlier.

① have visited

② paid a visit to

③ would pay a visit to

④ had visited

> [해석] 「톰은 어젯밤에 나에게 전화했다. 왜냐하면 내가 먼저 그를 방문했었기 때문이다.」

> [해설] 톰이 전화를 한 사건은 과거(last night)이고 내가 그를 방문한 것은 더 이전의 일이므로 과거완료를 사용한다.

**Answer** 36.② 37.④ 38.④

**39** 다음 문장의 밑줄 친 부분에 가장 적절한 표현을 고르시오.

> Bill didn't come to his nine o'clock class yesterday.
> He _____ himself.

① must overslept

② must be oversleeping

③ must have overslept

④ must had overslept.

> 해석 「Bill이 어제 아홉시 수업시간에 오지 않았어.
> 그는 틀림없이 늦잠 잤을 거야.」

> 해설 must have p.p는 '~했음에 틀림없다'라는 뜻으로 과거 일에 대한 강한 추측을 나타내는 표현이다.

**40** 다음 문장의 밑줄 친 부분에 가장 적절한 표현을 고르시오.

> Computers and new methods of telecommunication _____ revolutionized the modern office.

① say to be

② say to have

③ are said to be

④ are said to have

> 해석 「컴퓨터와 새로운 장거리통신 방식이 오늘날의 사무실을 혁신시켜 놓았다는 말이 있다.」

**Answer** 39.③ 40.④

**41** 다음 문장의 밑줄 친 부분에 가장 적절한 표현을 고르시오.

> If you hadn't gone with Tom to the party last night, _____.

① you would meet John already

② you won't have missed John

③ you will have met John

④ you would have met John

해석 「어젯밤에 그 파티에 톰과 함께 가지 않았다면, 넌 존을 만날 수도 있었을 텐데.」


**42** 다음 문장의 밑줄 친 부분에 가장 적절한 표현을 고르시오.

> I had some advice from my parents.
> Did _____ help you?

① a few of it          ② many of it

③ each of it          ④ any of it

해석 「부모님한테 얼마간의 충고를 들었어.
그 충고 중에 도움이 되는 게 있었니?」


**43** 다음 문장의 밑줄 친 부분에 가장 적절한 표현을 고르시오.

> Many can borrow a pencil if she needs _____.

① any          ② one

③ some          ④ that

해석 「그녀가 연필을 원한다면 메리가 빌려줄 수 있다.」


**Answer** 41.④  42.③  43.②

**44** 다음 문장의 밑줄 친 부분에 가장 적절한 표현을 고르시오.

I want to buy something colorful and _____ in your store.

① decoration
② decorator
③ decorating
④ decorative

해석 「당신 가게에서 화려한 장식물을 좀 사고 싶습니다.」

**45** 다음 문장의 밑줄 친 부분에 가장 적절한 표현을 고르시오.

Can he buy the car? He is as poor as _____ be.

① can
② may
③ man
④ people

해석 「그가 차를 살 수 있을까? 그는 매우 가난해.」

Answer  44.④  45.①

PART

03

# 독해

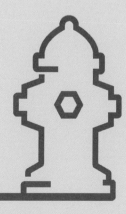

# 01 사실적 정보 파악

글의 사실적 정보를 묻는 유형으로, 지칭추론, 내용(불)일치 등이 이 유형에 속한다. 글의 중심내용이나 글의 연결성을 묻는 유형보다는 쉬운 유형이나 2~3문제씩 빠지지 않고 나오는 문제이니 만큼 유형파악에 익숙해질 필요가 있다.

**TYPE 1** 지시어 추론 – 다음 글에서 밑줄 친 대명사(this, that, it, etc.) 또는 (고유)명사가 구체적으로 가리키는 것으로 가장 알맞은 것은?

이 유형은 주어지는 글에서 쓰이고 있는 대명사나 (고유)명사가 가리키고 있는 대상을 추론하는 문제로, 대부분 글의 전체 내용을 종합적으로 가리키고 있으므로 정확하고 구체적인 정보파악능력과 함께 논리적이고 종합적인 사고능력도 함께 필요로 한다.

**다음 글에서 밑줄 친 it이 가리키는 것은?**

I abandoned the medical profession with relief, but I do not regret the five years I spent at the hospital — far from it. They taught me pretty well all I know about human nature, for in a hospital you see <u>it</u> naked and raw. People in pain, people in fear of death, do not try to hide anything from their doctor, and if they do, he can generally guess what they are hiding.

① a hospital       ❷ human nature

③ the medical profession       ④ all I know

> **해석** 「나는 홀가분하게 의사직을 포기했지만 병원에서 보낸 5년 동안을 후회하지는 않는다 – 절대로 그렇지 않다. 그들은 나에게 인간의 본성에 대해 아주 잘 가르쳐 주었는데, 병원에서는 그것(인간의 본성)이 적나라하고 있는 그대로 드러나기 때문이다. 아픈 사람들, 죽음의 공포에 직면한 사람들은 의사 앞에서 아무것도 감추려 하지 않고, 만일 감추려 한다 해도 의사는 그것을 대개 짐작할 수 있다.」

> **해설** 이 문제에서 it이 가리키는 대상은 글의 전체 내용에 대한 논리적·종합적 추론보다는 구체적이고 정확한 정보파악을 통해 알 수 있다. 이러한 유형의 문제의 경우에 지시어는 대부분 앞부분이나 뒷부분에 있으므로 유의하여 살펴야 한다. 또한 이러한 지시어가 대명사일 경우에는 해당하는 대명사의 수(number)와 성(gender)을 확인하여 이와 일치하는 것을 찾으면 된다.

**단어**

**abandon** 버리다, 포기하다, 단념하다
**with relief** 홀가분하게
**far from** 조금도 ~않다
**nature** (대)자연, 본성, 천성
**naked** 벌거벗은, 적나라한, 노출된
**raw** 날(생)것의, 가공하지 않은, 있는 그대로의

## 밑줄 친 he가 가리키는 대상이 나머지 셋과 다른 것은?

The mystery of a dog named Kent who didn't respond to any commands has been solved—① he only 'speaks' Polish! The workers at an animal center were worried that Kent was deaf, until they knew ② he had lived with a family from Poland. So they learned some basic commands, like 'sit' and 'come here' in Polish and Kent responded straight away. Four months later, he now understands in English and Polish, and is looking for a new home. One of the workers at the animal center said ⑳ he was pleased to have found out what was wrong. He also said anyone who wants to adopt Kent doesn't have to speak Polish, as ④ he now understands enough English commands too.

**단어**
**command** 명령
**Polish** 폴란드어
**solve** 풀다, 해결하다
**deaf** 귀가 들리지 않는

**해석** 「어떠한 명령에도 반응을 보이지 않던 Kent라는 이름의 한 개에 대한 비밀이 풀렸다. 그는 단지 폴란드어를 '말할' 뿐이다! 한 동물 센터의 직원들은 그가 폴란드 출신의 가족들과 함께 살았다는 것을 알기까지 Kent가 귀가 들리지 않는다고 걱정했었다. 그래서 그들은 폴란드어로 '앉아'와 '이리 와' 같은 몇 가지 기본적인 명령들을 배웠고, Kent는 즉각적으로 응답했다. 4개월이 지난 지금 그는 영어와 폴란드어를 이해하며, 새로운 가정을 찾고 있다. 그 동물 센터 직원들 중의 한 명은 무엇이 잘못되었는지 알아내어 그가(자신이) 기쁘다고 말했다. 이제 그는 영어 명령 또한 잘 이해하기 때문에 Kent를 입양하고 싶은 어느 누구도 폴란드어를 할 필요는 없다고 그는 또한 말했다.」

**해설** ①②④는 Kent를, ③은 동물 센터 직원을 가리킨다.

## 밑줄 친 he[him]가 가리키는 대상이 나머지 셋과 다른 것은?

John was driving home late one night when he picked up a hitchhiker. As they drove along, ① he became suspicious of his passenger. So John checked to see if his wallet was safe in his coat that was on the seat between them, but it wasn't there! Immediately, ② he stepped on the brakes, ordered the hitchhiker out, and said, "Hand over the wallet right now!" Frightened, ⑳ he handed over a wallet and got out of the car. When he arrived home, ④ he started to tell his wife about the experience. She interrupted him, saying "Before I forget, John, do you know that you left your wallet at home this morning?"

**단어**
**suspicious** 의심스러운
**frighten** 두려워하게 하다

**기출PLUS**

> 해석 「어느 날 밤, 늦은 시간에 John은 차를 몰고 집으로 가다가 어떤 사람을 차에 태워주었다. 차를 타고 가다가 그는 그의 동승자에 대해 의심하게 되었다. 그래서 John은 그들 사이에 있는 좌석 위에 놓여 있는 코트에 자신의 지갑이 안전하게 있는지 확인해 보았는데, 그것이 거기에 없었다! 즉시, 그는 브레이크를 밟고, 그 자동차에 편승한 사람에게 내리라고 말한 후 이렇게 말했다. "당장 지갑을 내놔!" 두려워하며, 그는(hitchhiker) 지갑을 건네주고는 차에서 내렸다. 집에 도착했을 때, 그는 경험한 일에 대해서 자기 아내에게 이야기하기 시작했다. 그녀가 그의 말을 자르며 다음과 같이 말했다. "John, 잊어버리기 전에 말해 주겠는데요, 오늘 아침에 당신의 지갑을 집에다 두고 간 것을 알고 있나요?"」

> 해설 ①②④는 John을, ③은 hitchhiker를 가리킨다.

### 밑줄 친 He[he]가 가리키는 대상이 나머지 셋과 다른 것은?

---

A salesman called on a young grocer named Barney, trying to sell him canned corn. The salesman was especially proud of the fancy label on the can. He said that the customers wouldn't be able to resist it, so Barney decided to give the product a chance. ① He had a small kitchen at the rear of his store where he tested products. Walking to the back, ② he tore off the fancy label and deliberately threw it on the floor. "My customers don't eat labels. They eat what's inside," he told the salesman, who was surprised and fell speechless. While ③ he was waiting in fear, the young grocer opened the can—it was full of hulls! The grocer didn't order the canned corn. Word spread and Barney gained the reputation that ④ he sold products of good quality.

---

> 해석 「어느 외판원이 옥수수 통조림을 팔아보려고 젊은 식료품상인 Barney를 찾아갔다. 그 외판원은 통조림 겉에 붙어 있는 화려한 라벨을 특히 자랑스럽게 여겼다. 그는 고객들이 자신의 상품을 결코 거부할 수 없을 것이라고 말했고, 그래서 Barney는 그 상품을 확인해 보기로 했다. 그는 가게 뒤쪽에 상품을 확인하는 작은 부엌을 갖고 있었다. 뒤 쪽으로 걸어가서, 그는 화려한 라벨을 뜯어내고 일부러 그것을 바닥에 내던졌다. "제 손님들은 라벨을 먹지 않습니다. 그들은 안에 들어있는 것을 먹습니다."라고 그가 외판원에게 말하자, 그 외판원은 놀라서 할 말을 잃었다. 그가 두려움에 떨며 기다리고 있을 때, 그 젊은 식료품상은 통조림을 열었다. 그것은 쭉정이들로 가득 차 있는 것이 아닌가! 식료품상은 그 옥수수 통조림을 주문하지 않았다. 소문이 퍼지면서 Barney는 그가 품질이 좋은 상품들을 판다는 평판을 얻게 되었다.」

> 해설 ①②④는 Barney를, ③은 외판원을 가리킨다.

**단어**

**canned** 캔으로 만들어진
**fancy** 멋진, 화려한
**resist** 저항하다
**rear** 뒤
**tore tear** (찢다)의 과거
**deliberately** 고의적으로
**speechless** 말이 없는
**spread** 퍼지다
**reputation** 명성

기출PLUS

**TYPE 2** 내용일치(불일치) – 다음 글의 내용과 일치하지 않는(일치하는) 것은?

이 유형은 글의 세부적인 내용파악을 주로 요구하는 문제로, 주어지는 글보다 질문과 보기의 내용을 먼저 본 후에 질문에 해당하는 부분을 집중적으로 살펴야 한다. 이 때 중요한 것은 반드시 주어지는 글에 담긴 사실적인 내용을 근거로 판단해야 한다는 것이다.

**다음 글의 Death Valley에 대한 설명으로 옳지 않은 것은?**

Death Valley doesn't sound like a very inviting place. It is one of the hottest places in the world. The highest temperature ever recorded there was 134 degrees Fahrenheit. That is the highest ever recorded in the Western Hemisphere. And that was in the shade! Death Valley in California covers nearly 3,000 square miles. Approximately 555 squares miles are below the surface of the sea. One point is 282 feet below sea level — the lowest point in the Western Hemisphere. In Death Valley, pioneers and explores faced death from thirst and the searing heat. Yet despite its name and bad reputation, Death Valley is not just an empty wilderness of sand and rock. It is a place of spectacular scenic beauty and home to plants, animals and even humans.

① 경치가 매우 아름다운 곳이다.
② 그늘 아래서의 온도가 최고 화씨 134도인 적이 있다.
③ 많은 개척자들은 갈증과 더위로 죽음에 직면했다.
④ 면적의 절반 이상이 바다 수면보다 낮다.

단어

**sound like** ~처럼 들리다, 느껴지다, 생각되다
**inviting** 기분 좋은, 상쾌한
**Hemisphere** 지구 천체의 반구, 반구체
**approximately** 대략, 대충, 얼추
**pioneer** 개척자, 선구자, 주창자
**searing** 타는 듯한, 무더운
**reputation** 평판, 명성
**wilderness** 황야, 황무지, 사막
**spectacular** 스릴 만점의, 눈부신, 장관의
**scenic** 경치의, 경치가 좋은, 생생한

**해석** 「죽음의 계곡은 마음을 끄는 장소로 들리지 않는다. 그곳은 세계에서 가장 더운 장소 중의 하나이다. 거기에서 기록된 가장 높은 온도는 화씨 134도이다. 그것은 서반구에서 기록된 최고의 기록이다. 그리고 그것은 그늘에서조차 그렇다! 캘리포니아에 있는 죽음의 계곡은 거의 3,000제곱마일이다. 대략 555제곱마일이 바다 표면 밑에 있다. 한 곳은 바다 수면보다 282피트 낮다 – 서반구에서 가장 낮은 곳이다. 죽음의 계곡에서 개척자와 탐험가들이 갈증과 찌는 듯한 더위로 인해 죽음에 직면했다. 그러나 그것의 이름과 나쁜 명성에도 불구하고 죽음의 계곡은 모래와 바위로만 이루어진 텅 빈 황야는 아니다. 그곳은 스릴 만점의 생생한 아름다움이 있는 장소이자 식물, 동물, 심지어 인간의 안식처이기도 하다.」

**기출PLUS**

**단어**

**no doubt** 의심할 바 없이
**struggle** 싸우다, 노력하다
**flu** 독감
**epidemic** 전염병의, 유행병의
**proportion** 비율, 규모
**widespread** 널리 퍼진(보급된), 광범위한, 대폭적인
**outbreak** 발발, 발생, 창궐
**overseas** 해외(로부터)의, 해외에 있는, 대외적인
**health officer** 검역관, 위생관
**sweeping** 일소하는, 전반적인
**worsen** (보다) 나쁘게 하다, 악화시키다
**get better** (병 등이) 좋아지다, 호전되다
**a number of** 많은
**case** 경우, (병의) 증상, 환자
**authority** 권위, 당국(authorities)
**admit** 인정하다, 허용하다
**underestimate** 과소평가하다, 경시하다
**virulence** 유독성, 악성, 발병력
**infect** 전염시키다, 감염시키다, 오염시키다
**influx** 유입, 쇄도
**health service** 공공의료(시설), 건강보험
**intensive care** 집중치료, 강화치료
**vulnerable** ~에 약한, 상처받기 쉬운, 저항력이 없는
**complications** 합병증
**pneumonia** 폐렴

### 다음 글의 내용과 일치하지 않는 것은?

As you no doubt know a lot of Americans across the country have been struggling with the flu. In some 14 states the illness has reached epidemic or near epidemic proportions. Sections of another 20 states are experiencing widespread outbreaks. And overseas British health officials say that country is also facing a sweeping outbreak of epidemic proportions. It's expected to worsen before it gets better.

Britain has started the new century with a record number of cases of the flu. Authorities now say it's an epidemic. That means 400 cases per 100,000. Health officials admitted today that they had underestimated the scale of the outbreak and virulence of the virus. It has infected twice the number as previously thought, they said.

Hospital workers are worried about the huge influx of flu patients and the pressure on the health service. Intensive care wards are filled with elderly flu victims who are vulnerable to complications such as pneumonia.

① 당국은 독감을 전염병으로 규정하였다.
⑭ 당국이 앞장서서 대비한 결과, 상황이 호전되었다.
③ 독감이 미국과 영국 전역에서 발병되고 있다.
④ 중환자실에는 독감에 걸린 노인들로 붐볐다.

**해석** 「당신은 전역의 많은 미국인들이 독감과 싸우고 있는 것을 확실히 알고 있다. 약 14개 주에서 그 병은 전염병이거나 전염병에 가까운 정도에까지 이르렀다. 또다른 20개 주의 구역들에서 발병이 확산되고 있다. 그리고 바다 건너 영국에서도 영국 검역관들은 영국 또한 전염병에 가까운 독감 발병에 휩쓸리기 직전에 있다고 말한다. 그것은 호전되기에 앞서 악화될 것으로 예상된다.
영국은 많은 독감의 기록과 함께 새로운 세기를 시작했다. 당국은 이제 그것은 전염병이라고 말한다. 그것은 100,000명마다 400명이 환자들이라는 것을 의미한다. 검역관들은 오늘 그들이 그 바이러스의 발생규모와 발병력을 과소평가했었다고 인정했다. 그들은 이전에 생각했던 수의 두 배가 감염되었다고 말했다.
병원에서 일하는 사람들은 독감 환자들의 많은 유입과 공공의료시설에 대한 부담을 걱정한다. 집중치료병동은 폐렴과 같은 합병증에 걸리기 쉬운 노년층 독감 희생자들로 가득하다.」

## 다음 글의 내용과 일치하지 않는 것은?

From the day the first motor car appeared on the streets it had to me appeared to be a necessity. It was this knowledge and assurance that led me to build to the one end — a car that would meet the wants of the multitudes.

All my efforts were then and still are turned to the production of one car — one model. And year following year, the pressure was, and still is, to improve and refine and make better, with an increasing reduction in price.

① The writer asserts that cars should satisfy the wants of the multitudes.

② The writer did all his might to produce one car — one model.

③ The writer devoted himself to the reduction of price in producing a car.

④ The writer emphasizes the improvement of a car despite a reduction in price.

단어

**necessity** 필요(불가결한 것), 필수품
**assurance** 확신, 보증
**end** 끝, 목적, 목표
**multitude** 다수, 군중, 대중
**turn to** ～(쪽)으로 향하다
**year following year** 해마다
**improve** 개량하다, 개선하다, 향상시키다
**refine** 순화하다, 정제하다, 정련하다, 세련되게 하다
**reduction** 축소, 감소, 절감
**assert** 단언하다, 주장하다
**might** 힘
**devote oneself to** ～에 몰두하다, 전념하다, 헌신하다
**emphasize** 강조하다

해석 「최초의 자동차가 거리에 출현했던 날로부터 그것은 나에게 필수품인 것처럼 생각되어 왔었다. 그것은 내가 그 하나의 목적 – 대중들의 욕구에 부응할 차 – 을 만들도록 이끈 지식과 확신이었다. 나의 모든 노력들은 그때나 지금이나 하나의 모델 – 하나의 자동차 생산에 착수하는 데 있다. 그리고 한해 한해가 지날수록, 가격이 내려가는 속에서 성능의 향상과 세련되고 더 좋은 차를 만들어야 하는 압력이 예전이나 지금도 계속 되고 있다.」

① 글쓴이는 차들이 대중들의 욕구를 만족시켜야 한다고 주장한다.
② 글쓴이는 한 가지 모델의 하나의 차를 생산하는 데 그의 모든 힘을 썼다.
③ 글쓴이는 차를 생산하는 데 있어서 가격의 절감에 몰두하였다.
④ 글쓴이는 가격인하에도 불구하고 차의 성능 향상을 강조한다.

**기출PLUS**

**TYPE 3** 어구의 의미파악 – 다음 글에서 밑줄 친 부분의 의미로 가장 적절한(알맞은) 것은?

이 유형은 주어지는 글에서 쓰이고 있는 어구의 표면적인 뜻이 아니라 이면적인 의미를 간파해내야 하는 문제로, 주어지는 글에 충실하여 문맥의 전체적인 흐름과 전반적인 분위기를 파악하여 이중적 의미를 찾아내는 것이 중요하다. 또한 이러한 유형의 문제들을 풀기 위해서는 다양한 의미로 쓰이는 어휘와 표현들을 잘 익혀야 한다.

**다음 글에서 밑줄 친 a snow job의 의미로 가장 적절한 것은?**

**단어**

**salesman** 점원, 판매원, 외판원
**convince** 확신시키다, 납득시키다
**investor** 투자가
**property** 재산, 자산, 소유물, 상품
**money** 돈, 화폐, 자산, 재산
**snow job** 과장되고 교묘한 거짓말, 권유·설득하는 말, 감언이설
**deceive** 속이다, 기만하다
**insincerity** 불성실, 위선
**exaggerated** 과장된, 허풍을 떠는, 지나친
**claim** 주장, 요구, 청구, 권리, 자격

The salesman tried to convince a group of investors that the properties he was selling would soon be worth much more money than he was asking. However, no one bought anything from him because they felt he was giving them a snow job. No one was deceived by his insincerity and exaggerated claims about the worth of the properties.

① 수입한 사치품       ② 과장된 거짓말
③ 적절한 수익성       ④ 위협적인 강매

**해석** 「그 외판원은 많은 투자자들에게 그가 팔고 있는 상품들이 곧 그가 요구하는 돈보다 더 많은 자산가치가 있게 될 것이라는 점을 확신시키려고 노력하였다. 하지만 그들은 그가 그들에게 과장된 거짓말을 하고 있다고 느꼈기 때문에 그에게서 아무것도 사지 않았다. 아무도 그 상품들의 가치에 관한 그의 불성실과 과장된 주장에 의해 속지 않았다.」

**TYPE 4** 말의 의도파악 – 다음 글에서 밑줄 친 부분의 의도로 가장 적절한 (알맞은) 것은?

> 이 유형은 어구의 의미파악 과정과 크게 다르지 않지만, 좀더 희극적인 효과를 수반하는 영어권 사회와 문화에서 통용되는 사고의 전개방식에 대한 이해를 필요로 하는 문제로, 주로 말에 대한 오해나 엉뚱하고 기발한 사고로 빚어지는 극적인 전개가 있는 하나의 에피소드(episode) 중심의 글로 제시된다.

**다음 글에서 밑줄 친 부분이 의미하는 것으로 가장 알맞은 것은?**

> A writer explained in her novel that a woman falls in love with a man because she sees in him 'a giant ear.' She went on to remark that although people may think they are falling in love because of a good feature or some other force, really what we are looking for is someone to be able to hear us.

① 큰 귀
② 거인의 귀
❸ 남의 말을 잘 듣고 이해하는 것
④ 잘 듣고 말하는 것

단어
**fall in love (with)** (~와) 사랑에 빠지다
**giant** 거인, 몹시 큰
**go on to do** 더 나아가서 ~하다, 다음에 ~하다
**remark** 주목하다, 말하다
**features** 용모, 이목구비
**look for** 찾다, 구하다, 기대하다

**해석** 「작가는 그녀의 소설에서 어떤 여자가 어떤 남자에게서 '거인의 귀(남의 말을 잘 듣고 이해하는 것)'를 보았기 때문에 그와 사랑에 빠진다고 설명하였다. 그녀는 비록 사람들은 그들이 잘생긴 용모나 어떤 다른 힘(영향력) 때문에 사랑에 빠졌다고 생각하지만, 정말 우리가 찾는 것은 우리말을 잘 들어줄 수 있는 누군가라는 것에 계속해서 주목하였다.」

**해설** 마지막 문장 what we are looking for is someone to be able to hear us의 의미를 파악하면 쉽게 찾을 수 있다.

단어
**in half** 절반으로
**for a few seconds** 잠시 동안

**Dick이 밑줄 친 부분과 같이 말한 의도는?**

Dick was seven years old, and his sister, Catherine, was five. One day their mother took Dick into the kitchen. She gave him a nice cake and a knife and said to him, "Now here's a knife, Dick. Cut this cake in half and give one of the pieces to your sister, but remember to do it like a gentleman." "Like a gentleman?," Dick asked. "How do gentlemen do it?" "They always give the bigger piece to the other person", answered his mother at once. "Oh", said Dick. He thought about this for a few seconds. Then he took the cake to his sister and said to her, "Cut this cake in half, Catherine."

① 이 케이크를 똑같이 나누자.
② 이 케이크를 네 마음대로 잘라라.
③ 내가 이 케이크를 자르겠다.
④ 케이크를 잘라서 내게 큰 조각을 다오.

해석 「Dick은 7살이었고, 그의 누이동생 Catherine은 5살이었다. 어느 날 그들의 어머니가 Dick을 부엌으로 데리고 갔다. 그녀는 그에게 맛있는 케이크와 칼을 주면서 말했다. "Dick, 여기 칼이 있다. 이 케이크를 반으로 잘라서 누이동생에게 그 조각 중의 하나를 주어라. 하지만 신사처럼 주는 것을 기억하여라." "신사처럼이요?"라고 Dick이 물었다. "신사들은 그것을 어떻게 주나요?" "그들은 항상 다른 사람에게 더 큰 조각을 준단다."라고 그의 어머니가 즉시 대답했다. "오"라고 Dick은 말했다. 그는 잠시 이것에 관해 생각했다. 그리고나서 그는 그의 누이동생에게 케이크를 가져가서 말했다. "이 케이크를 반으로 잘라, Catherine."」

해설 Dick은 어머니가 그에게 기대한 행동을 누이동생 Catherine이 자신에게 해주기[신사처럼 주기(케이크를 반으로 잘랐을 때 항상 다른 사람에게 더 큰 조각을 주기)]를 기대하고 있다.

2021 소방공무원

**01** 밑줄 친 부분이 가리키는 대상이 나머지 셋과 다른 것은?

A way of testing a fire safety management plan in a building, fire drills are considered training exercises for all involved. Everyone in a building must comply with ① them, including staff, students, and visitors. ② They help building users learn and remember alternative escape routes and allow fire wardens to practice their evacuation role. Shortcomings in fire drills can be identified and rectified. ③ They are planned events, but advance warning should not normally be given to building users. This ensures ④ they react normally when the fire alarm sound sand are not unnaturally prepared. False fire alarm activations and evacuations do not count as fire drills as they are unplanned.

> **단어** **fire drill** 소방 훈련 **comply** 따르다 **evacuation** 대피 **fire warden** 소방 감독관 **shortcoming** 단점 **rectify** 바로잡다 **activation** 활성화, 작동

> **해석** 「건물 내 화재 안전 관리계획을 시험하는 한 가지 방법인 소방 훈련은 관련된 모든 사람들을 위한 훈련 연습으로 여겨진다. 건물 내부의 직원, 학생, 방문객을 포함한 모든 사람들은 ① 그것들(소방 훈련)은 따라야만 한다. ② 그것들(소방 훈련)은 건물 이용객들이 대체 탈출로를 배우고 기억하도록 돕고 소방 감독관들이 대피 임무 역할을 연습하도록 해준다. 소방 훈련에서 단점들은 확인하고 바로잡힐 수 있다. ③ 그것들(소방 훈련)은 계획된 이벤트이지만, 보통은 건물 이용객들이 사전 경고를 받아서는 안 된다. 이 점은 화재 경보가 울렸을 때 ④ 그들(건물 이용객)이 일반적으로 반응을 하고 부자연스럽게 준비되지 않도록 해준다. 허위 화재 경보 작동과 대피는 계획되지 않은 것이어서 소방 훈련으로 포함하지 않는다.」

> **해설** ④번이 있는 문장에서 소방 훈련 중 건물 이용객들이 준비되지 않은 자연스러운 반응을 언급하고 있으므로 they는 이전 문장에서 나왔던 builing users이다.

**Answer** 01.④

**02** 밑줄 친 부분이 가리키는 대상이 나머지 셋과 다른 것은?

Gregory Bare, a Bloomington firefighter, was at home getting ready to go to bed when he noticed his neighbor's house was on fire. Even though ① <u>he</u> was off duty and did not have access to his protective clothing or equipment, Bare leaped into action. After reporting the fire to 911 operators, he ran over to find his neighbor struggling to get out of her window. Removing the screen and helping her escape, ② <u>he</u> learned that an additional resident remained inside. With the front of the home burning, Bare entered through the rear where there was no smoke or fire, woke up the sleeping housemate, and escorted ③ <u>him</u> out of the home to safety. Several firefighters called to the scene credited Bare with saving the two residents. After review, ④ <u>his</u> action will likely be recognized at the Bloomington Fire Department's annual awards banquet.

단어 **run over** 재빨리 훑어보다  **banquet** 연회

해석 「Bloomington의 소방관 Gregory Bare는 그의 이웃의 집에 불이 났음을 알아차렸을 때 집에서 잘 준비를 하고 있었다. 비록 ① 그(Gregory Bare)는 비번이었고 그의 방호복과 장비를 갖고 있지 않았지만, Bare는 바로 행동을 취했다. 911 전화 상담원들에게 신고를 한 뒤, 그는 그의 이웃이 창문 밖으로 나오려고 애쓰는 것을 재빨리 훑어 발견했다. 방충망을 제거하고 그녀의 구출을 도우며 ② 그(Gregory Bare)는 실내에 또 다른 주민이 남아있다는 것을 알게 됐다. Bare는 집 현관이 불타고 있어서 연기나 불이 붙지 않은 뒤쪽을 통해 들어가, 잠들어 있는 동거인을 깨워 ③ 그(housemate)를 집 밖으로 안전하게 부축했다. 현장에 도착한 몇몇 소방관들은 두 명의 주민을 구해낸 Bare를 인정했다. 검토 후, ④ 그(Gregory Bare)의 행동은 아마 Bloomington의 소방국의 연례 시상식 연회에서 그 공로가 인정될 것 같다.」

해설 ①, ②, ④는 Gregory Bare를 가리키지만, ③은 Bare가 구출한 이웃의 동거인이다.

**Answer** 02.③

**03** Hansberry에 관한 다음 글의 내용과 일치하지 않는 것은?

Hansberry was born on May 19, 1930, in Chicago, Illinois. She wrote The Crystal Stair, a play about a struggling black family in Chicago, which was later renamed A Raisin in the Sun, a line from a Langston Hughes poem. She was the first black playwright and, at 29, the youngest American to win a New York Critics' Circle award. The film version of A Raisin in the Sun was completed in 1961, starring Sidney Poitier, and received an award at the Cannes Film Festival. She broke her family's tradition of enrolling in Southern black colleges and instead attended the University of Wisconsin in Madison. While at school, she changed her major from painting to writing, and after two years decided to drop out and move to New York City.

① The Crystal Stair라는 연극 작품을 썼다.
② 29세에 New York Critics' Circle 상을 수상했다.
③ 가문의 전통에 따라 남부 흑인 대학에 등록했다.
④ 학교에서 전공을 미술에서 글쓰기로 바꿨다.

> **단어** **starring** 주연  **drop out** 중퇴하다

> **해석** 「Hansberry는 Illinois의 Chicago에서 1930년 5월 19일에 태어났다. 그녀는 Chicago에서 분투하는 한 흑인 가족에 대한 연극 The Crystal Stair를 집필했고, 그것은 후에 Langston Hughes의 시의 한 구절에서 따온 A Raisin in the Sun으로 이름이 바뀌었다. 그녀는 최초의 흑인 극작가였고, 29세에 최연소 미국인으로 New York Critics' Circle 상을 받았다. Sidney Poitier가 주연인 A Raisin in the Sun을 영화화한 작품은 1961년에 완성되었고, Cannes Film Festival에서 상을 받았다. 그녀는 남부 흑인 대학에 가는 그녀 가문의 전통을 깨고 대신에 Madison의 Wisconsin 대학에 진학했다. 학교에 다니는 동안, 그녀는 전공을 회화에서 작문으로 바꾸었고, 2년 후에 중퇴하고 New York 시로 이사하기로 결심했다.」

> **해설** ③ Hansberry는 가문의 전통을 따르지 않고 Wisconsin 대학에 진학했다.

**04** 다음 글의 내용과 일치하지 않는 것은?

A local Lopburi inn owner, Yongyuth, held the first buffet for the local monkeys in 1989, and the festival now draws thousands of tourists every year. The Lopburi people revere the monkeys so much that every year they hold an extravagant feast for them in the ruins of an old Khmer temple. Over 3,000 monkeys attend the banquet of fruit, vegetables and sticky rice, which is laid out on long tables. Before the banquet, Lopburi locals perform songs, speeches and monkey dances in honour of the monkeys. The Lopburi people believe that monkeys descend from Hanuman's monkey army, who, according to legend, saved the wife of Lord Ram from a demon. Since then, monkeys have been thought to bring good luck and are allowed to roam where they please in the city, even if they do cause chaos and tend to mug people.

① Lopburi 여관의 주인이 원숭이를 위한 뷔페를 처음 열었다.
② Lopburi 사람들은 원숭이를 매우 존경해서 매년 호화로운 잔치를 연다.
③ Lopburi 사람들은 연회가 끝나면 원숭이 춤을 춘다.
④ 원숭이가 행운을 가져다준다고 여겨진다.

**단어** inn 여관 revere 숭배하다 extravagant 화려한 banquet 만찬 roam 배회하다 even if -일지라도

**해석** 「현지 Lopburi 여관 주인인 Yongyuth는 1989년에 지역 원숭이들을 위한 첫 번째 뷔페를 열었고, 이제 그 축제는 해마다 수 천 명의 관광객들을 끌어모으고 있다. Lopburi 사람들은 원숭이들을 무척 숭배해서 해마다 오래된 Khmer 사원의 폐허에서 그들을 위한 화려한 잔치를 베푼다. 3,000마리가 넘는 원숭이들이 기다란 탁자에 놓여있는 과일, 야채, 찹쌀의 만찬에 참여한다. 연회가 열리기 전에 Lopburi 현지인들은 원숭이들에게 경의를 표하기 위해 노래, 연설, 원숭이 춤을 춘다. Lopburi 사람들은 원숭이들이 Hanuman의 원숭이 군대에서 내려온다고 믿는데, 전설에 따르면 Hanuman은 Ram 경의 아내를 악마로부터 구했다고 한다. 그 이후 원숭이들은 복을 가져온다고 생각되었고, 난장판을 만들고 사람들에게 강도 짓을 하더라도 그들은 도시에서 마음에 드는 곳을 돌아다녀도 된다.」

**해설** ③ 본문에서 Lopburi 사람들은 연회 전에 원숭이 춤을 춘다고 언급되었다.

**Answer** 04.③

**05** 다음 글의 내용과 일치하는 것은?

> The most notorious case of imported labor is of course the Atlantic slave trade, which brought as many as ten million enslaved Africans to the New World to work the plantations. But although the Europeans may have practiced slavery on the largest scale, they were by no means the only people to bring slaves into their communities: earlier, the ancient Egyptians used slave labor to build their pyramids, early Arab explorers were often also slave traders, and Arabic slavery continued into the twentieth century and indeed still continues in a few places. In the Americas some native tribes enslaved members of other tribes, and slavery was also an institution in many African nations, especially before the colonial period.

① African laborers voluntarily moved to the New World.

② Europeans were the first people to use slave labor.

③ Arabic slavery no longer exists in any form.

④ Slavery existed even in African countries.

**단어** notorious 악명 높은  imported 수입된, 들여온  enslaved 노예가 된  plantation 대농장  by no means 결코 ~이 아닌  explorer 탐험가  tribe 부족  institution 제도, 관습

**해석** 「수입 노동의 가장 악명 높은 사례는 물론 대서양 노예무역으로, 이는 천만 명에 이르는 노예가 된 아프리카인들을 신대륙에 데려와 대농장을 경작하도록 하였다. 그러나 유럽인들이 가장 대규모로 노예제도를 시행했을지라도, 그들은 결코 그들의 지역 사회에 노예를 데려온 유일한 사람들이 아니었다. 일찍이 고대 이집트인들은 노예 노동을 그들의 피라미드를 건설하는 데 사용했고, 초기 아랍 탐험가들은 종종 노예 무역상이었으며, 아랍 노예제도는 20세기까지 계속되었으며, 실제로 몇몇 곳에서는 아직도 유지되고 있다. 아메리카 대륙에서는 몇몇 토착 부족들이 다른 부족의 구성원들을 노예로 삼았고, 노예 제도는 또한 특히 식민지 시대 이전 많은 아프리카 국가들의 관습이기도 했다.」

**보기** ① 아프리카인 노동자들은 자발적으로 신대륙으로 이주했다.
② 유럽인들은 노예 노동을 사용한 최초의 사람들이었다.
③ 아랍 노예 제도는 더는 어떤 형태로도 존재하지 않는다.
④ 노예 제도는 아프리카 국가들에서도 존재했다.

**Answer**  05.④

**06** 다음 글의 내용과 일치하지 않는 것은?

Deserts cover more than one-fifth of the Earth's land area, and they are found on every continent. A place that receives less than 25 centimeters (10 inches) of rain per year is considered a desert. Deserts are part of a wider class of regions called drylands. These areas exist under a "moisture deficit," which means they can frequently lose more moisture through evaporation than they receive from annual precipitation. Despite the common conceptions of deserts as hot, there are cold deserts as well. The largest hot desert in the world, northern Africa's Sahara, reaches temperatures of up to 50 degrees Celsius (122 degrees Fahrenheit) during the day. But some deserts are always cold, like the Gobi Desert in Asia and the polar deserts of the Antarctic and Arctic, which are the world's largest. Others are mountainous. Only about 20 percent of deserts are covered by sand. The driest deserts, such as Chile's Atacama Desert, have parts that receive less than two millimeters (0.08 inches) of precipitation a year. Such environments are so harsh and otherworldly that scientists have even studied them for clues about life on Mars. On the other hand, every few years, an unusually rainy period can produce "super blooms," where even the Atacama becomes blanketed in wildflowers.

① There is at least one desert on each continent.
② The Sahara is the world's largest hot desert.
③ The Gobi Desert is categorized as a cold desert.
④ The Atacama Desert is one of the rainiest deserts.

단어 **deficit** 부족, 결핍 **evaporation** 증발 **precipitation** 강수(량) **mountainous** 산이 많은 **otherworldly** 비현실적인, 초자연적인, 내세의 **lanketed with** ~로 뒤덮인

해석 「사막은 지구 육지의 5분의 1 이상을 덮고 있으며, 모든 대륙에서 발견된다. 매년 25센티미터 (10인치) 미만의 비가 오는 곳은 사막으로 여겨진다. 사막은 건조 지대라고 불리는 광범위한 지역의 일부이다. 이 지역들은 '수분 부족' 환경 하에 존재하는데, 이는 연간 강수를 통해 얻는 양보다 증발을 통해 흔히 수분을 더 많이 잃는다는 의미다. 사막이 뜨겁다는 일반적인 개념에도 불구하고, 차가운 사막들 또한 존재한다. 세계에서 가장 크고 뜨거운 사막인 북아프리카의 사하라 사막은 낮 동안 최고 섭씨 50도(화씨 122도)에 이른다. 하지만 아시아의 고비 사막이나 세계에서 가장 큰 남극과 북극의 극지방 사막과 같이, 어떤 사막들은 항상 춥다. 나머지 사막들에는 산이 많다. 사막의 약 20%만이 모래로 덮여있다. 칠레의 아타카마 사막과 같은 가장 건조한 사막에는 연간 강수량이 2밀리미터 (0.08인치) 미만인 곳들이 있다. 그러한 환경들은 너무 혹독하고 비현실적이어서 과학자들이 화성의 생명체에 대한 단서를 찾기 위해 그것들을 연구하기도 했다. 반면, 몇 년에 한 번씩 유난히 비가 많이 오는 시기가 '슈퍼 블룸' 현상을 만들어낼 수 있는데, 이때는 아타카마조차도 야생화로 뒤덮이게 된다.」

보기 ① 각 대륙에는 적어도 하나의 사막이 존재한다.
② 사하라 사막은 세계에서 가장 큰 뜨거운 사막이다.
③ 고비 사막은 차가운 사막으로 분류된다.
④ 아타카마 사막은 비가 가장 많이 오는 사막들 중 하나이다.

Answer 06.④

**07** 밑줄 친 부분이 가리키는 대상이 나머지 셋과 다른 것은?

The London Fire Brigade rushed to the scene and firefighters were containing the incident when an elderly man approached the cordon. ① He told one of the crew that he used to be a fireman himself, as a member of the Auxiliary Fire Service in London during World War Ⅱ. Now 93 years old, ② he still remembered fighting fires during the Blitz—a period when London was bombed for 57 nights in a row. ③ He asked the officer if he could do anything to help. The officer found himself not ready for a proper response at that moment and ④ he just helped him through the cordon. Later, he invited him to his fire station for tea and to share his stories with him.

단어 **contain** 방지하다, 억제하다 **incident** 사건 **cordon** 저지선 **Auxiliary Fire Service** 보조 소방서 **blitz** 대공습 **bomb** 폭격하다 **in a row** 연속으로

해석 「런던 소방대가 현장으로 달려갔고 소방관들은 한 노인이 저지선에 접근할 때 그 사건을 진압하고 있었다. ① 그는 대원 중 한 명에게 제2차 세계 대전 중 런던의 보조 소방서의 일원으로 소방관이었다고 말했다. 현재 93세인 ② 그는 런던이 57일 연속 폭격을 당했던 기간인 대공습 기간 동안 화재와 싸웠던 것을 여전히 기억했다. ③ 그는 소방관에게 도울 일이 없느냐고 물었다. 그 소방관은 그 자신이 그 순간 적절한 대응을 할 준비가 되어 있지 않다는 것을 알았고 ④ 그는 단지 저지선을 통과하도록 그를 도왔다. 나중에 그는 그를 소방서에 초대하여 차를 마시게 하고 그의 이야기를 나누게 했다.」

해설 ①②③은 93세의 노인을, ④는 the officer를 가리킨다.

**Answer** 07.④

**08** 밑줄 친 They(they)/their가 가리키는 대상으로 가장 적절한 것은?

> <u>They</u> monitor the building for the presence of fire, producing audible and visual signals if fire is detected. A control unit receives inputs from all fire detection devices, automatic or manual, and activates the corresponding notification systems. In addition, <u>they</u> can be used to initiate the adequate response measures when fire is detected. It is important to note that <u>their</u> requirements change significantly depending on the occupancy classification of the building in question. Following the right set of requirements is the first step for a code—compliant design.

① fire alarm systems

② fire sprinklers

③ standpipes

④ smoke control systems

> **단어** presence 존재 audible 청취할 수 있는 input 입력 automatic 자동의 manual 수동의 activate 활성화시키다 corresponding 상응하는 notification 통지 in addition 게다가 initiate 시작하다 adequate 적절한 measure 조취 requirement 요구사항 significantly 상당히 occupancy 점유 classification 분류 in question 논의되고 있는 fire sprinkler 화재 스프링클러 standpipe 급수탑 smoke control system 연기 제어 시스템

> **해석** 「<u>그것들은</u> 화재의 발생에 대해 건물을 감시하여 화재가 감지되면 청각 및 시각 신호를 생성한다. 제어부는 모든 화재 감지 장치로부터 자동 또는 수동으로 입력을 수신하고, 해당 알림 시스템을 활성화한다. 또한 <u>그것들은</u> 화재가 감지되면 적절한 대응 조치를 시작하는 데 사용할 수 있다. 논의 중인 해당 건물의 사용 구분에 따라 <u>그것들의</u> 요건이 크게 변경된다는 것을 주목하는 것이 중요하다. 올바른 요구 사항 집합을 따르는 것이 코드 준수 설계의 첫 번째 단계다.」

**Answer** 08.①

**09** 밑줄 친 부분의 뜻으로 가장 적절한 것은?

> A : 119, what is your emergency?
>
> B : There is a car accident.
>
> A : Where are you?
>
> B : I'm not sure. I'm somewhere on Hamilton Road.
>
> A : Can you see if anyone is hurt?
>
> B : One of the drivers is lying on the ground unconscious and the other one is bleeding.
>
> A : Sir, I need you to stay on the line. I'm sending an ambulance right now.
>
> B : Okay, but hurry!

① 전화 끊지 말고 기다려 주세요.

② 차선 밖에서 기다려 주세요.

③ 전화번호를 알려 주세요.

④ 차례를 기다려 주세요.

**단어** emergency 응급상황  unconscious 의식이 없는  bleed 피를 흘리다

**해석** 「A : 119입니다, 무슨 응급상황이세요?
B : 교통사고가 났어요.
A : 어디 있어요?
B : 잘 모르겠어요. 해밀턴 로드 어딘가에 있어요.
A : 누가 다쳤는지 알 수 있나요?
B : 운전자 중 한 명은 의식을 잃고 바닥에 누워 있고 다른 한 명은 피를 흘리고 있어요.
A : 선생님, 전화 끊지 말고 기다리세요. 지금 구급차를 보내겠습니다.
B : 네, 하지만 서둘러 주세요!」

**Answer** 09.①

**10** 다음 글의 내용과 일치하지 않는 것은?

Dear Sales Associates,

The most recent edition of The Brooktown Weekly ran our advertisement with a misprint. It listed the end of our half-price sale as December 11 instead of December 1. While a correction will appear in the paper's next issue, it is to be expected that not all of our customers will be aware of the error. Therefore, if shoppers ask between December 2 and 11 about the sale, first apologize for the inconvenience and then offer them a coupon for 10% off any item they wish to purchase, either in the store or online.

Thank you for your assistance in this matter.

General Manger

① The Brooktown Weekly에 잘못 인쇄된 광고가 실렸다.
② 반값 할인 행사 마감일은 12월 1일이 아닌 12월 11일이다.
③ 다음 호에 정정된 내용이 게재될 예정이다.
④ 10% 할인 쿠폰은 구매하고자 하는 모든 품목에 적용된다.

**단어** misprint 오인, 오식  correction 수정  inconvenience 불편함

**해석** 「친애하는 영업사원분들께,
The Brooktown Weekly 최신호에 실은 우리 광고에 오자(誤字)가 있었습니다. 그것은 우리의 반값 세일의 종료를 12월 1일이 아닌 12월 11일로 기재했습니다. 다음 호에는 수정 사항이 나오겠지만, 우리 고객 모두가 오류를 인지하지는 못할 것으로 예상됩니다. 따라서 12월 2일에서 11일 사이에 구매자들이 판매에 대해 물어본다면, 먼저 불편함을 사과한 후 매장이나 온라인에서 구매하고자 하는 물품에 대해 10% 할인 쿠폰을 제공해 주십시오.
총괄 매니저」

**Answer** 10.②

**11** 다음 밑줄 친 he[him]가 가리키는 대상이 나머지 셋과 다른 것은?

Victor is a motorman for the Chicago Transit Authority. "Thank you for riding with me this evening. Don't lean against the doors, I don't want to lose you," ① he tells passengers over the intercom as the train departs. As the train makes its way north, ② he points out notable sites, including which connecting buses are waiting in the street below. People compliment ③ him all the time, telling the city he's the best motorman. Why does he have such a positive approach to his job? "My father is a retired motorman, and one day he took me to work with ④ him and I was so impressed looking out that window," he says, speaking of the city skyline. "Ever since I was five years old, I knew I wanted to run the train."

**단어** **motorman** 전차 운전병 **Transit Authority** 교통당국 **lean** 기대다 **passenger** 승객 **depart** 출발하다 **notable** 눈에 띄는 **compliment** 칭찬하다 **approach** 접근 **retired** 은퇴한 **impressed** 감명 받은 **skyline** 지평선

**해석** 「Victor는 시카고 운송당국의 전차 운전자이다. "오늘밤 우리 열차를 이용하여 주셔서 감사합니다. 문에 기대지 마십시오. 저는 당신을 잃고 싶지 않습니다." 그는 기차가 떠날 때 인터폰으로 승객들에게 안내방송을 한다. 기차가 북쪽을 향해 가면서 어떤 환승 버스가 아래 거리에서 기다리는지를 포함해서 그는 유명한 명소를 언급한다. 사람들은 시당국에게 그가 최고의 기차운전자라고 말하면서 항상 그를 칭찬한다. 왜 그는 그의 직업에 대해서 그렇게 긍정적인 접근을 갖게 되었나? "나의 아버지는 퇴직 전차 운전자입니다. 그리고 어느 날 그는 그와 함께 나를 일터로 데려갔습니다. 그리고 나는 창밖을 보면서 매우 감명 받았습니다. 도시의 지평선에 대해서 말하면서 그가 말했습니다. 내가 5살이 된 이후로 나는 내가 기차를 운행하기를 원한다는 것을 알았습니다."」

**해설** ①, ②, ③은 Victor를, ④는 Victor의 아빠를 가리킨다.

**Answer** 11.④

**12** James Baldwin에 관한 다음 글의 내용과 일치하지 않는 것은?

> James Baldwin was one of the leading African American authors of the past century. Novelist, essayist, poet, dramatist—as a writer, he knew no limits. Born in Harlem in 1924 to an unwed domestic worker from Maryland, Baldwin shouldered a good deal of household responsibility in helping raise his eight siblings. Baldwin found an early outlet in writing. He edited the junior high school newspaper. He graduated from DeWitt Clinton High School and worked in construction in New Jersey until he moved to Greenwich Village in 1944. His first sale was a book review to The Nation in 1946. Baldwin came to know civil rights activists Martin Luther King Jr. and Malcolm X. Baldwin earned a number of awards, including a Guggenheim Fellowship. In 1987, the author died of cancer, leaving unfinished a biography of Martin Luther King Jr. Baldwin appeared on a commemorative U.S. postage stamp in 2004— emblematic of his enduring power for the next generations.

① 아프리카계 미국인 작가였다.
② 1944년에 Greenwich Village로 이사했다.
③ Martin Luther King Jr.의 전기를 완성했다.
④ 2004년 미국 기념우표에 나왔다.

> **단어** leading 선도하는 essayist 수필가 poet 시인 dramatist 희극작가 unwed 결혼하지 않은 domestic worker 가사 도우미 shoulder 어깨, ~을 짊어지다 a good deal of 상당한 양의 household 가정의 responsibility 책임 raise 양육하다 sibling 형제자매 outlet 배출구 edit 편집하다 graduate 졸업하다 construction 건설, 공사 civil rights 시민 평등권 activist 활동가 include 포함하다 appear 나타나다 commemorative 기념하는 postage stamp 우표 emblematic 상징적인 enduring 지속되는

> **해석** 「James Baldwin은 지난 세기에 선도하는 아프리카계 미국 작가 중 한명이었다. 소설가, 수필가, 시인, 그리고 극작가로서, 그는 어떠한 한계도 알지 못했다. 메릴랜드출신의 한 미혼모 가사 도우미 어머니로부터 1924년 할렘가에서 태어난, Baldwin은 그의 8형제를 양육하는 것을 돕는 데 있어서 많은 가정의 책임을 짊어졌다. Baldwin은 어린나이에 글쓰기에서 탈출구를 발견했다. 그는 중학교 신문을 편집했다. 그는 DeWitt Clinton High School을 졸업하고 그가 1944년에 Greenwich 마을로 이사할 때 까지 뉴저지에 있는 건설현장에서 일을 했다. 그가 첫 번째로 판매한 책은 1946년도에 The Nation을 리뷰한 책이었다. Baldwin은 시민 인권 운동가인 Martin Luther King Jr와 Malcolm X를 알게 되었다. Baldwin은 Guggenheim Fellowship을 포함한 많은 상을 받았다. 1987년에 암으로 죽었고, Martin Luther King Jr의 전기를 끝내지 못한 상태로 남겼다. Baldwin은 2004년에 다음 세대를 위한 지속적인 그의 영향력을 기리를 위해 미국 기념우표에 새겨졌다.」

> **해설** ③ In 1987, the author died of cancer, leaving unfinished a biography of Martin Luther King Jr.에서 Martin Luther King Jr.의 전기를 완성하지 못하고 죽었다고 했다.

**Answer** 12.③

**13** 다음 글의 내용과 일치하지 않는 것은?

> Langston Hughes was born in Joplin, Missouri, and graduated from Lincoln University, in which many African-American students have pursued their academic disciplines. At the age of eighteen, Hughes published one of his most well-known poems, "Negro Speaks of Rivers." Creative and experimental, Hughes incorporated authentic dialect in his work, adapted traditional poetic forms to embrace the cadences and moods of blues and jazz, and created characters and themes that reflected elements of lower-class black culture. With his ability to fuse serious content with humorous style, Hughes attacked racial prejudice in a way that was natural and witty.

① Hughes는 많은 미국 흑인들이 다녔던 대학교를 졸업하였다.
② Hughes는 실제 사투리를 그의 작품에 반영하였다.
③ Hughes는 하층 계급 흑인들의 문화적 요소를 반영한 인물을 만들었다.
④ Hughes는 인종편견을 엄숙한 문체로 공격하였다.

**단어** pursue 추구하다 **academic discipline** 학과 **publish** 출판하다 **experimental** 실험적인 **incorporate** 포함시키다 **authentic** 진짜의 **dialect** 방언 **adapt** 각색하다, 조정하다 **poetic** 시적인 **embrace** 포용하다 **cadence** 억양 **character** 등장인물 **lower-class** 하층 계급 **fuse** 융합하다 **racial** 인종적인 **prejudice** 편견 **witty** 재치 있는

**해석** 「Langston Hughes는 Missouri주, Joplin에서 태어났고, 많은 아프리카계 미국 학생들이 학업을 추구하는 링컨 대학을 졸업하였다. 18살의 나이에, Hughes는 그의 가장 잘 알려진 시집 중 하나인, "Negro Speaks of Rivers(흑인, 강에 대해 말하다)."를 출간했다. 창의적이고 실험적인 Hughes는 그의 작품에 진짜 방언을 포함시켰으며 블루스와 재즈의 억양과 분위기를 포용하기 위해 전통적인 시적 형태를 각색하였고 하층민의 흑인들의 문화 요소를 반영하는 등장인물과 주제를 만들어 내었다. 유머러스한 스타일과 진지한 내용을 융합할 수 있는 그의 능력으로, Hughes는 자연스럽고 재치 있게 인종편견을 공격하였다.」

**해설** ④ Hughes는 자연스럽고 재치있는 방식으로 인종편견을 공격하였다.

**Answer** 13.④

## 14 다음 글의 내용과 일치하지 않는 것은?

The earliest government food service programs began around 1900 in Europe. Programs in the United States date from the Great Depression, when the need to use surplus agricultural commodities was joined to concern for feeding the children of poor families. During and after World War II, the explosion in the number of working women fueled the need for a broader program. What was once a function of the family—providing lunch—was shifted to the school food service system. The National School Lunch Program is the result of these efforts. The program is designed to provide federally assisted meals to children of school age. From the end of World War II to the early 1980s, funding for school food service expanded steadily. Today it helps to feed children in almost 100,000 schools across the United States. Its first function is to provide a nutritious lunch to all students; the second is to provide nutritious food at both breakfast and lunch to underprivileged children. If anything, the role of school food service as a replacement for what was once a family function has been expanded.

① The increase in the number of working women boosted the expansion of food service programs.

② The US government began to feed poor children during the Great Depression despite the food shortage.

③ The US school food service system presently helps to feed children of poor families.

④ The function of providing lunch has been shifted from the family to schools.

**단어** Great Depression 대공황  surplus 과잉(의)  agricultural 농업의  commodity 상품  explosion 폭발  fuel 가속화하다  shift 옮기다  federally 연방 차원에서  steadily 꾸준히  function 기능(하다)  nutritious 영양분이 풍부한  underprivileged 불우한  if anything 오히려  replacement 대체(물)

**해석** 「가장 초기의 정부 음식 서비스 프로그램은 유럽에서 대략 1900년도에 시작되었다. 미국에서의 프로그램은 대공황으로 거슬러 올라가는데, 그때 과잉의 농업 상품을 사용하고자 하는 필요가 가난한 집 아이들을 먹이고자 하는 관심과 결합되었다. 제2차 세계대전 기간 동안 그리고 그 후에, 노동할 수 있는 여성의 수가 폭발적으로 증가하면서 더 광범위한 프로그램의 필요성이 대두되었다. 한때 가족의 기능이었던 것—점심을 제공하는 것—이 학교 음식 서비스 시스템으로 옮겨왔다. 전국적인 학교 급식 프로그램이 이러한 노력들의 결과이다. 그 프로그램은 취학 나이의 아이들에게 연방 차원에서 지원받는 식사를 제공하도록 설계되었다. 제2차 세계 대전이 끝날 때부터 1980년대 초까지, 학교 급식 서비스에 대한 자금조달이 꾸준히 확대되었다. 오늘날 그것은 미국 전역에서 거의 10만 개 학교의 아이들을 먹이는 데 도움을 준다. 그 첫 번째 기능은 모든 학생들에게 영양이 풍부한 점심을 제공하는 것이다. 두 번째 기능은 혜택을 못 받는 아이들에게 아침과 점심에 영양이 풍부한 음식을 제공하는 것이다. 오히려, 한때 가족의 기능을 위한 대체물이었던 학교의 음식 서비스의 역할이 확대되어 왔다.」

**보기** ① 일하는 여성 수의 증가가 음식 서비스 프로그램의 확장을 촉진시켰다.
② 미국 정부는 음식 부족에도 불구하고 대공황 동안 가난한 아이들을 먹이기 시작했다.
③ 미국 학교 음식 서비스 시스템은 현재 가난한 가정의 아이들을 먹이는 데 도움을 준다.
④ 점심을 제공하는 기능은 가정에서 학교로 옮겨져 왔다.

**해설** 두 번째 문장인 Programs in the United States date from the Great Depression, when the need to use surplus agricultural commodities was joined to concern for feeding the children of poor families.에서 음식 부족이 아닌 과잉의 음식을 사용하기 위해서 가난한 아이들을 먹였다는 것을 알 수 있다.

**Answer** 14.②

**15** 다음 글의 내용과 일치하는 것은?

Prehistoric societies some half a million years ago did not distinguish sharply between mental and physical disorders. Abnormal behaviors, from simple headaches to convulsive attacks, were attributed to evil spirits that inhabited or controlled the afflicted person's body. According to historians, these ancient peoples attributed many forms of illness to demonic possession, sorcery, or the behest of an offended ancestral spirit. Within this system of belief, called demonology, the victim was usually held at least partly responsible for the misfortune. It has been suggested that Stone Age cave dwellers may have treated behavior disorders with a surgical method called trephining, in which part of the skull was chipped away to provide an opening through which the evil spirit could escape. People may have believed that when the evil spirit left, the person would return to his or her normal state. Surprisingly, trephined skulls have been found to have healed over, indicating that some patients survived this extremely crude operation.

\* convulsive : 경련의 \* behest : 명령

① Mental disorders were clearly differentiated from physical disorders.
② Abnormal behaviors were believed to result from evil spirits affecting a person.
③ An opening was made in the skull for an evil spirit to enter a person's body.
④ No cave dwellers survived trephining.

**단어** prehistoric 선사시대의 distinguish 구분하다 disorder 장애 abnormal 비정상의 inhabit 살다 afflicted 고통 받는 demonic possession 악령 빙의 sorcery 마법, 마술 behest 명령, 훈령 offend 기분 상하게 하다 ancestral 조상의 demonology 귀신학 misfortune 불운 surgical 외과의 trephine 머리 수술을 하다 chip away 조금씩 잘라내다 crude 막된, 대충의

**해석** 「약 오십만 년 전쯤의 선사시대의 사회들은 정신적 질환과 신체적 질환들을 정확히 구분하지 못했다. 단순한 두통에서 경련성 발작까지의 비정상적인 행동은 고통 받는 사람의 몸에 살거나 통제하는 악령들의 탓으로 여겨졌다. 역사가들에 따르면, 이 고대 사람들은 많은 형태의 질병들을 악령 빙의, 마법, 또는 화가 난 조상의 영혼의 명령 탓으로 돌렸다. 귀신학이라고 불리는 이런 신념 체계 안에서, 희생자는 대개 최소한 부분적으로 그 불행에 대한 책임이 있었다. 석기시대의 동굴 거주자들은 행동 장애를 trephining(머리수술)이라고 불리는 외과적 (수술) 방법으로 치료했을지도 모르는데, 그 외과 수술에서 두개골의 일부가 악령이 도망갈 수 있는 구멍을 만들어 내기 위해 잘려졌다. 사람들은 악령이 떠날 때, 그 사람이 정상 상태로 돌아올 것이라고 믿었을지도 모른다. 놀랍게도, 두개골 시술을 받은 두개골들이 치료된 것으로 밝혀졌는데, 이것은 일부 환자들이 이렇게 극도로 조잡한 수술에서 생존했었다는 것을 나타낸다.」

**보기** ① 정신 장애들은 신체장애와 분명히 구분되었다.
② 비정상적 행동들은 사람에게 영향을 미치는 악령으로부터 기인한다고 믿어졌다.
③ 악령이 들어올 수 있도록 두개골에 구멍이 만들어졌다.
④ 어떤 동굴 거주자들도 머리수술로부터 생존하지 못했다.

**해설** ① 첫 번째 문장에서 정신 장애와 신체장애는 명확히 구분되지 않았다고 했다.
③ 다섯 번째 문장에서 악령이 들어오는 게 아니라 나가도록 구멍을 뚫었다고 했다.
④ 마지막 문장에서 생존한 경우가 발견되었다고 하였다.

**Answer** 15.②

**16** 다음 글의 내용과 일치하지 않는 것을 고르시오.

In the nineteenth century, the most respected health and medical experts all insisted that diseases were caused by "miasma," a fancy term for bad air. Western society's system of health was based on this assumption: to prevent diseases, windows were kept open or closed, depending on whether there was more miasma inside or outside the room; it was believed that doctors could not pass along disease because gentlemen did not inhabit quarters with bad air. Then the idea of germs came along. One day, everyone believed that bad air makes you sick. Then, almost overnight, people started realizing there were invisible things called microbes and bacteria that were the real cause of diseases. This new view of disease brought sweeping changes to medicine, as surgeons adopted antiseptics and scientists invented vaccines and antibiotics. But, just as momentously, the idea of germs gave ordinary people the power to influence their own lives. Now, if you wanted to stay healthy, you could wash your hands, boil your water, cook your food thoroughly, and clean cuts and scrapes with iodine.

① In the nineteenth century, opening windows was irrelevant to the density of miasma.

② In the nineteenth century, it was believed that gentlemen did not live in places with bad air.

③ Vaccines were invented after people realized that microbes and bacteria were the real cause of diseases.

④ Cleaning cuts and scrapes could help people to stay healthy.

> **단어** **miasma** 지저분한, 불쾌한 공기 **fancy** 멋진 **pass along** 전하다, 알리다 **quarters** (하인) 숙소 **adopt** 채택하다 **antiseptic** 방부제 **momentously** 중요하게 **scrapes** 찰과상, 긁힌 자국

> **해석** 「19세기에, 가장 존경받는 건강 의학 전문가들 모두 질병은 "miasma(독기)" – 나쁜 공기에 대한 멋진 용어 – 에 의해 야기된다고 주장했다. 서구 사회의 건강 체계가 이 가정을 토대로 하였다: 질병을 막기 위해, 창문은 방 안에 또는 바깥에 더 많은 miasma가 있는지에 따라서 열려 있거나 닫힌 상태를 유지했다. 귀족들은 나쁜 공기가 있는 숙소에 거주하지 않았기 때문에 의사들은 병을 전하지 않는다고 믿어졌다. 그리고 나서 세균이라는 개념이 나왔다. 어느 날, 모든 사람들은 나쁜 공기가 당신을 아프게 한다고 믿었다. 그런 다음 거의 하룻밤 사이에 사람들은 병의 진짜 원인인 병원균과 박테리아라고 불리는 보이지 않는 것들이 있다는 것을 깨닫기 시작했다. 이 새로운 병의 관점은 의사들이 소독약을 채택하고 과학자들이 백신과 항생제를 발명하면서 약에서의 광범위한 변화를 가져왔다. 그러나 같은 중요도로, 병원균이라는 개념은 일반 사람들에게 자신들의 삶에 영향을 주는 힘을 주었다. 이제 건강을 유지하기를 원한다면, 손을 씻거나, 물을 끓이거나, 음식을 완전하게 조리하거나 베이거나 긁힌 상처를 요오드 용액으로 깨끗이 할 수 있다.」

> **보기** ① 19세기에 창문을 여는 것은 miasma의 밀도와는 관계가 없었다.
> ② 19세기에 귀족은 나쁜 공기가 있는 장소에서는 살지 않는다고 믿어졌다.
> ③ 백신은 사람들이 병원균과 박테리아가 병의 진짜 원인이라는 것을 깨달은 이후에 발명되었다.
> ④ 베인 상처와 긁힌 상처를 깨끗이 하는 것은 사람들이 건강을 유지하는 데 도움을 줄 수 있을 것이다.

> **해설** ① 두 번째 문장에서 miasma가 방 밖에 많은지 아니면 방안에 많은지에 따라 문을 열거나 닫은 상태로 둔다고 했다. 따라서 본문의 내용과 다르다.

**Answer** 16.①

**17** 다음 글의 내용과 일치하지 않는 것을 고르시오.

---

Followers are a critical part of the leadership equation, but their role has not always been appreciated. For a long time, in fact, "the common view of leadership was that leaders actively led and subordinates, later called followers, passively and obediently followed." Over time, especially in the last century, social change shaped people's views of followers, and leadership theories gradually recognized the active and important role that followers play in the leadership process. Today it seems natural to accept the important role followers play. One aspect of leadership is particularly worth noting in this regard: Leadership is a social influence process shared among all members of a group. Leadership is not restricted to the influence exerted by someone in a particular position or role; followers are part of the leadership process, too.

---

① For a length of time, it was understood that leaders actively led and followers passively followed.

② People's views of subordinates were influenced by social change.

③ The important role of followers is still denied today.

④ Both leaders and followers participate in the leadership process.

**단어** **subordinate** 부하, 하수인  **obediently** 복종적으로  **restrict** 제한하다  **exert** 발휘하다

**해석** 「추종자들은 리더십 방정식의 중요한 부분이지만, 그들의 역할이 항상 인식되어 온 것은 아니다. 사실, 오랫동안 "리더십에 대한 공통된 관점은 리더들은 적극적으로 이끌고, 나중에 추종자로 불리는 부하들은 수동적으로 그리고 복종적으로 따른다는 것이었다." 시간이 지나면서, 특히 지난 세기에, 사회적 변화가 추종자들에 대한 사람들의 관점을 형성했고, 리더십 이론들은 점차 추종자들이 리더십 과정에서 적극적이고 중요한 역할을 한다는 것을 인식했다. 오늘날 추종자들이 하는 중요한 역할을 받아들이는 것은 중요하다. 리더십의 한가지 측면은 특히 이러한 점에 있어서 주목할 만한 가치가 있다는 것이다: 다시 말해, 리더십은 한 그룹의 모든 구성원들 사이에 공유되는 사회적 영향 과정이다. 리더십은 특정한 위치나 역할에 있는 누군가에 의해 행사되는 영향에만 제한되지 않는다; 따르는 사람들 역시 리더십 과정의 일부분이다.」

**보기** ① 오랜 기간 동안, 리더들은 적극적으로 이끌고, 따르는 사람들은 수동적으로 따르는 것으로 이해되었다.
② 종속자들에 대한 사람들의 관점은 사회적 변화에 의해 영향을 받았다.
③ 따르는 사람들의 중요한 역할은 오늘날에도 여전히 부정되고 있다.
④ 리더와 따르는 사람들 모두 리더십 과정에 참여한다.

**해설** ③ 네 번째 문장에서 따르는 사람들 또한 리더십에서 중요한 역할을 한다고 하였다.

**Answer** 17.③

**18** 밑줄 친 부분이 지칭하는 대상이 다른 것은?

---

Dracula ants get their name for the way they sometimes drink the blood of their own young. But this week, ① the insects have earned a new claim to fame. Dracula ants of the species Mystrium camillae can snap their jaws together so fast, you could fit 5,000 strikes into the time it takes us to blink an eye. This means ② the blood-suckers wield the fastest known movement in nature, according to a study published this week in the journal Royal Society Open Science. Interestingly, the ants produce their record-breaking snaps simply by pressing their jaws together so hard that ③ they bend. This stores energy in one of the jaws, like a spring, until it slides past the other and lashes out with extraordinary speed and force—reaching a maximum velocity of over 200 miles per hour. It's kind of like what happens when you snap your fingers, only 1,000 times faster. Dracula ants are secretive predators as ④ they prefer to hunt under the leaf litter or in subterranean tunnels.

---

**단어** a claim to fame 명성을 얻을 자격 **wield** 휘두르다, 사용하다 **bend** 구부리다 **lash out** 채찍질하다, 강타하다 **extraordinary** 대단한, 비상한 **velocity** 속도 **snap** ~를 탕하고 닫다, 물다 **secretive** 숨기는 **subterranean** 지하의

**해석** 「드라큘라 개미들은 그들이 때때로 자기 새끼의 피를 마시는 방식 때문에 그들의 이름을 얻었다. 하지만 이번 주, 이 곤충들은 명성을 얻을 새로운 자격을 얻었다. Mystrium camillae 종의 드라큘라 개미들은 그들의 턱을 아주 빠르게 부딪칠 수 있어서, 당신이 눈을 깜빡이는 데 걸리는 시간에 5,000번의 타격을 맞출 수 있다. 이것은 이번 주에 Royal Society Open Science지에 발표된 한 연구에 따르면, 피를 빨아먹는 그들이(개미들이) 자연에서 가장 빠른 것으로 알려진 동작을 사용한다는 것을 의미한다. 흥미롭게도, 이 개미들은 단순히 그들의 턱을 너무 세게 부딪쳐서 그것들이 구부러지게 함으로써, 그들의 기록적인 부딪침을 만들어 낸다. 이것은 한쪽 턱이 다른 쪽 턱을 미끄러지면서 지나가 엄청난 속도와 힘 – 다시 말해 시속 200마일 이상의 최대 속도에 도달하는 – 으로 강타할 때까지, 스프링처럼 한쪽 턱에 에너지를 저장한다. 그것은 당신이 손가락을 탁 칠 때 발생하는 것과 같은데, 1,000배 더 빠를 뿐이다. 드라큘라 개미들은 그들이 낙엽 밑이나 지하 터널 안에서 사냥하는 것을 더 좋아하기 때문에 비밀스러운 포식자들이다.」

**해설** ①, ②, ④는 개미를, ③은 개미의 턱(their jaws)을 가리킨다.

**19** 다음 밑줄 친 부분이 가리키는 대상이 나머지 셋과 다른 것은?

---

Cyndi was an energetic and happy child. ① She was enthusiastic about life, enjoyed connecting with others, and was a considerably open person. However, when Cyndi was 11 years old, her mother died after a brief illness. Cyndi's struggle with depression began after ② her death. And Cyndi slowly disconnected from ③ her childhood self. As an adult, when listening to upbeat music, ④ she became aware that her core self was attempting to emerge and reconnect.

---

**단어** **enthusiastic** 열렬한 **attempt** 시도하다

**해석** 「Cyndi는 활동적이고 행복한 아이었다. ①그녀는 삶에 열정적이었고, 다른 사람과 관계를 맺는 것을 즐겼고, 생각하건데 개방적인 사람이었다. 그러나 Cyndi가 11살이었을 때, 그녀의 엄마가 잠시 병을 앓은 후 죽었다. ②그녀의 죽음 이후에 Cyndi의 우울함과의 투쟁이 시작되었다. 그리고 Cyndi는 천천히 그녀를 ③그녀의 어린 시절 자신으로부터 분리시켰다. 성인으로서, 그녀가 경쾌한 음악을 들었을 때, ④그녀는 그녀의 핵심 자아가 나타나 다시 연결하려고 시도했었던 것을 알게 되었다.」

**해설** ①③④는 Cyndi를, ②는 Cyndi의 어머니를 가리킨다.

**20** 다음 글의 내용과 일치하는 것은?

> Sharks are covered in scales made from the same material as teeth. These flexible scales protect the shark and help it swim quickly in water. A shark can move the scales as it swims. This movement helps reduce the water's drag. Amy Lang, an aerospace engineer at the University of Alabama, studies the scales on the shortfin mako, a relative of the great white shark. Lang and her team discovered that the mako shark's scales differ in size and in flexibility in different parts of its body. For instance, the scales on the sides of the body are tapered—wide at one end and narrow at the other end. Because they are tapered, these scales move very easily. They can turn up or flatten to adjust to the flow of water around the shark and to reduce drag. Lang feels that shark scales can inspire designs for machines that experience drag, such as airplanes.

① A shark has scales that always remain immobile to protect itself as it swims.

② Lang revealed that the scales of a mako shark are utilized to lessen drag in water.

③ A mako shark has scales of identical size all over its body.

④ The scientific designs of airplanes were inspired by shark scales.

**단어** **scale** 비늘  **aerospace** 우주항공  **shortfin mako** 청상아리  **great white shark** 대백상어  **taper** 점점 가늘어지다  **flatten** 납작해지다  **drag** 항력, 끌림

**해석** 「상어는 이빨과 같은 물질로 만들어진 비늘로 덮여 있다. 이 유연한 비늘은 상어를 보호해주고 물에서 빨리 헤엄칠 수 있도록 도와준다. 상어는 헤엄치면서 비늘을 움직일 수 있다. 이러한 움직임은 물의 저항력을 줄여준다. Alabama대학의 항공우주 산업 기술자인 Amy Lang은 대백상어와 친척관계인 청상아리의 비늘을 연구했다. Lang과 그녀의 팀은 청상아리 비늘이 몸의 부위마다 크기와 유연성이 다르다는 것을 발견했다. 예를 들면, 몸의 측면에 있는 비늘은 한쪽 끝에서 가늘다가 넓어지고 다른 끝에서는 좁아진다. 비늘들이 더 가늘어지기 때문에 이러한 비늘들은 매우 쉽게 움직인다. 이것들은 상어 주변 물의 흐름에 따르고 항력을 줄이기 위해서 위로 향하거나 평평해질 수 있다. Lang은 상어 비늘은 비행기와 같이 저항을 겪는 기계들의 디자인에 영감을 줄 수 있다고 생각한다.」

**보기** ① 상어는 수영할 때 자신을 보호하기 위해서 항상 움직이지 않는 비늘을 가지고 있다.
② Lang은 청상아리의 비늘이 물속에서 저항을 줄이기 위해 사용된다는 것을 밝혀냈다.
③ 청상아리는 몸 전체에 걸쳐 똑같은 크기의 비늘을 가지고 있다.
④ 비행기의 과학적 디자인들은 상어 비늘에서 영감을 받았다.

**Answer** 20.②

**21** 다음 글의 내용과 일치하지 않는 것은?

Students at Macaulay Honors College (MHC) don't stress about the high price of tuition. That's because theirs is free. At Macaulay and a handful of other service academies, work colleges, single-subject schools and conservatories, 100 percent of the student body receive a full tuition scholarship for all four years. Macaulay students also receive a laptop and $7,500 in "opportunities funds" to pursue research, service experiences, study abroad programs and internships. "The most important thing is not the free tuition, but the freedom of studying without the burden of debt on your back," says Ann Kirschner, university dean of Macaulay Honors College. The debt burden, she says, "really compromises decisions students make in college, and we are giving them the opportunity to be free of that." Schools that grant free tuition to all students are rare, but a greater number of institutions provide scholarships to enrollees with high grades. Institutions such as Indiana University Bloomington offer automatic awards to high-performing students with stellar GPAs and class ranks.

① MHC에서는 모든 학생이 4년간 수업료를 내지 않는다.
② MHC에서는 학생들에게 컴퓨터 구입 비용과 교외활동 비용을 합하여 $7,500를 지급한다.
③ 수업료로 인한 빚 부담이 있으면 학생들이 자유롭게 공부할 수 없다고 Kirschner 학장은 말한다.
④ MHC와 달리 학업 우수자에게만 장학금을 주는 대학도 있다.

**단어** **service academy** 사관학교 **conservatory** 음악학교 **compromise** ~을 위태롭게 하다, 타협하다, (원칙 등을) 굽히다
**stella** 뛰어난 **scholarship** 장학금

**해석** 「MHC의 학생들은 비싼 수업료에 스트레스를 받지 않는다. 왜냐하면 수업료가 무료이기 때문이다. MHC와 소수의 다른 사관학교들, 워크 칼리지, 단과대 학교들과 음악학교들에서는 학생들 100%가 4년 동안 수업료 전액 장학금을 받는다. MHC 학생들은 또한 연구와 서비스 경험, 해외 연수와 인턴십을 할 수 있게 해줄 노트북과 7,500달러의 "기회 펀드"를 받는다. "정말 중요한 것은 무료 학비가 아니라 돈에 대한 부담 없이 자유롭게 공부하는 것이다"라고 MHC의 학장 Ann Kirschner는 말한다. 그녀는 부채 부담이 학생들이 대학에서 하는 결정들을 방해하고 있고, 그래서 우리는 그들에게 그것으로부터 자유로워질 기회를 제공하고 있다고 말한다. 모든 학생들에게 무료 수업료를 제공하는 학교는 매우 드물지만, 점점 더 많은 기관들이 높은 학점으로 입학한 학생들에게 장학금을 제공하고 있다. Indiana University Bloomington과 같은 기관에서는 뛰어난 평점과 우수한 등급 순위를 가진 학생들에게 자동으로 상을 수여한다.」

**해설** ② MHC 학생들은 노트북과 기회펀드 형태로 7,500 달러를 받는다고 했으므로 옳지 않다.

**Answer** 21.②

**22** 다음 글의 내용과 일치하지 않는 것은?

Insomnia can be classified as transient, acute, or chronic. Transient insomnia lasts for less than a week. It can be caused by another disorder, by changes in the sleep environment, by the timing of sleep, severe depression, or by stress. Its consequences such as sleepiness and impaired psychomotor performance are similar to those of sleep deprivation. Acute insomnia is the inability to consistently sleep well for a period of less than a month. Acute insomnia is present when there is difficulty initiating or maintaining sleep or when the sleep that is obtained is not refreshing. These problems occur despite adequate opportunity and circumstances for sleep and they can impair daytime functioning. Acute insomnia is also known as short term insomnia or stress related insomnia. Chronic insomnia lasts for longer than a month. It can be caused by another disorder, or it can be a primary disorder. People with high levels of stress hormones or shifts in the levels of cytokines are more likely than others to have chronic insomnia. Its effects can vary according to its causes. They might include muscular weariness, hallucinations, and/or mental fatigue. Chronic insomnia can also cause double vision.

\* cytokines : groups of molecules released by certain cells of theimmune system

① Insomnia can be classified according to its duration.
② Transient insomnia occurs solely due to an inadequate sleep environment.
③ Acute insomnia is generally known to be related to stress.
④ Chronic insomnia patients may suffer from hallucinations.

**단어** insomnia 불면증  transient 일시적인  acute 급성의  chronic 만성의  disorder 질환, 질병  impaired 손상된  psychomotor 정신운동의  deprivation 부족  initiate 착수시키다  adequate 적절한  weariness 피곤함  hallucination 환각  fatigue 피로  double vision 복시  solely 오로지

**해석** 「불면증은 일시적이거나 급성이거나 만성적인 것으로 분류된다. 일시적인 불면증은 일주일 미만의 기간 동안 지속된다. 그것은 다른 질병이나, 수면 환경의 변화, 수면 시간의 선택, 극심한 우울증, 혹은 스트레스에 의해서도 야기된다. 졸음이나 손상된 정신운동수행과 같은 이것의 영향은 수면 부족의 영향과 같다. 급성 불면증은 한 달 이하의 기간 동안 지속적으로 잠을 자지 못하게 한다. 급성 불면증은 잠이 드는 것 혹은 잠을 계속 자는 것에 어려움이 있을 때 혹은 수면이 상쾌하지 않은 경우이다. 이러한 문제들은 수면의 충분한 기회와 환경에도 불구하고 발생하며, 낮 동안의 기능에 방해가 될 수 있다. 급성 불면증은 또한 단기간의 불면증 혹은 스트레스 관련 불면증으로도 알려져 있다. 만성 불면증은 한 달 이상 지속된다. 그것은 다른 질환에 의해 생길 수도 있거나 이것이 주요한 질병일 수도 있다. 시토카인 수치의 변화나 스트레스 호르몬의 높은 수치를 가진 사람들이 다른 사람들보다 만성 불면증을 겪을 가능성이 더 많다. 이 만성 불면증의 영향은 원인에 따라 다르다. 그 원인으로는 근육 피로, 환각, 혹은 정신적 피로들이 있다. 만성 불면증은 또 복시를 야기할 수 있다.

**보기** ① 불면증은 지속 기간에 따라 분류될 수 있다.
② 일시적 불면증은 오로지 적절치 않은 수면 환경 때문에 발생한다.
③ 급성 불면증은 일반적으로 스트레스와 관련된 것으로 알려져 있다.
④ 만성 불면증 환자는 환각을 겪을 수 있다.

**Answer** 22.②

**23** 다음 글의 내용과 일치하지 않는 것은?

We entered a new phase as a species when Chinese scientists altered a human embryo to remove a potentially fatal blood disorder—not only from the baby, but all of its descendants. Researchers call this process "germline modification." The media likes the phrase "designer babies." But we should call it what it is, "eugenics." And we, the human race, need to decide whether or not we want to use it. Last month, in the United States, the scientific establishment weighed in. A National Academy of Sciences and National Academy of Medicine joint committee endorsed embryo editing aimed at genes that cause serious diseases when there is "no reasonable alternative." But it was more wary of editing for "enhancement," like making already-healthy children stronger or taller. It recommended a public discussion, and said that doctors should "not proceed at this time." The committee had good reason to urge caution. The history of eugenics is full of oppression and misery.

\* eugenics : 우생학

① Doctors were recommended to immediately go ahead with embryo editing for enhancement.
② Recently, the scientific establishment in the U.S. joined a discussion on eugenics.
③ Chinese scientists modified a human embryo to prevent a serious blood disorder.
④ "Designer babies" is another term for the germline modification process.

**단어** human embryo 인간 배아 **descendant** 자손 **germline** 생식세포계열 **modification** 수정, 변경 **eugenics** 우생학 **weigh in** ~에 끼어들다, 거들다 **endorse** 지지하다, 보증하다 **embryo editing** 배아 수정 **aim at** 겨냥하다 **be wary of** ~을 조심하다

**해석** 「우리는 중국의 과학자들이 잠재적으로 치명적인 혈액 질병을 – 단지 아이에게서 뿐만 아니라 아이의 자손 모두로부터 – 제거하기 위해인간 배아를 변형시켰을 때 하나의 종으로서 새로운 국면에 접어들었다. 연구자들은 이 과정을 유전자 변형이라고 부른다. 언론은 "designer babies(맞춤 아기)"라고 부르길 좋아한다. 그러나 우리는 그것을 있는 그대로 "우생학"이라고 불러야 한다. 그리고 우리 인류는 그것을 사용하길 원하는지 아닌지 결정해야 한다. 지난달 미국의 과학계가 관여하였다. 국립 과학원과 국립 의학연구원 합동위원회는 "합리적 대안이 없을 때" 심각한 질병을 일으키는 유전자를 겨냥하는 배아 수정을 승인했다. 하지만 이미 건강한 아이들을 더 강하거나 더 키가 크게 만드는 것 같은 "향상"을 위한 수정에 대해 더 신중해야 한다. 위원회 측은 공개 토론을 권고하면서 "의사들은 이 시점에서 진행해서는 안 된다"라고 말했다. 이 위원회는 신중을 강요할 충분한 이유가 있었다. 우생학의 역사는 억압과 불행으로 가득하다.

**보기** ① 의사들은 향상을 위한 배아 수정을 즉시 진행할 것을 권고 받았다.
② 최근에 미국의 과학계가 우생학에 대한 논의를 시작했다.
③ 중국 과학자들은 심각한 혈액 질환을 예방하기 위해 인간 배아를 변형시켰다.
④ "Designer babies"는 일반 수정 과정에 대한 또 다른 용어이다.

**Answer** 23.①

**24** 글의 내용과 일치하는 것은?

A family hoping to adopt a child must first select an adoption agency. In the United States, there are two kinds of agencies that assist with adoption. Public agencies generally handle older children, children with mental or physical disabilities, or children who may have been abused or neglected. Prospective parents are not usually expected to pay fees when adopting a child from a public agency. Fostering, or a form of temporary adoption, is also possible through public agencies. Private agencies can be found on the Internet. They handle domestic and international adoption.

① Public adoption agencies are better than private ones.

② Parents pay huge fees to adopt a child from a foster home.

③ Children in need cannot be adopted through public agencies.

④ Private agencies can be contacted for international adoption.

> **단어**　**adopt** 입양하다, 채택하다　**handle** 다루다, 만지다　**disability** 장애　**abuse** 학대하다　**neglect** 방치하다　**prospective** 곧 있을, 유망한　**foster** 위탁 양육하다　**temporary** 일시적인, 임시의

> **해석**　「아이를 입양하고 싶어 하는 가정은 먼저 입양 기관을 선택해야 한다. 미국에는 입양을 돕는 두 종류의 기관이 있다. 공공 기관은 일반적으로 나이 든 어린이, 정신적 또는 신체적 장애가 있는 어린이, 또는 학대당하거나 방치된 어린이들을 다루고 있다. 곧 아이를 입양할 부모들은 공공 기관에서 아이를 입양할 때 보통은 비용을 지불할 것으로 예상하지 않는다. 임시 입양의 형태인 위탁 양육 역시 공공 에이전시를 통해 가능하다. 민간 기관은 인터넷에서 찾을 수 있다. 그들은 국내와 국제 입양을 다룬다.」

> **보기**　① 공공 입양 기관은 민간 기관보다 낫다.
> ② 부모들은 위탁 가정으로부터 아동을 입양하기 위해 엄청난 비용을 지불한다.
> ③ 도움이 필요한 아이들은 공공 기관을 통해 입양될 수 없다.
> ④ 민간 기관은 국제 입양을 위해 연락될 수 있다.

**Answer** 24.④

**25** 다음 글의 내용과 일치하는 것은?

Taste buds got their name from the nineteenth-century German scientists Georg Meissner and Rudolf Wagner, who discovered mounds made up of taste cells that overlap like petals. Taste buds wear out every week to ten days, and we replace them, although not as frequently over the age of forty-five : our palates really do become jaded as we get older. It takes a more intense taste to produce the same level of sensation, and children have the keenest sense of taste. A baby's mouth has many more taste buds than an adult's, with some even dotting the cheeks. Children adore sweets partly because the tips of their tongues, more sensitive to sugar, haven't yet been blunted by trying to eat hot soup before it cools.

① Taste buds were invented in the nineteenth century.
② Replacement of taste buds does not slow down with age.
③ Children have more sensitive palates than adults.
④ The sense of taste declines by eating cold soup.

> 단어  **taste bud** 미뢰  **mound** 무더기  **petal** 꽃잎  **wear out** 닳아버리다  **palate** 구개  **jade** 약해지다  **keen** 예리한, 날카로운  **adore** 아주 좋아하다  **blunted** 무딘

> 해석  「미뢰는 19세기 독일의 과학자들인 Georg Meissner와 Rudolf Wagner에 의해 그 이름을 갖게 되었는데, 이 과학자들은 꽃잎처럼 겹쳐진 미각 세포로 구성된 무더기를 발견했다. 미뢰는 일주일에서 열흘이면 닳아버려서 우리는 그것들을 새로운 것으로 대체한다. 하지만 45세 이상이 되면 그렇게 자주는 아니다. 우리의 구개는 나이가 들면서 정말 쇠퇴한다. 똑같은 수준의 감각을 느끼기 위해 더 강렬한 맛이 필요하고 어린이들은 가장 예민한 미각을 가지고 있다. 아기의 입안에는 어른보다 훨씬 더 많은 미뢰들이 있고 심지어는 볼에도 분포되어 있다. 아이들은 단 것을 아주 좋아하는데, 설탕에 더 민감한 그들의 혀끝이 – 뜨거운 수프가 식기 전에 먹어 보려고 함으로써 – 아직 둔감해지지 않은 것이 부분적인 이유이다.」

> 보기  ① 미뢰는 19세기에 발명되었다.
> ② 미뢰의 대체(교체)는 나이가 들어도 느려지지 않는다.
> ③ 아이들은 어른보다 훨씬 예민한 구개를 가지고 있다.
> ④ 미각은 차가운 수프를 먹음으로 쇠퇴한다.

**Answer** 25.③

## 26 다음 글의 내용과 일치하는 것은?

Soils of farmlands used for growing crops are being carried away by water and wind erosion at rates between 10 and 40 times the rates of soil formation, and between 500 and 10,000 times soil erosion rates on forested land. Because those soil erosion rates are so much higher than soil formation rates, that means a net loss of soil. For instance, about half of the top soil of Iowa, the state whose agriculture productivity is among the highest in the U.S., has been eroded in the last 150 years. On my most recent visit to Iowa, my hosts showed me a churchyard offering a dramatically visible example of those soil losses. A church was built there in the middle of farmland during the 19th century and has been maintained continuously as a church ever since, while the land around it was being farmed. As a result of soil being eroded much more rapidly from fields than from the churchyard, the yard now stands like a little island raised 10 feet above the surrounding sea of farmland.

① A churchyard in Iowa is higher than the surrounding farmland.
② Iowa's agricultural productivity has accelerated its soil formation.
③ The rate of soil formation in farmlands is faster than that of soil erosion.
④ Iowa has maintained its top soil in the last 150 years.

**단어** farmland 경작지  carry away 소실시키다, 빼앗다  erosion 부식, 침식  formation 형성  net loss 절대 손실  agriculture 농업  productivity 생산성  churchyard 교회경내

**해석** 「작물 재배를 위해 사용되는 경작지들의 토양은 물이나 바람의 침식으로 토양 형성의 속도보다 10배에서 40배 사이의 토양 침식 속도로 소실되고 있으며, 삼림 지역에서는 500배에서 10,000배 사이의 토양 침식 속도로 소실되고 있다. 토양 소실 속도가 토양 형성 속도보다 훨씬 빠르기 때문에, 이는 토양의 절대 손실을 의미한다. 예를 들자면, 미국에서 가장 높은 농업 생산력을 지닌 Iowa주의 상층부 토양의 반 정도가 지난 150년 동안 침식되어 왔다. 내가 가장 최근 Iowa주를 방문했을 때, 나를 초대한 사람이 나에게 그러한 토양 침식의 가장 극적인 예로 교회 경내를 보여 주었다. 한 교회가 19세기에 농장의 한 가운데에 지어졌고 그 이후로 그 주변 땅은 경작되어 온 반면에 그 교회는 계속 남아 있었다. 교회 경내보다 들판의 토양이 훨씬 더 빠르게 소실된 결과, 교회 경내 땅은 현재 그 주위를 두른 경작지라는 바다에서 10피트 올라온 작은 섬처럼 보인다.」

**보기** ① Iowa주의 교회 경내는 주변 경작지보다 높다.
② Iowa주의 농업 생산성은 토양 형성으로 가속화되었다.
③ 농작지에서 토양이 형성되는 속도가 토양 침식 속도보다 빠르다.
④ Iowa주는 지난 150년 동안 상층부 토양을 유지해 왔다.

**해설** ① 이 글의 후반부에 보면 Iowa주의 교회 경내는 다른 지역보다 10피트 높게 올라와 섬처럼 보인다는 내용이 있다.

**Answer** 26.①

**27** 다음 글의 내용과 일치하지 않는 것은?

---

Before the fifteenth century, all four characteristics of the witch (night flying, secret meetings, harmful magic, and the devil's pact) were ascribed individually or in limited combination by the church to its adversaries, including Templars, heretics, learned magicians, and other dissident groups. Folk beliefs about the supernatural emerged in peasant confessions during witch trials. The most striking difference between popular and learned notions of witchcraft lay in the folk belief that the witch had innate supernatural powers not derived from the devil. For learned men, this bordered on heresy. Supernatural powers were never human in origin, nor could witches derive their craft from the tradition of learned magic, which required a scholarly training at the university, a masculine preserve at the time. A witch's power necessarily came from the pact she made with the devil.

---

① The folk and l earned men had different views on the source of the witch's supernatural powers.
② According to the folk belief, supernatural powers belonged to the essential nature of the witch.
③ Four characteristics of the witch were attributed by the church to its dissident groups.
④ Learned men believed that the witch's power came from a scholarly training at the university.

**단어** pact 약속, 협정  ascribe (성질, 특징을) ~에 속하는 것으로 생각하다(to), ~의 탓으로 돌리다  adversaries 적  heretic 이단자들, 이교도들  dissident 반체제 인사  striking 두드러진, 현저한, 빼어난  supernatural 초자연적인  peasant 소작농  confession 고백  witchcraft 마술  border 가장자리를 이루다  heresy 이단, 이교  masculine 남자 같은  preserve 전유물

**해석** 「15세기 이전에는, 마녀의 모든 4가지 특징들(밤에 나는 것, 비밀 모임, 해로운 마술, 그리고 악마의 계약)이 교회에 의해서 개별적으로 혹은 일부 혼합되어, 그들의 적들 – 템플 기사단, 이교도들, 숙련된 마술사, 그리고 다른 반체제적 단체들을 포함해서 – 의 속성으로 여겨져 왔다. 초자연적인 힘에 대한 민간 신앙은 마녀 재판을 하는 동안 소작농들의 고백에서부터 생겨나게 되었다. 마법에 대한 대중적인 개념과 학술적인 개념의 가장 큰 차이는 마녀가 악마에게서 유래하지 않고 초자연적인 힘을 타고났다고 믿는 민간 신앙에 있다. 학식이 있는 사람들에게, 이것은 이단과 접해 있었다. 초자연적 힘은 절대 사람에게 있지 않을 뿐더러, 마녀들 또한 학구적 마법의 전통으로부터 그들의 마술을 얻을 수 없었는데, 그러한 학구적 마법은 그 당시 남자들의 전유물이었던 대학에서의 학문적인 교육을 요구하는 것이었다. 마녀의 힘은 필연적으로 그녀가 악마와 맺은 계약에서 나온 것일 수밖에 없었다.」

**보기** ① 민간인들과 학자들은 마녀의 초자연적인 힘의 근원에 관해 다른 견해를 가지고 있었다.
② 민간인의 신앙에 따르면 초자연적인 힘은 마녀의 중요한 특징에 속한다.
③ 마녀의 4가지 특징은 교회에 의해서 반체제적 단체의 특징으로 여겨졌다.
④ 학식이 있는 사람들은 마녀의 힘이 대학의 학문적인 훈련에서 왔다고 믿었다.

**해설** ④ 이 글 중 nor could witches derive their craft from the tradition of learned magic, which required a scholarly training at the university에서 보면 ④번의 마녀의 힘이 대학의 학문적인 훈련에서 왔다고 믿는 것은 이 글과 일치하지 않는다.

**Answer** 27.④

**28** 다음 글의 내용과 일치하는 것은?

---

Why Orkney of all places? How did this scatter of islands off the northern tip of Scotland come to be such a technological, cultural, and spiritual powerhouse? For starters, you have to stop thinking of Orkney as remote. For most of history, Orkney was an important maritime hub, a place that was on the way to everywhere. It was also blessed with some of the richest farming soils in Britain and a surprisingly mild climate, thanks to the effects of the Gulf Stream.

---

① Orkney people had to overcome a lot of social and natural disadvantages.

② The region was one of the centers of rebellion that ultimately led to the annihilation of the civilization there.

③ Orkney did not make the best of its resources because it was too far from the mainland.

④ Orkney owed its prosperity largely to its geographical advantage and natural resources.

> **단어** **scatter** 분산 **powerhouse** 동력실 **maritime** 해양의 **rebellion** 반란 **annihilation** 전멸, 소멸 **prosperity** 번영, 번창

> **해석** 「모든 장소 중에 왜 Orkney일까? 스코틀랜드 북쪽 끝에 위치한 이 분산된 섬들이 어떻게 그러한 기술적, 문화적, 정신적 동력실이 되었을까? 우선, 당신은 Orkney가 멀리 떨어져 있다고 생각하지 말아야 한다. 역사의 대부분의 시간 동안, Orkney는 중요한 해양 중심지로서 모든 곳으로 갈 수 있는 장소였다. 그곳은 또한 영국의 비옥한 농토와 멕시코 만류의 영향 때문에 온화한 기후를 가진 축복받은 곳이었다.」

> **보기** ① Orkney 사람들은 많은 사회적, 자연적 불리함을 극복해야만 했다.
> ② 그 지역은 궁극적으로 그곳의 시민화의 소멸을 이끈 반란의 중심지 중 한 곳이었다.
> ③ Orkney는 본토에서 멀리 떨어져 있었기 때문에 그 자원을 최대한 활용하지 못했다.
> ④ Orkney는 그 지리학적인 이점과 자연 자원 덕분에 번영했다.

**Answer** 28.④

**29** 다음 글의 내용과 일치하지 않는 것을 고르시오.

There is a basic principle that distinguishes a hot medium like radio from a cool one like the telephone, or a hot medium like the movie from a cool one like TV. A hot medium is one that extends one single sense in "high definition." High definition is the state of being well filled with data. A photograph is visually "high definition." A cartoon is "low definition," simply because very little visual information is provided. Telephone is a cool medium, or one of low definition, because the ear is given a meager amount of information. And speech is a cool medium of low definition, because so little is given and so much has to be filled in by the listener. On the other hand, hot media do not leave so much to be filled in or completed by the audience.

① Media can be classified into hot and cool.
② A hot medium is full of data.
③ Telephone is considered high definition.
④ Cool media leave much to be filled in by the audience.

**단어** **distinguish** 구별하다 **medium** 매체 **definition** 정밀도 **meager** 빈약한, 결핍한, 메마른 **classify** 분류하다

**해석** 「라디오와 같은 핫 미디어와 전화와 같은 쿨 미디어, 또는 영화와 같은 핫 미디어와 텔레비전과 같은 쿨 미디어를 구별하는 기본적인 원칙이 있다. 핫 미디어는 한 단일한 감각을 고도의 정밀도로 확장하는 것이다. 고도의 정밀도라는 것은 데이터로 충실히 채워져 있는 상태를 말한다. 사진은 시각적으로 "높은 정밀도"이다. 만화는 단순히 매우 적은 시각적 정보가 제공된다는 이유로 낮은 정밀도에 있다. 전화는 쿨 미디어이고 낮은 정밀도를 갖는데, 그 이유는 귀가 적은 양의 정보를 받기 때문이다. 말은 낮은 정밀도의 쿨 미디어인데, 그 이유는 너무 적은 정보가 주어지고 듣는 사람에 의해 많은 것들이 채워져야 하기 때문이다. 반면에 핫 미디어는 시청자에 의해 메워지거나 완성되도록 많은 것들을 남기지 않는다.」

**보기** ① 미디어는 핫 미디어와 쿨 미디어로 분류될 수 있다.
② 핫 미디어는 데이터로 충분히 채워져 있다.
③ 전화는 높은 정밀도로 여겨진다.
④ 쿨 미디어는 듣는 사람에 의해 많은 부분이 메워지도록 남긴다.

**Answer** 29.③

**30** 다음 글의 내용과 일치하지 않는 것을 고르시오.

December usually marks the start of humpback whale season in Hawaii, but experts say the animals have been slow to return this year. The giant whales are an iconic part of winter on the islands and a source of income for tour operators. But officials at the Humpback Whale Marine Sanctuary said they've been getting reports that the whales have been difficult to spot so far. "One theory was that something like this happened as whales increased. It's a product of their success. With more animals, they're competing against each other for food resources, and it takes an energy of reserve to make the long trip back," said Ed Lyman, a Maui-based resource protection manager and response coordinator for the sanctuary. He was surprised by how few of the animals he saw while responding to a call about a distressed calf on Christmas Eve, saying "We've just seen a handful of whales." It will be a while before officials have hard numbers because the annual whale counts don't take place until the last Saturday of January, February and March, according to former sanctuary co-manager Jeff Walters.

① Humpback whale season in Hawaii normally begins at the end of the year.

② Humpback whales are profitable for tour operators in Hawaii.

③ The drop in the number of humpback whales spotted in Hawaii may be due to their success.

④ The number of humpback whales that have returned to Hawaii this whale season has been officially calculated.

> **단어** humpback whale 혹등고래 iconic 상징적인 sanctuary 보호 구역 spot 발견하다, 알아채다 call about ~의 조사를 위해 방문하다 a handful of 소수의 calculate 계산하다, 추산하다

> **해석** 「12월은 하와이에서 혹등고래의 계절이 시작되는 달이다. 그러나 전문가들은 혹등고래의 귀환이 늦어지고 있다고 말한다. 이 거대한 고래들은 섬의 겨울의 상징적인 부분이며 여행 안내원들을 위한 수입원이다. 하지만 혹등고래 해양보호 구역 전문가들은 지금까지 고래를 발견하기 어렵다는 보고를 받고 있다고 한다. "한 가지 이론은 이런 일들이 고래가 증가할 때 발생했다는 겁니다. 이는 성공(개체 수 증가)의 부산물이죠. 더 많은 개체수로 인해, 그들은 먹이 자원을 얻는 것에 경쟁하고 있습니다. 그리고 돌아오는 긴 여정을 위해 비축되었던 에너지를 씁니다."라고 마우이섬 자원보호 담당자이자 보호구역 대응 코디네이터인 Ed Lyman은 말했다. 괴로워하는 새끼 고래에 대해 문의하는 연락에 응답하면서 "우리는 정말 소수의 고래만을 보아왔다"고 말하며 그는 그가 본 그 동물들(고래들)이 얼마나 적었는지에 놀랐다. 전 보호구역 공동 매니저인 Jeff Walters에 따르면, 공무원들이 고래의 실질적 수를 파악하기까지는 오랜 시간이 걸릴 거라고 한다. 왜냐하면 고래 수에 대한 연간 카운트는 1월, 2월, 3월 마지막 토요일이 되어서야 진행되기 때문이다.」

> **보기** ① 하와이의 혹등고래 시즌은 보통 연말에 시작한다.
> ② 혹등고래는 하와이의 여행 안내원들에게 있어 수익성이 좋다.
> ③ 하와이에서 발견된 혹등고래의 수가 감소한 것은 그들의 성공 때문일 것이다.
> ④ 이번 고래 시즌에 하와이로 돌아오는 혹등고래의 수는 공식적으로 집계되었다.

**Answer** 30.④

**31** 밑줄 친 This[this]가 가리키는 것으로 가장 적절한 것은?

This is one of the most widely grown food plants in the world. This has many small grains, and is used as food for farm animals as well as for humans. This is the most important crop in the United States, which produces about half the world's total. In Korea, this is not a regular food but a good snack for children. Many children hold this with both hands while eating, which looks like playing the harmonica.

① rice                    ② corn
③ coffee                  ④ potato

**단어** **plant** 식물  **grain** 낟알, 곡식  **crop** 농작물, 곡물  **regular** 통상적인  **snack** 가벼운 식사, 간식

**해석** 「이것은 세계에서 가장 널리 재배되는 식용 작물 중의 하나이다. 이것에는 많은 작은 낟알들이 붙어 있으며, 이것은 인간뿐만 아니라 농장 동물들을 위한 식량으로도 사용된다. 이것은 미국에서 가장 중요한 작물로서, 미국에서 세계 총 생산량의 절반 정도를 생산한다. 한국에서 이것은 통상적인 음식은 아니지만 아이들에게는 좋은 간식거리이다. 많은 아이들이 이것을 먹을 때 두 손으로 이것을 잡는데, 그것은 마치 하모니카를 연주하는 것처럼 보인다.」

**Answer** 31.②

**32** 밑줄 친 He[he]가 가리키는 대상이 나머지 셋과 다른 것은?

> When he was about eight years old, Brian climbed trees every day. One day he had a very scary experience. ① He was climbing a very tall tree and he was near the top. He thought he would climb a little higher, but when ② he put his foot on a branch, it broke. For an instant, he was falling. Luckily, he landed on a lower branch. ③ He was too frightened to move. Later, he could climb down from the tree with the help of his father. ④ He had come to save him right after hearing him scream. Brian promised his father that he would not climb trees again.

> **단어** climb 오르다  scary 무서운, 두려운  branch 가지, 나뭇가지  for an instant 잠시 동안  land 내려앉다, 떨어지다  frightened 무서워하는  scream 소리치다, 비명을 지르다

> **해석** 「Brian은 여덟 살쯤 되었을 때, 매일 나무에 올라갔다. 어느 날 그는 매우 무서운 경험을 했다. 그는 매우 높은 나무를 오르고 있었으며, 꼭대기 근처에 있었다. 그는 조금 더 높이 올라가야겠다고 생각했으나, 그가 그의 발을 나뭇가지에 올려놓자 그 나뭇가지가 부러졌다. 잠시 동안 그는 추락했다. 다행스럽게도, 그는 더 아래쪽에 있는 가지에 걸렸다. 그는 너무나 겁이 나서 움직일 수가 없었다. 나중에 그는 아버지의 도움을 받아 나무에서 내려올 수 있었다. 그는 아들의 비명소리를 듣자마자 와서 그를 구해주었다. Brian은 다시는 나무에 오르지 않겠다고 아버지에게 약속했다.」

> **해설** ①②③은 Brian을, ④는 그의 아버지를 가리킨다.

**33** 밑줄 친 This가 가리키는 것으로 가장 적절한 것은?

> This is one of the numerous traditional Korean games, which was normally played during the winter season. Players kicked a Korean-style shuttlecock into the air. The shuttlecock was made of old coins. People wrapped several coins with cloth and fixed feathers into the hole in the center. Then the shuttlecock was kicked with one foot or both feet into the air. The person who kicked it the most number of times without dropping it on the ground won the game.

① 활쏘기
② 공기놀이
③ 제기차기
④ 팽이치기

> **단어** shuttlecock 제기, 깃털 공  fix 고정시키다

> **해석** 「이것은 수많은 한국의 전통놀이들 중 하나로 주로 겨울철에 행해졌다. 놀이를 하는 사람들은 한국식 제기를 공중에 찼다. 제기는 낡은 동전들로 만들어졌다. 사람들은 천으로 여러 개의 동전을 감싸고, 그 중앙에 있는 구멍에 깃털을 고정시켰다. 그런 후에 한 발이나 양쪽 발로 이 제기를 공중에 찼다. 땅에 떨어뜨리지 않고 가장 많은 횟수를 찬 사람이 게임에서 승리했다.」

**Answer** 32.④ 33.③

**34** 밑줄 친 He[he]가 가리키는 대상이 나머지 셋과 다른 것은?

Richard was a wealthy man who loved to collect works of art. ① He had a beloved son, who died in the Vietnam War while rescuing another soldier. On a Father's Day, there was a knock at the door. ② He saw a young man with a large package in his hands. The man said, "Sir, I am the soldier for whom your son gave his life. ③ He often talked about you, and your love for art." The young man handed the package. When Richard opened it, ④ he saw a portrait of his son, painted by the young man. The drawing was so realistic that he felt as if his son had come back home.

[단어] **rescue** 구하다  **knock** 두드리다  **portrait** 초상화

[해석] 「Richard는 예술작품을 수집하는 것을 좋아했던 부유한 사람이었다. 그는 사랑하는 아들이 하나 있었는데, 베트남전에서 다른 병사를 구하다가 사망했다. 어느 아버지의 날에 누군가 문을 두드렸다. 그는 양손에 커다란 소포를 가지고 있는 한 젊은이를 보았다. 그 남자는 "선생님, 저는 당신의 아들이 생명을 바쳐서 구했던 그 병사입니다. 그는 자주 당신과 예술에 대한 당신의 애정에 대해서 말했습니다."라고 말했다. 그 젊은이는 소포를 건네주었다. Richard가 소포를 개봉했을 때, 그는 젊은이가 그린 아들의 초상화를 보았다. 그 그림은 너무나 사실적이어서 그는 마치 그의 아들이 다시 살아 돌아 온 것처럼 느껴졌다.」

[해설] ①②④는 Richard를, ③은 그의 아들을 가리킨다.

**35** 밑줄 친 This가 가리키는 것으로 가장 적절한 것은?

When you plan to make <u>this</u>, you have to think of several things before you do it. First, be sure of what you want to happen as a result of making <u>this</u> and prepare the right words. Then, contact any person who will be able to give you advice and get some to help organize your thoughts. When you make <u>this</u>, remember to be calm and try not to anger the person, because <u>this</u> is an expression of displeasure. It will be better if you have sufficient evidence to support your claim.

① a mistake      ② a speech

③ a complaint      ④ a description

**단어** displeasure 불만   sufficient 충분한   organize 체계화하다   expression 표현   evidence 증거

**해석** 「이것을 하려고 할 때에는 먼저 몇 가지에 대해 생각해야 한다. 우선 당신은 이것을 했을 때의 결과로 어떤 일이 일어나기를 원하는지에 대해 분명히 해야 하고 적절한 말을 준비해라. 그러고 나서 당신의 생각을 정리하는 데 조언을 해 줄만한 사람을 만나 조언을 얻어라. 이것은 불만의 표현이기 때문에 당신이 이것을 할 때 침착하고 상대방을 화나지 않도록 할 것을 명심해라. 당신의 주장을 입증할만한 충분한 근거를 가지고 있다면 더욱 더 좋을 것이다.」

**보기** ① 실수
② 발언
③ 불평
④ 설명

**36** 밑줄 친 They [they]가 가리키는 대상이 나머지 셋과 다른 것은?

Movies may seem to be just amusement and entertainment, but to me, ① <u>they</u> are the best answer to the loneliness and boredom of my life. In movies I meet wonderful people and see places I would never be able to see. ② <u>They</u> are a time machine, taking us back into the past or even giving us a glimpse of the future. From ancient Egypt to Star Wars, ③ <u>they</u> are a trip through time. Another reason I like movies is that for a few hours in the dark, I can feel that all people in the audience are on my side. ④ <u>They</u> may be strangers, but we laugh and cry together. Movies can be thrilling or joyous. They take us away from our sadness and problems.

**Answer**   35.③   36.④

**단어** boredom 지루함  amusement 즐거움, 오락물  entertainment 오락  loneliness 외로움  a glimpse of 흘끗 봄  thrilling 오싹하게 하는  joyous 즐거운

**해석** 「영화는 단지 즐거움이나 오락으로 보이지만, 나에게 <u>그것들</u>은 살면서 느끼는 외로움이나 지루함을 해결하는 가장 좋은 방법이다. 영화를 보며 나는 영화를 보지 않으면 볼 수 없는 멋진 사람들과 장소를 만난다. <u>그것들</u>은 우리를 과거로 데려가거나 미래를 엿볼 수 있게 해주는 타임머신이다. 고대 이집트에서부터 Star Wars까지, <u>그것들</u>은 시간을 통한 여행을 가능하게 한다. 내가 영화를 좋아하는 또 하나의 이유는 어둠 속에서 몇 시간 동안 객석에 있는 모든 사람들이 모두 내 편이라고 느낄 수 있다는 것이다. <u>그들</u>은 낯선 사람들일 수 있지만 우리는 함께 웃고 함께 운다. 영화는 흥미진진하고 유쾌하다. 그것들은 우리가 슬픔이나 문제들에서 벗어날 수 있게 해준다.」

**해설** ①②③은 영화를, ④는 관객들을 가리킨다.

---

**37** 밑줄 친 This[this]가 가리키는 것으로 가장 적절한 것은?

> <u>This</u> means the ability to continue doing something even if you do not see any results immediately. We can see <u>this</u> in a teacher who works with young children. She may not be feeling very well that day, but she smiles and does not get angry when a child misbehaves. We can see <u>this</u> in a clerk who is polite to a customer even though the clerk has already been at work for seven or eight hours. In our modern society, people often lack <u>this</u>. People nowadays expect immediate results all the time.

① fear

② hatred

③ patience

④ anger

**단어** immediate 즉각적인  misbehave 버릇없이 굴다  polite 공손한

**해석** 「<u>이것</u>은 비록 당신이 어떤 결과를 즉시 보지 못한다 하더라도 어떤 일을 계속할 수 있는 능력이다. 우리는 어린 애들을 가르치는 선생님에게서 <u>이것</u>을 볼 수 있다. 그녀는 그날 몸 상태가 안 좋을 수 있다. 하지만 애가 버릇없이 굴더라도 미소를 짓고 화를 내지 않는다. 우리는 비록 이미 7시간 내지 8시간 일을 했어도 손님에게 공손한 점원에게서 <u>이것</u>을 볼 수 있다. 현대사회에서 사람들은 종종 <u>이것</u>이 부족하다. 오늘날 사람들은 항상 즉각적인 결과를 기대한다.」

**보기** ① 공포

② 증오

③ 인내

④ 화

**Answer** 37.③

**38** 밑줄 친 her가 가리키는 대상이 나머지 셋과 다른 것은?

Helen was very frustrated as a child. She had a high fever, which caused ① her to become deaf and blind. She couldn't understand what was happening around ② her. As a result of all of her frustration, she would often cry and scream until she was exhausted. Her family tried to find someone to help ③ her and finally they found Ms. Sullivan. She had been blind, but regained ④ her sight by an operation so she understood what Helen was feeling. She taught Helen the signs for the letters of the alphabet. Then she would spell the words in Helen's hand to communicate with her.

**단어** frustrated 좌절한 fever 열병 deaf 귀먹은 blind 눈이 먼 frustration 좌절감 scream 소리치다 exhausted 지친 regain 되찾다, 회복하다 sight 시력 operation 수술 letter 글자 spell 철자를 쓰다 communicate with 의사소통하다

**해석** 「Helen은 아이였을 때 매우 좌절했었다. 그녀는 열병을 앓았는데 그로 인해 그녀는 눈이 멀고 귀가 안 들리게 되었다. 그녀는 그녀의 주변에 무슨 일이 벌어지는지 이해할 수 없었다. 그녀는 좌절한 나머지, 그녀가 지칠 때까지 종종 울고 소리치곤 하였다. 그녀의 가족들은 그녀를 도울 누군가를 찾으려 하였고 마침내 Sullivan 선생님을 찾았다. 그녀는 눈이 멀었었지만 수술로 그녀의 시력을 되찾았고 그녀는 Helen이 무엇을 느끼고 있는지 이해했다. 그녀는 알파벳 글자에 대한 기호를 Helen에게 가르쳤다. 그리고 나서 그녀는 그녀와 의사소통하기 위하여 Helen의 손에 단어의 철자를 써주곤 했다.」

**해설** ①②③은 Helen을, ④는 Sullivan을 가리킨다.

**39** 다음 글에서 의인화된 "I"가 가리키는 것으로 가장 적절한 것은?

I am standing on the narrow road to a remote village. Some of my friends standing along the busy city streets live a more exciting life, and my life is not as lonely as you might think. In summer and fall, a lot of little creatures come up to me every night and fly around me. I always welcome them, but I wouldn't like them to approach me too closely; my heart is too hot to hug. Sadly, some of them are reckless enough to fly into my heart to death. The moon is one of my best colleagues. When she is strong, we share the burden of lighting the dark road below. When she gets weaker, I patiently wait for her to recover her strength, doing my best for the village people or visitors.

① streetlight
② firefly
③ roadside tree
④ evening star

**단어** remote 먼, 멀리 떨어진, 외딴  creature 생명체  approach 접근하다, 다가오다  reckless 무모한  colleague 동료
patiently 참을성 있게  recover 회복하다  streetlight 가로등  firefly 반딧불이

**해석** 「나는 한적한 마을로 향하는 좁은 길목에 서있다. 분주한 시내 거리를 따라 서있는 내 친구들은 보다 흥미진진하게 살아가고 있는데, 내 생활도 흔히 생각하는 것만큼 그렇게 외로운 것은 아니다. 여름과 가을이 되면, 많은 자그마한 녀석들이 매일 밤 나에게 와서 내 주변을 날아다닌다. 난 항상 그들을 반기지만, 그들이 나에게 너무 가까이 다가오는 것을 좋아하지 않는다. 왜 냐하면 나의 심장이 그들을 껴안아주기에는 너무 뜨겁기 때문이다. 슬프게도, 몇 놈은 무모하게 내 심장으로 날아 들어와서 죽기도 한다. 달은 나의 가장 친한 동료 중 하나다. 달의 힘이 강할 때면, 우리는 아래쪽 어두운 길을 비추는 일을 함께 한다. 달의 힘이 약해지면, 나는 마을 사람이나 방문자들을 위해 최선을 다하면서, 참을성 있게 달이 원기를 회복하기를 기다린다.」

**보기** ① 가로등
② 개똥벌레
③ 가로수
④ 금성

## 40 밑줄 친 they[their]가 가리키는 대상이 나머지 셋과 다른 것은?

Two oxen were drawing a heavy wagon along a muddy country road. They had to use all ① their strength to pull the wagon, but they did not complain. The wheels of the wagon were of a different sort. Though the task ② they had to do was very light compared with that of the oxen, they creaked and groaned at every turn. The poor oxen, pulling with all their might to draw the wagon through the deep mud, had ③ their ears filled with the loud complaining of the wheels. This made it much harder for the oxen to endure the work. "Silence!" ④ they cried at last. "Why do you keep complaining so loudly? We are drawing all the weight, not you."

**단어** wagon 마차  creak 삐걱대다  groan 신음소리를 내다  might 힘, 세력  endure 참다, 견디다

**해석** 「두 마리의 소가 질퍽한 시골길을 따라 무거운 짐마차를 끌고 가고 있었다. 짐마차를 끌기 위해 그들의 모든 힘을 다해야 했지만 그들은 불평하지 않았다. 마차의 바퀴들은 좀 달랐다. 그들이 해야 하는 일이 소의 일에 비해 매우 가벼운 것이었지만, 그들은 돌 때마다 삐걱거리며 신음 소리를 냈다. 불쌍한 소들은 깊은 진창길에서 마차를 끌기 위해 온 힘을 다하고 있는데 그들의 귀는 마차 바퀴의 불평 소리로 시끄러웠다. 그래서 소들은 그 일을 견디기가 더 힘들었다. "조용히 해!" 하고 마침내 그들은 소리를 질렀다. "왜 너희들은 계속 그렇게 큰 소리로 불평만 해대고 있지? 너희가 아니라, 우리가 이 모든 짐을 끌고 있잖아."」

**해설** ①③④는 두 마리의 소를, ②는 마차의 바퀴들을 가리킨다.

**Answer** 40.②

**41** 밑줄 친 This[this]가 가리키는 것으로 가장 적절한 것은?

> This is a traditional game usually played by girls and young women in Korea. This seems popular especially at New Year's, when it gives the players a chance to show off their new clothes. To do this, a rolled-up straw mat under a long board is needed. Two players jump at either end of the board. As one player returns to the board, the other is propelled into the air. This is said to have been very popular in the old days because it provided the opportunity for the women to see over the walls of their houses. They were seldom allowed to go outside their homes.

① 널뛰기        ② 윷놀이

③ 장기        ④ 제기차기

**단어** traditional 전통적인  especially 특히  show off 과시하다, 뽐내다  rolled-up 둘둘 말려진  straw 짚  the other (둘 중의) 나머지 하나  propel 쏘아 올리다  provide 제공/공급하다  opportunity 기회

**해석** 「이것은 한국의 소녀들과 젊은 여자들에 의해 주로 행하여지는 전통적인 놀이이다. 이것은 특히 새해에 인기가 있는데, 이때에 이 놀이는 놀이를 하는 이들에게 자신의 새 옷을 자랑할 수 있는 기회를 준다. 이것을 하기 위해서는, 긴 판자 아래에 둘둘 만든 짚으로 만든 매트가 필요하다. 놀이를 하는 두 사람은 판자 양쪽 중 하나에서 점프를 한다. 한 사람이 판자로 돌아오면, 나머지 한 사람이 공중으로 솟아오른다. 이것은 여자들에게 집 담장 너머를 볼 수 있는 기회를 제공했기 때문에 옛날에 매우 인기가 있었다고 한다. 여자들은 집 밖으로 나가는 것이 좀처럼 허용되지 않았다.」

**42** 밑줄 친 he[He]가 가리키는 대상이 나머지 셋과 다른 것은?

> Born in Moscow in 1866, Kandinsky studied law and at the age of 30 was offered a professorship at a university. But ① he had been inspired by the French Impressionists. ② He refused the university job and moved to Germany to study painting full time. Much of his early work depended on the folk art ③ he experienced in Germany and in Russia. "Pure color" would become the central focus of his best works. One art critic said that a new, spiritual age was about to begin with him. ④ He saw the artist as a pioneer moving into the future. The paintings he produced at the time are full of joy and liberation.

**Answer** 41.① 42.④

**professorship** 교수직 **inspire** 영감을 주다 **Impressionist** 인상주의자, 인상파 **refuse** 거절하다 **depend on** ~에 의지하다 **folk art** 민화 **full time** 전업으로 **experience** 경험/체험(하다) **pure color** 순색 **central focus** 중요한 초점 **critic** 비평가 **spiritual** 영적인 **be about to root** 막 ~하려하다 **pioneer** 선구자, 개척자 **liberation** 해방

「1866년 모스크바에서 태어난 칸딘스키는 법을 공부했고 30세에 대학에서 교수직 제의를 받았다. 하지만 <u>그는</u> 프랑스 인상주의자들에게 영감을 받았다. <u>그는</u> 교수직을 거절하고 전업으로 그림 공부를 하기 위해 독일로 갔다. 그의 많은 초기 작품은 <u>그가</u> 독일과 러시아에서 경험했던 민화에 의존하였다. '순색이 그의 걸작들의 중요한 초점이 되곤 했다. 한 예술 비평가는 새로운 영적인 시대가 그와 함께 시작되고 있다고 말했다. <u>그는</u> 그 예술가를 미래로 나아가는 선구자로 간주했다. 그가 그 당시에 만들어 낸 그림들은 기쁨과 해방으로 가득 차 있었다.」

①②③은 칸딘스키를 ④는 비평가를 가리킨다.

---

## 43 밑줄 친 This[this]가 가리키는 것으로 가장 적절한 것은?

<u>This</u> is a product traditionally made of chicle, a natural latex, but for reasons of economy and quality <u>this</u> may be made from artificial rubber instead of chicle. Common flavors of <u>this</u> include mint, cinnamon, and other fruity flavors, all of which are available sugar-free. The regular varieties of <u>this</u> can be sweetened with either cane sugar or corn syrup. Users of this sometimes make unpleasant noises, which are often quite loud in silent places. Many schools do not allow their students to chew <u>this</u> because students often stick this to desks, chairs, floors, or similar flat surfaces.

① gum
② jelly
③ candy
④ cookie

**product** 제품 **quality** (성)질 **artificial** 인공적인 **rubber** 고무 **insead of** ~대신에 **flavor** 맛 **include** 포함하다 **cinnamon** 계피 **available** 이용 가능한 **cane sugar** 사탕수수 설탕 **unpleasant** 불쾌한 **chew** 씹다 **stick** ~을 붙이다 **similar** 비슷한 **flat** 편평한 **surface** 표면

「이것은 전통적으로 천연 라텍스인 치클로 만들어지는 제품이지만, 경제성과 품질을 이유로 <u>이것은</u> 치클 대신에 인공 고무로 만들어진다. <u>이것의</u> 일반적인 맛은 민트, 계피, 그리고 그 밖의 과일 맛이며, 이들 맛은 무가당으로 가능하다. 보통 온갖 종류의 <u>이것은</u> 사탕수수나 옥수수 시럽으로 단맛을 낼 수 있다. 이것의 애용자는 때로 불쾌한 소리를 내는데, 조용한 곳에서는 종종 꽤 큰소리이다. 많은 학교가 학생들이 종종 이것을 책상, 의자, 교실 바닥, 혹은 이와 비슷한 평평한 표면에 붙이기 때문에 <u>이것을</u> 씹는 것을 허용하지 않는다.」

**44** 밑줄 친 they[them]가 가리키는 대상이 나머지 셋과 다른 것은?

Rain dances were ceremonial dances performed by native Americans during dry summer days and times of drought. ① <u>They</u> were used to invoke rain and to protect the harvest. They varied within different tribes but were performed in all cases by both men and women. Specifically, some tribes practiced ② <u>them</u> to cleanse evil spirits from the earth. Rain dances were primarily performed by both men and women in zigzag patterns. The Pacific Northwest tribes used drums when performing ③ <u>them</u> providing a symbol of unity. While dancing, the tribes beat ④ <u>them</u> which were decorated with various animal paintings and images representative of natural forces.

**단어** ceremonial 의식의  perform 이행하다, 수행하다  during ~동안  drought 가뭄  be used to 동사원형 ~하기 위해 이용되다  invoke 기원하다  protect 보호하다  harvest 수확, 추수  vary 다양하다  tribe 부족  in all cases 모든 경우에  specifically 특히  cleanse 깨끗이 하다  evil spirit 악령  earth 대지, 땅  primarily 주로  provide 제공하다  symbol 상징  unity 통일, 단합  beat ~을 치다, 두드리다  decorate 장식하다  various 다양한  representative 대표적인, 표시하는

**해석** 「기우제 춤은 건조한 여름날과 가뭄의 시기에 미국 인디언들에 의해서 행해진 의식 춤이었다. 그것(rain dances)은 비를 기원하고 수확을 보호하기 위해서 사용되었다. 그것(rain dances)은 부족들마다 다양했지만 모든 경우에 남자들과 여자들에 의해 행해졌다. 특히, 어떤 부족들은 대지에서 악령들을 씻어내기 위해 그것(rain dances)을 행했다. 기우제 춤은 주로 남녀가 함께 지그재그 모양으로 행해졌다. Pacific Northwest의 부족들은 단합을 상징하는 그것(rain dances)을 출 때 북을 사용하였다. 춤을 추는 동안 부족들은 자연의 힘을 상징하는 다양한 동물 그림이나 이미지들로 장식된 그것(drums)을 쳤다.」

**해설** ①②③은 rain dances를, ④는 drums를 가리킨다.

**45** 밑줄 친 This가 가리키는 것으로 가장 적절한 것은?

You experience displeasure while using various types of products or services. You think determining liability for your displeasure is difficult and the amount of monetary loss is small. You also don't know where to go to handle the displeasure and where to receive compensation. However, you are eager to deal with these situations. This is where you can get help. It provides you with counseling and handles your complaints related to various fields such as automobiles, housing and facilities, publications, services, finance and insurance, law, and medicine. This also demands payment for you from a corporation based on the Compensation Criteria for Consumers' Damages.

\* liability 책임이 있음

① 취업알선센터
② 부정부패고발센터
③ 소비자보호센터
④ 과소비추방운동본부

**단어** displeasure 불만 liability 책임 monetary 금전적인 compensation 보상 counsel 상담하다 complaint 불평 finance 금융 corporation 기업

**해석** 「당신은 다양한 유형의 상품과 용역을 이용하는 동안 불만을 경험한다. 당신은 불만의 책임 소재를 판단하기 어렵고, 금전적 손실액이 작다고 생각한다. 그리고 또한 불만을 처리하기 위해 어디로 가야 하고, 어디에서 보상을 받아야 하는지를 모른다. 하지만 당신은 이 상황을 꼭 처리하고 싶어 한다. 이곳은 당신이 도움을 받을 수 있는 장소이다. 그것은 당신에게 상담을 제공하고 자동차, 주택과 시설, 출판물, 용역, 금융, 보험, 법, 의료와 같은 다양한 분야와 관련된 당신의 불만 사항을 다룬다. 이곳은 또한 당신을 위해 소비자 피해 보상 규정에 근거하여 기업으로부터 보상을 요구한다.」

**Answer** 45.③

**46** 밑줄 친 He[he]가 가리키는 대상이 나머지 셋과 다른 것은?

Tom and his colleague, Sue, were attending a conference for music teachers in New York. While at the conference ① he purchased a talking metronome, a device for counting the beats in a song. Before Tom and Sue boarded their flight home, Tom put his carry−on bag on the security−check conveyor belt. The security guard's eyes widened as ② he watched the monitor. He asked Tom what he had in the bag. Then the guard slowly pulled out of the bag the device covered with dials and switches. "It's a talking metronome," Tom insisted. "Look, I'll show you." ③ He took the box and flipped a switch. "One, two, three,……" said the metronome in perfect time. The guard breathed a sigh of relief. Sue whispered to Tom as ④ he gathered his belongings, "Aren't you glad it didn't go 'Three, two, one,……'?"

단어 **conference** 회의 **device** 장치 **board** 승차하다 **flip** 툭치다, 스위치를 켜다 **sigh** 한숨 **relief** 안도

해석 「Tom과 그의 동료인 Sue는 뉴욕에서 열리는 음악교사 회의에 참석하고 있었다. 회의 기간 동안에 그는 음성 메트로놈을 구입하였는데, 그것은 노래의 박자를 세는 장치이다. Tom과 Sue가 집으로 오는 항공편에 탑승하기 전에 Tom은 기내에서 휴대할 그의 가방을 보안점검 컨베이어 벨트에 올려놓았다. 보안요원이 모니터를 지켜보다가 눈이 휘둥그레졌다. 그는 Tom에게 가방 속에 무엇이 있냐고 물었다. 그리고는 다이얼과 스위치들로 뒤덮인 그 장치를 가방에서 끄집어냈다. Tom이 정색을 하며 말했다. "보세요, 내가 보여드릴 게요." 그는 상자를 들고 스위치를 켰다. "하나, 둘, 셋,……" 완벽한 시간 간격으로 메트로놈에서 소리가 났다. 보안요원은 안도의 한숨을 쉬었다. 그가 그의 소지품을 챙길 때 Sue가 Tom에게 속삭였다. "그게 '셋, 둘, 하나,……' 라고 하지 않은 게 기쁘지 않으요?"」

해설 ①③④는 Tom을, ②는 보안요원을 가리킨다.

**47** 밑줄 친 This[this]가 가리키는 것으로 가장 적절한 것은?

This started as early as 8000 B.C. During the New Stone Age as people began to settle into fixed agricultural communities, this intensified. Originally raised mainly for their meat, sheep and goats became valuable also for their milk and wool. Cattle were domesticated both for meat and skin and as work animals for agriculture. Their milk production was not a factor until much later in history when breeding for high milk production produced suitable cows. Horses were also domesticated and became important for transportation and came to play a major part in warfare.

① 축산                 ② 조경
③ 수송                 ④ 임업

**[단어]** the New Stone Age 신석기 시대　settle into ~에 정착하다　fixed 고정된, 정착한　agricultural 농업의　intensify 강화시키다　originally 원래, 본래　raise 기르다, 모금하다　cattle 소 가축　domesticate 길들이다, 교화하다　production 생산, 생산물　factor 요소, 요인　breeding 양육, 사육, 번식　suitable 적당한, 알맞은　transportation 수송　play a major part 중요한 역할을 하다　warfare 전쟁

**[해석]** 「이것은 기원전 8000년경에 시작되었다. 신석기 시대에 사람들이 고정된 농업 공동체에 정착하기 시작했을 때 이것이 강화되었다. 원래는 고기를 얻기 위해 길러진 양이나 염소가 그들의 우유나 털 때문에 역시 가치가 있었다. 소들이 고기와 가죽을 위해서 길러졌고 농업을 위한 일하는 동물로도 길러졌다 양질의 우유 생산을 위한 사육이 적당한 소들을 생산 했었던 역사상 늦은 시기에야 비로소 우유생산이 중요한 부분이 되었다. 말들도 역시 가축화 되었으며 운송에도 중요하게 되었으며 전쟁에서 중요한 역할을 했다.」

**48** 밑줄 친 She[she]가 가리키는 대상이 나머지 셋과 다른 것은?

A woman stopped at a flower shop to order some flowers to be wired to her mother who lived 100 miles away. As ① she got out of her car, she noticed a girl sitting on the street sobbing. The woman asked the girl what was wrong and she replied, "I wanted to buy a red rose for my mother, but I only have 75 cents and a rose costs two dollars." ② She smiled and said, "Come on in with me. I'll buy you a rose for your mother." She placed her order of flowers to her mother and bought a rose for the girl. As they were leaving, she offered the girl a ride. ③ She responded, "Yes, please, if you could. Take me to my mother." The little girl directed her to a grave and placed the rose on it. This changed the woman's plan! ④ She returned to the flower shop, canceled the wire order, picked up a bouquet of fresh roses, and drove 100 miles to meet her mother.

**단어** **wire** 전보를 치다, 전보로 배달하다  **notice** 알아차리다  **sob** 흐느끼다  **place order** 주문하다  **offer** 제의하다  **direct** 지시하다, 가리키다  **cancel** 취소하다  **pick up** 집어 들다  **bouquet** 꽃다발

**해석** 「한 여자가 꽃가게에 100마일 떨어진 곳에 살고 있는 엄마에게 꽃을 배달하도록 주문하기 위해 멈추었다. 그녀가 차에서 내렸을 때 그녀는 길가에서 울고 있는 어린 여자아이를 발견했다. 그 여자는 소녀에게 무슨 일이냐고 물었고 그 소녀는 "엄마를 위한 장미를 사려고 하는데 장미는 2달러이고 저는 75센트만 있어요."라고 대답했다. 그녀는 웃으면서 말했다. "나와 함께 들어가자. 내가 너희 어머니를 위한 장미를 사줄게." 그 여자는 자기 엄마에게 보낼 꽃을 주문하고 그 소녀에게 장미 한 송이를 사 주었다. 그들이 떠나려고 했을 때 그녀는 그 소녀에게 차를 태워 주겠다고 했다. 그녀는 "네, 괜찮으시면요. 저희 엄마에게 데려다 주세요."라고 요청했다. 그 소녀는 그녀에게 엄마의 묘소로 가는 길을 가르쳐 주었고 장미 한 송이를 거기에 놓았다. 이것이 그 여자의 계획을 바꾸었다. 그녀는 꽃집으로 돌아와서 배달을 취소하고 신선한 장미 다발을 사서 엄마를 만나기 위해 100마일을 운전해 갔다.」

**해설** ①②④는 한 여자를, ③은 소녀를 가리킨다.

**Answer** 48.③

**49** 밑줄 친 he(He)가 가리키는 대상이 나머지 셋과 다른 것은?

For a year Danny had trained hard to master the famous Pikes Peak Marathon. But when running the actual marathon, he was feeling weary and tired. In a narrow path through the woods, ① he got stuck behind a slow, weak runner wearing a T-shirt with 'Bob's #4' written on the back. ② He felt even more tired because he had to lag behind the fellow. As he was finally overtaking the runner, out of curiosity, ③ he asked him, "What's Bob's #4?" "My friend Bob had a dream to run this marathon four times," he answered. ④ He ran it three times, but then last year he died. So I decided to complete his dream for him. This is Bob's #4." Suddenly, all the exhaustion he had been feeling during the race disappeared.

단어 **stuck** 옴짝달싹 못하는 **lag** 뒤처지다 **overtake** 따라잡다 **out of curiosity** 호기심에서, 궁금해서 **exhaustion** 기진맥진, 소모, 고갈

해석 「Danny는 일 년간 그 유명산 Pikes Peak Marathon을 완주하기 위해 힘들게 훈련해 왔다. 하지만 실제 마라톤을 하는 당일 날, 지치고 피곤함을 느끼고 있었다. 숲을 통과하는 좁은 길에서 그는 등에 'Bob's #4'라고 쓴 티셔츠를 입은 느리고 연약한 주자의 뒤에서 옴짝달싹 못하게 되었다. 그는 그 사람 뒤에서 지체해야 했기 때문에 훨씬 더 지친다고 느꼈다. 마침내 그 사람을 제치면서 궁금해서 "Bob's #4가 뭐예요?"라고 그가 그에게 물었다. "내 친구 Bob은 평생에 이 마라톤을 네 번 뛰는 꿈을 가졌었지요. 그는 세 번 뛰었지만 작년에 죽었어요. 그래서 내가 그를 위해 그의 꿈을 달성하기로 맘을 먹었지요. 이번이 바로 Bob의 네 번째 마라톤이에요."라고 그는 대답했다. 갑자기 경주하는 동안에 그가 느끼던 모든 피곤함이 사라졌다.」

해설 ①②③은 Danny를, ④는 Bob을 가리킨다.

Answer 49.④

**50** 다음 밑줄 친 This가 뜻하는 것으로 가장 알맞은 것은?

> <u>This</u> is a term coined by President Bill Clinton in 1994 to express the difference between people who have fastest, most convenient Internet services and people who don't have access to that technology.

① digital divide                    ② computer virus
③ millennium bug                  ④ greenhouse effect

단어 **term** 말, 학기, 용어, 기간 **coin** (신어·신 표현을) 만들어내다 **express** 표현하다, 나타내다 **difference between** ~의 차이 **convenient** 편리한 **technology** 공업(과학) 기술

해석 「이것은 1994년 인터넷 서비스를 가장 빨리, 가장 편리하게 받으려는 사람들과 그 기술에 접근해보지 않은 사람들 간의 차이를 표현하기 위해 빌 클린턴 대통령에 의해 만들어진 말이다.」

보기 ① 디지털 양극화
② 컴퓨터 바이러스
③ 밀레니엄 버그
④ 온실효과


**51** 다음 글에서 밑줄 친 It이 구체적으로 가리키는 것은?

> <u>It</u> is the study of relationships among plants and animals and their environment. <u>It</u> includes the study of the biological processes and the needs of plants and animals, as well as the effects that plants, animals and the environment have on each other.

① genetics                         ② ecology
③ biology                          ④ zoology

단어 **relationship** 관계 **environment** 환경 **include** 포함하다 **biological** 생물학적 **process** 진전, 진행, 경과 **effect** 영향, 효과, 결과 **A as well as B** B는 물론 A도

해석 「그것은 식물과 동물 그리고 그들의 환경 사이의 관계에 대한 연구이다. 그것은 식물과 동물 그리고 환경이 서로에게 끼치는 영향은 물론 식물과 동물의 생물학적 작용과정과 필요물들에 관한 연구도 포함한다.」

보기 ① 유전학
② 생태학
③ 생물학
④ 동물학

Answer 50.① 51.②

**52** 다음 글에서 밑줄 친 it이 가리키는 의미로 가장 적절한 것은?

In war, <u>it</u> can sometimes be a powerful weapon. That is what happened in the American Revolution. <u>It</u> helped the colonists win their freedom from the British. Armies have been using <u>it</u> for thousands of years. <u>It</u> helped to keep up the spirits of the soldiers. Since 1500, most army units have had drummers and trumpet players march along with the other soldiers. <u>It</u> has helped the troops step together. <u>It</u> has also excited the soldiers as they marched toward a battle.

① painting
② music
③ story
④ shoes

**단어** **weapon** 무기  **revolution** 혁명  **colonist** 식민주의자  **troop** 부대

**해석** 「전쟁에서 그것은 때때로 강력한 무기가 될 수 있다. 미국 독립 전쟁에서 바로 그런 일이 일어났다. 그것은 식민지 사람들이 영국으로부터 자유를 쟁취하는 데에 도움을 줬다. 군대는 수천년 동안 그것을 이용해왔다. 그것은 군인들의 사기를 일으키는 데 도움이 되었다. 1500년 이래로 대부분의 군부대들은 다른 군인들과 함께 행진하도록 북을 치고 나팔을 부는 사람들을 배치했다. 그것은 부대가 함께 걸음을 걷는 데 도움이 되었다. 또한 전투를 하러 행진할 때 군인들을 흥분하게 만들었다.」

**보기** ① 그림
② 음악
③ 이야기
④ 신발

**53** 밑줄 친 something new가 뜻하는 의미로 가장 적절한 것은?

When instant coffee began to be sold, it didn't attract people's attention. People said they wouldn't buy instant because they didn't like the taste. Yet, when they were given a cup of each while blindfolded, few of them could tell the difference between instant and regular ground coffee. It meant that the problem was not the taste. The problem was that people regarded a woman serving instant coffee as a lazy woman. When they discovered this, coffee manufacturers tried <u>something new</u>, they created ads in which affectionate wives served instant coffee. Needless to say, sales rose suddenly.

① 품질 향상

② 가격 인하

③ 생산량 증대

④ 이미지 개선

> **단어** **instant** 즉석의 **attention** 관심, 주의 **blindfold** 눈을 가리다 **regard A as B** A를 B로 간주하다 **affectionate** 애정 깊은, 다정한 **needless to say** 말할 필요도 없이

> **해석** 「인스턴트커피가 팔리기 시작했을 때, 그것은 사람들의 관심을 끌지 못했다. 사람들은 인스턴트커피가 입맛에 맞지 않아서 사지 않겠다고 말했다. 그러나 눈을 가린 채 각각의 커피를 주었을 때 그들 중 인스턴트커피와 가루로 된 보통 커피의 맛의 차이를 구별하는 사람은 거의 없었다. 그것은 문제가 되는 것은 맛이 아니라는 것을 의미했다. 문제는 사람들이 인스턴트커피를 대접 하는 여성을 게으른 여성으로 간주했다는 것이었다. 이 사실을 알았을 때 커피 제조업자들은 뭔가 새로운 것을 시도했다. 그들 은 다정한 아내가 인스턴트커피를 대접하는 광고를 만들었다. 매출이 갑자기 증가한 것은 말할 필요도 없었다.」

**54** 다음 글에서 밑줄 친 this emotion이 뜻하는 것은?

You may feel <u>this emotion</u> before you give a performance or a presentation. Just before you appear in front of the audience, you may feel your knees shaking or your stomach aching. You also may be sweating, thinking about how bad you might be. This is not experienced just by actors or actresses; it can also be experienced by musicians, athletes, teachers — anyone who performs in front of a group of people. It occurs when a performer is concerned about looking foolish in front of strangers.

① inspiration

② guilty conscience

③ culture shock

④ stage fright

**Answer** 53.④ 54.④

**presentation** 발표, 제출  **sweat** 땀을 흘리다  **be concerned about** ~에 대해 걱정하다  **inspiration** 영감, 신통한 생각  **culture shock** 문화 충격  **stage fright** 무대 공포증  **guilty conscience** 죄책감, 양심의 가책

「당신은 공연이나 발표를 하기 전에 이 감정을 느낄 것이다. 당신은 청중 앞에 모습을 드러내기 직전에 무릎이 떨리거나 속이 쓰리는 것을 느낄지도 모른다. 또한 당신은 당신이 얼마나 초라하게 보이게 될지에 대해 생각하며 땀을 흘리고 있을지 모른다. 이것은 단지 배우들만이 경험하는 것은 아니다. 그것은 음악가들, 운동선수들, 교사들과 같이 많은 사람들 앞에서 행동을 하는 사람이라면 누구나 체험하는 것이다. 그것은 공연자가 낯선 사람들 앞에서 바보처럼 보일까봐 걱정할 때 일어난다.」

① 영감  ② 죄책감  ③ 문화적 충격  ④ 무대공포증

**55** 다음 글에서 밑줄 친 they가 뜻하는 것으로 가장 적절한 것은?

You may think you see famous movie stars running along the top of a train. But it is not true. If a movie scene is dangerous, they usually fill in for the stars. So they must resemble the stars they stand in for. Their height and build should be about the same. But when close—ups are needed, the film focuses on the star. That's why they are called the hidden heroes of the movie. Some of them specialize in certain kinds of scenes. For instance, a woman named Jan Davis all kinds of jumps. She has jumped from planes and even off the top of a waterfall.

① movie star
② movie directors
③ stunt people
④ pilots

**fill in** 대역을 하다  **resemble** ~와 닮다  **stand in for** ~의 대역을 맡다

「당신은 유명한 영화배우들이 기차 위를 줄곧 달려가는 것을 보고 있다고 생각할 것이다. 그러나 그것은 사실이 아니다. 영화의 장면이 위험하다면, 그들은 보통 그 영화배우들의 대역을 한다. 그래서 그들은 그들이 대신하는 배우들을 닮아야 한다. 그들의 키와 체격은 거의 똑같아야 한다. 가까이서 찍어야 할 장면이 필요하다면 영화는 배우에게 초점을 맞춘다. 이런 이유 때문에 그들은 영화의 숨겨진 영웅들이라 불린다. 그들 중에 몇 명은 어떤 종류의 장면을 전문으로 한다. 예를 들어 Jan Davis라는 이름의 여인은 온갖 종류의 점프를 한다. 그녀는 비행기와 심지어 폭포 꼭대기에서도 뛰어 내렸다.」

① 영화배우
② 영화감독
③ 스턴트 배우
④ 조종사

**Answer** 55.③

**56** 다음 글에서 밑줄 친 They가 뜻하는 것은?

> They dig through old buried trash heaps for remains that tell a story. Pottery, tools, baskets, tombs, sculptures, the foundations of building—all tell a great deal about how ancient people lived. They combine the excitement of a treasure hunt with the labor of a detective. Only rarely are princely jewels and works of art discovered. More often the dig reveals bits of pottery. They enjoy finding rare and beautiful objects, but they want to know all about them; for them, digging consists largely in observation, recording, and interpretation.

① 지리학자
② 건설업자
③ 고고학자
④ 지질 조사단

단어 **dig** 파다 **trash** 쓰레기, 폐물 **heap** 더미, 무더기 **remains** 유물, 유적 **pottery** 도자기류 **rare** 희귀한, 드문 **consist in** ~하는 데 있다 **interpretation** 해석

해석 「그들은 어떤 이야기를 말해줄 유적을 찾기 위해 오랫동안 파묻혀 있는 쓰레기 더미를 파낸다. 도자기, 연장, 바구니, 무덤, 건물의 초석 등 모두가 고대인들이 어떻게 살았는가에 대해 많은 것을 말해 준다. 그들은 보물찾기의 흥분과 탐정의 노고를 결합한다. 왕자의 보석과 예술작품은 발견되는 경우가 드물다. 도자기 조각들이 흔하게 발굴된다. 그들은 희귀하고 아름다운 물건을 발견하는 것을 즐기지만 그것들에 대해 모두 알고 싶어 한다. 그들에게 발굴은 주로 관찰하고, 기록하고, 해석하는 데 있다.」

**57** 다음 중 밑줄 친 it is becoming worse의 의미로 가장 적절한 것은?

> Elephants have been roaming this earth for hundreds and hundreds of years. They have always been an important link in the African wildlife chain. But today they are in danger of becoming extinct. Local ivory factory owners have been killing elephants and removing their valuable tusks, leaving the rest of the animals to rot. Over half of the estimated 1.5 million elephants that existed in 1980 have died for their tusks. People have used their ivory to make jewelry and sculptures. Though some environmental groups are trying to improve the situation, it is becoming worse.

① 코끼리로 인해 먹이 사슬이 붕괴되고 있다.
② 먹이 부족으로 코끼리가 위기에 처했다.
③ 상아를 얻기 위해 코끼리를 사육하고 있다.
④ 코끼리가 멸종 위기에 처하고 있다.

Answer 56.③ 57.④

**단어** roam 배회하다, 돌아다니다  wildlife 야생동물  extinct 멸종된, 멸종의  estimate 평가하다, 어림잡다  ivory 상아  tusk 엄니, 뽀족니  valuable 귀중한, 소중한  sculpture 조각

**해석** 「코끼리들은 수만 년 동안 이 지구상에서 돌아다녔다. 그들은 아프리카 야생 생물의 연쇄에 있어서 중요한 연결고리였다. 그러나 오늘날 코끼리들은 멸종의 위기에 처해 있다. 그 지역에 있는 상아 공장 소유자들은 코끼리를 죽이고 그들의 귀중한 상아를 뽑아내고 나머지 부분은 썩게 내버려두고 있다. 1980년에 존재했던 150만으로 추정되는 코끼리들의 절반 이상이 상아 때문에 죽음을 당했다. 사람들은 그들의 상아를 장신구와 조각품을 만들기 위해 이용했다. 비록 몇몇 환경 단체들이 상황을 개선하기 위해 노력하고 있지만 사태는 더 악화되고 있다.」

## 58  다음 글에서 밑줄 친 It이 뜻하는 것은?

It is an electronic device that can 'see' hundreds of miles despite fog, rain, clouds, and darkness. It uses radio waves instead of light waves, which the human eye uses in seeing. Airports use it to guide planes safely to earth in fog or storms. Ships use it to enter safely into fog-bound harbors, and to steer clear of other vessels and icebergs. It also helps warn weathermen of approaching hurricanes and tornadoes. Weathermen 'see' the size, direction, and speed of storms on the screen by using it.

① beam                          ② radar
③ compass                       ④ lighthouse

**단어** electronic device 전자 장치  radio wave 전파, 전자파  fog-bound 짙은 안개로 항행 불능인, 안개에 걷힌  harbor 항만, 항구  steer clear of ~을 피하다  vessel 배, 선박  iceberg 빙산  beam 광선  radar 레이더  compas 나침반  lighthouse 등대

**해석** 「그것은 안개와 비, 구름, 그리고 어둠 속에서도 수백 마일을 '볼' 수 있는 전자 장치이다. 그것은 사람의 눈이 사물을 볼 때 사용하는 빛의 파장 대신에 전파를 사용한다. 공항에서는 안개나 폭풍 속에서도 안전하게 비행기가 착륙하도록 그것을 사용한다. 배들은 안개가 긴 항구에 안전하게 정박하거나 다른 선박이나 빙산에 부딪히지 않도록 그것을 사용한다. 또한 그것으로 인해 기상대원들은 허리케인이나 토네이도가 다가온다는 경고를 주는 일이 수월해졌다. 기상대원은 그것을 사용하여 화면으로 폭풍의 크기, 방향, 속도를 '본다'.」

**보기** ① 빛줄기
② 레이더
③ 나침반
④ 등대

**Answer** 58.②

**59** 밑줄 친 we've gone a little overboard here가 뜻하는 바로 가장 적절한 것은?

> Buy a burger and a soft drink and you end up with a bag, a straw, a plastic box, and a cup with a lid, all of which have a useful life of about ten minutes. Applesauce and fruit juices come in single—serving containers. Instant dinners sit on plastic trays inside plastic bags inside cardboard boxes. Even if you only buy one or two items, the checker gives you a bag to take them home in. Some packaging is essential to keep the freshness in and germs out of food, but <u>we've gone a little overboard here</u>.

① 상품을 필요 이상으로 포장한다.　　② 너무 많은 쓰레기를 버린다.
③ 쓰레기를 철저히 분리수거한다.　　④ 인스턴트식품을 너무 많이 먹는다.

> **단어** end up with 결국 ~로 끝나다　single-serving container 일회용 용기　container 용기, 그릇　checker (슈퍼마켓에서) 계산하는 사람, 현금 출납원　essential 필수의, 핵심적인　germ 세균, 균　overboard 지나치게, 넘치는

> **해석** 「햄버거와 탄산음료를 사면 당신은 봉지, 빨대, 플라스틱 상자, 뚜껑이 있는 컵을 얻게 된다. 이 모든 것은 10분 정도 쓰이고 만다. 사과 소스나 과일주스는 1회용 용기에 담아서 판다. 인스턴트 식사는 플라스틱 쟁반 위에 비닐봉지와 종이박스에 담겨 제공된다. 한 두 개의 품목만 사도 점원은 집에 가져 가도록 봉지에 담아 준다. 어떤 포장은 음식을 신선하게 보관하거나 균이 침범하지 않게 하는 데 필수적이지만, 우리는 지금 그 도를 넘어서고 있다.」

**60** 밑줄 친 the situation이 뜻하는 의미로 가장 적절한 것은?

> For a long time in our marriage, my husband and I did not see eye to eye on spending. He would want to buy things that I felt were unnecessary and expensive. I couldn't seem to explain to him the pain I felt as the debt kept mounting and we had to spend more and more of our income on interest and credit card bills. Finally, I decided I needed to find a different say of expressing my point of view and to influence <u>the situation</u>. I tried to listen more, to understand how he was thinking. I came to realize that sometimes he just didn't see the connection between his spending decisions and the consequences they brought.

① 남편의 과소비　　　　　② 자녀와의 의견충돌
③ 남편의 권위적 태도　　④ 맞벌이 부부의 고충

単어 **see eye to eye** 의견일치를 보다 **debt** 빚, 채무 **mount** 올라가다 **interest** 이자 **influence** 영향을 미치다, 좌우하다 **connection** 연관 **consequence** 결과

해석 「오랜 결혼생활 동안 내 남편과 나는 돈을 쓰는 데 의견일치를 보지 못했다. 그는 내가 필요 없고 비싸다고 느끼는 것을 사고 싶어 했다. 나는 빚이 계속 늘어날 때 내가 느끼는 고통을 그에게 설명하지 못했던 것 같고, 우리는 수입의 점점 더 많은 부분을 이자와 신용카드 대금에 써야 했다. 마침내 나는 내 생각을 표현할 다른 방법을 찾아 그 상황을 변화시켜야겠다고 결심했다. 나는 그의 사고방식을 이해하기 위해 더 많이 들으려고 노력했다. 나는 그가 때때로 자신의 소비 결정과 그것들이 가져온 결과 사이의 연관을 알지 못했을 뿐이라는 것을 깨닫게 되었다.」

## 61 다음 글에서 밑줄 친 부분의 의미로 가장 적절한 것은?

On a flight from New York City to Lucern, Switzerland, I sat next to a passenger who spent most of the time bothering and insulting the flight attendant. Nevertheless, the latter efficiently complied with every request. Suddenly my unkind seatmate said, "You're the stupidest individual I've ever come across."

"And you are the most pleasant I ever met," the flight attendant calmly replied. "But it is just possible that we're both wrong."

① 당신은 가장 어리석은 사람이다.
② 내가 당신에게 잘못을 했다.
③ 우리 둘 다 나쁜 사람들이다.
④ 당신은 가장 기분 나쁜 사람이다.

단어 **flight attendant** 승무원 **bother** 괴롭히다, 귀찮게 하다 **insult** 모욕을 주다 **efficiently** 능률적으로, 효율적으로 **comply with** ~에 응하다, 따르다

해석 「뉴욕시에서 스위스 루체른으로 가는 비행기에서 나는 비행기 승무원을 괴롭히고 모욕을 주는 데 대부분의 시간을 보냈던 한 승객 옆에 앉았다. 그럼에도 불구하고 승무원은 모든 부탁을 능률적으로 들어 주었다. 갑자기 내 옆에 앉아 있던 불친절한 승객이 "당신은 이제까지 내가 만났던 사람 중 가장 어리석은 사람이오."라고 말했다.
"그리고 당신은 내가 만났던 사람 중 가장 기분 좋은 사람이지요. 그렇지만 우리 둘 다 잘못 생각하고 있을지도 모르지요."라고 비행기 승무원이 침착하게 대답했다.」

**Answer** 61.④

**62** 다음 글에서 밑줄 친 it이 가리키는 의미로 가장 적절한 것은?

> In a play people put on costumes, then go onstage to act out a story. Now imagine the case in which the actors didn't speak their lines but sang them instead. And imagine that while they were singing, an orchestra was playing music for them to sing along with. You've just imagined what <u>it</u> is. Many were written by composers who lived in European countries, such as Italy, Germany, and France. The singing and music are usually so beautiful that many people love to listen to it even if they don't understand all the words.

① opera            ② jazz

③ ballet            ④ orchestra

**단어** **play** 연극 **costume** 의복, 복장 **onstage** 무대로 **orchestra** 오케스트라 **ballet** 발레 **composer** 작곡가, 작곡하는 사람

**해석** 「연극에서 사람들은 복장을 입고 무대에 가서 이야기를 연기한다. 이제 배우들이 대사를 말로 하지 않고 대신에 노래로 하는 경우를 상상해 보자. 그리고 그들이 노래를 하고 있는 동안에 오케스트라가 배우들이 따라 부를 수 있도록 음악을 연주하는 경우를 상상해 보자. 여러분은 이것이 무엇인지 막 생각해 냈을 것이다. 많은 수가 이탈리아, 독일, 그리고 프랑스 같은 유럽의 나라들에 사는 작곡가들에 의해 지어졌다. 노래와 음악은 보통 아름다우며 그래서 많은 사람들은 가사를 모두 이해하지 못해도 그것을 듣는 것을 좋아한다.」

**63** 다음 밑줄 친 부분의 의미로 가장 적절한 것은?

> When I got a ticket of the Jumping Jack's concert, I couldn't wait until showtime. That night I arrived at the concert hall early. Still, it was so crowded it took me twenty minutes to get inside. Just as I took my seat, the curtains opened and the show began. Jack, the lead guitarist, was full of energy. The audience was pleased with his performance, and the Jumping Jack <u>brought the house down</u> that night. I don't think I will see that again in my lifetime. Everyone cheered for half an hour, and no one sat down.

① 청중에게 갈채를 받았다.          ② 간이무대를 설치했다.

③ 무대에서 갑자기 쓰러졌다.          ④ 공연 중에 무대가 내려앉았다.

**Answer** 62.① 63.①

**64** 다음 밑줄 친 부분이 의미하는 것으로 가장 적절한 것은?

> Log cabins were very cold with no protection for cold and no way to keep the damp from coming up through the earthen floor. To keep the wind from blowing through gaps in the log walls, settlers made a cement out of mud and straw, but rarely could they fill every gap. The wind always won.

① 바람이 벽 사이로 들어왔다.
② 집 근처에 늘 바람이 불었다.
③ 맞바람이 불기 시작했다.
④ 환기가 잘 되어 집 안이 쾌적했다.

Answer 64.①

**65** 다음 글에서 밑줄 친 부분에 대해 the cashier가 의도한 것으로 가장 알맞은 것은?

> After voting on Election Day, I stopped at a bakery. As the cashier rang up some rolls and doughnuts for the man ahead of me, the customer joked, "Do you guarantee these don't have any calories?" Straight-faced, the clerk responded, "Absolutely no calories." "You know where you'll go if you lie like that?" the man teased. "Yes," said the cashier. "To Congress."

① 국회의원 선거를 하고 있다.

② 국회의원이 되고 싶다.

③ 국회의원들은 거짓말쟁이다.

④ 국회의원들이 자랑스럽다.

> **단어** **Election Day** (미국의) 국민 선거일 **ring up** (판매액을) 금전 등록기에 기록하다 **guarantee** 보증하다, ~의 보증이 되다 **straight-faced** 진지한 얼굴을 하고 **tease** 놀리다 **Congress** 의회, 국회

> **해석** 「국민 선거일에 투표를 한 후, 나는 제과점에 들렀다. 계산하는 직원이 내 앞에 있던 사람이 산 롤빵과 도넛을 금전 등록기에 기록할 때, 그 손님이 "이 빵들이 칼로리가 없다는 것을 보증합니까?"라고 농담했다. 진지한 얼굴로, 그 직원이 "절대로 칼로리가 안 들어 있죠."라고 대답했다. "당신이 그렇게 거짓말하면 어디로 가는지 알죠?"라고 그 남자가 짓궂게 놀렸다. "예, 국회로 가게 되죠."라고 그 직원은 대답했다.」

**66** 다음 글에서 밑줄 친 this가 뜻하는 것은?

> When you look through this, you see a new world. A piece of hair becomes a pole. A drop of pond water becomes a pool filled with plants and animals. This helps us look into a world we can't see with our naked eyes alone. Tiny things become big enough to see. And we can see some things so close — up that we can tell what they are made of. We can see tiny things because This is somewhat like a lot of magnifying glasses. This magnifies tiny things by bending and spreading the light that shines through it.

① 망원경

② 잠망경

③ 현미경

④ 색안경

**Answer** 65.③ 66.③

단어 pole 막대기, 장대  naked eyes 육안  somewhat 다소, 약간  magnify 확대하다, 확대시키다
해석 「이것을 통해 볼 때 새로운 세계가 보인다. 머리카락 한 올이 장대가 된다. 연못의 물 한 방울이 식물과 동물로 가득 찬 연못이 된다. 이것은 우리가 육안으로만 볼 수 없는 세계를 들여다보도록 도와준다. 아주 작은 것들이 볼 수 있을 만큼 커진다. 그리고 우리가 사물을 아주 가깝게 볼 수 있기 때문에 그것들이 무엇으로 만들어졌는지를 알 수 있다. 이것은 확대경이 많이 있는 것과 조금 비슷한 데가 있기 때문에 아주 작은 사물들을 볼 수 있다. 이것은 이것을 통과해 비추는 빛을 휘게 만들고 퍼지게 함으로써 아주 작은 사물들을 확대한다.」

**67** 다음 글에서 밑줄 친 부분의 의미로 알맞은 것은?

> Last year my English class was full of unusual people that I'll never forget. One student was a very hard worker. Another student liked sweet things very much. She would bake lots of bread and cakes and bring them to every class for us to share during breaks. And two students met in the class and planned to get married. One of them was always <u>pulling our legs</u>. For example, one day before class, he put a long homework on the blackboard and made us think that the teacher had given it. After the teacher came in, we realized that he had played a joke on us.

① 우리를 놀리는
② 공부를 잘하는
③ 우리를 괴롭히는
④ 나서기를 좋아하는

단어 be full of ~로 가득 차다  share 나누다  play a joke on ~를 놀리다
해석 「작년에 영어수업은 내가 결코 잊을 수 없는 유별난 사람들로 가득 차 있었다. 한 학생은 아주 열심히 공부하는 사람이었다. 다른 학생은 단 것을 아주 좋아했다. 그녀는 우리를 위해 빵과 케이크를 많이 구워서 휴식시간 동안 나눠 먹을 수 있도록 수업시간마다 가져오곤 했다. 그리고 두 학생은 그 수업에서 만나 결혼하기로 계획했다. 그들 중 한 명은 항상 우리를 놀렸다. 예를 들면, 하루는 수업시간 전에 그는 칠판에 긴 숙제를 적었고, 선생님이 그것을 냈다고 우리가 생각하도록 했다. 선생님이 교실에 들어오신 후에 우리는 그가 우리를 놀렸다는 것을 알았다.」

Answer  67.①

**68** 다음 밑줄 친 말에서 선생님이 의도한 것과 내가 이해한 것이 바르게 연결된 것은?

English class yesterday our teacher asked us, "What do you know about <u>the old man and the sea</u>?" So I said, "There is an old man in my hometown who made his living from the sea. But his life was destroyed when the government filled up the seashore to make farmland." I argued that it was the government that destroyed the fishing industry and thus our island community. The other students, looking confused, stared at me. My teacher said, "That's very interesting, but that is not related to Ernest Hemingway's novel at all."

|  | 선생님이 의도한 것 | 내가 이해한 것 |
|---|---|---|
| ① | the title of a novel | the government and fishing |
| ② | the title of a novel | old fishermen living by the sea |
| ③ | old fishermen living by the sea | the title of a novel |
| ④ | the government and fishing | the title of a novel |

**단어** fill up ~을 채우다 farmland 경작지, 농지 fishing industry 어업 confuse 혼동하다, 어리둥절케 하다 stare 응시하다, 빤히 보다

**해석** 「어제 영어시간에 선생님이 우리에게 "노인과 바다에 대해 아는 게 있니?"라고 물으셨다. 그래서 나는 "우리 고향에 고기를 잡아서 생활하는 노인이 계셨어요. 그러나 정부가 농지를 만들기 위해 해안을 메웠을 때 그의 삶은 망쳐졌지요."라고 말했다. 나는 어업을 파괴하고 그리하여 우리 섬 사회를 망친 것이 정부라고 주장했다. 다른 학생들이 어리둥절해서 나를 쳐다보았다. 선생님은 "그거 참 흥미로운 이야기로구나. 하지만 Ernest Hemingway의 소설과는 전혀 관계가 없단다."라고 말씀하셨다.」

**69** 다음 중 Florence Griffith Joyner에 대한 내용과 일치하지 않는 것은?

Her name is Florence Griffith Joyner, but everyone calls her Flo Jo. She is the fastest woman in the world. In the 1988 Olympic Games, she won three gold medals and one silver medal in running. She became famous because she ran fast and ran in clothes she made herself. All this fame did not come easily. She worked very hard. "Why," Flo Jo asked, "did you work so hard?" Her simple answer was, "I wanted to be the best."

① Flo Jo라고도 불린다.
② 세계에서 가장 빠른 여자이다.
③ 88올림픽에서 4개의 메달을 땄다.
④ 그녀는 다른 사람이 만들어 준 옷을 입고 달렸다.

**Answer** 68.② 69.④

해석 「그녀의 이름은 Florence Griffith Joyner이지만, 모든 사람들은 그녀를 Flo Jo라고 부른다. 그녀는 세계에서 가장 빠른 여자이다. 1988년 올림픽 경기에서 그녀는 육상에서 3개의 금메달과 1개의 은메달을 땄다. 그녀는 빨리 달렸고 또 그녀 자신이 만든 옷을 입고 달렸기 때문에 유명해졌다. 이 모든 명성은 쉽게 오지 않았다. 그녀는 매우 열심히 노력했다. Flo Jo는 "왜 당신은 그렇게 열심히 노력했나요?"라는 질문을 받았다. 그녀의 간단한 대답은 "나는 최고가 되고 싶었어요."였다.」

**70** 다음 글에서 밑줄 친 but few soccer players bother의 의미로 알맞은 것은?

> Do you know a soccer ball kicked into the face can be as dangerous as boxer's punch? Boxers wear mouthpieces, but few soccer players bother. A mouthpiece is a soft piece of plastic put between the lips and teeth. A baseball can cause broken bones and even death. Many kids come to the hospital with broken teeth and head injuries. High school athletes now realize that it is smart to wear mouthpieces and helmets when they need them.

① 번거로워서 마우스피스를 착용하는 축구선수는 드물다.
② 마우스피스는 착용이 불편하다.
③ 마우스피스는 축구선수에게 필요하지 않다.
④ 운동선수는 누구나 마우스피스를 착용한다.

단어 athlete 운동선수

해석 「얼굴을 향해 찬 축구공이 권투선수의 주먹만큼 위험해질 수 있다는 사실을 아는가? 권투선수는 마우스피스를 착용하지만 그런 번거로운 일을 하는 축구선수들은 거의 없다. 마우스피스는 입술과 이 사이에 넣는 부드러운 플라스틱 조각이다. 야구공은 뼈를 부러뜨리거나 심지어 죽게 할 수도 있다. 많은 아이들이 이가 부러지거나 머리를 다쳐서 병원에 오게 된다. 고등학교 운동선수들은 필요할 때는 마우스피스와 헬멧을 착용하는 것이 현명하다는 사실을 이제 깨닫는다.」

Answer 70.①

# 글의 중심내용

글의 중심내용을 묻는 유형으로, "제목, 주제, 주장/요지, 흐름, 어휘, 빈칸" 등이 있다. 독해 파트에서 많은 비중을 차지하고 있기 때문에 매우 중요한 부분이라고 할 수 있다.

**TYPE 1** 주제(topic) – 다음 글의 주제로 가장 적절한(알맞은) 것은?

> 주제는 글의 중심생각으로 이 유형은 그것을 묻는 문제이다. 주제는 보통 주제문에 분명하게 드러나므로 전체 글을 이해하여 주제문을 찾는 것이 중요하다.

### 단어

**willpower** 의지력, 자제력

**for the sake of** ~을 위하여(= for one's sake)

**well-being** 복지, 안녕, 행복

**addiction** 중독

**have no desire to do** ~할 생각이 없다

**safeguard** 지키다, 보호하다

**present** 있는, 참석한

**involuntarily** 본의 아니게, 비자발적으로

**toxin** 독소

**linger** 오래 머무르다

**ventilation** 환기, 통풍

## 다음 글의 주제로 가장 적절한 것은?

> Unfortunately not everyone has her willpower. Some may want to quit for the sake of their loved ones or for their well-being, but the power of nicotine addiction is too great. Others claim to enjoy their cigarettes and have no desire to give them up.
>
> If you can't or won't quit, there is still a great deal you can do to safeguard those around you.
>
> Never allow anyone to smoke in your home or car, even when there are no children present. Explain that people must respect your right not to smoke involuntarily. Toxins linger in the air, even though you may not be able to see or smell them.
>
> If you are a smoker, take it outside, or smoke in an area where the ventilation system is separate from that of your home.

① Health Promotion Law
② A Preventive Means of Second-hand Smoking
③ The Way to Quit Smoking
④ The Harmful Effects of Smoking

**해석** 「불행하게도 누구나 자제력을 가지고 있는 것은 아니다. 어떤 사람들은 그들의 가족이나 그들의 행복을 위하여 그만두기를 원할지도 모르지만, 니코틴 중독의 힘은 너무 크다. 다른 사람들은 담배를 즐기며 그것을 그만둘 생각이 없다고 주장한다.
만약 당신이 그만둘 수 없거나 그만두지 않겠다면, 당신 주위에 있는 사람들을 보호하기 위해서 아직 할 수 있는 것이 많다.
어느 누구도 당신의 집이나 차 안에서, 심지어 아이들이 있지 않을 때라도 결코 흡연하도록 허락하지 말아라. 사람들이 비자발적으로 흡연하지 않도록 당신의 권리를 존중해야 한다고 설명해라. 독소들은 심지어 당신이 그것들을 보거나 냄새를 맡을 수 없을지라도 공기 속에 남아있다.
만약 당신이 흡연자라면, 그것을 밖으로 가지고 가거나 환기장치가 당신 집의 환기장치와 분리되어 있는 곳에서 흡연하여라.」

① 건강증진법
② 간접흡연 예방법
③ 금연하는 방법
④ 흡연의 해로운 영향들

해설 이 문제는 간접흡연을 피하는 방법을 제시하고 있다.

## 다음 글의 주제로 가장 알맞은 것은?

The Western people eat with utensils to show a high degree of prestige and sophistication ; the Chinese eat with sticks to show their cleverness of dealing with those sticks, the Saudi people eat with their hands. They say, "Why should we eat with utensils or sticks that are used by other people? They may not be as clean as our hands." They also say that they know whether their hands are clean or not and that nobody else uses them.

단어
**utensil** 기구, 도구, 부엌세간
**prestige** 명성, 위신, 품위
**sophistication** 세련, 지적 교양
**cleverness** 영리함, 재치 있음, 교묘함

① The Reason Why The Method of Eating Is Different
② The Importance of Eating Habit
③ The Development of Utensil
④ The Transition Process of The Method of Eating

해석 「서양 사람들은 높은 품위와 세련미를 나타내기 위해 도구를 가지고 음식을 먹는다 ; 중국 사람들은 총명함을 나타내기 위해 젓가락을 가지고 음식을 먹는다. (반면에) 사우디 사람들은 손으로 음식을 먹는다. 그들은 "왜 우리가 다른 사람들이 사용한 도구나 젓가락을 가지고 음식을 먹어야 하는가? 그것은 우리 손만큼 깨끗하지 못할지도 모른다."고 말한다. 그들은 또한 자기들의 손이 깨끗한지 아닌지를 알고 있으며, 아무도 그 밖의 용도로 사용하지 않는다고 말한다.」
① 식사법이 다른 이유
② 식사습관의 중요성
③ 주방기구의 발전
④ 식사법의 변천과정

해설 이 문제에는 eat with(~으로 먹다)가 반복되고 있으며 the Western people, the Chinese, the Saudi people의 예가 제시되고 있다.

기출PLUS

**TYPE 2** 주장/요지(main idea) 찾기 – 다음 글의 요지로 가장 적절한(알맞은) 것은?

이 유형은 주어지는 글의 요지를 찾는 문제로 주제를 찾는 문제와 드러나는 차이는 보이지 않는다. 다만, 글을 나타내는 상징성의 정도가 요지 < 주제 < 제목의 순으로 드러난다. 이 유형의 문제도 제목·주제를 찾는 문제와 마찬가지로 우선 글의 전체 내용을 개괄적으로 파악하는 능력이 필요하다.

### 다음 글의 요지로 알맞은 것은?

At noon on summer day, Death Valley looks truly devoid of wildlife. But in reality, there are 55 species of mammals, 32 kinds of birds, 36 kinds of reptiles, and 3 kinds of amphibians. During the day, many seek shelter under rocks and in burrows. As night approaches, however, the land cools. The desert becomes a center of animal activity. Owls hunt for mice. Bats gather insects as they fly. Foxes are out looking for food, accompanied by snakes, hawks, coyotes, and bobcats. Many of these animals, like the desert plants, have adapted to the dry desert. They use water very efficiently. They can often survive on water supplies that would leave similar animals elsewhere dying of thirst.

① Many kinds of reptiles in Death Valley
② The extinction of desert animal in Death Valley
③ The efficient use of bad water in Death Valley
④ Death Valley is a place full of wildlife.

**단어**

**devoid of** ~이 없는, 결여된
**in reality** 진실(사실)은, 현실은, 실제로는
**wildlife** 야생동물
**mammal** 포유동물
**reptile** 파충류
**amphibian** 양서류, 수륙양용의
**shelter** 은신처, 피난처
**burrow** 굴, 굴에서 살다
**approach** (성질·시간·상태 따위가) ~에 가까워지다, ~에 이르다
**activity** 활동, 행동, 움직임
**owls** 올빼미
**bat** 박쥐
**insect** 곤충
**look for** ~을 찾다, 구하다, ~을 기대하다
**accompany** 동반하다
**snake** 뱀
**hawk** 매
**coyote** 코요테(승냥이)
**bobcat** 살쾡이
**adapt to** 적응시키다
**efficiently** 효율적으로
**survive** 생존하다
**similar** 유사한, 비슷한
**elsewhere** (어딘가) 다른 곳에

**해석** 「여름날의 정오에, Death Valley(죽음의 계곡)에는 야생동물이 진짜로 없는 것처럼 보인다. 그러나 실제로, 55종의 포유동물, 32종의 조류, 36종의 파충류, 그리고 3종의 양서류가 있다. 낮에는 많은 동물들이 바위나 굴 속에 은신처를 찾는다. 그러나 밤이 다가옴에 따라 땅은 시원해진다. 사막은 동물활동의 중심지가 된다. 부엉이는 쥐를 사냥한다. 박쥐는 날아다니는 동안 곤충을 모은다. 여우들은 뱀, 매, 승냥이, 살쾡이와 함께 먹이를 찾고 있다. 사막식물처럼 이러한 많은 동물들은 건조사막에 적응되었다. 이들은 물을 아주 효율적으로 사용한다. 이들은 다른 곳에 있는 유사한 동물들이 목말라 죽는 그런 물공급에서도 종종 생존할 수 있다.」

① 죽음의 계곡에 있는 수많은 종류의 파충류
② 죽음의 계곡에 있는 사막동물의 본능
③ 죽음의 계곡에 있는 오염된 물의 효율적인 이용
④ 죽음의 계곡은 야생동물이 가득한 장소이다.

**해설** 이 문제에서는 접속사에 유의하여야 한다. 첫문장 At noon on summer day, Death Valley looks truly devoid of wildlife 다음에 접속사 but으로 이어지는 두 번째 문장인 But in reality, there are 55 species of mammals, 32 kinds of birds, 36 kinds of reptiles, and 3 kinds of amphibians에 대해서 전반적으로 설명되고 있다.

## 다음 글에서 필자가 말하고자 하는 요지는?

I would certainly sooner live in a monotonous community than in a world of universal war, but I would sooner be dead than live in either of them. My heart is in the world of today, with its varieties and contrasts, its blue and green faces, and my hope is that, through courageous tolerance, the world of today may be preserved.

① Preference for a monotonous life
② Preservation of world peace
③ Varieties and contrasts of the world
④ The necessity of courageous tolerance

**기출PLUS**

**단어**

**would sooner A than B** B하느니 차라리 A하는 게 훨씬 더 낫다
**monotonous** 단조로운, 지루한, 무미건조한
**variety** 다양(성), 변화, 차이, 불일치
**contrast** 대조, 대비
**blue** 우울한, 기운 없는, 푸른, 학식 있는
**green** 활기 있는, 원기 왕성한, 미숙한, 안색이 창백한
**courageous** 용기 있는 용감한, 대담한
**tolerance** 인내(심), 관용, 관대, 아량
**preference for** ~을 선호함(좋아함)
**preservation** 보존, 유지, 보호

**해석** 「나는 확실히 세계적인 전쟁이 벌어지는 세상에 사느니 차라리 단조로운 공동체사회 속에 살고자 한다. 그러나 그들 중 어느 한 쪽에 사느니 차라리 죽는 게 훨씬 더 낫다. 내 마음은 다양성과 상반된 것으로 가득찬, 우울하면서도 활기찬 측면을 지닌 오늘날의 세상에 머물고 있다. 그리고 내가 바라는 것은 용기 있는 관용을 통해서, 현재의 세계가 유지되는 것이다.」

① 단조로운 생활을 좋아함
② 세계 평화의 유지
③ 세계의 다양함과 상반됨
④ 대담한 관용의 필요성

### 기출PLUS

#### 단어

**naturally** 본디, 당연히
**lazy** 게으른, 나태한
**tend to** ~하는 경향이 있다
**the line of least resistance** 최소 저항선
**resistance** 저항, 반항, 반대
**take the line of least resistance** 최소저항선을 취하다, 가장 편한 방법을 취하다
**mental** 정신적인
**ordinary** 평범한
**consist of** ~을 구성하다
**questioning** 의심스러운, 수상한
**be attached to** 좋아하다, 애착을 갖다
**instinctively** 본능적으로
**hostile** 적대적인, 적의 있는
**upset** 혼란에 빠뜨리다, 뒤엎다, 전복시키다
**established order** 기존 질서
**inconsistent with** ~에 상반되는, 불일치하는
**rearrange** 재배열하다
**laborious** 어려운, 힘든, 부지런한, 근면한
**painful** 고통스러운
**expense** 손실, 희생, 지출, 비용
**fellow** 친구, 동료, 상대
**option** 선택
**institution** 관습
**evil** 해악, 재해, 불행, 병
**disagreeable** 불쾌한, 싫은
**desirable** 바람직한
**alter** 바꾸다, 변하다

### 다음 글의 요지로 가장 알맞은 것은?

The average brain is naturally lazy and tends to take the line of least resistance. The mental world of the ordinary man consists of beliefs which he has accepted without questioning and to which he is firmly attached ; he is instinctively hostile to anything which would upset the established order of his familiar world. A new idea, inconsistent with some of the beliefs which he holds, means the necessity of rearranging his mind ; and this process is laborious, requiring a painful expense of brain-energy. To him and his fellows, who from the vast majority, new idea and options which cast doubt on established beliefs and institutions seem evil just because they are disagreeable. It is desirable that this attitude should be altered for the progress of the society.

① 고정된 사고의 틀을 깨고 새로운 생각을 받아들여야 한다.
② 평범한 사람은 익숙한 세계의 기존 질서를 깨는 어떤 것에 애착을 갖는 경향이 있다.
③ 사람들은 자신의 이익을 위해 기존의 질서가 깨지는 것을 두려워한다.
④ 뇌에너지의 고통스런 희생을 필요로 하는 것들은 평범한 사람에게는 유해한 것이다.

해석 「보통 두뇌는 본디 게으르고 최소저항선을 택하는(가장 편한 방법을 취하는) 경향이 있다. 평범한 사람의 정신세계는 의심 없이 받아들이고 그가 확고하게 믿는 신념들로 이루어져 있다. 평범한 사람은 익숙한 세계의 기존 질서를 깨는 어떤 것에 본능적으로 적대감을 가지고 있다. 자기가 갖고 있는 어떤 신념과 불일치하는 새로운 생각은 정신(세계)을 재조정할 필요성을 의미 한다 ; 이러한 과정은 힘들고, 뇌에너지의 괴로운 소모를 필요로 한다. 거의 대다수인 평범한 사람과 그 동료들에게는, 기존의 신념과 제도(관습)에 의심을 갖게 되는 새로운 생각과 선택은 단지 그것들이 싫기 때문에 유해한 것처럼 보인다. 이런 태도는 사회발전을 위해 바꾸는 것이 바람직하다.」

## 다음 글의 요지로 가장 알맞은 것은?

기출PLUS

Research in learning suggests that getting good grades depends more on effective study skills than on a high IQ. Whereas students with high grades prepare for exams in advance, reviewing their notes periodically, students with poor grades wait until the last minute and then cram. Unfortunately, cramming does not produce the desired results. Students with high grades organize their time, planning when they will complete their assignments, while students with low grades ignore schedules and hope they will finish their work on time. Unfortunately, time usually runs out, and they don't get the work done.

① 학교에서 직업교육을 강화해야 한다.
② 사람은 능력에 따라 대접받아야 한다.
③ 좋은 공부습관이 좋은 결과를 낳는다.
④ 공부를 잘 한다고 반드시 성공하는 것은 아니다.

**단어**

**IQ** 지능지수(Intelligence Quotient)
**in advance** 미리, 앞서서
(= beforehand)
**review** 복습하다, 검토하다
**cram** 주입식의 공부를 하다, 포식하다, 게걸스럽게 먹다
**desired result** 바람직한 결과
**organize** 구성하다, 계통을 세우다, 정리하다, 계획하다
**assignment** 배당, 할당, 숙제
**run out** 뛰어나가다, 흘러나오다, 만기가 되다

**해석** 「학습에 대한 연구에서 보여주는 것은 좋은 점수를 얻는다는 것이 높은 지능지수보다는 효과적인 공부 방식에 더 의존한다는 점이다. 높은 점수를 가진 학생들은 정기적으로 자신들이 필기한 것들을 복습하면서, 미리 시험에 대한 준비를 하는 반면, 낮은 점수를 가진 학생들은 마지막 순간까지 기다리다가는 벼락치기 공부를 한다. 불행스럽게도, 벼락치기 공부는 바람직한 결과를 낳지 않는다. 높은 점수를 가진 학생들은 자신들의 시간을 관리하여 그들이 언제 자신들의 할당된 바를 완성시킬지를 계획한다. 반면에, 낮은 점수를 가진 학생들은 계획들을 무시하면서도 자신들의 일이 정각에 끝마쳐지기를 바란다. 불행히도, 시간이란 대개의 경우 모자란 것이고, 그 결과 그들은 그 일을 끝마치도록 다하지 못하는 것이다.」

**해설** 일관성이 있는 글의 구성의 특징은 주제(topic)가 있고, 그를 뒷받침하는 소재(supporting sentences)들이 있다. 위의 글에서는 처음에 주어진 문장(Research in learning suggests that getting good grades depends more on effective study skills than on a high IQ)이 주제이다. Whereas 이하는 높은 점수의 학생들과 낮은 점수의 학생들을 비교하며 언급함으로써 이를 뒷받침해 주는 역할을 하는 부분이나.

**기출PLUS**

**TYPE 3** 제목(title) 찾기 – 다음 글의 제목으로 가장 적절한(알맞은) 것은?

> 이 유형은 보통 주제 찾기와 일치하는 문제가 많지만, 제목은 주제보다 상징성이 강하며 간결하고 명료하다. 글의 제목을 찾기 위해서는 무엇보다 글 전체의 내용을 종합적으로 이해할 수 있는 독해능력을 필요로 한다.

### 다음 글의 제목으로 가장 적절한 것은?

**단어**

**adapt to** (환경 등에) 순응하다, ~에 적응하다
**fragile** 체질이 허약한
**predator** 약탈자, 육식동물
**cricket** 귀뚜라미
**reproduction** 재생, 복사, 재현
**venom** 독액, 독, 독물
**poisonous** 유독한, 유해한
**sting** 찌르다
**formidable** 무서운, 만만찮은, 굉장한
**adversary** 적, 상대, 대항자
**cockroach** 바퀴(벌레)
**inedible** 식용에 적합하지 않은
**camouflage** 위장, 속임, 변장
**inhospitable** 불친절한, 황량한

> Among the first animals to land our planet were the insects. They seemed poorly adapted to their world. Small and fragile, they were ideal victims for any predator. To stay alive, some of them, such as crickets, chose the path of reproduction. They laid so many young that some necessarily survived. Others, such as the bees, chose venom, providing themselves, as time went by, with poisonous stings that made them formidable adversaries. Others, such as the cockroaches, chose to become inedible. A special gland gave their flesh such an unpleasant taste that no one wanted to eat it. Others, such as moths, chose camouflage. Resembling grass or bark, they went unnoticed by an inhospitable nature.

① Natural Enemies of Insects
② Insects's Strategies for Survival
③ Importance of Insects in Food Chain
④ Difficulties in Killing Harmful Insects

**해석** 「지구에 처음 착륙한 동물 중에 하나가 곤충이다. 이 곤충들은 그들의 세계에 순응하기 힘들었던 것으로 보인다. 작고 약했던 그들은 어떤 육식동물들의 이상적인 희생자들이었다. 귀뚜라미와 같은 그들 중의 일부 곤충은 생존하기 위해 번식이라는 길을 택했다. 귀뚜라미들은 아주 많은 새끼들을 낳아서 일부가 생존한다. 벌과 같은 다른 곤충들은 그들 스스로 생산하는 독을 갖게 되었고, 시간이 지나면서 그들을 무서운 곤충으로 만들어준 독침을 갖게 되었다. 바퀴벌레와 같은 다른 곤충들은 식용에 적합지 않음을 보여주었다. 특별한 분비샘은 그들에게 너무 불쾌한 맛을 주어 그 어떤 것도 그것을 먹기를 원하지 않았다. 나방같은 곤충은 위장에 능하다. 잔디나 나무 껍질과 닮아 그들은 불친절한 자연에 의해 알아채지지 않는다.」

**해설** 이 문제는 귀뚜라미, 벌, 나방 등 각 곤충들이 어떠한 방법으로 생존해 나가고 있는지를 설명한 글이다.

## 다음 글의 제목으로 가장 알맞은 것은?

All I want is fair treatment and equal rights. I feel I have a right to smoke while I work. Right now most companies are concerned only with the rights of nonsmokers and make no provisions at all for employees who smoke. Of course, I know that smoking is bad for my health but, after all, that is my problem. My smoking does not hurt anybody else but me. So, why don't they stop discriminating against smokers and just leave us alone?

① Smoking And Addiction
② The Necessity of No Smoking
③ Diseconomies of Smoking
④ Excuses of Smokers

**기출PLUS**

단어
**fair** 공정한, 공평한
**be concerned with** ~에 관심을 갖다
**make provision (for)** 준비하다
**discriminating** 차별적인

해석 「내가 원하는 전부는 공정한 대우와 평등한 권리이다. 나는 내가 일하는 동안 담배를 피울 권리를 가지고 있다고 생각한다. 비로 지금 대부분의 회사들이 비흡연자들의 권리에만 관심을 가지고 있고 흡연하는 직원들에 대해서는 전혀 어떠한 준비도 하고 있지 않다. 물론 나는 흡연이 내 건강에 나쁘다는 것을 알고 있다. 그러나 결국 그것은 나의 문제인 것이다. 나의 흡연은 나 이외에 어떠한 사람에게도 해를 주지 않는다. 그래서 하는 말인데, 왜 그들은 흡연자들에 대한 차별대우를 중지하고 우리를 혼자 내버려두지 않는가?」

① 흡연과 중독성
② 금연의 필요성
③ 흡연의 비경제성
④ 흡연자의 변명

해설 이 문제에는 흡연자인 저자가 흡연의 폐해는 당사자에게만 국한되므로 담배를 피울 권리가 흡연자에게 있다고 주장하고 흡연자에 대한 차별대우를 중지할 것을 주장하는 글이다. 이와 같이 제목은 먼저 글의 주제를 파악하고, 그 주제에 어울리는 상징적이고도 간결한 제목을 찾으면 된다.

**TYPE 4** 글의 흐름 – 다음 글에서 전체 흐름과 관계없는 문장은?

이 유형은 글의 전체적인 일관성과 통일성을 해치는 문장을 골라내는 문제로, 이 유형의 대부분은 첫 번째 문장이 주제문이다. 주제문은 소재와 초점으로 이루어져 있는데, 소재와 초점이 주제문과 일치 하지 않는 문장이 정답이다. 이때 무관한 문장은 그 문장이 없어도 글의 흐름이 자연스럽게 연결될 수 있어야 한다.

### 다음 글에서 전체 흐름과 관계없는 문장은?

Cats have been loved as pets for a long time because they can become human's good friends. How long have cats been our pets? ① It was believed that cats were first raised as pets in ancient Egypt. ② Ancient Egyptians loved their cats very much because they thought cats were spiritual animals. ③ There were many attractive kinds of cats in the world that were loved as pets. ④ Recently scientists found some pieces of cat bones near human remains on the island of Cyprus, and the discovery means this animal lived with men 4,000 years before the ancient Egyptians.

해석 「고양이는 인간의 좋은 친구가 될 수 있기 때문에 오랫동안 애완동물로 사랑을 받아왔다. 고양이가 얼마나 오랫동안 인간의 친구였는가? ① 고양이는 고대 이집트에서 처음으로 애완동물로써 길러졌다고 여겨졌다. ② 그들은 고양이가 영적인 동물이라고 생각했기 때문에 고대 이집트 사람들은 그들의 고양이를 매우 사랑했다. ③ 애완동물로 사랑을 받은 매력적인 종류의 고양이들이 이 세상에는 많이 있었다. ④ 최근에 과학자들은 Cyprus 섬에 있는 인간의 유해 가까이에서 최초의 애완 고양이의 뼈 조각 몇 개를 발견했고, 그 발견은 이 동물이 고대 이집트인들 보다 4,000년 전에 인간과 함께 살았다는 것을 의미한다.」

해설 이 글은 고양이가 얼마나 오래 전부터 길러졌는지에 관한 내용이다. ③은 고양이 종류와 관련된 것으로 이 글의 흐름에 방해된다.

## 다음 글에서 전체 흐름과 관계없는 문장은?

Roman doll-makers continued to use technology developed by the Egyptians and Greeks, but in line with the artistic sensibilities of their culture, they were constantly trying to make dolls more elegant and beautiful. ① One doll, found near Prati in Rome, was made of ivory and lay beside her owner who had died at the age of eighteen. ② The huge growth in the understanding of civilization raised awareness of other important roles of trade. ③ Next to the doll was a small box, also made of ivory, containing tiny combs and a silver mirror. ④ The doll had rings on her fingers and held a tiny key, which unlocked the box.

**단어**
**artistic** 예술적인
**elegant** 우아한
**civilization** 문명
**awareness** 인식
**tiny** 작은

해석 「로마의 인형 제작자들은 이집트인들과 그리스인들에 의해 개발되었던 기술을 계속해서 사용했지만, 그들 문화의 예술적인 감수성에 일치하게 인형을 우아하고 아름답게 만들려고 계속적으로 노력했다. ① 로마의 Prati 근처에서 발견된 한 인형은 상아로 만들어졌고 18세의 나이에 죽었던 그것의 주인 옆에 놓여 있었다. ② 문명의 이해에 있어서의 큰 성장은 무역의 다른 중요한 역할에 대한 인식을 상승시켰다. ③ 그 인형 옆에는 역시 상아로 만들어진 작은 상자가 있었는데 작은 빗들과 은으로 만든 거울을 담고 있었다. ④ 그 인형은 손가락에 반지를 끼고 있었고 작은 열쇠를 쥐고 있었는데, 그것은 그 상자의 자물쇠를 열어 주었다.」

해설 이 글은 로마의 인형 만들기와 관련된 내용으로 ②는 글의 흐름과 관계없다.

**기출PLUS**

**TYPE 5** 어휘 – 다음 밑줄 친 부분 중 문맥상 낱말의 쓰임이 적절하지 않은 것은?

이 유형은 밑줄 친 어휘들이 문맥상 적절한지를 묻는 유형이다. 어휘에 대한 지식뿐만 아니라 글의 이해와 함께 문맥에 적절하게 사용되었는지를 파악 할 수 있는 능력을 필요로 한다.

**다음 밑줄 친 부분 중 문맥상 낱말의 쓰임이 적절하지 않은 것은?**

**단어**
proportion 비율
overall 전체적인
multiply 곱하다
phenomenon 현상
encourages 격려하다
retire 은퇴하다
labor forces 노동력

Contrary to the downward tendency of the whole population, the proportion of aged 65 and older in Japan is expected to increase to 40 percent in 2055, from the current 21 percent. Due to the ① increase in overall population and the "aged society", the Japanese government has recently made a law that encourages employers to hire elderly people after they retire. This is because these people are believed to make a ② positive contribution to society through their long experience. In fact, doctors insist that modern people should ③ multiply their age by 0.7 to get their "real" age and people in their sixties are no longer considered too old to go on working. Korean society, where a similar phenomenon is occurring, needs to take steps to make use of the labor forces of the ④ elderly people like Japan in the near future.

**해석** 「일본은 전체 인구의 감소경향과는 반대로, 65세 이상의 인구비율이 현재의 21퍼센트에서 2055년에는 40%까지 증가할 것으로 기대된다. 전체인구의 증가(→ 감소 : decline)와 "노령화 사회"로 인해 일본 정부는 최근 고용주들이 은퇴한 노인들을 고용하도록 장려하는 법안을 만들었다. 이것은 노인들이 자신의 오래 경험을 통해 사회에 긍정적인 기여를 할 것으로 믿어지기 때문이다. 실제로, 의사들은 현대인들이 그들의 "실제" 나이를 얻기 위해서는 0.7을 곱해야 하며, 더 이상 60대 노인들은 너무 나이가 들어 일을 계속할 수 없다고 여겨지지 않는다고 주장한다. 비슷한 현상이 일어나고 있는 한국 사회도 가까운 미래에 노인의 노동력을 활용할 수 있는 대책을 마련해야 한다.」

## 다음 밑줄 친 부분 중 문맥상 낱말의 쓰임이 적절하지 않은 것은?

기출PLUS

단 어
**sensitive** 민감한, 예민한
**expend** 소비하다

Certain fears are normal during childhood. That is because fear can be a natural reaction to feeling unsure and much of what children experience is ① unfamiliar. Young children often have fears of the dark, being alone, strangers, monsters, or other scary imaginary creatures. School-aged children might be afraid when it is stormy or at a first sleep-over. As they grow and learn, with the support of adults, most children are able to slowly ② conquer these fears and outgrow them. Some children are more ③ sensible to fears and may have a tough time overcoming them. When fears last beyond the expected age, it might be a sign that someone is overly fearful, worried, or anxious. People whose fears are too intense or last too long might need help and support to ④ overcome them.

해 석 「이떤 두려움은 어린 시절에는 정상적인 것이다. 그것은 불확실한 감정에 대한 자연스러운 반응이기 때문인데 아이들이 경험하는 많은 것들이 익숙하지 않기 때문이다. 어린 아이들은 종종 어둠, 혼자 있는 것, 낯선 사람, 괴물 또는 다른 무서운 상상의 생물체에 대한 두려움을 갖고 있다. 학교를 다닐 시기의 아이들은 폭풍이 몰아치거나 부모로부터 떨어져 처음으로 집 밖에서 잘 때 무서워할지 모른다. 대부분의 아이들은 부모님의 후원을 받으며 성장하고 자람에 따라, 천천히 이러한 두려움을 정복하고 두려움을 느끼지 않을 정도로 성장한다. 어떤 아이들은 두려움에 더 분별 있는(→ 예민해서: sensitive) 그것을 극복하는데 힘든 시간을 보내게 된다. 두려움이 생길 것으로 예상되는 나이를 넘어서 지속될 때, 그것은 과도하게 두려워하거나, 걱정하거나, 또는 근심한다는 것을 보여주는 신호일 수 있다. 두려움이 너무 강하거나 오랫동안 지속되는 사람들은 그것을 극복하기 위해 도움이나 후원을 필요로 할 지 모른다.」

**TYPE 6** 빈칸 – 다음 빈칸에 들어갈 말로 가장 적절한 것은?

이 유형은 독해 유형 중 비중이 가장 큰 유형으로서, 주로 글의 주제문에 빈칸이 뚫리는 경우가 대부분이다. 글의 키워드 중심으로 글을 읽어 가는 게 중요하며, 빈칸 주위에 정답에 대한 근거가 있는 경우가 많다.

### 다음 빈칸에 들어갈 말로 가장 적절한 것은?

---

The dengue virus is contracted through contact with mosquitoes, and nearly half of the world's population is at risk of infection. _____, including pain behind the eyes and in the joints, nausea, and rash. Most patients can recover with rest and by staying hydrated, but some develop a severe condition. Presently, there is no cure for the disease, and no vaccines exist to prevent infection.

---

① Treatment of acute dengue is supportive

② Symptoms of the disease can vary widely

③ Dengue has become a global problem

④ Very few people understand what causes dengue

**단 어**
**dengue virus** 뎅기열 바이러스
**contract** 줄어들다. (병에) 걸리다. 계약하다
**infection** 감염
**nausea** 메스꺼움
**rash** 발진
**hydrated** 물과 결합한

**해 석** 「뎅기열 바이러스는 모기와의 접촉을 통해 걸리고, 세계 인구의 거의 절반이 감염의 위험이 있다. 이 질병의 증상은 눈의 뒤쪽 및 관절의 통증, 메스꺼움 그리고 발진을 포함하여 폭넓게 다양할 수 있다. 대부분의 환자들은 수분을 섭취하면서 휴식을 취하면 회복되지만, 몇몇은 심각한 상태로 발전하기도 한다. 현재 이 질병에 대한 치료법은 없으며, 감염을 예방하기 위한 백신도 존재하지 않는다.」

① 급성 뎅기열의 치료는 도와준다.
② 이 질병의 증상은 폭넓게 다양할 수 있다.
③ 뎅기열은 국제적인 문제가 되었다.
④ 뎅기열의 원인을 이해하는 사람은 거의 없다.

## 다음 빈칸에 들어갈 말로 가장 적절한 것은?

기출PLUS

단어
**incredible** 믿을 수 없을 정도의
**take a break** 휴식을 취하다
**doorknob** (문의) 손잡이
**lid** 뚜껑
**jar** 병

Have you ever stopped and spent some time thinking about the two amazing machines located at the ends of your arms? Your hands are really incredible: they work all day, hardly ever taking a break, but they rarely get tired. And not only are your hands strong, they are also _____. Think about all the different things they do! They knock on doors and turn doorknobs. If you're hungry, they'll take the lid off a cookie jar and then put the cookies to your mouth! And if you are good at computer games, you can thank your hands for that, too. Whatever you are doing, your hands can help you.

① versatile                    ② tangible

③ eligible                     ④ genuine

**해석** 「당신은 멈춰서 두 개의 놀라운 기계들에 대해 생각하는 데 얼마간의 시간을 보낸 적이 있는가? 당신의 팔 끝에 위치한 당신의 손은 정말 믿어지지 않을 정도이다. 그것들은 종일 일하고 거의 휴식을 취하지 않으면서 좀처럼 지치지도 않는다. 그리고 당신의 손은 튼튼할 뿐만 아니라 <u>다재다능하기도</u> 하다. 그들이 하는 모든 각양각색의 것들을 생각해 보라! 그것들은 문을 두드리고 손잡이를 돌린다. 만약 당신이 배가 고프다면 그것들은 쿠키 뚜껑을 연 다음 그 쿠키들을 당신의 입으로 넣을 것이다. 그리고 만약 당신이 컴퓨터 게임에 능숙하다면 그 점에 대해서도 당신은 당신의 손에 고마워 할 수 있다. 당신이 무엇을 하고 있든 당신의 손은 당신을 도울 수 있다.」

① 다재다능한
② 분명히 실재하는
③ (자격·연령 등의 조건이 맞아서) ~을 가질 수 있는
④ 진실한

**2021 소방공무원**

**01** 다음 글의 요지로 가장 적절한 것은?

> To demonstrate that you are thankful, you should say "thank you" immediately when you walk into the room and do the interview. This is a step that many people forego and do not remember, but when you do it, you demonstrate a level that is above the average candidate. So, you should say something to the interviewer like the following : "Thank you for inviting me to have this interview. I appreciate the time that you have committed to talk to me about this available position." You don't have to fluff up your words or try to make it into something fancy. Instead, keep it simple and to the point to show your gratitude to the interviewer.

① 면접자는 면접 시간 약속을 철저하게 지켜야 한다.
② 면접자는 면접 요청을 받으면 최대한 빨리 답장해야 한다.
③ 면접자는 면접관에게 곧바로, 간단히 감사를 표현해야 한다.
④ 면접에서 자신의 의견을 말할 때는 근거를 정확히 밝혀야 한다.

**단어** **forego** 앞서다 **fluff up** 부풀리다 **gratitude** 고마움

**해석** 「당신이 감사하다는 것을 보여주기 위해, 당신이 방에 들어가 인터뷰를 할 때 즉시 "감사하다."라고 말해야 한다. 이것은 많은 사람들이 앞서 들어가 기억하지 못한 단계이지만, 당신이 그렇게 한다면 당신은 보통 지원자 우위의 레벨임을 보여주게 된다. 그렇기에 당신은 면접관에게 다음과 같은 말을 해야 한다. "이런 인터뷰 기회를 주셔서 감사합니다. 당신이 이 공석에 관해 저와 이야기 나눌 수 있는 시간을 내주심에 감사드립니다." 당신은 당신의 말을 부풀리거나 멋지게 만들어낼 필요는 없다. 대신에 면접관에게 당신의 고마움을 표현하는 데에 당신의 말을 간단명료하게 하라.」

**해설** ③ 면접자는 면접관에게 곧바로, 간단히 감사를 표현해야 한다.

**Answer** 01.③

**02** 다음 글에서 필자가 주장하는 바로 가장 적절한 것은?

It's drilled into us that we need to be more active to lose weight. So it spins the mind to hear that a key to staying thin is to spend more time doing the most sedentary inactivity humanly possible. Yet this is exactly what scientists are finding. In light of Van Cauter's discoveries, sleep scientists have performed a flurry of analyses on large datasets of children. All the studies point in the same direction: on average, children who sleep less are fatter than children who sleep more. This isn't just in America —scholars all around the world are considering it because children everywhere are both getting fatter and getting less sleep.

① 과도한 다이어트는 건강에 좋지 않다.
② 수면 부족은 체중 증가와 관계가 있다.
③ 균형 잡힌 식습관은 수면의 질을 높인다.
④ 신체 성장을 위해 충분한 수면이 필요하다.

[단어] **sedentary** 몸을 많이 움직이지 않는 **flurry** 돌풍 **inactivity** 비활동

[해석] 「우리는 체중 감량을 위해 더 적극적이어야 한다고 주입 당했다. 그래서 마른 몸을 유지하는 비결이 인력으로 가능한 가장 몸을 쓰지 않는 무위의 시간을 더 보내는 것이라고 듣고 싶은 심정이다. 하지만 이것이 바로 과학자들이 발견하고 있는 것이다. Van Cauter의 발견에 비추어 보면, 수면 과학자들은 아동에 대한 대용량 데이터셋을 기반으로 많은 연구를 해왔다. 연구들은 모두 같은 방향으로 향한다. : 평균적으로, 수면이 부족한 어린이들이 더 많이 자는 어린이들보다 더 살이 쪘다. 이것은 단지 미국에서만의 이야기가 아니다. – 전 세계의 학자들은 이 사실을 고려하고 있다. 왜냐하면 곳곳의 아이들이 비만이 되어가고 수면을 덜 취하기 때문이다.」

[해설] ② 본문 전반에 걸쳐 인간의 활동과 비만에 관하여 연구 결과를 바탕으로 이야기하고 있다.

Answer 02.②

**03** 빈칸에 들어갈 말로 가장 적절한 것은?

> When you provide basic medical care to someone experiencing a sudden injury or illness, it's known as first aid. In some cases, first aid consists of the initial support provided to someone in the middle of a medical _____. This support might help them survive until professional help arrives. In other cases, first aid consists of the care provided to someone with a minor injury. For example, first aid is often all that's needed to treat minor burns, cuts, and insect stings.

① profession
② emergency
③ qualification
④ breakthrough

**단어** first aid 응급처치

**해석** 「당신이 갑작스러운 부상이나 질병을 겪고 있는 누군가에게 기본적인 치료를 해야 할 때, 그것을 응급처치라고 한다. 어떤 경우에 응급처치는 응급의료상황 가운데 있는 누군가에게 제공하는 초기 지원이다. 이런 지원은 전문적인 도움이 이르기 전까지 그 사람들을 살리는 데 도움이 될 수도 있다. 다른 경우에, 응급처치는 경상을 입은 사람들에게 제공되는 치료이다. 예를 들어, 응급처치는 종종 가벼운 화상, 자상, 벌레 쏘임을 치료하는 데 필요한 전부이기도 하다.」

**보기** ① 전문직
② 응급
③ 자격
④ 돌파구

**해설** 빈칸이 있는 문장 전, 후에 first aid, help the survive 등 응급상황에서의 응급처치를 설명하고 있다. 따라서 ② emergency가 적절하다.

**Answer** 03.②

**04** 밑줄 친 부분 중 문맥상 낱말의 쓰임이 적절하지 않은 것은?

Egg yolks range dramatically in color, but yolk variations are caused by dietary differences rather than genetic ones. Yolk color is ① underline{influenced} primarily by the pigments in the chicken feed. If the hen gets plenty of yellow–orange plant pigments known as xanthophylls, the pigments will be deposited in the yolk. Hens receiving mash with yellow corn and alfalfa meal will ② underline{lay} eggs with medium yellow yolks. Those fed on wheat or barley produce lighter yolks. A totally colorless diet, such as white corn, will yield a ③ underline{colorful} yolk. For cosmetic reasons alone, farmers avoid giving chickens a colorless diet, because consumers ④ underline{prefer} a yellowish hue to their yolks.

> **단어**  **yolk** 노른자  **pigment** 색소  **xanthophylls** 엽황소  **mash** 삶은 곡물 사료  **barley** 보리  **hue** 색조

> **해석** 「달걀노른자는 극적으로 색깔이 다양하지만, 노른자의 변화는 유전적인 부분보다 식이적 차이에서 비롯된다. 노른자 색상은 닭 모이에 들어있는 색소에 의해 주로 영향을 받는다. 만약 암탉이 엽황소로 알려진 노랑–주황 식물색소를 많이 먹는다면, 그 색소는 노른자 안에 들어가게 될 것이다. 노란 옥수수와 알팔파 식사를 사료로 받은 암탉들은 중간 정도의 노랑을 띠는 노른자 알을 낳을 것이다. 밀이나 보리에 넣어 먹인 닭들은 더 밝은 노른자를 생산한다. 흰 옥수수 같은 완전히 무색의 식단은 ③ 화려한 노른자를 낸다. 미용의 이유를 제쳐두더라도, 농부들은 닭에게 무색의 식단 주는 것을 피한다. 왜냐하면 소비자들이 노른자에 노르스름한 색소가 있는 것을 더 선호하기 때문이다.」

> **보기** ① 영향을 받는
> ② 낳다
> ③ 화려한
> ④ 선호하다

> **해설** ③ 식단에 있는 색소가 노른자에 영향을 주기 때문에, 무색의 식단은 색이 희미하거나 없는 노른자를 낼 것이다. 따라서 ③의 '화려한'은 적절하지 않다.

**Answer** 04.③

**05  밑줄 친 부분 중 문맥상 낱말의 쓰임이 적절하지 않은 것은?**

For most adults, the ability to drive a car is an integral part of our sense of empowerment and freedom. We ① <u>seldom</u> think of what it would be like if we couldn't just "jump in the car and go." But that feeling of complete freedom to go where you want and when you want is such a deep part of how we all function that it seems inconceivable to any of us to ② <u>lose</u> that mobility and freedom. But for senior citizens, there will come a time when they will need to stop driving. The causes are many, but the most common reason that calls for senior citizens to stop driving is ③ <u>enhanced</u> eyesight. While much can be done to preserve the eyesight of senior citizens, if their ability to see becomes a hazard behind the wheel, they will have to be told that it's time to let that ④ <u>precious</u> freedom go.

**단어**  integral 필수적인  empowerment 자율권한  inconceivable to  -로서는 상상도 할 수 없는  enhance 향상시키다
**behind the wheel** 운전하여  **hazard** 위험요소

**해석** 「대부분의 성인에게 차를 운전하는 능력은 우리의 자율권한과 자유 의식의 필수적인 부분이다. 우리는 좀처럼 우리가 만약 "차에 타고 갈" 수 없다면 어떨지 생각하지 않는다. 하지만 당신이 원하는 곳으로 원하는 때에 가는 완전한 자유의 느낌은 우리가 구실을 하는 정말 깊은 부분이기 때문에 우리 중 누구도 그런 이동성과 자유를 잃는다는 것은 상상도 할 수 없는 일인 듯 보인다. 하지만 노인들에게는 운전을 멈춰야 할 때가 올 것이다. 이유는 많지만, 노인들이 운전을 그만두도록 요구하는 가장 일반적인 이유는 ③ 향상된 시력이다. 노인들의 시력을 지키기 위해 할 수 있는 것들이 있긴 하지만, 만약 그들의 보는 능력이 운전을 하는 데에 위험요소가 된다면 그들은 귀중한 자유를 그만 보내야 될 때가 됐다고 당부를 받게 될 것이다.」

**보기** ① 좀처럼 ~않다
② 잃다
③ 향상된
④ 귀중한

**해설** 노인들은 일반적으로 시력이 향상되기보다 노화로 시력이 떨어지기 때문에 ③ enhanced는 적절하지 않다.

**Answer**  05.③

**06** 다음 글에서 전체 흐름과 관계없는 문장은?

Genetic engineering of food and fiber products is inherently unpredictable and dangerous — for humans, for animals, for the environment, and for the future of sustainable and organic agriculture. ① As Dr. Michael Antoniou, a British molecular scientist, points out, gene-splicing has already resulted in the "unexpected production of toxic substances in genetically engineered (GE) bacteria, yeast, plants, and animals." ② So many people support genetic engineering which can help to stop the fatal diseases. ③ The hazards of GE foods and crop sfall basically into three categories: human health hazards, environmental hazards, and socioeconomic hazards. ④ A brief look at the already-proven and likely hazards of GE products provides a convincing argument for why we need a global moratorium on all GE foods and crops.

**단어** genetic 유전학의  fiber 섬유  inherently 본질적으로  sustainable 지속 가능한  organic agriculture 유기농업  molecular 분자의  gene-splicing 유전자 접  fatal 치명적인  hazard 위험  fall into -로 나뉘다  socioeconomic 사회 경제적

**해석** 「식품과 섬유 제품의 유전 공학은 인간, 동물, 환경, 그리고 지속 가능한 유기농업의 미래에 본질적으로 예측할 수 없고 위험하다. ① 영국의 분자 과학자인 Michael Antoniou 박사가 지적한 바와 같이 유전자 접합은 이미 "유전자공학에 의해 생성된(GE) 박테리아, 효모, 식물, 동물에서 예기치 못한 독성 물질 생성"이라는 결과를 냈다. ② 그래서 많은 사람들이 치명적인 질병들을 멈추는 데 도움을 줄 수 있는 유전공학을 지지한다. ③ GE 식품과 농작물의 위험은 기본적으로 세 가지 범주로 분류된다.: 인간의 건강 위험, 환경 위험, 사회 경제적 위험. ④ 이미 입증된 GE 생산품의 위험 여지를 간략히 살펴보는 것은 왜 우리가 GE 식품과 농작물에 글로벌 모라토리엄이 필요한지에 대해 설득력 있는 주장을 가능하게 해준다.」

**해설** ② 유전공학의 위험에 대해 서술하는 전체 흐름과 관계없이 유전공학에 대한 사람들의 지지를 서술하고 있다.

**Answer** 06.②

**07** 다음 글의 제목으로 가장 적절한 것은?

Warming temperatures and loss of oxygen in the sea will shrink hundreds of fish species—from tunas and groupers to salmon, thresher sharks, haddock and cod—even more than previously thought, a new study concludes. Because warmer seas speed up their metabolisms, fish, squid and other waterbreathing creatures will need to draw more oxygen from the ocean. At the same time, warming seas are already reducing the availability of oxygen in many parts of the sea. A pair of University of British Columbia scientists argue that since the bodies of fish grow faster than their gills, these animals eventually will reach a point where they can't get enough oxygen to sustain normal growth. "What we found was that the body size of fish decreases by 20 to 30 percent for every 1 degree Celsius increase in water temperature," says author William Cheung.

① Fish Now Grow Faster than Ever
② Oxygen's Impact on Ocean Temperatures
③ Climate Change May Shrink the World's Fish
④ How Sea Creatures Survive with Low Metabolism

**단어** shrink 줄어들게 하다, 감소시키다 **metabolism** 신진대사 **availability** 이용 가능성 **sustain** 지속시키다

**해석** 「바다에서의 온난화와 산소 손실이 참치와 농어에서 연어, 환도상어, 해덕, 대구까지 수백 종의 어종을 이전에 생각했던 것보다 더 많이 감소시킬 것이라고 새로운 연구는 결론 내렸다. 따뜻한 바다는 물고기들의 신진대사를 가속화하기 때문에, 물고기, 오징어 그리고 다른 수중 호흡 생물들은 바다에서 더 많은 산소를 필요로 할 것이다. 이와 동시에, 바다가 따뜻해지면서 이미 바다의 많은 부분에서 산소의 이용 가능성이 줄고 있다. University of British Columbia의 한 쌍의 과학자들은 물고기의 몸통이 아가미보다 더 빨리 자라기 때문에, 이 동물들은 결국 정상적인 성장을 지속하기에 충분한 산소를 얻을 수 없는 지경에 이르게 될 것이라고 주장한다. "우리가 발견한 것은 물고기의 몸통 크기가 수온이 섭씨 1도 증가할 때마다 20에서 30퍼센트씩 줄어든다는 것입니다." 라고 저자 William Cheung은 말한다.」

**보기** ① 이제 물고기는 그 어느 때보다 더 빨리 자란다.
② 산소가 해양 온도에 미치는 영향
③ 기후변화가 세계의 물고기를 위축시킬 수 있다.
④ 낮은 신진대사로 바다생물들이 살아남는 방법

**해설** 첫 번째 문장에서 온난화(기후변화)가 생각하는 것보다 많은 어종을 감소시킬 것이라 말하고 있다.

**Answer** 07.③

**08** 다음 글의 흐름상 가장 어색한 문장은?

The term burnout refers to a "wearing out" from the pressures of work. Burnout is a chronic condition that results as daily work stressors take their toll on employees. ① <u>The most widely adopted conceptualization of burnout has been developed by Maslach and her colleagues in their studies of human service workers.</u> Maslach sees burnout as consisting of three interrelated dimensions. The first dimension—emotional exhaustion—is really the core of the burnout phenomenon. ② <u>Workers suffer from emotional exhaustion when they feel fatigued, frustrated, used up, or unable to face another day on the job.</u> The second dimension of burnout is a lack of personal accomplishment. ③ <u>This aspect of the burnout phenomenon refers to workers who see themselves as failures, incapable of effectively accomplishing job requirements.</u> ④ <u>Emotional labor workers enter their occupation highly motivated although they are physically exhausted.</u> The third dimension of burnout is depersonalization. This dimension is relevant only to workers who must communicate interpersonally with others (e.g. clients, patients, students) as part of the job.

**단어** **chronic condition** 만성 질환 **stressor** 스트레스 요인 **take a toll on** ~에 피해를 주다 **conceptualization** 개념화, 개념적인 해석 **interrelated** 서로 밀접하게 연관된 **dimension** 크기, 차원 **exhaustion** 피로, 기진맥진 **fatigued** 심신이 지친, 피로한 **requirement** 필요조건, 요구 사항 **motivated** 의욕을 가진 **depersonalization** 몰개인화, 비인격화 **interpersonally** 대인 관계에서

**해석** 「번 아웃이라는 용어는 업무의 압박으로 인한 "지치는 것"을 의미한다. 번 아웃은 일상적인 업무 스트레스 요인이 직원에게 피해를 입힐 때 발생하는 만성 질환이다. 가장 널리 채택된 번 아웃의 개념적인 해석은 Maslach와 그녀의 동료들이 대인 서비스 근로자들에 대한 연구에서 개발되었다. Maslach는 번 아웃이 서로 밀접하게 연관된 세 가지 차원으로 구성되어 있다고 본다. 첫 번째 차원인 정서적 피로는 실제로 번 아웃 현상의 핵심이다. 근로자들은 피로감, 좌절감, 기진맥진함을 느끼거나 직장에서 또 다른 하루를 맞이할 수 없을 때 정서적 피로로 고통받는다. 번 아웃의 두 번째 차원은 개인적인 성취의 부족이다. 번 아웃 현상의 이러한 측면은 스스로를 업무 요구 사항을 효과적으로 달성할 수 없는 실패자로 여기는 근로자들을 나타낸다. (감정 노동자들은 육체적으로 지쳤음에도 왕성한 의욕을 가지고 그들의 업무를 시작한다.) 번 아웃의 세 번째 차원은 탈개인화다. 이 차원은 직무의 일부로 다른 사람들(예를 들면 고객, 환자, 학생)과 대인 관계를 맺어야 하는 근로자들에게만 해당된다.」

**해설** ④ 근로자들이 겪는 번아웃에 대해 서술하는 본문의 흐름을 벗어나 긍정적인 측면을 담고 있다.

**Answer** 08.④

**2021. 인사혁신처**

**09**

Social media, magazines and shop windows bombard people daily with things to buy, and British consumers are buying more clothes and shoes than ever before. Online shopping means it is easy for customers to buy without thinking, while major brands offer such cheap clothes that they can be treated like disposable items—worn two or three times and then thrown away. In Britain, the average person spends more than £1,000 on new clothes a year, which is around four percent of their income. That might not sound like much, but that figure hides two far more worrying trends for society and for the environment. First, a lot of that consumer spending is via credit cards. British people currently owe approximately £670 per adult to credit card companies. That's 66 percent of the average wardrobe budget. Also, not only are people spending money they don't have, they're using it to buy things _____. Britain throws away 300,000 tons of clothing a year, most of which goes into landfill sites.

① they don't need
② that are daily necessities
③ that will be soon recycled
④ they can hand down to others

**단어** **bombard** 쏟아 붓다 **disposable** 일회용의 **figure** 수치 **via** 통하여 **wardrobe** 의상, 옷 **landfill** 쓰레기 매립지

**해석** 「소셜 미디어, 잡지 그리고 상점 진열장은 사람들에게 구매할 것을 매일 쏟아내고, 영국 소비자들은 과거 어느 때보다 더 많은 옷과 신발을 구매하고 있다. 온라인 쇼핑이란 소비자들이 생각하지 않고 쉽게 구매할 수 있다는 것을 의미하며, 주요 브랜드들은 — 두세 번 입고 나면 버려지는 — 일회용품처럼 취급될 수 있을 만큼 너무나 값싼 의류를 공급한다. 영국에서, 보통 사람은 새 옷에 연간 1천 파운드 이상을 쓰는데, 이는 그들의 수입 중 약 4 퍼센트에 해당한다. 그것은 대단한 액수처럼 들리지 않겠지만, 그 숫자는 사회와 환경의 측면에서 한층 더 걱정스러운 두 가지 경향을 감추고 있다. 첫째, 많은 소비자 지출이 신용카드를 통해 이루어진다. 현재 영국 사람들은 신용카드 회사에 성인 한 사람당 거의 670파운드를 빚지고 있다. 그것은 평균 의류 예산의 66퍼센트이다. 또한, 사람들은 수중에 없는 돈을 쓰고 있을 뿐 아니라, 그들이 <u>필요하지 않은</u> 것을 구매하는 데 돈을 쓰고 있다. 영국은 연간 30만 톤의 의류를 버리는데, 그것의 대부분이 쓰레기 매립지로 간다.」

**보기** ① 필요하지 않은
② 생활필수품인
③ 곧 재활용 될
④ 다른 사람들에게 물려줄 수 있는

**Answer** 09.①

**10**

Excellence is the absolute prerequisite in fine dining because the prices charged are necessarily high. An operator may do everything possible to make the restaurant efficient, but the guests still expect careful, personal service: food prepared to order by highly skilled chefs and delivered by expert servers. Because this service is, quite literally, manual labor, only marginal improvements in productivity are possible. For example, a cook, server, or bartender can move only so much faster before she or he reaches the limits of human performance. Thus, only moderate savings are possible through improved efficiency, which makes an escalation of prices _____. (It is an axiom of economics that as prices rise, consumers become more discriminating.) Thus, the clientele of the fine-dining restaurant expects, demands, and is willing to pay for excellence.

① ludicrous

② inevitable

③ preposterous

④ inconceivable

**단어**  **prerequisite** 전제 조건  **fine dining** 고급 식당  **to order** 주문에 따라  **escalation** 상승  **axiom** 공리, 자명한 이치  **clientele** 고객들  **be willing to-v** 기꺼이 ~하다

**해석** 「탁월함은 고급 레스토랑의 절대적인 전제조건인데, 왜냐하면 필연적으로 요금이 비싸기 때문이다. 운영자는 레스토랑을 효율적으로 만들기 위해서 할 수 있는 모든 것을 하겠지만, 손님들은 정성스러운 개개인을 위한 서비스를 여전히 기대한다 : 매우 숙련된 요리사가 주문에 따라 준비하고 능숙한 서빙하는 사람에 의해 전달되는 음식. 그야말로, 이 서비스는 육체노동이기 때문에, 고작 미미한 생산성 향상만이 가능하다. 예를 들어, 요리사, 서빙하는 사람, 또는 바텐더는 훨씬 더 빠르게 움직일 수는 있어도, 그것조차 인간적인 수행의 한계에 다다르기 전까지 뿐이다. 따라서, 향상된 효율성을 통해서는 겨우 약간의 절약만이 가능한데, 이는 가격상승을 <u>불가피하게</u> 만든다. (가격이 오르면 소비자들의 안목이 더 좋아지는 것은 경제학의 원리이다.) 따라서, 고급 레스토랑의 고객은 (탁월함을) 기대하고 요구하며 탁월함에 대해 기꺼이 값을 지불하려고 한다.」

**보기** ① 터무니없는
② 불가피한
③ 터무니없는
④ 상상도 할 수 없는

**Answer**  10.②

**11** 다음 글의 주제로 가장 적절한 것은?

During the late twentieth century socialism was on the retreat both in the West and in large areas of the developing world. During this new phase in the evolution of market capitalism, global trading patterns became increasingly interlinked, and advances in information technology meant that deregulated financial markets could shift massive flows of capital across national boundaries within seconds. 'Globalization' boosted trade, encouraged productivity gains and lowered prices, but critics alleged that it exploited the low-paid, was indifferent to environmental concerns and subjected the Third World to a monopolistic form of capitalism. Many radicals within Western societies who wished to protest against this process joined voluntary bodies, charities and other non-governmental organizations, rather than the marginalized political parties of the left. The environmental movement itself grew out of the recognition that the world was interconnected, and an angry, if diffuse, international coalition of interests emerged.

① The affirmative phenomena of globalization in the developing world in the past
② The decline of socialism and the emergence of capitalism in the twentieth century
③ The conflict between the global capital market and the political organizations of the left
④ The exploitative characteristics of global capitalism and diverse social reactions against it

**단어** retreat 후퇴 **phase** 단계, 국면 **advance** 발전 **deregulate** 규제를 철폐하다 **shift** 옮기다, 바꾸다 **massive** 거대한 **boost** 북돋우다 **gain** 개선, 증가 **allege** 주장하다 **exploit** 착취하다 **indifferent** 무관심한 **subject** 종속시키다 **monopolistic** 독점적인 **radical** 급진주의자 **protest** 항의[반대]하다 **charity** 자선단체 **marginalize** 소외시키다, 처지게 하다 **diffuse** 퍼뜨리다, 퍼지다 **coalition** 연합 **emerge** 나타나다 **affirmative** 긍정적인 **decline** 쇠퇴 **conflict** 갈등 **diverse** 다양한

**해석** 「20세기 후반에 사회주의는 서양과 개발도상국의 많은 지역에서 퇴각하고 있었다. 시장 자본주의의 발전이라는 새로운 국면에서, 세계의 무역 형태는 점점 연결되었고, 정보기술의 진보는 규제가 철폐된 금융 시장이 순식간에 국경을 초월하여 거대한 자본의 흐름을 바꿀 수 있다는 것을 의미했다. '세계화'는 무역을 신장시켰고, 생산성 증가를 부추겼고, 가격을 낮췄지만, 비평가들은 세계화가 저임금 노동자들을 착취했고 환경 문제에 무관심했으며 제3세계 국가들이 독점적인 자본주의 형태를 띠게 만들었다고 제기했다. 이러한 과정에 대해 항의하고자 하는 서양 사회의 많은 급진주의자는 소외된 좌익의 정당보다 자발적인 단체, 구호 단체 그리고 다른 비정부 조직들에게 합류했다. 환경 운동은 스스로 세계가 서로 연결되어 있다는 인식에서 발전하였고, 성난 국제적 연합 세력들이 생겨났다.」

**보기** ① 과거 개발도상국에서의 세계화의 긍정적 현상
② 사회주의의 쇠퇴와 20세기 자본주의의 출현
③ 세계 자본시장과 좌파 정치 조직 사이의 갈등
④ 세계 자본주의의 착취 성격과 그에 대한 다양한 사회적 반응들

**Answer** 11.④

**12** 다음 글에서 필자가 주장하는 바로 가장 적절한 것은?

Judge Nicholas in Brooklyn supplied much-needed shock treatment by preventing New York City from hiring firefighters based on a test that discriminated against black and Hispanic applicants. At the time, only 2.9 percent of firefighters were black, even though the city itself was 27 percent black. One of the biggest obstacles to fairness has been a poorly designed screening test measuring abstract reasoning skills that have little to do with job performance. So it is time to design and develop a new test that truthfully reflects skills and personality characteristics that are important to the firefighter's job. It would be fairer if it is more closely tied to the business of firefighting and ensures all the candidates who are eligible to be hired can serve as firefighters, no matter whether they are blacks or not.

① 신속한 소방 활동을 위해 더 많은 소방관을 채용해야 한다.
② 소방관 채용에서 백인에 대한 역차별 문제를 해소해야 한다.
③ 소방관의 직무와 직결된 공정한 소방관 선발 시험을 개발해야 한다.
④ 소방관 선발 시험을 고차원적 사고 기능 중심으로 출제해야 한다.

**단어** discriminate 차별하다 applicant 지원자 fairness 공정성 screening test 선발 검사 have little to do with ~와 거의 관련이 없다 ensure 보장하다 candidate 후보자 be eligible to ~할 자격이 있는

**해석** 「브루클린의 니콜라스 판사는 흑인과 히스패닉계 지원자를 차별하는 시험을 바탕으로 뉴욕시가 소방관을 고용하는 것을 막음으로써 매우 필요한 충격 치료를 제공했다. 당시 도시 자체가 27%의 흑인임에도 불구하고 소방관의 2.9%만이 흑인이었다. 공정성에 가장 큰 장애물 중 하나는 직무 수행과 거의 관련이 없는 추상적 추론 기술을 측정하는 형편없게 설계된 선발 시험이었다. 따라서 소방관의 직업에 중요한 기술과 성격 특성을 진정으로 반영하는 새로운 테스트를 설계하고 개발해야 할 때이다. 소방사업과 더 밀접하게 연계되고 채용될 자격이 있는 모든 후보자들이 흑인이든 아니든 소방관으로서 역할을 할 수 있다는 것을 보장한다면 더 공정할 것이다.」

Answer 12.③

**13** 다음 글의 주제로 가장 적절한 것은?

> Weather plays a big part in determining how far and how fast a forest fire will spread. In periods of drought, more forest fires occur because the grass and plants are dry. The wind also contributes to the spread of a forest fire. The outdoor temperature and amount of humidity in the air also play a part in controlling a forest fire. Fuel, oxygen and a heat source must be present for a fire to burn. The amount of fuel determines how long and fast a forest fire can burn. Many large trees, bushes, pine needles and grass abound in a forest for fuel. Flash fires occur in dried grass, bushes and small branches. They can catch fire quickly and then ignite the much heavier fuels in large trees.

① 산불 확대 요인
② 다양한 화재 유형
③ 신속한 산불 진압 방법
④ 산불 예방을 위한 주의사항

**단어** **play a part** 역할을 하다 **drought** 가뭄 **occur** 발생하다 **contribute to** 기여하다 **humidity** 습도 **control** 통제하다 **determine** 결정하다 **bush** 수풀 **pine needle** 솔잎 **abound** 풍부하다 **ignite** 불을 붙이다

**해석** 「산불이 얼마나 멀리, 얼마나 빨리 번질지 결정하는 데 날씨가 큰 역할을 한다. 가뭄의 시기에는 풀과 식물이 건조하기 때문에 산불이 더 많이 발생한다. 바람은 산불 확산에도 기여한다. 야외 온도와 공기 중의 습도도 산불을 진압하는 데 한몫을 한다. 불이 연소하려면 연료, 산소, 열원이 있어야 한다. 연료의 양은 산불이 얼마나 오래 그리고 빨리 연소할 수 있는지를 결정한다. 많은 큰 나무, 덤불, 솔잎, 풀들이 연료를 위해 숲에 넘쳐난다. 갑작스런 화재는 마른 풀, 덤불, 작은 가지에서 발생한다. 그들은 빨리 불이 붙어서 큰 나무에서 훨씬 더 무거운 연료에 불을 붙일 수 있다.」

**Answer** 13.①

**14** 다음 글의 요지로 가장 적절한 것은?

Perhaps every person on Earth has at least once been in a situation when he or she has an urgent task to do, but instead of challenging it head on, he or she postpones working on this task for as long as possible. The phenomenon described here is called procrastination. Unlike many people got used to believing, procrastination is not laziness, but rather a psychological mechanism to slow you down and give you enough time to sort out your priorities, gather information before making an important decision, or finding proper words to recover relationship with another person. Thus, instead of blaming yourself for procrastinating, you might want to embrace it—at least sometimes.

① Stop delaying work and increase your efficiency.
② Procrastination is not a bad thing you have to worry about.
③ Challenge can help you fix a relationship with another person.
④ Categorize your priorities before making an important decision.

**단어**  **urgent** 긴급한  **head on** 정면으로  **procrastination** 지연 · 미룸  **laziness** 게으름  **sort out** 분류하다  **priority** 우선순위  **proper** 적절한  **recover** 회복하다  **blame** 비난하다  **embrace** 받아들이다

**해석**  「지구상의 모든 사람들은 적어도 한 번은 해야 할 급한 일이 있을 상황에 처했을지 모르지만, 정면으로 도전하는 대신, 가능한 한 오랫동안 이 일을 하는 것을 미룬다. 여기서 설명된 현상을 미루기라고 한다. 많은 사람들이 믿는 것에 익숙해진 것과 달리, 미루기는 게으름이 아니라, 오히려 여러분을 늦추고 여러분의 우선순위를 정리하고, 중요한 결정을 내리기 전에 정보를 수집하거나, 다른 사람과의 관계를 회복하기 위해 적절한 단어를 찾는 충분한 시간을 주는 심리적 메커니즘이다. 따라서, 당신은 미루는 것에 대해 자신을 비난하는 대신에, 적어도 때때로 그것을 받아들이고 싶을 것이다.」

**보기**  ① 일을 미루지 말고 효율성을 높여라.
② 지연은 걱정해야 할 나쁜 일이 아니다.
③ 도전은 당신이 다른 사람과의 관계를 고치는 데 도움이 될 수 있다.
④ 중요한 결정을 내리기 전에 우선순위를 분류하라.

**Answer** 14.②

**15** 다음 글에서 전체 흐름과 관계없는 문장은?

Social media is some websites and applications that support people to communicate or to participate in social networking. ① That is, any website that allows social interaction is considered as social media. ② We are familiar with almost all social media networking sites such as Facebook, Twitter, etc. ③ It makes us easy to communicate with the social world. ④ It becomes a dangerous medium capable of great damage if we handled it carelessly. We feel we are instantly connecting with people around us that we may not have spoken to in many years.

> 단어 **application** 응용프로그램 **participate** 참여하다 **interaction** 상호작용 **medium** 매체 **handle** 다루다 **carelessly** 부주의하게

> 해석 「소셜 미디어는 사람들이 소셜 네트워킹에 참여하거나 의사 소통을 지원하는 일부 웹사이트 및 응용 프로그램이다. ① 즉, 사회적 상호작용을 허용하는 모든 웹사이트는 소셜 미디어로 간주된다. ② 우리는 페이스북, 트위터 등 거의 모든 소셜 미디어 네트워킹 사이트에 익숙하다. ③ 그것은 우리를 소셜 세계와 쉽게 의사소통하게 한다. ④ 만약 우리가 그것을 부주의하게 다루면 큰 피해를 줄 수 있는 위험한 매체가 된다. 우리는 우리가 수년 동안 이야기하지 않았을지도 모르는 우리 주변의 사람들과 즉시 연결되어 있다고 느낀다.」

**Answer** 15.④

**16** 빈칸에 들어갈 말로 가장 적절한 것은?

A well known speaker started off his seminar by holding up a $20 bill. In the room of 200, he asked, "Who would like this $20 bill?" Hands started going up. He said, "I am going to give this $20 to one of you but first, let me do this." He proceeded to crumple the dollar bill up. He then asked, "Who still wants it?" Still the hands were up in the air. "My friends, no matter what I did to the money, you still wanted it because it did not decrease in value. It was still worth $20. Many times in our lives, we are dropped, crumpled, and ground into the dirt by the decisions we make and the circumstances that come our way. We feel as though we are worthless. But no matter what has happened or what will happen, you will never _____. You are special. Don't ever forget it."

① lose your value          ② suffer injury

③ raise your worth         ④ forget your past

**[단어]** **proceed** 나아가다, 전진하다   **crumple** 구기다, 찌부러 뜨리다   **ground** 지상에 떨어지다   **worthless** 가치없는

**[해석]** 「잘 알려진 한 연설가는 20달러짜리 지폐를 들고 세미나를 시작했다. 200명이 있는 방에서 그는 "누가 이 20달러짜리 지폐를 좋아합니까?"라고 물었다. 손이 올라가기 시작했다. 그는 "제가 여러분 중 한 분께 이 20달러를 드릴 겁니다. 그런데 우선 제가 이렇게 하도록 하죠."라고 말했다. 그는 계속해서 달러 지폐를 구겨버렸다. 그리고 나서 그는 "누가 아직도 이것을 원합니까?"라고 물었다. 여전히 손은 공중에 들려 있었다. "나의 친구들이여, 제가 이 돈에 어떤 행동을 했든 간에, 그것의 가치가 감소하지 않았기 때문에 여러분들은 여전히 그것을 원했습니다. 그것은 여전히 20달러의 가치가 있습니다. 우리는 살면서 여러 번 우리가 내리는 결정과 우리에게 닥쳐오는 상황에 의해 떨어지고, 구겨지고, 진흙탕으로 좌초됩니다. 우리는 마치 우리가 가치 쓸모없다고 느낄 것입니다. 그러나 무슨 일이 일어났든, 무슨 일이 일어나든 결코 여러분은 <u>가치를 잃지</u> 않을 것입니다. 여러분은 특별합니다. 절대 잊지 마십시오."」

**Answer** 16.①

**17** 빈칸에 들어갈 말로 가장 적절한 것은?

---

Thunberg, 16, has become the voice of young people around the world who are protesting climate change and demanding that governments around the world _____. In August 2018, Thunberg decided to go on strike from school and protest in front of the Swedish parliament buildings. She wanted to pressure the government to do something more specific to reduce greenhouse gases and fight global warming. People began to join Thunberg in her protest. As the group got larger, she decided to continue the protests every Friday until the government met its goals for reducing greenhouse gases. The protests became known as Fridays for Future. Since Thunberg began her protests, more than 60 countries have promised to eliminate their carbon footprints by 2050.

---

① fear the people　　　　　　　　② give free speech

③ save more money　　　　　　　④ take more action

> **단어**　**protest** 시위하다　**demand** 요구하다　**take action** 조취를 취하다　**go on strike** 파업하다　**parliament** 의회
> **pressure** 압박하다　**eliminate** 제거하다　**carbon footprint** 탄소 발자국(온실 효과를 유발하는 이산화탄소의 배출량)

> **해석**　「툰버그(16)는 기후변화에 항의하고 전 세계 정부들이 <u>더 많은 조치를 취할 것</u>을 요구하는 전 세계 젊은이들의 목소리가 됐다. 2018년 8월, 툰버그는 학교에서 파업을 벌이며 스웨덴 의회 건물 앞에서 시위를 벌이기로 결정했다. 그녀는 정부가 온실가스를 줄이고 지구 온난화와 싸우기 위해 좀 더 구체적인 일을 하도록 압력을 가하기를 원했다. 사람들은 그녀의 항의에 툰버그와 합류하기 시작했다. 이 단체가 규모가 커지면서, 그녀는 정부가 온실가스를 줄이기 위한 목표를 달성할 때까지 매주 금요일 시위를 계속하기로 결정했다. 그 시위는 미래를 위한 금요일로 알려지게 되었다. 툰버그가 시위를 시작한 이후, 60개 이상의 나라들이 2050년까지 탄소 발자국을 제거하겠다고 약속했다.」

> **보기**　① 사람들을 두려워 하도록
> ② 자유 연설을 하도록
> ③ 더 많은 돈을 절약하도록

**Answer**　17.④

**18** 다음 빈칸에 들어갈 말로 가장 적절한 것은?

> One of the biggest problems in a high-rise fire is the _____ use of the stairwells for fire suppression activities and occupant evacuation. Many training materials have attempted to direct firefighters to establish one stairwell for evacuation and another for fire suppression. This does not work due to the occupants leaving via the closest exit.

① ingenious

② simultaneous

③ pretentious

④ meticulous

단어  **high-rise** 고층건물  **stairwell** 계단통  **suppression** 진압  **activity** 활동  **occupant** 거주자  **evacuation** 대피  **materials** 자료  **direct** 지시하다  **establish** 확립(확보)하다  **due to** … 때문에  **via** …를 통해서  **exit** 출구

해석  「고층건물 화재에 있어서 가장 큰 문제 중 하나는 화재 진압활동과 거주자의 대피를 위해서 계단통을 <u>동시</u>에 사용하는 것이다. 많은 훈련 자료들은 소방관이 대피를 위해서 하나의 개단통과 화재 진압을 위한 다른 계단통을 확보하라고 지시 하도록 한다. 이것은 가장 가까운 출구를 통해서 나가는 거주민 때문에 효과가 없다.」

보기  ① 독창적인
② 동시의
③ 자만하는
④ 꼼꼼한

Answer  18.②

**19** 다음 글의 제목으로 가장 적절한 것은?

When we attempt to make major change in our lives, it is natural for us to want to go from all to nothing or vice versa. Let's take Bob, for instance. Bob never really exercised in the past, but wanted to get into shape. To do so, he decided to exercise for an hour every day of the week. Within a few weeks, Bob burned out, lost his motivation, and stopped exercising. He took on too much, too quickly. On the other hand, if Bob had eased into a fitness regimen by starting with two half-hour workouts per week, and then slowly added workout days and workout time over a few months, he would've had a better chance of sticking with the program and of the change lasting. Easing into change helps make it seem less overwhelming and more manageable.

① Extremes Don't Work
② How to Avoid Obesity
③ Why Is It Easy to Be Unhealthy?
④ Workout Time: The More, The Better!

**단어** vice versa 반대의 경우도 마찬가지 이다　exercise 운동하다　get into shape 건강을 유지하다　burned out 기진맥진한　motivation 동기　take on 흥분하다　on the other hand 반면에　ease into 친숙해지다　fitness 건강　regimen 훈련, 프로그램　workout 운동　stick with 계속하다　overwhelming 압도하는　manageable 관리할 수 있는

**해석** 「우리가 우리의 삶에서 주된 변화를 주고자 노력할 때, 우리가 매우 열심히 하는 것에서 아무것도 하지 않는 쪽으로 가는 것은 당연하고 그 반대의 경우도 마찬가지 이다. Bob을 예로 들어보자. Bob은 과거에 전혀 운동을 하지 않았다. 하지만 건강을 유지하기를 원한다. 그렇게 하기 위해서, 그는 일주일 내내 한 시간 동안 운동하기를 원한다. 몇 주내에 Bob은 기진맥진해지고, 동기를 잃고 운동을 그만두게 된다. 그는 너무 많이, 너무 빨리 흥분하게 되었다. 반면에 만약 Bob이 매주 두 시간의 운동으로 시작함으로서, 건강 프로그램에 친숙해지고 나서 몇 개월에 걸쳐서 운동하는 날과 운동시간을 더했다면 그 프로그램을 계속하고 그 변화가 지속되는 더 나은 기회를 가졌을 것이다. 변화에 친숙해지는 것은 그것을 덜 압도적이고 더 관리할 수 있도록 보이게 만든다.」

**보기** ① 극단적임은 효과가 없다
② 비만을 피하는 방법
③ 왜 건강해지지 못하는 것이 쉬운가?
④ 운동시간 : 더 많이 할수록, 더 좋다!

**해설** Bob의 예를 보면 매을 한 시간씩 운동을 하다 결국 안하는 것보다 주 2시간이라도 꾸준히 운동에 적응하며 그 시간을 늘려가는 것이 효과적이다.

**Answer** 19.①

**20** 다음 글의 주제로 가장 적절한 것은?

Having a children's party can be an example of a relatively inexpensive benefit to provide for your employees that can yield great returns on the investment. There are unlimited occasions and places to entertain children today. As a boss, you can help your employees' children celebrate holidays, Halloween, spring, or any other event or season. Employees and their children will appreciate the company providing this benefit. This is an excellent way to show appreciation to your employees' families for all the sacrifices they make to support their husbands, wives, fathers, or mothers as they go off to work each day. Finally, everyone will feel good about the company or organization.

① drawbacks of regular family gatherings
② merits of medical support for employees
③ employees' sacrifices for company growth
④ supporting family-related events and its effects

**단어** relatively 비교적, 상대적으로   inexpensive 비싸지 않은   benefit 혜택   employee 직원   yield 가져오다, 낳다   return 수익   unlimited 무한의   occasion 행사   entertain 즐겁게 해주다   celebrate 기념하다   appreciate 감사히 여기다   appreciation 감사   sacrifice 희생   go off to work 일하러 가다   organization 조직

**해석** 「(직원의) 자녀의 파티를 열어주는 것은 투자에 있어서 큰 수익을 가져올 당신의 직원을 위해 제공할 수 있는 비교적 비싸지 않은 혜택의 예일 수 있다. 오늘날 아이들을 즐겁게 해줄 수 있는 무수히 많은 행사와 장소들이 있다. 사장으로서, 당신은 당신의 직원 자녀들이 공휴일, 할로윈, 봄 또는 어떤 다른 행사나 계절을 기념하는 것을 도울 수 있다. 직원들과 그들의 아이들은 이러한 혜택을 제공하는 회사를 감사할 것이다. 이것은 그들이 매일 일하러 갈 때 그들의 남편, 아내, 아빠, 엄마를 부양하기 위해서 하는 모든 희생을 대해서 당신의 직원의 가족에게 감사함을 보여줄 수 있는 훌륭한 방법입니다. 마지막으로 모든 사람은 회사와 조직에 대해서 좋게 느낄 것입니다.」

**보기** ① 정기적인 가족 모임의 문제점
② 직원들을 위한 의료지원의 장점
③ 회사 성장을 위한 직원들의 희생
④ 가족과 관련된 행사를 지원하는 것과 그것의 영향

**해설** 첫 번째 문장이 주제문장으로서 ④이 정답이라는 것을 알 수 있다.

**Answer** 20.④

**21** 다음 글에서 필자가 주장하는 바로 가장 적절한 것은?

Many people store their medications in the bathroom. But this popular spot is actually one of the worst places to keep medicine. Bathroom cabinets tend to be warm and humid, an environment that speeds up a drug's breakdown process. This is especially true for tablets and capsules. Being exposed to heat and moisture can make medicines less potent before their expiration date. For example, a warm, muggy environment can cause aspirin tablets to break down into acetic acid (vinegar), which can irritate the stomach. Instead, keep medicines in a cool, dry, secure place out of a child's reach. Be aware that medicine that is improperly stored can become toxic.

① 올바른 장소에 약을 보관하라.
② 목욕 전에는 약을 복용하지 마라.
③ 약은 따뜻한 물과 함께 복용하라.
④ 의약품 보관 시 유효기간을 확인하라.

단어 **medication** 약(물) **spot** 장소 **medicine** 약, 의약 **cabinet** 수납장 **tend to...** ...하는 경향이 있다 **humid** 축축한 **speed up** 속도를 높이다 **breakdown** 분해(하다) **this is true for...** 이것은 ...에 있어서도 사실이다 **tablet** 알약 **capsule** 캡슐 **moisture** 습기 **potent** 강력한, 잘 듣는 **expiration** 유효기간 **muggy** 후덥지근한, 눅눅한 **acetic acid** 아세트산 **irritate** 자극하다 **be aware that...** ...를 알다 **improperly** 부적절하게 **store** 저장하다 **toxic** 독성이 있는

해석 「많은 사람들은 욕실에 그들의 약을 보관한다. 하지만 이 인기 있는 장소는 사실 약을 보관하기에 가장 좋지 않은 장소들 중 하나이다. 욕실 수납장은 따뜻하고 습기가 있는 경향이 있는, (다시 말해) 약의 분해 과정을 과속하는 환경이다. 이러한 사실은 특히 알약과 캡슐 약에 특히 그러하다. 열과 습기에 노출되는 것이 유효기간 전에 약을 덜 효과 있게 만들 수 있다. 예를 들어, 따뜻하고 후덥지근한 환경은 아스피린 알약을 아세트산(식초)로 분해시킨다, 그리고 그것이 위를 자극 할 수 있다. 대신에 약을 아이들의 손에 닿지 않는 시원하고 건조한 장소에 보관하라. 반드시 부적절하게 저장된 약이 독성을 갖을 수 있다는 것을 알도록 해라.」

해설 Instead, keep medicines in a cool, dry, secure place out of a child's reach. 문장을 통해서 ①이 정답이라는 것을 알 수 있다.

**Answer** 21.①

**22** 다음 글의 요지로 가장 적절한 것은?

Training is all about influencing others, so if you want to maximize your influence on employees' future behavior, the implications for your organization's training programs are clear. Although many companies typically focus their training exclusively on the positive — in other words, on how to make good decisions — a sizable portion of the training should be devoted to how others have made errors in the past and how those errors could have been avoided. Specifically, illustrations and personal testimonials of mistakes should be followed by a discussion of what actions would have been appropriate to take in these and similar situations.

① 타인의 잘못을 관대하게 용서해주어야 한다.
② 회사 내에서 긍정적인 분위기를 만들어야 한다.
③ 회사의 발전을 위해 토론 문화를 확대해야 한다.
④ 실수에 관한 내용도 직원 훈련에 포함되어야 한다.

> **단어** influence 영향을 미치다 **maximize** 극대화하다 **implication** 영향 **exclusively** 오로지 **in other words** 다른 말로 하면 **sizable** 상당한 크기의 **be devoted to** 헌신하다 **error** 실수 **avoid** 피하다 **specifically** 특히 **illustration** 묘사 **testimonial** 증언 **follow** 따르다 **discussion** 논의 **appropriate** 적절한 **take in** 이해하다

> **해석** 「훈련은 온전히 다른 사람에게 영향을 미치는 것에 대한 것이다. 그래서 만약에 직원의 미래 행동에 대한 영향을 극대화하기를 원한다면, 당신의 조직의 훈련 프로그램에 대한 영향은 분명하다. 비록 많은 회사들이 주로 그들의 훈련을 오로지, 다른 말로 해서 훌륭한 결정을 내리는 방법과 같은, 긍정적인 것에만 초점을 맞출지 모르지만, 훈련의 꽤 많은 부분은 다른 사람들이 과거에 어떻게 실수 했는지, 그리고 그러한 실수들을 어떻게 피할 수 있었는지에 헌신되어야 한다. 특히, 실수에 대한 묘사와 개인적인 증언이 어떤 행동들이 이러한 비슷한 상황을 이해하는데 적절했었을 것인지에 대한 논의가 뒤따라야만 한다.」

> **해설** Although 이하의 문장을 보면 직원훈련프로그램에서 긍정적인 것뿐만 아니라 실수에 대한 내용도 다루어야함을 이야기하고 있음으로 글의 요지는 ④가 적절하다.

**Answer** 22.④

**23** 다음 글에서 전체 흐름과 관계없는 문장은?

Gum disease is frequently to blame for bad breath. In fact, bad breath is a warning sign for gum disease. ① This issue occurs initially as a result of plaque buildup on the teeth. ② Bacteria in the plaque irritate the gums and cause them to become tender, swollen and prone to bleeding. ③ Foul-smelling gases emitted by the bacteria can also cause bad breath. ④ Smoking damages your gum tissue by affecting the attachment of bone and soft tissue to your teeth. If you pay attention when you notice that bacteria-induced bad breath, though, you could catch gum disease before it gets to its more advanced stages.

**단어** **gum** 잇몸 **be to blame for...** ...에 대한 책임이 있다 **in fact** 사실 **issue** 문제 **occur** 발생하다 **initially** 처음에 **plaque** 플라크 **buildup** 강화, 축적 **irritate** 자극하다 **cause... to~** ...가 ~하도록 야기하다 **tender** 부드러운 **swollen** 부풀어 오른 **prone to...** ...하기 쉬운 **bleeding** 출혈 **foul-smelling** 냄새가 역겨운 **emit** 내뿜다 **tissue** 조직 **affect** 영향을 미치다 **attachment** 부착물 **pay attention** 주의를 기울이다 **induce** 유발하다 **though** 하지만, 비록 ~이지만 **advance** 진보하다, 향상하다

**해석** 「잇몸 질환은 종종 나쁜 입 냄새의 원인으로 돌려진다. 사실 나쁜 입 냄새는 잇몸질환에 대한 경고 표시이다. ① 이 문제는 처음에 치아에 생기는 플라크의 생성의 결과로 발생한다. ② 플라크의 박테리아가 잇몸을 자극하고 그것들이 더 부드러워지고 부풀어 오르고 쉽게 출혈되도록 야기한다. ③ 박테리아에 의해서 발생되는 냄새나는 가스 역시 나쁜 입 냄새를 야기 할 수 있다. ④ 흡연은 당신의 이에 붙어 있는 뼈 부착물과 부드러운 조직에 영향을 미침으로서 당신의 잇몸 조직에 해를 끼칠 수 있다. 하지만 만약 당신이 박테리아가 야기하는 나쁜 입 냄새를 알아차릴 때 주의를 기울인다면, 당신은 그것이 더 진보된 단계로 나아가기 전에 잇몸 질환을 알아 챌 수 있다.」

**해설** 잇몸과 입 냄새와의 관계를 설명한 글로서 ④번은 흡연이 잇몸 조직에 영향을 미치는 내용이므로 글의 흐름과 맞지 않는다.

**Answer** 23.④

**24** 다음 빈칸에 들어갈 말로 가장 적절한 것은?

> When you are with Marines gathering to eat, you will notice that the most junior are served first and the most senior are served last. When you witness this act, you will also note that no order is given. Marines just do it. At the heart of this very simple action is the Marine Corps' approach to leadership. Marine leaders are expected to eat last because the true price of leadership is the willingness to place the needs of others above your own. Great leaders truly care about those they are privileged to lead and understand that the true cost of the leadership privilege comes at the expense of _____.

① health

② self-interest

③ fait

④ freedom

**단어** Marines 해병대 **gather** 모이다 **junior** 하급자, 아랫사람 **serve** (음식을) 제공하다 **senior** 상급자, 연장자 **witness** 목격하다 **note** 주목하다 **order** 명령(하다) **Corps** 부대 **approach** 접근(하다) **leadership** 리더십 **willingness** 기꺼이 하고자 하는 마음 **care about** 돌보다 **privilege** 특권을 주다 **at the expense of...** ...를 희생하여

**해석** 「당신이 식사를 하기 위해서 모인 해병대와 함께 있을 때, 당신은 음식이 가장 하급자에게 가장 먼저 제공되고, 가장 상급자에게 가장 늦게 제공된다는 것을 알아차릴 것이다. 당신이 이 행동을 목격할 때, 당신은 어떤 명령도 내려지지 않는다는 것에 주목할 것이다. 해병대들은 그렇게 한다. 이러한 매우 간단한 행동의 중심에 리더십에 대한 해병대의 접근이 있다. 해병대 지도자들은 리더십의 진정한 가치가 다른 사람들의 필요를 기꺼이 너 자신의 것 위에 두고자 하는 마음이기 때문이다. 위대한 지도자는 그들이 지도할 특권을 가진 사람들을 진정으로 돌보고 리더십의 특권의 진정한 대가가 <u>개인의 이익</u>을 희생해서 온다는 것을 이해한다.」

**보기** ① 건강
② 개인의 이익
③ 믿음
④ 자유

**해설** 빈칸 바로 앞 문장 Marine leaders are expected to eat last because the true price of leadership is the willingness to place the needs of others above your own.에서 본인의 필요 위에 다른 사람들의 필요를 둔다는 내용에서 희생하는 것이 개인의 이익이라는 것을 유추할 수 있다.

**Answer** 24.②

**25** 다음 빈칸에 들어갈 말로 가장 적절한 것은?

A large body of evidence suggests that a single decision to vote in fact increases the likelihood that others will vote. It is well known that when you decide to vote it also increases the chance that your friends, family, and coworkers will vote. This happens in part because they imitate you and in part because you might make direct appeals to them. And we know that direct appeals work. If I knock on your door and ask you to head to the polls, there is an increased chance that you will. This simple, old-fashioned, person-to-person technique is still the primary tool used by the sprawling political machines in modern-day elections. Thus, we already have a lot of evidence to indicate that _____ may be the key to solving the voting puzzle.

① financial aid            ② social connections

③ political stance         ④ cultural differences

**단어** evidence 증거 **vote** 투표하다 **likelihood** 가능성 **chance** 가능성, 기회 **coworker** 직장 동료 **in part** 부분적으로 **imitate** 모방하다 **appeal** 호소(하다) **knock on** 노크하다 **ask... to~** ...에게 ~할 것을 요청하다 **old-fashioned** 구식의 **person-to-person** 직접 대면하는 **primary** 주요한 **sprawling** 제 멋대로 뻗어 나가는 **political** 정치적인 **modern-day** 현대의 **election** 선거 **thus** 그래서

**해석** 「많은 증거가 실제 투표하고자 하는 한 사람의 결정이 다른 사람들이 투표할 가능성을 높여준다는 것을 암시한다. 당신이 투표하기로 결정할 때 그것이 당신의 친구들, 가족, 그리고 동료들이 투표할 가능성을 증가시켜 준다. 이것은 부분적으로 그들이 당신을 모방하기 때문에 일어나고, 또 부분적으로는 당신이 호소를 그들에게 보내기 때문이다. 그리고 우리는 직접적인 호소가 효과가 있다는 것을 알고 있다. 만약에 내가 당신의 문을 두드리고 당신에게 투표장으로 향하라고 요청한다면, 당신이 그렇게 할 가능성이 있다. 이 간단하고 옛날 방식의 직접 대면하는 기법은 현대 시대의 선거에 있어서 아무렇게나 뻗어 나가는 정당 조직에 의해 여전히 사용되는 주된 도구이다. 그래서, 우리는 이미 <u>사회적 연결성</u>들이 선거 퍼즐을 해결하는 열쇠가 될지도 모른다는 것을 나타내는 많은 증거를 가지고 있다.」

**보기** ① 재정적인 도움
② 사회적 연계성
③ 정치적 입장
④ 문화적인 차이점들

**해설** 한사람의 투표가 직/간접적으로 주위의 친구, 가족과 같이 사회적으로 연결되어 있는 사람들로 하여금 투표하도록 독려하는 역할을 한다는 내용의 글이므로 ②번에 사회적 연결성이 정답이다.

**Answer** 25.②

**26** 다음 빈칸에 들어갈 말로 가장 적절한 것은?

---

In The Joy of Stress, Dr. Peter Hanson described an experiment in which two groups of office workers were exposed to a series of loud and distracting background noises. One group had desks equipped with a button that could be pushed at any time to shut out the annoying sounds. The other group had no such button. Not surprisingly, workers with the button were far more productive than those without.

But what's remarkable is that no one in the button group actually pushed the button. Apparently, the knowledge that they could shut out the noise if they wanted to was enough to enable them to work productively in spite of the distractions. Their sense of _____ resulted in a reduction in stress and an increase in productivity.

---

① humor
② achievement
③ control
④ responsibility

**단어** **describe** 묘사하다 **experiment** 실험하다 **expose** 노출시키다 **a series of** 일련의 **distract** 산만하게 하다 **background** 배경(의) **shut out** 가로막다 **annoying** 짜증나는 **not surprisingly** 당연히 **productive** 생산적인 **remarkable** 눈에 띄는 **apparently** 분명히 **knowledge** 지식 **enable... to~** ...가 ~할수 있게 하다 **productively** 생산적으로 **in spite of** ~에도 불구하고 **distraction** 주의산만(하게 하는 것) **result in** 결과적으로 ~이 되다 **reduction** 감소 **productivity** 생산성

**해석** 「"스트레스의 기쁨"이라는 책속에서, Peter Hanson 박사는 두 그룹의 사무실 직원들이 일련의 시끄럽고 산만한 배경의 소음에 노출된 실험을 묘사했다. 한 그룹은 누르기만 하면 어느 때든지 짜증나게 하는 소리를 멈출 수 있는 버튼이 장착된 책상을 가지고 있었다. 또 다른 그룹은 그러한 버튼을 가지고 있지 않았다. 당연히, 버튼이 있는 노동자들은 버튼이 없는 노동자들보다 훨씬 더 생산적이었다. 하지만 눈에 띄는 것은 버튼을 가지고 있는 어느 누구도 버튼을 누르지 않았다는 것이다. 분명히, 원한다면 그들이 그 소음을 끌 수 있다고 알고 있는 것이 방해하는 소음에도 불구하고 충분히 그들이 생산적으로 일할 수 있도록 하였다는 것이다. 그들의 통제력은 스트레스에 있어서의 감소와 생산성에 있어서 증가를 야기했다는 것이다.」

**보기** ① 유머
② 성취
③ 통제력
④ 책임

**해설** One group had desks equipped with a button that could be pushed at any time to shut out the annoying sounds.에서 생산성이 높은 직원들의 특징이 소음에 대한 통제력을 가지고 있는 직원들임을 알 수 있다.

**Answer** 26.③

**27** 다음 밑줄 친 부분 중 문맥상 낱말의 쓰임이 적절하지 않은 것은?

---

Individuals with low self—esteem may be locking on events and experiences that happened years ago and tenaciously ① refusing to let go of them. Perhaps you've heard religious and spiritual leaders say that it's important to ② forgive others who have hurt you in the past. Research also suggests it's important to your own mental health and sense of well—being to ③ recollect old wounds and forgive others. Looking back at what we can't change only reinforces a sense of helplessness. Constantly replaying ④ negative experiences in our mind serves to make our sense of worth more difficult to change. Becoming aware of the changes that have occurred and can occur in your life can help you develop a more realistic assessment of your value.

---

**단어** individual 개인  self-esteem 자존감  lock on 자동 추적하다, 연결하다  tenaciously 집요하게, 끈질기게  refuse 거부하다  let go of 놓아주다  forgive 용서하다  sense of well being 행복감  recollect 기억해내다  wound 상처  reinforce 강화하다  helplessness 무력감  replay 재연하다  serve 역할을 하다, 도움을 주다  become aware of 알다, 인지하다  occur 발생하다  realistic 현실적인  assessment 평가

**해석** 「낮은 자존감을 가지고 있는 개인은 몇 년 전에 발생한 사건이나 경험을 계속 기억해 내고 집요하게 그것들을 놓아주는 것을 거부할지도 모른다. 아마도 당신은 종교적 그리고 정신적 지도자가 과거에 당신에게 상처 입힌 사람을 용서하는 것이 중요하다고 말하는 것을 들었을지도 모른다. 연구는 또한 오래된 상처를 기억해 내고(→잊고) 다른 사람들을 용서하는 것이 당신 자신의 정신건강과 행복감에 중요하다고 제안한다. 우리가 바꿀 수 없는 것을 되돌아보는 것은 무기력감을 강화한다. 우리의 마음에 부정적인 경험들을 끊임없이 다시 재현하는 것은 우리의 자존감을 바꾸기에 더 어렵게 만든다. 당신의 삶에 발생해 왔고 발생할 수 있는 변화를 아는 것은 당신이 당신 가치의 더 현실적인 평가를 발달시키는 데 도움을 줄 수 있다.」

**해설** 정신 건강과 행복감에서 중요한 것은 다른 사람을 용서해주고 오래된 상처를 기억해 내는 것이 아닌 잊는(let go of, forget) 것임을 알 수 있다.

**Answer** 27.③

**28** 다음 빈칸 (A), (B)에 들어갈 말로 가장 적절한 것은?

Balloons should never be given to children under eight years old. Always supervise children of any age around balloons; they are easily popped, and if inhaled, small pieces can _____(A)_____ the airway and hinder respiration. Balloons are not visible on X-rays, so if a child has swallowed a piece of balloon the reason for distress may not be _____(B)_____.

|   | (A) | | (B) |
|---|-----|---|-----|
| ① | block | ⋯ | apparent |
| ② | block | | undetectable |
| ③ | expand | ⋯ | apparent |
| ④ | expand | | undetectable |

**단어** **balloon** 풍선 **supervise** 감독하다 **pop** 터지다 **inhale** 삼키다 **airway** 기도 **hinder** 방해하다 **respiration** 호흡 **visible** 보이는 **swallow** 삼키다 **distress** 고통 **expand** 확대하다 **apparent** 분명한 **undetectable** 탐지 할 수 없는

**해석** 「풍선은 결코 8살 아래의 아이들에게 주어서는 안된다. 항상 풍선 주위에서 어떤 나이의 아이든지 감독해라. 그것들은 쉽게 터지고, 만약 삼켜지면, 작은 조각들이 기도를 막을 수 있고 호흡을 방해 할 수 있다. 풍선은 엑스레이로는 보이지 않아서 만약에 아이가 풍선 조각을 삼킨다면 고통에 대한 이유가 명확하지 않을 지도 모른다.」

**Answer** 28.②

**29** 다음 글의 빈칸에 들어갈 말로 가장 적절한 것은?

> Our desire to control is so powerful that people often act as though they can control the uncontrollable. For instance, people bet more money on games of chance when their opponents seem incompetent than competent, as though they believed they could control the _____ drawing of cards from a deck and thus take advantage of a weak opponent. Likewise, people feel more certain that they will win a lottery if they can pick their lottery ticket numbers.
>
> \* deck 카드 한 벌

① random

② popular

③ planned

④ intentional

**단어** **uncontrollable** 통제할 수 없는 **opponents** 반대자 **incompetent** 무능한, 무능력자 **games of chance** 기술보다 운에 좌우되는 게임 **Likewise** 비슷하게 **lottery** 복권, 도박

**해석** 「통제하고자 하는 우리의 욕망은 너무 강력하기 때문에 사람들은 종종 마치 통제할 수 없는 것들을 통제할 수 있는 것처럼 행동한다. 예를 들어, 사람들은 그들의 반대자가 유능한 것보다 무능해 보일 때 운에 좌우되는 게임에 더 많은 돈을 건다. 그들이 마치 한 벌의 카드로부터 <u>무작위의</u> 카드 뽑기를 통제할 수 있고 그래서 약한 상대를 이용하는 것처럼 믿는다. 비슷하게, 사람들은 만약 그들이 그들의 복권 번호를 고른다면 복권에 당첨이 될 것이라고 좀 더 확신을 느낀다.」

**보기** ① 무작위의
② 인기 있는
③ 계획된
④ 의도적인

**Answer** 29.①

**30** 다음 글의 빈칸에 들어갈 말로 가장 적절한 것은?

> _____ is the process of removing heated gasses or smoke from a building. This makes the building more tenable and helps to prevent such things as flashover or backdraft. This can be accomplished by several methods, from opening a window to cutting a hole in the roof.

① Ignition
② Ventilation
③ Conduction
④ Evaporation

**단어** tenable 유지되는 accomplish 완수하다, 성취하다

**해석** 「통풍은 가열된 가스와 연기를 빌딩으로부터 제거하는 과정이다. 이것은 건물을 좀 더 잘 유지할 수 있게 만들고, 플래시오버나 백드래프트 같은 것들을 예방할 수 있게 도와준다. 이것은 창문을 여는 것에서부터 지붕에 구멍을 내는 것까지 여러 가지 방법으로 완수할 수 있다.」

**보기** ① 점화 장치 ② 통풍, 환기 장치
③ (전기나 열의) 전도 ④ 증발

**31** 다음 밑줄 친 부분과 의미가 가장 가까운 것은?

> All firefighters must receive instruction on how to identify the various hazards they may encounter and describe the actions to be taken that will limit exposure to those hazards. The training must <u>meet</u> the requirements of the occupational health and safety regulations.

① surpass
② satisfy
③ simplify
④ eliminate

**단어** encounter 맞닥뜨리다 occupational 직업의, 직업과 관련된 regulation 규정

**해석** 「모든 소방관들은 그들이 마주할 수 있는 다양한 위험들을 어떻게 구분해야 하는지 그리고 그런 위험들에 노출을 제한하는 데 행해져야 하는 행동들을 어떻게 설명해야 하는지 교육을 받아야 한다. 그 교육은 반드시 직업과 관련된 건강과 안전 규정들의 요구사항들을 충족시켜야 한다.」

**보기** ① 능가하다 ② 만족시키다
③ 간소화하다 ④ 없애다

**Answer** 30.② 31.②

**32** 다음 글의 제목으로 가장 적절한 것은?

Physical activity is key to improving individual health. First, it can lower your risk for cancer. Physically active women have a lower risk of breast cancer than do people who are not active. Second, as you age, it's important to protect your bones, joints, and muscles. Not only do they support your body and help you move, but keeping bones, joints, and muscles healthy can help ensure that you're able to do your daily activities and be physically active. Some scientific evidence has also shown that even lower levels of physical activity can be beneficial.

① 신체 활동의 이점
② 뼈 건강을 지키는 방법
③ 규칙적 일상생활의 중요성
④ 면역력을 증진시키는 방법

해석 「신체 활동은 개인의 건강을 향상시키는 비결이다. 첫째, 신체 활동은 당신의 암의 위험성을 낮출 수 있다. 신체적으로 활동적인 여성들은 활동적이지 않은 사람들보다 유방암 위험성이 낮다. 둘째, 나이가 들수록, 당신의 뼈, 관절, 그리고 근육을 보호하는 것은 중요하다. 그것들은 당신의 몸을 지지하고 당신의 움직임을 도울 뿐 아니라, 뼈, 관절 그리고 근육들을 건강하게 유지하는 것은 당신이 매일 활동을 할 수 있고, 신체적으로 활동적이라는 것을 보장하는 데 도움이 될 수 있다. 어떤 과학적 증거는 또한 심지어 낮은 수준의 신체 활동도 이로울 수 있다고 보여준다.」

해설 제시된 글은 첫 문장에서 신체 활동이 건강을 향상시키는 비결이라고 제시하고, 뒤로 그에 대한 근거를 들고 있다.

**33** 다음 글에 제시된 세미나의 주제로 가장 적절한 것은?

Today, the seminar you attend will teach you how to come out of your shell or overcome your fears of speaking your mind. You'll also learn how to speak with authority without sounding too assertive or demanding. If you can master this skill, you'll be able to increase your effectiveness and win your audience.

① selling a new product
② hiring skillful employees
③ making effective presentations
④ improving coherency in your writing

**Answer** 32.① 33.③

해석 「오늘, 여러분이 참석하고 있는 세미나는 여러분에게 어떻게 당신의 껍데기에서부터 나올지 또는 당신의 마음을 말하는 데 있어서의 두려움을 어떻게 극복할지에 대해서 가르쳐줄 것입니다. 여러분들은 어떻게 하면 너무 적극적이거나 부담스럽게 들리지 않으면서 자신감을 가지고 말할 수 있는지 또한 배울 것입니다. 만약 여러분이 이런 기술을 마스터하게 된다면, 여러분은 효율성을 증가시킬 수 있고, 청중들을 사로잡을 수 있을 것입니다.」

보기 ① 신상품 판매
② 유능한 직원 채용
③ 효과적인 프레젠테이션
④ 글쓰기의 일관성 향상

---

**34** **다음 밑줄 친 부분 중 문맥상 낱말의 쓰임이 적절하지 않은 것은?**

There has been ① <u>speculation</u> that recent advancements in artificial intelligence may lead to robots taking over for humans, and the firefighting profession is not free from this discussion. There will not be a complete takeover anytime in the near future, but these technologies are ② <u>advancing</u> at a rapid rate. Firefighting robots are currently in development and testing, and some have been ③ <u>frustrated</u>. Germany has produced a robot called the Turbine Aided Firefighting machine, and this is able to ④ <u>powerfully</u> spray water or foam from 196 feet away. This machine has already been used in a factory fire and proved itself to be effective.

해석 「최근의 인공지능의 발전으로 인하여 로봇이 인간을 대체하게 될 수도 있다는 ①추측이 있어 왔다. 그리고 소방직도 이 논의로부터 자유롭지 않다. 가까운 미래의 어떤 때에 완전한 대체는 없을 것이다. 그러나 이런 기술들은 빠른 속도로 ②발전하고 있다. 소방 로봇은 현재 개발, 시험 중에 있고, 일부는 ③좌절했다(→성공했다). 독일은 Turbine Aided Fire-fighting machine이라고 불리는 로봇을 생산했다, 그리고 이것은 196 피트 떨어진 곳으로부터 ④강력하게 물이나 거품을 분사할 수 있다. 이 기계는 이미 공장 화재에 사용되고 있고 그 자체로 효과적이라는 것이 증명되었다.」

보기 ① 추측, 짐작
② 진전, 발전
③ 좌절시키다
④ 강력하게

**35** 다음 글의 요지로 가장 적절한 것은?

Are you afraid to try something new because you might not be good at it? If you insist on perfection in everything you do, you'll probably keep putting things off and never do anything at all. If, for instance, you have a great idea for a new business or a new product and you're so afraid of not getting it exactly right that you never do anything to implement your idea, chances are you'll be sitting in your living room and hearing on the six o'clock news about someone who did exactly what it was that you were afraid to try. Striving for success doesn't always feel safe; you simply need to trust in your own abilities and embrace the process.

① 용기를 갖고 생각을 실행에 옮길 수 있어야 한다.
② 자신의 적성에 맞는 직업을 찾는 것이 중요하다.
③ 안정적인 환경 속에서 새로운 생각이 잘 떠오른다.
④ 창의적인 생각은 꾸준한 훈련을 통해 키울 수 있다.

**단어** implement 시행하다  chances are 아마 ~일 것이다, ~할 가능성이 충분하다  strive 분투  embrace 안다, 받아들이다

**해석** 「당신은 능숙하지 않을 수 있기 때문에 무언가 새로운 것을 시도하는 것을 두려워하는가? 만약 당신이, 당신이 하는 모든 것에 완벽함을 고집한다면, 당신은 아마도 그것들을 계속 뒤로 미룰 것이고, 어떤 것도 전혀 할 수 없을 것이다. 예를 들어서, 만약 당신이 새로운 사업이나 새로운 제품에 대한 엄청난 아이디어를 가지고 있는데, 당신이 그것을 정확하게 하지 않은 것을 너무 걱정해서 당신의 아이디어를 보충하기 위해서 어떤 것도 하지 않는다면, 아마 당신은 거실에 앉아 6시 뉴스에서 당신이 시도하는 것을 두려워했던 바로 그 일을 한 누군가에 대해 듣게 될 것이다. 성공을 위해 분투하는 것은 언제나 안전하게 느껴지는 것은 아니다. 당신은 단순하게 자신의 능력을 믿고 그 과정을 받아들일 필요가 있다.」

**Answer** 35.①

**36** 다음 글에서 전체 흐름과 관계없는 문장은?

---

Filmed entertainment occupies a special place in the media industry because it drives revenues beyond the box office to many different businesses in the media industries. ① For example, when a motion picture is successful at the box office, it is likely to attract DVD purchases and rentals as well. ② The choice of movies and TV shows is made easier by allowing viewers to search the listings by name, genre, and other keywords. ③ It may spawn a sequel, prequel, or TV series, and its characters may be spun off to other properties. ④ If the movie appeals to children, there may be lucrative licensing opportunities for everything from calendars to bedsheets.

\* spawn 낳다, 생산하다

---

**단어** occupy 차지하다 revenue 수익 sequel 속편 spawn (어떤 결과상황을) 낳다 spin off 파생되다 lucrative 수익성이 좋은

**해석** 「영화 산업은 그것이 박스 오피스를 넘어서 미디어 산업의 많은 다른 사업에서 수익을 끌어내기 때문에 미디어 산업에서 특별한 위치를 차지하고 있다. ①예를 들어서, 영화가 박스 오피스에서 성공적일 때, 그것은 DVD 구매와 대여 또한 불러일으키기 쉽다. ②영화나 TV 쇼의 선택은 시청자들을 이름, 장르, 그리고 다른 키워드로 리스트를 검색하게 허용함으로써 점점 쉬워지고 있다. ③그것은 속편, 프리퀄, 혹은 TV 시리즈를 낳을 수 있고, 그것의 등장인물들도 다른 재산권들로 파생될 수 있다. ④만약 영화가 아이들에게 어필한다면, 달력에서부터 침대 시트까지 모든 것에 대해 수익성이 좋은 특허 기회가 된다.」

**해설** 제시된 글은 영화 산업의 성공이 가져올 수 있는 다양한 분야의 수익에 대한 것으로 ②는 글의 내용과 관계가 없다.

**Answer** 36.②

**37** 다음 글의 주제로 가장 적절한 것은?

> No matter what we may have learned in books, it is the nature of life that we lose face before we find wisdom, fall to our knees before we look up to the heavens, and face our darkness before we see the light. Each of us wanders through the wilderness of experience to gather worldly wisdom. We succeed by failing, learn by our mistakes, and rise to great heights by a winding staircase.

① having access to wisdom through reading

② gaining wisdom through life's experiences

③ letting go of the past for a better future

④ making important decisions for your career

**단어** **winding staircase** 나선형 계단  **wander** 헤매다  **worldly** 세속적인

**해석** 「비록 우리가 책에서 배운다고 하더라도, 우리가 지혜를 찾기 전엔 체면을 잃고, 하늘을 올려다보기 전에 무릎을 꿇고, 그리고 빛을 보기 전에 어둠을 직면하는 것이 삶의 본질이다. 우리들 각각은 세속적인 지혜를 얻기 위해서 경험의 황무지 속을 헤맨다. 우리는 실패함으로써 성공하고, 실수로부터 배우고, 그리고 나선형 계단으로 엄청난 높이로 올라간다.」

**보기** ① 독서를 통해 지혜에 접근하는 것
② 삶의 경험을 통해 지혜를 얻는 것
③ 더 나은 미래를 위해 과거를 버리는 것
④ 당신의 직장 생활을 위해 중요한 결정을 하는 것

**Answer** 37.②

**38** 다음 글에서 전체 흐름과 관계없는 문장은?

Contrary to popular belief, reading books in poor light does not ruin your eyes. ① When you read by moonlight or under the covers, you tend to squint to focus on letters. ② Sometimes, this gives you a headache, makes you tired, or causes pain in the muscles around your eyes and your vision seems less clear. ③ However, you won't suffer any long-term eye damage. ④ Direct lighting helps people stay more focused while reading books.

단어 **contrary to** 대조적으로 **ruin** 망치다, 파괴하다 **muscle** 근육 **vision** 시야 **properly** 적절하게

해석 「대중적인 믿음과는 반대로, 어두운 조명에서 책을 읽는 것은 당신의 눈을 망치지 않는다. ① 달빛에 책을 읽거나 혹은 덮어쓴 채로 책을 읽으면 당신은 글자에 초점을 맞추기 위해 눈을 가늘게 뜨고 보는 경향이 있다. ② 때때로, 이렇게 하는 것은 당신에게 두통, 피로, 눈 주변 근육의 통증을 주고 당신의 시야가 덜 선명해 보인다. ③ 그러나 당신은 어떠한 장기적인 시력 손상을 겪지는 않을 것이다. ④ 직접 조명은 사람들이 독서하는 동안 집중하도록 도와준다.」

**39** 다음 빈칸에 들어갈 말로 가장 적절한 것을 고르시오.

A recent study shows that kids who watch a lot of TV are more likely to be _____ than those who do not. Can you guess why? It's because of commercials on TV! The junk food is often advertised in commercials by their favorite cartoon characters. It is so appealing that kids just want to go out and get it right away! Kids who watch a lot of TV and those attractive commercials are also likely to stay only at home and be getting less exercise.

① active
② violent
③ diligent
④ overweight

단어 **recent** 최근의 **commercial** 광고 **appealing** 유혹적인 **attractive** 매혹적인

해석 「최근의 한 연구는 TV를 많이 보는 어린이들이 그렇지 않은 어린이들보다 더 과체중이 되는 경향이 있다고 보여준다. 왜 그런지 추측할 수 있는가? 그것은 TV의 광고 때문이다. 정크 푸드는 종종 아이들이 가장 좋아하는 만화주인공들에 의해 광고된다. 그것은 너무나 유혹적이어서 아이들은 그것을 당장 나가서 사고 싶어 한다! TV와 그런 매혹적인 광고를 많이 보는 아이들은 또한 집에 머무르며 운동을 덜 하는 경향이 있다.」

Answer 38.④ 39.④

**40** 다음 글의 빈칸에 들어갈 말로 가장 적절한 것을 고르시오.

Deciding whether your child is bright, and how and when to give them right kind of attention, requires careful observation. For this, it can be very helpful to _____, though it may sound like a bit of hard work. It helps you to take a step outside the routine of everyday living, so that you can get a clearer, more objective view of what is happening in your family. Then, looking back, you may be able to see how situations have developed, and how they can be changed. A daily record book will help you not only to judge whether you have a bright child but also to watch his or her emotional development.

① keep a diary

② praise them

③ write a letter

④ play together

단어 **observation** 관찰 **objective** 객관적인 **emotional** 감정의

해석 「당신의 아이가 영리한지 아닌지와 그들에게 어떻게, 언제 올바른 관심을 기울여주어야 하는지를 결정하는 데는 주의 깊은 관찰력이 요구된다. 이를 위해서는 약간 힘든 일처럼 들릴지 모르겠지만, 일기를 쓰는 것이 큰 도움이 될 수 있다. 그것은 판에 박힌 일상생활에서 한 발짝 벗어나는 데 보탬이 되고, 그 결과 가정에서 일어나고 있는 일에 대해 더 분명하고, 더 객관적인 시각을 얻을 수 있다. 그리고 지난날을 돌이켜 보면서, 상황이 어떻게 발전했는가, 그리고 어떻게 변화될 수 있는가를 알게 될지도 모른다. 매일 적는 기록 책은 당신이 영리한 아이를 가지고 있는가를 판단하는 일 뿐만이 아니라 아이의 감정 변화를 관찰하는 일에도 보탬이 될 것이다.」

**41** 다음 글의 빈칸에 들어갈 말로 가장 적절한 것을 고르시오.

Now, more than ever, good job opportunities are opening up for the person who speaks well before a group. Even though you do not intend to become a lawyer, a radio or television announcer, or a professor, you have good reason to learn how to speak effectively. For example, you take part in various group activities every day. If you want to stand out from the group, you have to make your ideas and feelings known to others. You won't be noticed if you shyly whisper at the corner, "Me, too." There comes a time when you must _____.

① learn a foreign language

② hide your feelings

③ stand up and speak out

④ develop your creativity

**Answer** 40.① 41.③

단어 **opportunity** 기회 **intend** 의도하다  **even though** 비록 ~이지만(= even if)  **effectively** 효과적으로  **stand out** 두각을 나타내다, 눈에 띄다  **shyly** 수줍게  **whisper** 속삭이다  **hide** 숨기다  **develop** 발달하다, 개발하다

**42** 다음 글에 빈 칸에 들어갈 말로 가장 적절한 것을 고르시오.

> I believe that a person can find truth in life by ＿＿＿＿＿＿＿＿. For example, I know a carpenter who has devoted himself to his work for years. He has got great skills and can also tell much about life. Unfortunately, young people graduating from school quickly grow impatient with their unattractive, basic-level jobs. They wonder if their work will lead to anything meaningful, and they ask for different responsibilities—but they may never be satisfied. If our knowledge is broad but shallow, we really know nothing. Yet developing one skill in great depth can show truth in life.

① admitting what he cannot do
② meeting people in other fields
③ reading as many books as possible
④ focusing on one thing and mastering it

단어 **carpenter** 목수   **devote** 헌신하다(devote oneself to 전념하다)   **impatient** 참을성이 없는   **broad** 넓은 **unfortunately** 불행하게도  **shallow** 얕은  **admit** 인정하다  **focus on** 집중하다

**Answer** 42.④

**43** 다음 글에 빈칸에 들어갈 말로 가장 적절한 것을 고르시오.

What makes a good walk? Most of all, a good walk should be _____. There should be rich colors to delight our eyes and sweet sound to ring in our ears. Spring flowers, summer trees, autumn leaves, and winter snow are all nice surprises along the way. The singing of birds, murmuring of a stream, whispering of the wind, and happy talking of people are the symphonic sounds of a good walk. You can look around or pick up flowers or sit for a while in the course of a long walk. After this good refreshing walk, you'll feel alive and relaxed.

① long and tiring

② done as fast as possible

③ taken regularly if possible

④ a pleasant experience to our senses

**단어** surprise 놀라운 일들 symphonic 교향곡의 whisper 속삭이다 pick (꽃을) 따다 refreshing 상쾌한 refresh 상쾌하게 하다 look around 둘러보다 delight 즐겁게 하다 regularly 규칙적으로 consider 고려하다

**해석** 「무엇이 기분 좋은 걷기를 만드는가? 무엇보다도, 기분 좋은 걷기란 감각이 즐거운 경험이 되어야 한다. 우리 눈을 즐겁게 하는 총천연색과 우리 귀에 메아리치는 즐거운 소리가 있어야 한다. 봄의 꽃들, 여름의 나무들, 가을의 잎들, 그리고 겨울의 눈은 길을 따라 걸으며 만나는 놀라운 기쁨들이다. 새가 지저귀고, 시냇물이 졸졸 흐르고, 바람이 속삭이고, 사람들이 행복하게 이야기를 나누는 것은 기분 좋은 걷기에서 들을 수 있는 교향곡이다. 길을 오래 걷는 동안 주위를 둘러보거나 꽃을 따거나 잠시 앉아 있을 수 있다. 이렇게 상쾌하고 기분 좋게 걷기를 하고 나면, 편안하고 살아 있는 느낌을 얻게 될 것이다.」

**44** 다음 밑줄 친 부분 중 문맥상 낱말의 쓰임이 적절하지 않은 것은?

There are several things you can do to prevent your child from being bitten by insects. The best ① protection against insect bites is to apply insect repellent to a child's skin and clothing. However, insect repellents should be used carefully on babies and young children. Another ② prevention technique involves avoiding areas where insects gather or nest. In addition, when your child is doing ③ outdoor activities, dress him in long pants and a lightweight long-sleeved shirt. Don't dress your child in clothing with bright colors or flowery prints which are known to ④ attack insects.

**Answer** 43.④ 44.④

**단어** prevent 예방하다  insect 곤충  bite (곤충 따위가) 깨묾  nest 알을 까다  long-sleeved 긴 소매의  flowery 꽃무늬의

**해석** 「당신의 아이가 곤충에게 물리는 것을 방지하기 위해 당신이 할 수 있는 것이 여러 가지가 있다. 곤충에 물리지 않도록 보호해 주는 최선의 방법은 해충 퇴치제를 아이의 피부와 옷에 바르는 것이다. 하지만 해충 퇴치제는 아기들과 어린 아이들에게 조심 스럽게 사용되어야 한다. 또 하나의 예방책은 해충이 모이고 알을 까는 장소를 피하는 것이다. 또한, 당신의 아이가 야외 활동 을 할 때에는 긴 바지와 가벼운 긴팔 셔츠를 입혀라. 해충을 공격(→ 유인 : attract)하는 것으로 알려진 밝은 색깔의 옷이나 꽃 무늬 문양의 옷을 입혀서는 안 된다.」

**45** 다음 글의 주제로 가장 적절한 것을 고르시오.

Before picking out a souvenir to take home, consider how it was made and where it came from. If animal products such as animal bone or skin were used to make it, just leave it on the shelf. Picking your souvenirs directly from nature is another bad idea. That is because sea shells are more beautiful on the beach than on your desk. Instead, choose something which does not have negative effects on the place you visit, such as paintings or crafts produced by local artists.

① 여행지 정보를 얻는 방법
② 여행 기념품 구매 시 유념할 사항
③ 멸종 위기 야생동물 보호의 필요성
④ 공예품 판매를 통한 여행지 홍보 효과

**단어** souvenir 기념품  product 산물, 산출물  pick out 고르다 (= choose)  shelf 판매대  negative 부정적인  craft 공예 품  local 지역의  have an effect[influence, impact] on 영향을 미치다(v. afect, influence)

**해석** 「집으로 가져갈 기념품을 고르기 전에 그것이 어떻게 만들어졌는지 그리고 그것의 출처가 어디인지 고려해라. 만일 그것을 만들 기 위해 동물의 뼈나 가죽과 같은 동물의 산물이 사용되었다면 그것을 판매대 위에 그대로 남겨두어라. 자연에서 바로 기념품을 집어 오는 것도 좋지 않은 생각이다. 조개껍데기는 당신의 책상 위에서보다 해변에서 더 아름답기 때문이다. 대신에 그 지역의 예술가들이 그린 그림이나 그들이 만든 공예품처럼 당신이 방문하는 장소에 부정적인 영향을 끼치지 않는 것을 선택하라.」

**46** 다음 글의 주제로 가장 적절한 것을 고르시오.

Collecting can open new worlds for children. Collecting stamps, for example, shows them cultures or historical events of a country. Plant or animal specimens teach them about the natural world. Collecting also gives children opportunities to learn skills that can be used every day. While playing with collections such as dolls, comic books, stickers, and so on, children can organize their treasures by size, shape, or color. This will teach them to see the world from different points of view. Thinking about the relationships among their pieces, they may realize things in the world are connected with each other.

① how to start collecting
② why children like collecting
③ importance of leisure activities
④ educational effects of collecting

**단어** specimen 표본 opportunity 기회 historical 역사적인 point of view 관점 relationship 관계 organize 구성하다 treasure 보물 realize 깨닫다 connect 연결하다

**해석** 「수집을 하는 것은 아이들에게 새로운 세상을 열어 줄 수 있다. 예를 들어, 우표 수집은 아이들에게 한 나라의 문화 또는 역사적 사건들을 보여준다. 식물이나 동물의 표본은 아이들에게 자연 세계에 관해 가르쳐준다. 수집을 하는 것은 또한 아이들에게 일상에서 사용될 수 있는 기술을 배울 기회를 제공해 준다. 인형이나 만화책, 스티커 등과 같은 수집품들을 가지고 노는 동안에 아이들은 자신들의 보물들을 크기, 모양, 또는 빛깔에 의해 체계화할 수 있다. 이를 통해 아이들은 다른 관점으로 세상을 보는 법을 배우게 될 것이다. 아이들은 수집품들 사이의 관계에 대해 생각하면서 세상에 존재하는 것들이 서로 관련이 있음을 깨달을 수 있다.」

**보기** ① 수집을 시작하는 방법
② 아이들이 수집을 좋아하는 이유
③ 여가 활동의 중요성
④ 수집의 교육적 효과

**Answer** 46.④

## 47 다음 글의 요지로 가장 적절한 것은?

We have an idea of how things should be done and what is possible and impossible. These ideas make up the box we live in, and this box limits our possibilities. We generally don't go outside the box which society creates for us. Instead, we follow the patterns we've learned from our friends, family, and culture. Often these patterns aren't as satisfying as living outside the box might be, but sometimes trying a new pattern might open up a new possibility for you. For example, the next time when it rains, go for a walk without an umbrella. Even this small adventure can help you break out of your box.

① 고정된 사고의 틀에서 벗어날 필요가 있다.
② 한 사회의 문화유산은 잘 보존되어야 한다.
③ 사회 구성원은 서로 협력하여야 한다.
④ 서로 다른 가치는 갈등을 유발한다.

**단어** possibility 가능성  generally 일반적으로  satisfying 만족스러운  adventure 모험

**해석** 「우리는 어떻게 일을 해야 하고, 무엇이 가능하고 가능하지 않은 지에 대한 생각을 가지고 있다. 이 생각들이 우리가 들어가 살고 있는 상자를 구성하고, 이 상자가 우리의 가능성들을 제한한다. 우리는 일반적으로 사회가 우리를 위해 만들어 놓은 상자 밖으로 나가지 않는다. 대신에 우리는 우리의 친구들, 가족, 그리고 문화로부터 배운 패턴들을 따른다. 종종 이런 패턴들은 상자 밖으로 나가 사는 것만큼 만족스럽지 못하다. 그렇지만 때때로 새로운 패턴을 시도해보는 것은 당신에게 새로운 가능성을 열어줄 수도 있다. 예를 들어서, 다음에 비가 내릴 때 우산 없이 나가 걸어보라. 이런 작은 모험조차도 당신이 상자를 부수고 밖으로 나가는 것을 도울 수 있다.」

**Answer** 47.①

## 48 다음 글의 요지로 가장 적절한 것을 고르시오.

We like to help our neighbors when they are in trouble. But sometimes people get in each other's way, and create confusion by trying to give help and advice where they're not wanted. Actually there are often so many people telling others what to do, so no one really knows how things should be done. For example, if five different people show a young child the proper way to tie a pair of shoes, it will not be helpful. The child might get so confused by the five different ways that he or she can't do it in the end.

① 남의 떡이 더 커 보인다.
② 세살 버릇 여든까지 간다.
③ 아니 땐 굴뚝에 연기 나랴.
④ 사공이 많으면 배가 산으로 간다.

**단어** confusion 혼란  actually 실제로  proper 적절한

**해석** 「우리는 우리의 이웃들이 어려움에 처했을 때 돕는 것을 좋아한다. 그러나 때때로 사람들은 그들을 필요로 하지 않는 곳에서 도움과 조언을 주려고 시도하다가 서로에게 방해가 되며 혼란을 유발한다. 실제로 종종 다른 사람들에게 무엇을 해야 할지 말하는 사람들이 너무 많아서 아무도 어떻게 일을 해야 할지 정말로 모르게 된다. 예를 들어서, 만일 다섯 명의 다른 사람들이 어린 아이에게 신발 끈을 매는 적절한 방법을 보여준다면, 그것은 도움이 되지 않을 것이다. 그 아이는 그 다섯 가지 다른 방식들 때문에 너무 혼란스러워져서 결국에는 그 일을 할 수 없게 될 것이다.」

**Answer** 48.④

**49** 다음 글의 제목으로 가장 적절한 것을 고르시오.

---

Many schools in the country have already closed their doors because of the decreased number of students. School buildings, once bloomed with children with passion for learning, have stood lonely with no children to fill them. Now they may not have to feel lonely. They are changing to meet the needs of local people. They are now giving their rooms to local people for cultural events such as concerts or exhibitions. Those people who haven't had many cultural experiences are now enjoying long-awaited cultural events. Those closed schools may become lively again soon with people visiting them, though they may not be children.

---

① Students Are Decreasing in Numbers
② Schools in Many Economic Difficulties
③ Closed Schools Reborn as a Cultural Center
④ People Leaving Their Home for Jobs

**단어** decrease 감소 **bloom** 꽃을 피우다 **passion** 열정 **local** 지역의, 동네의 **exhibition** 전시회 **lively** 활기찬

**해석** 「시골에 있는 많은 학교들이 학생 수의 감소 때문에 이미 문을 닫았다. 한때 배움에 대한 열정을 가진 어린이들로 꽃을 피웠던 학교 건물들은 그것들을 채울 어린이들이 없어져 외롭게 서 있었다. 이제 그들은 외로움을 느껴야할 필요가 없을지도 모른다. 그들은 지역 주민들의 필요를 충족시키기 위해 변화하고 있다. 그들은 이제 콘서트나 전시회와 같은 문화행사들을 위해 지역 주민들에게 그들의 공간을 내어 주고 있다. 문화적인 경험이 많지 않은 시골 사람들은 이제 오랫동안 기다렸던 문화행사들을 누리고 있다. 문을 닫았던 학교들은 비록 어린아이들이 아닐지도 모르지만 그들을 방문하는 사람들로 다시 활기를 띠게 될 수도 있다.」

**보기** ① 학생들의 수가 감소하고 있다.
② 많은 경제적 어려움에 처한 학교들
③ 문화회관으로 다시 태어난 폐교들
④ 일자리를 찾아 고향을 떠나는 사람들

**Answer** 49.③

**50** 다음 글의 제목으로 가장 적합한 것을 고르시오.

Do you know what contribution Korea has made to Christmas Day? According to Korea's National Institute of Biological Resources(NIBR), one of the most popular trees used as a Christmas tree is a Korean fir. According to the institute, the Korean fir tree is a native evergreen, which grows in Mt. Halla and Mt. Jiri in Korea. However, not many know that the tree used to be found only in Korea. In 1904 a European scientist took out of Korea a sample of the Korean fir. People soon saw that the clear, triangle shape and its green color were just right for the Christmas atmosphere and began to use it as a Christmas tree.

① Korean Fir Trees Are Disappearing
② Korea Imports the Christmas Trees
③ Korea : Birthplace of the Christmas Tree
④ Korea : A Good Place for Plants to Grow

**단어** contribution 공헌  evergreen 상록수  sample 견본  triangle 삼각형의  atmosphere 분위기

**해석** 「한국이 크리스마스 날에 어떤 공헌을 하였는지 아는가? 한국 국립생물자원관에 따르면, 크리스마스트리로 사용되는 가장 인기 있는 나무는 구상나무이다. 이 자원관에 따르면, 구상나무는 한국 토종의 상록수인데, 한국의 한라산과 지리산에서 자생한다. 그러나 이 나무가 과거에는 한국에서만 발견되었다는 것을 아는 사람은 많지 않다. 1904년 유럽의 어느 한 과학자가 구상나무의 견본을 국내에서 가지고 나갔다. 사람들은 곧 그것의 분명한 삼각형 형태와 녹색이 크리스마스 분위기에 가장 적합하다는 것을 알게 되었고 그것을 크리스마스트리로 사용하기 시작했다.」

**보기** ① 한국의 전나무들이 사라지고 있다.
② 한국은 크리스마스트리를 수입한다.
③ 한국 : 크리스마스트리의 탄생지
④ 한국 : 식물이 자라기 좋은 장소

**Answer** 50.③

**51** 다음 글에서 전체 흐름과 관계없는 문장은?

---

Using heroes in the classroom is becoming more and more popular, but careful thought should be given to lesson planning. ① The instructor who wants to ensure the effectiveness of the method needs to first find a suitable hero. ② For instance, it may be more appropriate to use Michael Jordan as a role model when teaching sports rather than using Beethoven. ③ It is also important that the instructor does not take away the human elements in heroes and helps students understand they are ordinary people like us. ④ People who become heroes have great talents or exceptional skills, so we can't easily follow them.

---

**단어** **appropriate** 적절한, 적합한  **extraordinary** 대단한

**해석** 「교실에서 영웅을 이용하는 것은 더욱 더 인기를 얻고 있지만, 학습 계획을 세울 때 세심하게 신경을 써야 한다. ① 그 방법의 효과를 확실하게 얻고자 하는 교사는 적절한 영웅을 우선 찾을 필요가 있다. ② 예를 들어, 스포츠를 가르칠 때 역할 모델로서 베토벤을 이용하는 것보다 마이클 조던을 이용하는 것이 더 적절할 것이다. ③ 교사가 영웅이 갖고 있는 인간적인 요소를 없애지 않으며 학생들에게 영웅이 우리와 같은 평범한 사람들이라는 것을 이해하도록 돕는 것이 또한 중요하다. ④ 영웅이 되는 사람들은 훌륭한 재능이나 남다른 기술을 갖고 있어서, 우리가 그들을 쉽게 따를 수 없다.」

**해설** 이 글은 학습에 영웅을 활용할 때 주의해야 할 점에 대한 내용이다. ④는 글의 흐름에 관계없다.

**Answer** 51.④

**52** 다음 글의 빈칸에 들어갈 말로 가장 적절한 것을 고르시오.

I am incapable of taking anybody's word as it is—I have to see for myself. If I read a quoted source in a book, I have to read the source from which the quote is taken. If that source quotes someone else, I am motivated to find the original. If I ever finally get to the originator of an idea, I am driven to study the life and methods of that person. If possible, I try to discover the observations which led the person to a particular conclusion. This is time-consuming and tiring, no question about it; but it is the only way that satisfies me. In short, I am _____.

① generous                          ② innocent

③ ambitious                         ④ curious

**단어** quote 인용하다, 인용구[문]   **observation** 관찰

**해석** 「나는 어떤 사람의 말을 액면 그대로 받아들이지 못하고, 내가 직접 확인해야 한다. 만약 내가 어떤 책에서 인용된 출처를 읽으면, 그 인용문이 발췌된 자료를 읽어야 한다. 만약 그 자료가 다른 사람의 말을 인용한다면, 나는 그 원본을 찾고자 하는 마음이 생긴다. 만약 어떤 아이디어를 최초로 고안해 낸 사람을 마침내 찾게 되면, 나는 그 사람의 삶과 방법들을 연구하고자 하는 충동이 생긴다. 가능하다면, 나는 그 사람을 특정한 결론으로 이끌게 한 그 관찰들을 발견하려고 한다. 이런 일은 시간을 소비하고 지치게 하는 데 의심의 여지는 없지만, 그것은 나를 만족시키는 유일한 방법이다. 요컨대, 나는 <u>호기심이 많다</u>.」

**53** 다음 글의 빈칸에 들어갈 말로 가장 적절한 것을 고르시오.

There is one magical price that we don't evaluate in the same way as other prices. That price is "free." Sometimes it leads you to _____. Imagine you are shopping for a gift certificate. Consider which of these two offers you would choose: a $10 gift certificate for free and a $20 gift certificate costing $7. If your first instinct is the same as everyone else's, you'll take the first option, the free option. Economically, though, this doesn't make any sense. When you look at it again, you can see that the $20 gift certificate is actually a better value: you get a $13 gift certificate for free, but this is hidden by the word "free." It prevents you from thinking clearly.

① poor decisions                    ② wise shopping

③ quick calculation                 ④ full satisfaction

**Answer**  52.④  53.①

단어 gift certificate 상품권 economically 경제적으로

해석 「다른 가격들과 같은 방법으로 평가하지 못하는 한 가지 마법의 가격이 있다. 그 가격은 "공짜"이다. 때때로 그것이 당신을 현명하지 못한 결정으로 이끈다. 당신이 상품권을 사고 있다고 상상해 보아라. 당신은 이 두 개의 제안, 즉, 10달러짜리 상품권을 공짜로 주는 것과 20달러짜리 상품권을 7달러에 주는 것 중 어느 쪽을 택할지 생각해 보아라. 만약 당신의 처음 본능이 다른 모든 사람들의 본능과 같다면, 당신은 처음 선택, 즉, 공짜 선택을 취할 것이다. 하지만, 경제적으로 보면, 이것은 전혀 이치에 닿지 않는다. 만약 당신이 그것을 다시 살펴보면, 당신은 20달러짜리 상품권이 실제로 더 가치가 있다는 것을 알 수 있다. 당신은 13달러짜리 상품권을 공짜로 얻지만, 이것은 "공짜"라는 단어에 의해 가려진다. 그것 때문에 당신은 명석하게 생각하지 못하는 것이다.」

보기 ① 현명하지 못한 결정    ② 현명한 쇼핑
③ 빠른 계산    ④ 충분한 만족

## 54  다음 글의 빈칸에 들어갈 말로 가장 적절한 것을 고르시오.

Marilyn Monroe, James Dean, and Elvis Presley are dead and now, so is Michael Jackson. But they are very much alive when it comes to _____. Even though Elvis has been dead for over 30 years, he still pulls in about $50 million a year. When Michael Jackson died last year, he had nearly half a billion dollars in debt. Since then, it has been a great year for his career: his lawyers say they have lined up merchandising deals worth $100 million, and record sales and other income will produce another $100 million. This is not unusual. Decades after their death, some departed stars continue to be in the media and draw more income than they ever made while they were alive.

① earning money                     ② spreading love
③ making donations                  ④ causing troubles

단어 merchandising 상품화 계획, 판매(의)  departed 죽은

해석 「마릴린 먼로, 제임스 딘 그리고 엘비스 프레슬리는 사망했고 이제는 마이클 잭슨도 역시 그렇다. 그러나 돈을 버는 것에 있어서는 그들은 매우 활발하게 활동 중이다. 사망한지가 30년이 넘었지만, 엘비스는 여전히 연간 약 5천만 달러를 벌어들인다. 지난 해 사망했을 때 마이클 잭슨은 거의 5억 달러를 빚지고 있었다. 그때 이후로 그의 경력에 있어 대단한 한 해가 되었다. 그의 변호사들은 1억 달러 가치의 상업적 거래를 줄줄이 계획하고 있으며 레코드 판매와 기타 수입이 추가로 1억 달러를 벌어들이게 될 것이라고 말한다. 이것이 특별한 것은 아니다. 사망한지 수십 년 후에도 세상을 떠난 몇몇 스타들은 계속 대중 매체에 등장하고 있으며 그들이 살아 있을 때 벌었던 것보다도 더 많은 소득을 벌어들이고 있다.」

보기 ① 돈을 버는 것    ② 사랑이 확산되는 것
③ 기부금을 만드는 것    ④ 문제들을 야기하는 것

Answer 54.①

**55** 다음 글의 빈칸에 들어갈 말로 가장 적절한 것을 고르시오.

Teenagers who _____ are more likely to have difficulty falling asleep and staying asleep at night. Dr. Gaby Badre of Sahlgren's Academy in Sweden studied 21 healthy teens, aged 14 to 19, with regular working or studying hours and no sleep problems. Ten of them were light cell phone users, making or sending fewer than five calls or text messages a day. The 11 heavy users made or sent more than 15 calls or text messages a day. Four of them sent more than 30 text messages a day, and one sent more than 200. Results showed that compared with light users, teens who were heavy users woke up more often during the night, and spent more time tossing and turning before falling asleep.

① stay up late at night

② don't exercise regularly

③ play computer games a lot

④ use their cell phones excessively

> **단어** **be likely to**부정사 ~하는 경향이 있다, ~하기 쉽다   **toss and turn** 잠자리에서 뒤척이다

> **해석** 「휴대전화를 과도하게 사용하는 십대들은 밤에 잠들거나 잠든 상태를 유지하는 데 어려움을 겪을 가능성이 더 많다. 스웨덴 Sahlgren 아카데미의 Gaby Badre 박사는 규칙적인 근무 시간이나 학습 시간을 가지고 있으면서 아무런 수면 문제가 없는 14세에서 19세의 건강한 십대 21명에 대해 연구했다. 그들 중 열 명은 하루에 다섯 건 이내의 통화를 하거나 문자메시지를 보내는 경미한 휴대전화 사용자들이었다. 11명의 과도한 휴대전화 사용자들은 하루에 15건 이상 통화를 하거나 문자메시지를 보냈다. 그들 중 네 명은 하루에 30건 이상의 문자메시지를 보냈으며, 한 명은 200건이 넘게 보냈다. 실험 결과 경미한 사용자들과 비교할 때, 과도한 사용자였던 10대들은 밤에 더 자주 잠에서 깨었으며 잠들기 전에 더 많은 시간을 잠자리에서 뒤척이며 보냈다.」

> **보기** ① 늦은 밤에 깨어 있다.
> ② 규칙적인 운동을 하지 않다.
> ③ 컴퓨터 게임을 많이 한다.
> ④ 휴대전화를 과도하게 사용한다.

**Answer** 55.④

**56** 다음 글에서 필자가 주장하는 바로 가장 적절한 것은?

It's clear that giving young drivers more time behind the wheel under guidance makes a big difference. They don't suddenly become good drivers when they turn 16. We need to ease teens into a lifelong habit of good driving. That's the goal of graduated driver licensing laws, which impose restrictions before teens earn a full license. An ideal law would set the minimum age for a permit at 16, ban cell phones, prohibit driving between 10 p.m. and 5 a.m., and not allow a full license until age 18. These regulations make sense. A recent study by Johns Hopkins University found that a tough law could decrease deaths among 16-year-old drivers by 38 percent.

① 학생들의 자가 운전 등교를 규제하라.
② 십대를 위한 교통안전 교육을 실시하라.
③ 십대의 운전면허 취득 과정을 더 엄격히 하라.
④ 십대가 운전하는 경우에는 보호자가 동승하라.

**단어** impose 부과하다 ban 금지하다 regulation 규정

**해석** 「나이 어린 운전자들에게 지도하에 운전하는 시간을 더 많이 주는 것이 큰 차이를 만들어 낸다는 것은 명백하다. 16세가 되었을 때 그들이 갑자기 훌륭한 운전자가 되는 것은 아니다. 우리는 십대들을 평생 동안의 훌륭한 운전습관으로 서서히 진입하게 할 필요가 있다. 그것이 단계적 운전면허법의 목표인데, 이 법은 십대들이 정식 면허를 취득하기 전에 제한 조건을 부과한다. 이상적인 법은 운전 허가증을 딸 수 있는 최저 연령을 16세로 설정하고, (운전 중) 휴대전화를 금지하고, 밤 10시에서 새벽 5시 사이의 운전을 금지하며, 18세가 될 때까지는 정식 면허를 허용하지 않는 것이다. 이러한 규정들은 일리가 있다. 존스 홉킨스 대학에 의한 최근의 한 연구는 엄격한 법은 16세 운전자들 중 사망자 수를 38퍼센트 줄일 수 있다는 것을 발견했다.」

Answer 56.③

**57** 다음 밑줄 친 부분 중 문맥상 낱말의 쓰임이 적절하지 않은 것은?

> It's well known that washing your hands with good old-fashioned soap and water is a great way to help ① <u>prevent</u> disease. What do you do when that's just not an option? There are plenty of wipes, creams, and sprays on store shelves that promise to remove germs without the ② <u>addiction</u> of running water. While they're not a substitute for regular hand washing, they can be a valuable second line of ③ <u>defense</u>. Most of these products are alcohol-based. Alcohol is generally safe and effective, according to Sonya Lunder, a senior analyst at Environmental Working Group, a non-profit organization that has done ④ <u>extensive</u> research on personal care products.

**단어** reproduce 번식시키다 **substitute** 대체물

**해석** 「전통적 형태의 적절한 비누와 물로 손을 씻는 것이 질병을 예방하는 데 도움이 되는 한 가지 훌륭한 방법이라는 것은 잘 알려져 있다. 그 방법을 선택할 수 없을 때는 어떻게 하나? 수돗물을 중독(→ 추가 : addition)으로 사용하지 않고도 세균을 제거한다고 보장하는 많은 물티슈, 크림, 그리고 스프레이들이 상점의 선반에 있다. 그것들이 통상적인 손 씻기를 대체할 수는 없지만 소중한 두 번째 방어선이 될 수는 있다. 이런 제품들의 대부분은 알코올이 기본 성분이다. 개인 (건강)관리 제품들에 관해 폭넓은 연구를 해 온 비영리 단체인 Environmental Working Group의 선임 분석관인 Sonya Lunder에 따르면 알코올은 일반적으로 안전하고 효과적이다.」

**58** 다음 글의 주제로 가장 적절한 것을 고르시오.

> Airline reservation agents are nearly helpless when their reservation system breaks down. Customers can go to another airline that can immediately reserve a seat on a competitive flight. In case the reservation system breaks down, various techniques are used to reduce recovery time to the shortest possible interval. One technique includes frequently saving database copies to reduce the processing time necessary to restore the database. When it is economically possible, the entire system is duplicated on a standby computer, complete with separate copies of the database. It will take over system processing if anything goes wrong on the primary computer.

① 전산 예약 시스템 운용의 장점
② 항공사들 간의 치열한 서비스 경쟁
③ 항공사의 예약 시스템 장애에 대한 대비책
④ 최신 기술을 이용한 항공 화물 검색 방법

**Answer** 57.② 58.③

해석 「항공사 예약 담당자들은 예약 시스템에 장애가 생기면 거의 속수무책이 된다. 고객들은 그것에 필적할 만한 항공편에 즉시 좌석을 예약할 수 있는 다른 항공사로 갈 수 있다. 예약 시스템에 장애가 생길 경우에 대비해, 복구 시간을 가능한 한 최소로 단축시키기 위해 다양한 기술들이 이용된다. 한 가지 기술에는 데이터베이스를 복구하는 데 필요한 처리 시간을 줄이기 위해 데이터베이스 사본을 자주 저장하는 것이 포함된다. 경제적으로 가능하다면, 별도의 데이터베이스 사본을 완전히 갖춘 비상용 컴퓨터에 시스템 전체를 복사해 둔다. 주 컴퓨터에 어떤 문제가 생기면 이 컴퓨터가 시스템 처리를 맡게 된다.」

**59** 다음 글의 주제로 가장 적절한 것을 고르시오.

Dogs yawn before attacking, Olympic athletes yawn before performing, and fish yawn before they change activities. Evidence even exists that yawning helps individuals perform their tasks with greater accuracy and ease. Indeed, yawning may be one of the most important mechanisms for regulating the survival—related behavior in mammals. So if you want to stay alert and active, it is essential that you yawn. In other words, yawn as many times a day as possible: when you wake up, when you're confronting a difficult problem at work, when you get ready to go to sleep, and when you feel anger, anxiety or stress.

① positive effects of yawning
② ways of preventing yawning
③ mammals' behavior for survival
④ using yawning as a warning signal

단어 regulate 조절하다  alert 경계하는  confront 직면하다

해석 「개는 공격하기 전에 하품을 하고, 올림픽 운동선수는 경기를 하기 전에 하품을 하고, 물고기는 행동을 바꾸기 전에 하품을 한다. 심지어는 하품이 일을 더 정확하고 쉽게 하는 데 도움이 된다는 증거도 있다. 사실, 하품이 포유동물의 생존과 관련된 행동을 조절하는 가장 중요한 메커니즘 가운데 하나일지도 모른다. 따라서 경계심과 활동성을 유지하고 싶다면, 하품을 하는 것이 필수적이다. 다시 말해서, 잠을 깰 때, 업무상 어려운 문제에 직면할 때, 잠자리에 들려고 준비할 때, 그리고 분노, 불안, 또는 스트레스를 느낄 때 등 하루 중 가능한 한 여러 차례 하품을 하라.」

보기 ① 하품의 긍정적인 효과
② 하품을 막는 방법
③ 생존을 위한 포유동물의 행동
④ 경고신호로 하품 사용

Answer 59.①

**60** 다음 글의 요지로 가장 적절한 것은?

Many of us complain about commercials on TV, but a surprising new study shows that, contrary to popular belief, commercials improve television viewing in many cases. Researchers conducted two tests where participants watched and evaluated either continuous or disrupted versions of programs. In the first test, participants watched an episode of a sitcom. Although the participants disliked commercials, those who watched the sitcom with commercials liked it better than those who watched it without them. The second test found that people enjoyed a short animated clip more when it was interrupted by a commercial than when it was played continuously.

\* disrupted : 중단되는

① TV 광고의 내용이 이전보다 훨씬 더 다양해졌다.
② TV 광고가 TV 시청의 즐거움을 더해줄 수 있다.
③ 인기 드라마일수록 방영되는 광고의 수가 많다.
④ 광고주와 드라마 제작자 간의 갈등이 심화되고 있다.

> **단어** conduct 실시하다  animated clip 짧게 편집된 만화 영화

> **해석** 「우리 중 상당수는 텔레비전에 나오는 광고에 대해 불평을 하지만, 놀라운 한 가지 새로운 연구에 따르면, 광고는 일반적인 통념과는 달리 많은 경우, 텔레비전 시청을 나아지게 한다. 연구원들이 실시한 두 가지 실험에서 참가자들은 광고 없이 쭉 방영되는 프로그램 혹은 도중에 광고에 의해 중단되는 프로그램을 보고 평점을 매겼다. 첫 번째 실험에서 참가자들은 시트콤 한 편을 보았다. 참가자들은 비록 광고를 싫어하기는 했지만 광고가 삽입된 시트콤을 본 참가자들이 광고가 삽입되지 않은 시트콤을 본 참가자들보다 시트콤을 더 좋아했다. 두 번째 실험에서 참가자들은 짧게 편집된 만화영화를 보았는데, 광고가 삽입되지 않고 보았을 때보다 광고가 삽입되었을 때 더 재미있어 했다.」

**Answer** 60.②

다음 글이 시사하는 바로 가장 적절한 것은?

> You come home exhausted from a day's work! Your feet ache, your back hurts, and you feel fatigued. You attribute these feelings to getting older, working too hard or being too stressed out. However, you should remember you may actually have a foot problem. If you continue to ignore it, the pain will just get worse and you can no longer do the things you love. Pain in the feet can cause real disabilities and may cause other problems as well. If your feet tire easily and often become painful, don't hesitate to consult with your physician, and start to take care of your feet. If you get proper treatment before it's too late, you can stop the health problems associated with foot pain.

① First come, first served.
② Every dog has his day.
③ Whenever it rains, it pours.
④ A stitch in time saves nine.

**단어** **exhausted** 기운이 빠진 **fatigued** 피로한 **disabilities** 장애

**해석** 「당신은 하루 일을 끝내고 녹초가 되어 집에 돌아온다! 발이 쑤시고, 허리가 아프고, 피로감이 밀려온다. 당신은 당신의 이런 느낌을 나이가 들은, 너무 과로한, 혹은 스트레스를 너무 많이 받은 탓이라고 생각할지도 모른다. 하지만 실제로는 발에 문제가 있어서 그럴 수도 있다는 점을 당신은 기억해야 한다. 발에 발생한 문제점을 계속해서 방치하면 통증은 더욱 악화되어갈 뿐이고, 당신은 좋아하는 것들을 더 이상 할 수 없게 될 수도 있다. 발의 통증은 실제로 장애를 유발할 수 있을 뿐만 아니라 다른 문제들도 야기할 수 있다. 발이 쉽게 피로해지고 고통스럽게 되는 경우가 종종 있다면 주저하지 말고 의사의 진찰을 받고 발을 관리하기 시작해라. 너무 늦기 전에 적절한 치료를 받는다면, 발의 통증과 관련된 건강상의 문제들을 막을 수 있다.」

**보기** ① 선착순, 먼저 온 순서대로
② 쥐구멍에도 볕들 날이 있다.
③ 설상가상이다.
④ 제때의 한 땀은 나중의 아홉 땀을 던다.

**62** 다음 글의 제목으로 가장 적절한 것을 고르시오.

Sometimes, we get the most from giving without receiving. In Mali, villagers have kept this idea for centuries, called dama. It encourages Malians to maintain social connections with family, friends, and complete strangers. They provide goods and services with no expectation of a return gift. Instead, the villagers understand that a gift will be "paid forward," and that the individual sacrifice will make the community as a whole stronger and better connected. In a nation where the government provides minimal services, Mali's dama protects the poor and the sick, helping those ignored by a traditional economy.

① How Mali Got Its Name
② Mali : Trapped in Poverty
③ Dama : Mali's Precious Tradition
④ People Ignored by Their Government

**단어**  **maintain** 유지하다  **minimal** 최소의

**해석** 「때때로, 우리는 받지 않고 줌으로써 가장 많은 것을 얻는다. Mali에서는, 마을 사람들이 이러한 생각을 수세기 동안 간직해오고 있는데 그것은 'dama'라고 불린다. 그것은 Mali 사람들이 가족, 친구, 그리고 전혀 모르는 사람들과 사회적 관계를 유지하게 해준다. 그들은 답례를 기대하지 않는 상태로 물건과 서비스를 제공한다. 대신에, 마을 사람들은 한 번의 선행은 내가 받게 될 선행의 대가를 "미리 지불한" 것이고, 개개인의 희생이 지역사회 전체를 보다 더 강하게 만들어주고 더 친밀하게 연결되게 만들 것이라고 이해한다. 정부가 최소한의 서비스만을 제공하는 나라에서, Mali의 dama가 가난한 사람들과 병든 사람들을 보호해 주고, 전통적인 경제에서 방치된 사람들을 도와주고 있다.」

**보기** ① Mali는 어떻게 그 이름을 얻었나.
② Mali : 가난의 덫
③ Dama : Mali의 귀중한 전통
④ 정부에 의해 무시된 사람들

**Answer** 62.③

**63** 다음 글의 제목으로 가장 적합한 것을 고르시오.

> People today are great at multitasking. I catch up with my grandmother on my cell phone while picking up my dry cleaning, or send a text message to my client while standing in line at the grocery store. I even saw a man in a business suit digging chopsticks into a cup of noodles while hurrying through the crowd on a busy street. Whether engaged in daily life or at work, we are constantly faced with all kinds of demands, so we respond most often, by trying to do many things at once. We have become so accustomed to this lifestyle that we have come to believe in the myth that we can and must multitask.

① So Lonely in the Crowd

② A Place for Peace of Mind

③ Fast Food : Is It Really Harmful?

④ Living on the Run to Keep Up with Life

**단어** catch up with ~을 뒤쫓아 미치다 constantly 끊임없이

**해석** 「오늘날 사람들은 한꺼번에 여러 일을 처리하는 데 능하다. 나는 드라이 클리닝한 옷을 찾아오면서 휴대전화상으로 할머니와 최근 근황에 대한 이 얘기 저 얘기를 나눈다거나, 식료품점에서 줄을 서 있으면서 의뢰인에게 문자메시지를 보낸다. 나는 심지어 정장을 한 남자가 사람들로 붐비는 거리를 급하게 헤쳐 나가면서 젓가락으로 컵라면을 먹고 있는 것을 보기도 했다. 일상생활을 하든 직장에서 일을 하든, 우리는 끊임없이 온갖 종류의 요구 사항들에 직면해 있으므로, 우리는 대개의 경우 많은 일들을 한꺼번에 하려는 모습으로 반응을 보인다. 우리는 이러한 생활 방식에 너무나 익숙해져서 한꺼번에 여러 일을 처리할 수 있고 처리해야 한다는 잘못된 생각을 하게 되었다.」

**보기** ① 군중 속의 고독
② 마음의 평화를 위한 공간
③ 패스트푸드 : 정말로 해로울까?
④ 인생에 뒤처지지 않도록 활발하게 살다.

**Answer** 63.④

**64** 다음 글의 빈칸에 들어갈 말로 가장 적절한 것을 고르시오.

A speaker begins his presentation by reaching into his pocket, holds up a twenty-dollar bill, and says, "This twenty is for sale for exactly one dollar. Who wants to buy it?" Would you leap to your feet to get his attention? Or would you wait a few seconds, and after a hand or two goes up, timidly raise your own? If you're one of the hesitaters, you're normal. Once someone else is willing to take a chance, then our greedy little hands pop up, and we tend to go along. The faster others' hands are raised, the greater the desire, and the more likely we are to be part of it. Our sense of the value of an object is reinforced by the _____ that has been created for that object.

① demand             ② design

③ brand              ④ criticism

> **단어** **leap** 뛰다 **timidly** 소심하게 **hesitater** 주저하는 사람 **once** 한번 ~ 하면 **be willing to** 기꺼이 ~ 하다 **greedy** 탐욕스런 **pop up** 뛰어 오르다 **reinforce** 강화하다

> **해석** 「한 연사가 발표를 시작하면서, 자기 주머니에 손을 넣어 20달러짜리 지폐를 한 장 꺼내 들고 "이 20달러짜리 지폐를 정확히 1달러에 팝니다. 사고 싶은 분이 계십니까?"라고 말한다. 그의 주목을 끌기 위해 벌떡 일어날 것인가? 아니면 잠깐 기다렸다가 손이 하나둘 올라오면, 수줍게 손을 들겠는가? 만약 여러분이 망설이는 사람들 중 하나라면, 보통이다. 일단 다른 누군가가 기회를 잡으려고 하면, 탐욕스러운 작은 손들이 불쑥 올라가고 우리도 따르게 되는 경향이 있다. 다른 사람의 손이 빠르게 올라갈수록, 욕구는 더 커지고, 우리도 그 일부가 될 가능성이 커진다. 어떤 물건의 가치에 대한 우리의 의식은 그 물건에 대해 창출되는 <u>수요</u>로 인해 더욱 강화된다.」

**Answer**   64.①

**65** 다음 글의 빈칸에 들어갈 말로 가장 적절한 것을 고르시오.

Women have a more sensitive touch than men because of their _____. A professor in McMaster University in Ontario, Canada and his team measured the surface areas of index fingers in 100 students and then asked them to feel surfaces marked with progressively finer grooves. When the grooves get too narrow for someone's sense of touch, the surface feels smooth. On average, men could detect grooves down to 1.59mm wide, whereas women detected grooves at 1.41mm. The ability to discriminate the grooves on the surfaces fell by 0.25mm for every square-centimeter increase in finger area. The team found that sweat pores and the skin's touch receptors are more densely packed as finger size decreases.

① smoother skin
② larger pores
③ cleaner hands
④ smaller fingers

**단어** **sensitive** 민감한 **measure** 측정하다 **index finger** 검지 **marked** 표시된, 두드러진 **progressively** 앞으로 **fine** 미세한 **narrow** 비좁은 **smooth** 부드러운 **whereas** 반면에 **discriminate** 구별하다, 차별하다 **square** 사각형 **sweat** 땀 **pore** 구멍 **receptor** 감각기관 **densely** 빽빽이

**해석** 「여성이 남성보다 더 예민한 촉각을 가지고 있는 것은 더 작은 손가락 때문이다. 캐나다 온타리오 주에 있는 McMaster 대학의 한 교수와 그의 팀은 학생 100명의 검지의 표면적을 측정한 뒤, 그들에게 다른 크기의 홈을 가진 표면을 큰 것부터 순차적으로 만져보게 했다. 홈이 어떤 사람의 촉각에 비해 지나치게 가늘어졌을 때, 그 표면은 부드럽게 느껴진다. 평균적으로, 남성들이 1.59mm 넓이까지 인지할 수 있었던 반면, 여성들은 1.41mm까지 인지했다. 표면의 홈을 분별해 낼 수 있는 능력은 손가락 면적이 1㎠ 증가할 때마다 0.25mm씩 떨어졌다. 연구 팀은 손가락 크기가 줄어듦에 따라 땀구멍과 피부의 촉각세포가 더 밀집되어 있다는 것을 알아냈다.」

**Answer** 65.④

**66** 다음 글의 빈칸에 들어갈 말로 가장 적절한 것을 고르시오.

> When you are taking an essay test, _____. Some experts or teachers must have spent quite a long time deciding them. Notice the key words. The words in them have been chosen with great care and mean precisely what they say. For example, if it asks you to 'prove' something, you should not 'describe' or 'explain' it. You might get a few marks even if your answers don't focus on the word 'prove', but you certainly wouldn't get full marks. Also, notice especially where the words are used in the singular and where they are used in the plural. If a question asks for 'reasons', one reason isn't going to be enough. If it asks for 'problems', again one problem isn't going to be adequate.

① read the questions carefully

② watch out for spelling mistakes

③ use your experience and knowledge

④ distinguish between facts and opinions

**단어** precisely 정확하게 adequate 적절한, 충분한 essay test 논술 시험 notice 주목하다 full mark 만점 plural 복수 watch out 조심하다, 주의하다

**해석** 「논술형 시험을 볼 때, 질문들을 주의 깊게 읽어라. 분명히 전문가들이나 교사들이 질문을 정하는 데 상당히 오랜 시간을 보냈을 것이다. 핵심어에 주목하라. 질문에 사용된 낱말은 아주 주의 깊게 선택되었으며 말하는 그대로를 정확하게 의미한다. 예를 들면 그것이 무언가를 '증명'하라고 요구하면, 그것을 '기술'하거나 '설명'해서는 안 된다. 답안이 '증명'하라는 낱말에 초점을 맞추지 않더라도 몇 점은 받을 수 있지만, 분명 만점을 받지는 못할 것이다. 또한 낱말이 특히 어디서 단수로 사용되는지, 어디서 복수로 사용되는지에 주의하라. 질문이 '논거들'을 요구한다면, 하나의 논거로는 충분하지 않을 것이다. 그것이 '문제점들'을 요구한다면, 역시 하나의 문제점은 적절하지 않을 것이다.」

**보기** ① 질문들을 주의 깊게 읽어라.
② 철자가 틀리지 않도록 주의하라.
③ 경험과 지식을 활용하라.
④ 사실과 의견을 구별하라.

**Answer** 66.①

**67** 다음 글의 빈칸에 들어갈 말로 가장 적절한 것을 고르시오.

During the Middle Ages, the Rhine River was a great European trade route protected by the Holy Roman Empire. Merchant ships paid a modest toll to safeguard their transit. However, after the Empire weakened during the thirteenth century, many freelance barons built castles on the Rhine and began collecting their own illegal tolls. Each argued that he had the rights to collect tolls. The growing number of these "robber baron" tollbooths made shipping unmanageable. Eventually, the merchants couldn't afford the tolls. The river continued to flow, but boatmen would no longer bother making the journey. Because of the decreased trade, the European economic pie shrank. Wealth disappeared. As _____, everybody lost, even the barons themselves.

① collecting tolls was prohibited

② technology innovation did not occur

③ all power was concentrated in one person

④ too many people owned pieces of one thing

> **단어** **modest** 적당한 **toll** 통행료 **safeguard** 안전하게 하다 **transit** 이동, 수송 **unmanageable** 관리할 수 없는 **shrink** 줄어들다 **route** 통로, 길 **merchant** 상인 **weaken** 약화되다 **freelance** 독립적인 **baron** 호족 **collect** 징수하다 **argue** 주장하다 **shipping** (배를 이용한) 수송 **bother** ~ing 구태여(애써) ~ 하다 **pie** 규모 **innovation** 혁신 **prohibit** 금지하다 = ban, forbid, inhibit

> **해석** 「중세에 라인 강은 신성 로마 제국의 보호를 받는 중요한 유럽의 무역로였다. 상선은 통행을 보호받기 위해 적당한 액수의 통행료를 지불했다. 그러나 13세기 중에 제국이 약화된 후 많은 독립적인 지방 호족들이 라인 강에 성을 세우고 불법적인 통행료를 징수하기 시작했다. 각자가 통행료를 징수할 권리가 있다고 주장했다. 이러한 "약탈 호족" 통행요금 징수소의 수가 점점 늘어남에 따라 수송이 이루어지지 못하게 되었다. 결국 상인들은 통행료를 감당할 수 없었다. 강은 계속해서 흘렀지만 사공들은 더 이상 구태여 운행을 하지 않았다. 감소된 무역으로 인해 유럽의 경제 규모는 위축되었다. 부는 사라졌다. <u>너무 많은 사람들이 하나를 나눈 조각을 소유하였으므로</u>, 모두가 손해를 보게 되었고, 심지어 호족들조차도 그랬다.」

> **보기** ① 통행료를 징수하는 것이 금지되었으므로
> ② 기술혁신이 일어나지 않았음으로
> ③ 모든 권력이 한 사람에게 집중되었으므로
> ④ 너무 많은 사람들이 하나를 나눈 조각을 소유하였으므로

**Answer** 67.④

**68** 다음 글의 빈칸에 들어갈 말로 가장 적절한 것을 고르시오.

For the first year of sound film, it seemed that audiences would see any film that "talked." When audience attendance dropped by 20 percent in the early part of 1929, however, film producers had to reexamine their product. Sound had made almost useless the techniques that directors had acquired through years of silent films. In effect, sound _____. For example, because the noise of the camera could be picked up by the sound system, the camera had to be encased in a large heavy soundproof box, which made the camera stationary. In addition, the actors had to use the microphones hidden on the set (in telephones, flower vases, etc.); they could never move away from the microphones. They often appeared rather odd as they stood speaking into a vase of flower.

① increased the cost of producing a movie
② attracted more people to movie theaters
③ forced movie actors to practice a lot more
④ undermined the motion of the motion picture

**단어** **encase** 감싸다 **soundproof** 방음 **stationary** 움직이지 않는 **undermine** 약화시키다 **sound film** 유성영화 **audience attendance** 입장관객의 수 **reexamine** 재점검하다 **acquire** 습득하다, 획득하다 **silent film** 무성영화 **pick up** (소리를) 포착하다 **move away from** ~로부터 멀리 떨어지다 **rather** 다소, 약간 **odd** 이상한, 어색한 **motion picture** 활동사진 = 영화

**해석** 「유성 영화가 상영된 첫 해는 '말하는' 영화면 관객이 무엇이든지 볼 것 같았다. 하지만 1929년의 전반기에 입장한 관객의 수가 20퍼센트 감소하자 영화 제작자들은 그들의 상품을 재점검하지 않을 수 없었다. 음향은 감독들이 오랜 무성영화 시대를 통해서 획득한 기술을 거의 쓸모없게 만들었다. 사실상, 음향은 <u>영화 속의 움직임을 손상시켰다</u>. 예를 들면 카메라의 소음이 음향 시스템에 포착될 수 있기 때문에, 카메라는 커다랗고 무거운 방음 상자 속에 들어가야 했고, 그리하여 카메라는 움직일 수 없게 되었다. 게다가 배우들은 전화, 꽃병, 기타 등등의 세트 속에 숨겨진 마이크를 사용해야 했다. 그래서 그들은 마이크에서 멀리 떨어질 수 없었다. 그들은 꽃병에 대고 서서 말을 했으므로 매우 이상하게 보이는 경우도 많았다.」

**보기** ① 영화 제작비를 증가시켰다.
② 더 많은 사람들을 영화관으로 끌어들였다.
③ 영화배우들에게 더 많은 연습을 하도록 강요하다.
④ 영화 속의 움직임을 손상시켰다.

**Answer** 68.④

**69** 다음 밑줄 친 부분 중 문맥상 낱말의 쓰임이 적절하지 않은 것은?

Decades ago, my high school chemistry teacher slowly ① <u>revised</u> hydrogen sulfide from a hidden container he opened just before we entered his classroom. A few minutes after we took our seats and he began his lecture, a foul odor filled the classroom, ② <u>grabbing</u> our attention. We groaned, laughed, and looked around for the offending source. We would have appeared unfocused to an outside observer entering our class at that time. However, this demonstration ③ <u>literally</u> led me by the nose to follow his description of the diffusion of gases through other gases. During that class I was able to process the information about gas ④ <u>diffusion</u> through my senses and ultimately stored it in my long-term memory.

**단어** chemistry 화학  reserve 보존하다  release 배출하다  container 용기  lecture 강의  foul 불쾌한, 더러운  odor 냄새  grab 잡다, 쥐다  groan 신음하다  offending 불쾌감을 주는  unfocused 산만한  at that time 그때  memory 기억  demonstration 증명  literally 글자그대로  diffusion 확산  ultimately 궁극적으로  description 설명  process 처리하다  store 저장하다  long-term 장기적인

**해석** 「수십 년 전에 나의 고등학교 화학 선생님이, 우리가 교실에 들어가기 직전에, 숨겨 놓은 용기에서 황화수소를 서서히 개정(→배출 : released)시켰다. 우리가 자리에 앉고 선생님이 수업을 시작한 몇 분 후에 악취가 교실에 가득 찼고 우리의 주의를 끌었다. 우리는 괴로워하는 소리를 내고 웃으면서 불쾌감을 주는 원인을 찾아다녔다. 그 때 우리 교실에 들어오는 외부 사람이 있었더라면 우리가 산만하게 보였을 것이다. 그런데, 이 시연은 다른 기체를 통한 기체의 확산에 대한 선생님의 설명을 내가 정말 후각으로 이해할 수 있도록 했다. 그 수업시간 동안 나는 감각을 통해 기체 확산에 대한 정보를 처리할 수 있게 되었고 그것은 결국 나의 장기적인 기억 속에 저장되었다.」

**Answer** 69.①

**70** 다음 글에서 전체 흐름과 관계없는 문장은?

Scientists are looking into the seas in search of medicines that may work better, with fewer side effects, than conventional drugs. ① The ocean has already given us wonderful drugs derived from salmon, omega-3 fish oils for heart disease and bone replacements from coral. ② Another marine medicine in the works is a promising new cancer drug derived from bacteria that live inside a moss-like sea creature. ③ Some fish farms tend to use several antibiotic drugs known to cause cancer to increase their production. ④ Unlike conventional drugs that kill cancer cells, the drug makes them go back to normal cells.

**단어** in search of ~을 찾아  side effect 부작용  conventional 전통적인  derive from ~로부터 유래하다  replacement 대체물  marine 해양의, 바다의  fish farm 양식장  tend to ~하는 경향이 있다  antibiotic 항생제  normal 정상적인  resistant to ~에 내성이 있는  promising 전도유망한

**해석** 「과학자들은 종래의 약보다 효력이 낫고 부작용은 적은 약을 찾아서 바다를 조사하고 있다. ① 우리는 이미 바다로부터 연어에서 추출한 훌륭한 약인 심장병에 좋은 오메가-3 어유(魚油)와 산호에서 추출한 뼈 대체물을 얻었다. ② 개발 중인 바다에서 얻는 또 한 가지의 약은 이끼처럼 생긴 바다 생물의 내부에서 사는 박테리아에서 추출된, 유망한 새로운 암 치료제이다. ③ 어떤 양식장은 생산량을 늘리기 위해 암을 유발하는 것으로 알려진 몇 가지 항생제를 사용하는 경향이 있다. ④ 암세포를 죽이는 종래의 약과는 달리 그 약은 세포들을 다시 정상 세포로 돌아가게 한다.」

**해설** 이 글은 바다로부터 얻을 수 있는 약에 대한 내용이다. ③은 일부 양식장에서 암을 유발하는 항생제를 사용한다는 내용으로 글의 흐름과 관계없다.

Answer  70.③

**71** 다음 글의 주제로 가장 적절한 것을 고르시오.

Flying off to a foreign country for affordable cosmetic surgery has been a popular option for years. But now, because of rising health care costs, travelers are going abroad for routine surgeries and procedures. By 2012, experts predict, medical tourism will turn into a $100 billion international industry with more than 780 million patients seeking health care abroad. The line between vacation and health care will continue to blur. Next year Singapore will open Asia's first medical hotel, a 260-room luxury high-rise connected to the east wing of the new hospital in Farrer Park. The hotel will feature a 500-seat conference hall, indoor and outdoor gardens, and a spa, as well as various medical equipment for patients who don't want to stay in the hospital. It will add new meaning to the concept of a healing holiday.

① 의료 장비의 현대화
② 의료 관광 산업의 발달
③ 여행과 질병 확산의 관계
④ 싱가포르 관광 산업의 성공 요인

> **단어** **fly off** 비행기를 타고 가다 **affordable** 부담가능한, 적당한 **cosmetic surgery** 성형수술 **routine** 일상적인 **option** 선택 **surgery** 수술 **procedure** 처치 **blur** 흐려지다 **feature** ~한 특징이 있다 **concept** 개념 **heal** 치료 **add new meaning** 새로운 의미를 더하다

> **해석** 「적당한 가격의 성형 수술을 위해 비행기를 타고 외국으로 가는 것이 여러 해 동안 유행했다. 그런데 이제 의료비 상승 때문에 일상적인 수술과 처치를 위해 여행자들은 해외로 가고 있다. 전문가들의 예상에 따르면, 2012년쯤에는 7억 8천만 이상의 환자들이 해외에서 건강관리 서비스를 찾는 가운데 의료 관광은 1천억 달러 규모의 국제적 산업이 될 것이다. 휴가와 건강관리 사이의 경계는 점점 더 흐려질 것이다. 내년 싱가포르는 아시아 최초의 의료 호텔을 여는데, 그것은 Farrer Park에 새로 짓는 병원의 동쪽 병동에 연결된 260개의 객실을 갖춘 호화 고층 건물이다. 그 호텔은 병원에 있고 싶어 하지 않는 환자들을 위한 다양한 의료 장비뿐만 아니라 500석의 회의실, 실내외 정원 및 온천을 갖추게 될 것이다. 그것은 치료 휴가라는 개념에 새로운 의미를 더할 것이다.」

**Answer** 71.②

**72** 다음 글의 주제로 적절한 것을 고르시오.

We conducted research to find whether people explain what happened to them positively or negatively. We gave questionnaires to one hundred children and their parents. The findings showed that the mother's level of optimism and the child's level were very similar. This was true of both sons and daughters. We were surprised at the result that neither the children's speaking style nor the mother's style bore any resemblance to the father's style. This tells us that young children listen to what their primary caretaker (usually the mother) says. If the child has an optimistic mother, this is great, but it can be a disaster for the child if the child has a pessimistic mother.

① the way to improve active listening skills
② the relationship between gender and speaking style
③ the importance of sharing experience in the family
④ the influence of the mother's speaking style on the child

**단어** conduct 수행하다 questionnaire 질문지 finding 결과 primary 주요한 be true of ~도 마찬가지다 caretaker 돌보는 사람 optimism 낙관주의 bear 낳다 resemblance 유사점, 닮음 gender 성(性) psychological 심리의 influence 영향

**해석** 「우리는 사람들이 자신에게 일어난 일을 긍정적으로 설명하는지 아니면 부정적으로 설명하는지를 알기 위해 연구를 실시했다. 백 명의 아이들과 그들의 부모들에게 설문지를 나누어 주었다. 연구 결과는 어머니의 낙천주의적 성향의 정도와 자녀의 정도가 거의 비슷하다는 것을 보여주었다. 이러한 사실은 아들과 딸 모두에게 해당했다. 아이들이 말하는 스타일이나 어머니의 스타일이 모두 아버지의 스타일과 아무런 유사점을 가지고 있지 않다는 결과는 매우 놀라웠다. 이는, 어린 아이들이 주 보호자(주로 어머니)의 말을 듣는다는 것을 보여준다. 만약 어린이에게 낙천적인 성향의 어머니가 있다면 대단히 좋지만, 비관인 성향의 어머니가 있다면 그 아이에게는 큰 불행이 될 수도 있다.」

**보기** ① 적극적인 듣기 능력을 향상시키는 방법
② 성별과 화법 사이의 관계
③ 가정에서의 경험 공유의 중요성
④ 엄마의 말하기 스타일이 아이에게 미치는 영향

**Answer** 72.④

**73** 다음 글에서 필자가 주장하는 바로 가장 적절한 것은?

> For the past two decades, illustrations in children's books have become increasingly detailed and obtrusive, while language has become lessened—sometimes to the point of extinction. It is not unusual for a book of thirty or more pages full of repetitive phrases. The artwork is often marvelous, but the pictures make the language redundant, and the children have no need to imagine anything when they read such books. Looking at a picture actively prevents children younger than nine from creating a mental image, and can make it difficult for older children. In order to learn how to read and comprehend, they need to practice making their own meaning in response to text. They need to have their innate powers of imagination trained.

① 읽기와 쓰기 교육은 취학 후 시작해야 한다.
② 아동용 도서에서 그림의 비중을 줄여야 한다.
③ 아동용 도서의 그림은 사실적으로 그려야 한다.
④ 상상력을 키우기 위해 청각적 효과를 사용해야 한다.

> **단어** illustration 삽화 obtrusive 눈에 띄는, 두드러지는 lessen 줄어들다 extinction 사라짐, 멸종 redundant 불필요한, 쓸모없는 repetitive 반복적인 phrase 구, 말 marvelous 멋진 redundant 불필요한, 쓸모없는 comprehend 이해하다 in response to ~에 반응하여 innate 타고난

> **해석** 「지난 20년 동안, 아동 도서의 삽화는 점점 더 세밀해지고 눈에 거슬릴 만큼 두드러지게 된 반면 사용된 글자의 양은 줄어들고 있는데 때때로 글자가 아예 사용되지 않는 경우까지도 있다. 반복적인 어구로 가득한 30페이지 이상의 책의 경우는 그런 일이 다반사이다. 많은 경우 삽화는 훌륭하지만, 그림 때문에 말은 불필요하게 되고, 그런 책을 읽을 때 아이들은 아무 것도 상상할 필요가 없게 된다. 그림을 열심히 보면 9살 미만의 아이들은 심상을 만들어 내는 것이 불가능하고, 보다 높은 연령대의 아이들은 그렇게 하기가 어렵다. 읽고 이해하는 법을 배우기 위해서, 그들은 글에 반응하여 자신의 의미를 만드는 연습을 할 필요가 있다. 그들은 타고난 상상력을 훈련할 필요가 있는 것이다.」

**Answer** 73.②

**74** 다음 글의 요지로 가장 적절한 것을 고르시오.

While creating a statue, the artist depends on the appropriate lighting to develop the figure because the quality of the final product relies on the interplay between light and shade. So great attention should be paid to lighting when the finished work is displayed. If a light from a source is weaker or stronger than when the work was created, the effect that the sculptor intended may be lost. In painting, the light and shade give the image shape and solidity that cannot be altered by an external light in which it is displayed. When a sculpture is exhibited, however, the artist's work is brought to life by light, and its character can be altered by the control of the light source.

① 미술 작품에 대한 평가는 시대에 따라 바뀐다.
② 조명을 이용한 설치 예술 작품이 증가하고 있다.
③ 미술 작품을 제작할 때는 빛이 큰 영향을 미친다.
④ 조각품은 제작 당시와 동일한 조명 아래에서 전시해야 한다.

**단어** statue 조각상  appropriate 적절한  figure 인물, 모습, 숫자  lighting 조명  interplay 상호작용  sculptor 조각가  alter 바꾸다  altar 신전  alert 방심하지 않는, 경계하는  external 외부의

**해석** 「조각품을 만드는 동안, 예술가는 형상을 만들기 위하여 적절한 조명에 의존하게 되는데, 그 이유는 최종적인 작품의 우수성은 빛과 음영간의 상호작용에 달려있기 때문이다. 그래서 완성된 작품이 전시될 때에는 조명에 매우 유의해야 한다. 광원으로부터의 빛이 작품이 제작되었을 때보다 약하거나 강하면, 조각가가 의도했던 효과가 상실될 수도 있다. 그림의 경우는, 명암이 그 작품이 전시되는 외부의 빛에 의해 바뀌지 않는 형상과 입체감을 그 이미지에게 제공한다. 그러나 조각품이 전시될 때, 예술가의 작품은 빛에 의해서 활기를 띠게 되며, 그 특성은 광원을 통제함으로써 바뀔 수 있다.」

**Answer** 74.④

**75** 다음 글의 요지로 가장 적절한 것을 고르시오.

Take a liter of rice and pour it all at once through a funnel and into an empty beaker. Note how long it takes. Next, take the same rice and pour it, not all at once, but in a smooth controlled flow and measure how long that process takes. Which liter of rice gets through more quickly? The second method takes nearly one-third less time. What seems slower is actually faster. Likewise, a study conducted at a jammed tunnel showed that when cars were allowed to enter the tunnel in the usual way, with no restrictions, the two-lane tunnel could handle 1,176 cars per hour. But in a trial, the tunnel authorities limited the number of cars that could enter the tunnel every two minutes to 44. The result? The tunnel now handled 1,320 vehicles per hour.

① Walking can save time.
② Human nature seeks speed.
③ Freedom brings convenience.
④ Modest control improves efficiency.

**단어** **pour** 붓다 **process** 과정 **restriction** 제한 **modest** 적당한 **vary** 다양하다

**해석** 「1리터의 쌀을 가지고 와서 깔때기를 통해 비어있는 비커에 한꺼번에 쏟아보자. 시간이 얼마나 걸리는지 살펴보자. 다음으로, 동일한 쌀을 쏟아 붓되 한꺼번에 하지 말고 부드럽고 조심스럽게 흘러가도록 하고, 그 과정이 얼마나 걸리는지 측정해 보자. 어느 쪽 쌀이 더 빨리 통과하는가? 두 번째 방법이 거의 3분의 1정도 더 적은 시간이 걸린다. 속도가 느려 보이는 것이 실제로 더 빠르다. 마찬가지로, 차량으로 혼잡한 터널에서 이루어진 한 연구는 차량이 평상시대로 어떤 제한도 없이 통행하도록 허용될 때, 2차선의 터널이 시간당 1,176대의 차량을 통과시킬 수 있다는 것을 보여주었다. 그러나 그 터널 관리소가 시험 삼아 2분당 44대로 터널에 들어올 수 있는 차량의 수를 제한시켰다. 결과는 어땠을까? 터널은 이제 시간당 1,320대를 처리하게 되었다.」

**보기** ① 걷는 것은 시간을 절약할 수 있다.
② 인간의 본성은 속도를 추구한다.
③ 자유는 편리함을 가져다준다.
④ 적당한 제어는 효율성을 향상시킨다.

**Answer** 75.④

# 03 글의 연결성

글의 연결성을 묻는 유형으로, "문장 삽입, 순서, 연결사" 등이 있다. 문장과 문장 간의 논리적인 연결성이 중요하므로, 이 파트에서 핵심이 되는 빈출 연결사 숙지가 선행되어야 한다.

**TYPE 1** 주어진 문장 넣기 – 다음 글의 흐름을 보아, 주어진 문장이 들어가기에 가장 적절한(알맞은) 것은?

이 유형은 주어지는 문장이 제자리에 들어가 더 논리적이고 일관성 있는 글이 되는 문제로, 문장과 문장 사이의 관계 추론능력을 필요로 한다.

### 글의 흐름으로 보아 주어진 문장이 들어가기에 가장 적절한 곳은?

While one roommate does research, another chats online with friends, and a third download music.

We're pretty sure that we could take a closer look everyday at how the Internet is changing our lives and not run out of things to say. Even our most receptive colleagues who embrace every new piece of new technology have a hard time keeping up with the potential. ① Not long ago during the visit to the University of New Hampshire we noticed how connected the students were to the university's resources as well as the Internet. ② If you want to know what your future may look like, just peek into this dorm at Berkeley where the computer dominates every aspect of these young lives. ③ That's because this dorm, like thousands of others across the country, has recently been wired with high-speed Internet access called Ethernet. ④ It eliminates the need for the slower phone modems they left back home.

**be sure that** ~을 확신하다
**take a close look at** 자세히 관찰하다, 들여다 보다
**receptive** 잘 받아들이는
**embrace** 얼싸안다, 껴안다, 포함하다
**keep up with** 따라잡다, 유지하다
**potential** 잠재적인, 잠재력
**connect** 잇다, 연결하다
**resource** 자원, 수단, 연구력
**A as well as B** B뿐만 아니라 A도 역시
**dominate** 지배하다, 통치하다
**aspect** 양상, 모습
**eliminate** 제거하다, 배제하다

해석 「한 룸메이트가 학술조사를 하고 있는 동안 다른 사람은 친구와 온라인 채팅을 하고 있으며, 또 다른 사람은 음악을 다운로드하고 있다.」

「우리가 매일의 삶을 자세히 관찰해 보면, 인터넷이 우리의 생활을 어떻게 바꾸었는지와 거기에 대해 말할 것이 많음을 잘 알 수 있다. 심지어 새로운 기술공학을 매일 습득해야 하므로 수용적 태도를 가진 많은 동료들조차 그 잠재성을 따라가는 데 어려움을 느낀다. ① 얼마전 New Hampshire 대학을 방문했을 때, 우리는 학생들이 인터넷뿐만 아니라 학교의 시설 자원과 얼마나 잘 연결되어 있는지를 보았다. ② 만약 당신이 당신의 미래가 어떤지 알기를 원한다면, 컴퓨터가 젊은이들의 삶의 모든 측면을 지배하고 있는 Berkeley 대학의 이 기숙사를 단지 살짝 엿보는 것으로 알 수 있을 것이다. ③ 이것은 이 기숙사가 수천 개의 전국에 있는 다른 기숙사처럼 최근에 Ethernet이라고 불리는 초고속 인터넷과 연결되어 있기 때문이다. ④ 이것은 집에 있는 느린 전화 모뎀에 대한 필요성을 없애준다.」

해설 제시된 문장은 기숙사 룸메이트 3명을 예로 들고 있다. 글의 흐름상 Berkeley대학 기숙사의 젊은이들의 모습을 보여주고 있다.

## 다음 주어진 문장이 들어갈 가장 적절한 곳은?

> This is not true.

> Many people think the Canary Islands were named for the canary birds that live there. ㉮The word canary comes from the Latin word canis, meaning dog. ②Early explorers of the island found many wild dogs there. ③They named the islands "Canario," meaning "Isle of Dogs." ④So the Canary Islands were not named for the canary birds, but the birds were named for the islands!

해석 「많은 사람들은 카나리아 제도가 거기에 사는 카나리아(새)의 이름을 따서 명명되었다고 생각한다. 이것은 사실이 아니다. canary라는 단어는 개를 뜻하는 라틴말 canis에서 유래한다. 그 섬의 초기 탐험가들은 그 곳에서 많은 들개들을 발견하였다. 그들은 "개들의 섬"을 의미하는 "Canario" 섬이라고 이름을 지었다. 그래서 카나리아 제도는 카나리아의 이름을 따서 이름 지어진 것이 아니라, 그 새들이 그 섬의 이름을 따서 지어진 것이다!」

해설 지시어는 문장 간의 연결고리 역할을 하므로 이 문제는 주어진 문장에서 지시대명사 This가 의미하는 것에 주의해야 한다.

단어
**name for** ~의 이름을 따서 이름을 짓다, 명명하다
**come from** ~에서 유래하다, 비롯하다
**explorer** 탐험가
**isle** (작은) 섬

**TYPE 2** 문장의 순서 정하기 – 다음 (주어진 문장에 이어질) 글의 순서로 가장 적절한(알맞은) 것은?

> 이 유형은 배열순서가 뒤바뀐 여러 문장들을 연결사와 지시어 등에 유의하여 문장과 문장 사이의 논리적 관계를 정확하게 파악하여 논리적으로 재배열하는 문제로, 기준이 되는 문장이 제시되기도 한다.

**다음 주어진 문장에 이어질 글의 순서로 옳은 것은?**

> While cordless drills are ideal portable devices, they are not well suited to masonry work.

---

(A) This is because cordless drills are not as powerful(the drill bit does not revolve as fast) and the battery will quickly drain if used to drill into brick.
(B) If you intend to use the drill for a lot of non-wood drilling (particularly masonry), then you should purchase a corded drill.
(C) However, for the occasional masonry hole, cordless drills are still adequate.

① (B) − (A) − (C)　　② (B) − (C) − (A)
③ (C) − (A) − (B)　　④ (C) − (B) − (A)

**단어**
**cordless** 전화선 없는, 코드가 필요 없는
**portable** 들고 다닐 수 있는, 운반할 수 있는
**be suited to** ~에 적합하다, ~에 어울리다
**masonry** 석공술, 석조건축
**revolve** 회전하다, 순환하다, 운행하다
**drain** 다 써버리다, 고갈시키다, 차츰 소모시키다

해석 「비록 코드가 없는 드릴이 휴대하기 좋은 이상적인 장비이지만, 그것들은 석공일에는 적합하지 않다.」
「(B) 만약 당신이 나무 목재가 아닌 일(특히, 석공일)을 위해 드릴을 사용하고자 한다면, 당신은 코드가 있는 드릴을 구입해야 할 것이다.
(A) 이는 코드 없는 드릴은 힘이 강하지 못하고(이런 드릴도구는 빠르게 회전하지 못한다), 만약, 벽돌에 구멍을 뚫기 위해 사용할 때는 배터리가 빨리 닳기 때문이다.
(C) 그러나 가끔 석공구멍을 뚫을 때는, 여전히 코드 없는 드릴이 적합하다.」

## 다음 주어진 문장에 이어질 글의 순서로 가장 적절한 것은?

Free trade makes possible higher standards of living all over the globe.

(A) Free trade also makes the world economy more efficient, by allowing nations to capitalize on their strength.

(B) The case for free trade rests largely on this principle : as long as trade is voluntary, both partners benefit.

(C) The buyer of a shirt, for example, values the shirt more than the money spent, while the seller values the money more.

① (A) − (B) − (C)   ② (B) − (A) − (C)

③ (B) − (C) − (A)   ④ (C) − (A) − (B)

단 어

**free trade** 자유무역, 자유거래
**make possible** 가능하게 하다
**all over the globe** 전 세계에서
**efficient** 능률적인, 효과있는
**capitalize** 자본화하다, 이용하다
**rest on** ~에 의지하다
**principle** 원리, 원칙

해 석 「자유무역은 전세계의 더 높은 생활수준을 가능하게 한다(자유무역을 한다면 전세계의 생활수준은 더 높이 향상될 수 있을 것이다).」

(A) 자유무역은 또한 국가들이 자신들의 힘을 이용할 수 있도록 하기 때문에 세계경제를 더욱 효과적이 되게 한다.

(B) 자유무역을 하는 경우에는 다음의 원칙에 주로 의존한다. 즉, 무역이 자발적으로 이루어지는 동안은 양쪽 상대국이 이익을 얻는다는 것이다.

(C) 셔츠 하나를 예로 들어보면, 구매하는 쪽은 쓰인 돈보다도 더 그 셔츠가 중요한 것이며, 반면 판매하는 쪽은 그보다는 돈이 더 중요한 것이다.」

기출**PLUS**

**TYPE 3** 연결사 – 다음 빈칸 (A), (B)에 들어갈 말로 가장 적절한 것은?

이 유형은 문장과 문장간의 논리적인 관계를 묻는 유형으로서 이어진 문장들이 "역접, 순접, 인과"인지를 파악해야 하는 유형이다. 기출 연결사에 대한 숙지가 선행되어야 하고, 유형에 익숙해져야 한다.

**연결사**

| 번호 | 연결사 | 의미 |
|------|--------|------|
| 1 | for example | 예를 들면 |
| 2 | for instance | 예를 들면 |
| 3 | however | 그러나, 하지만 |
| 4 | therefore | 그러므로 |
| 5 | in contrast | 대조적으로 |
| 6 | by contrast | 대조적으로 |
| 7 | as a result | 그 결과 |
| 8 | nonetheless | 그럼에도 불구하고 |
| 9 | nevertheless | 그럼에도 불구하고 |
| 10 | otherwise | 그렇지 않으면 |
| 11 | in addition | 게다가 |
| 12 | likewise | 마찬가지로 |
| 13 | on the other hand | 한편 |
| 14 | on the contrary | 오히려, 그와 반대로 |
| 15 | similarly | 마찬가지로 |
| 16 | in fact | 사실은 |
| 17 | in other words | 다른 말로 하면 |
| 18 | moreover | 게다가 |
| 19 | that is | 즉, 다시 말해서 |
| 20 | at first | 처음에는 |
| 21 | besides | 게다가 |
| 22 | but | 그러나, 하지만 |
| 23 | by all means | 반드시 |
| 24 | instead | 대신에 |
| 25 | so | 그래서, 그러므로 |
| 26 | in short | 요약하자면 |
| 27 | above all | 무엇보다도 |

| 28 | accordingly | 따라서, 그러므로 |
|---|---|---|
| 29 | also | 또한 |
| 30 | at any rate | 하여튼, 어쨌든 |
| 31 | at last | 마침내 |
| 32 | at most | 기껏해야 |
| 33 | at other times | 다른 때에는 |
| 34 | at the same time | 동시에, 하지만 |
| 35 | behind the times | 시대에 뒤져서 |
| 36 | by the way | 그런데 |
| 37 | consequently | 따라서 |
| 38 | fortunately | 운이 좋게도 |
| 39 | furthermore | 더군다나 |
| 40 | in comparison | ~와 비교하면 |
| 41 | in conclusion | 결론적으로 |
| 42 | in effect | 그 결과, 요약하자면, 사실상 |
| 43 | in the past | 과거에는 |
| 44 | indeed | 참으로 |
| 45 | repeatedly | 반복적으로 |
| 46 | surprisingly | 놀랍게도 |
| 47 | though | ~이긴 하지만 |
| 48 | thus | 그래서, 따라서 |
| 49 | to begin with | 우선, 첫째로 |
| 50 | worst of all | 가장 나쁜 것은 |
| 51 | yet | 그러나, 하지만 |
| 52 | additionally | 게다가 |

## 접속사

| 번호 | 접속사 | 의미 |
|---|---|---|
| 1 | since | ~때문에, ~이래로 |
| 2 | whereas | 반면 |
| 3 | although | ~에도 불구하고 |
| 4 | as | ~때문에, ~할 때 |
| 5 | because | ~때문에 |
| 6 | before | ~이전에 |
| 7 | for | 왜냐하면 |
| 8 | once | 일단 ~하고 나서 |
| 9 | unless | ~하지 않으면 |
| 10 | when | ~할 때 |
| 11 | where | ~에서 |
| 12 | whether | ~인지 |
| 13 | while | ~동안 |

## 전치사

| 번호 | 전치사 | 의미 |
|---|---|---|
| 1 | in addition to | ~에 더하여 |
| 2 | in spite of | ~에도 불구하고 |
| 3 | according to | ~에 따르면 |
| 4 | because of | ~때문에 |
| 5 | contrary to | ~에 반하여 |
| 6 | except | ~을 제외하고 |
| 7 | including | ~을 포함하여 |
| 8 | instead of | ~대신에 |
| 9 | owing to | ~때문에 |
| 10 | regardless of | ~에 관계없이 |

## 다음 글의 빈칸 (A), (B)에 들어갈 말로 가장 적절한 것은?

There are people who are well-known but whose views on certain subjects are not well-known. ____(A)____, Helen Keller is very well known, and students are taught that she was born blind and could not speak or hear and became very successful. But they are not told that she was a leader in the organization against World War I. ____(B)____, Mark Twain is well known as a novelist, but most students do not learn that he protested against the war in the Philippines. They are not told that Mark Twain criticized Theodore Roosevelt because Roosevelt had congratulated an American general for winning a victory killing many people in the Philippine Islands in 1906.

**단어**

**organization** 조직, 단체
**protest** 항의하다
**criticize** 비판하다
**congratulate** 축하하다

| | (A) | (B) |
|---|---|---|
| ① | For instance | Similarly |
| ② | For instance | However |
| ③ | In contrast | Similarly |
| ④ | In contrast | Therefore |

**해석** 「유명하기는 하지만 특정 문제에 대한 견해는 알려지지 않은 사람들이 있다. 예를 들어, 헬렌 켈러는 아주 유명한데, 학생들은 그녀가 장님으로 태어나 말도 못하고 듣지도 못했지만 크게 성공했다고 배운다. 그러나 그녀가 1차 세계대전에 반대하는 조직의 지도자였다는 사실을 학생들은 듣지 못한다. 이와 유사하게, 마크 트웨인은 소설가로 유명하지만, 학생들은 그가 필리핀에서의 전쟁을 반대하면서 항의했다는 사실을 배우지 않는다. 시어도어 루스벨트 대통령이 1906년에 필리핀 섬에서 많은 사람들을 죽이면서 승리한 미국의 장군에게 축하를 했다는 것 때문에 마크 트웨인이 루스벨트 대통령을 비판했다는 사실을 학생들은 듣지 못한다.」

**기출PLUS**

**단어**
**calm** 침착한
**calmness** 침착함
**calmly** 침착하게
**occur** 발생하다
**state** 상태
**relaxation** 편안함
**accept** 받아들이다
**face** 마주하다, 직면하다
**surgery** 수술
**toss** 뒤척거리다, 던지다, 동요하다
**soundly** 고요하게
**operation** 수술
**rely on** 의존하다
**handle** 처리하다, 다루다 = deal with

## 다음 글의 빈칸 (A), (B)에 들어갈 말로 가장 적절한 것은?

Calmness can most easily occur during a state of relaxation from accepting one's situation. A woman who faces surgery in the morning may spend the night tossing and turning. ___(A)___, another woman facing the same surgery may sleep soundly because she knows she cannot control her operation and must rely on her doctor. The second woman is calm. Sometimes, a person feels calm because they are experienced. A driver in a snowstorm can handle the weather calmly because he has driven in snow many times. ___(B)___, fire fighters or police officers deal with dangerous situations every day, so when they face danger, they calmly do their jobs.

| (A) | (B) |
|-----|-----|
| ① On the other hand | Similarly |
| ② On the other hand | As a result |
| ③ In addition | For example |
| ④ In addition | Likewise |

**해석** 「침착함은 상황을 받아들이는 편안한 상태에서 일어난다. 다음날 아침에 수술을 받는 한 여자는 밤새 잠을 못 이루고 뒤척일지 모른다. 반면에 같은 수술을 받는 또 다른 여자는 자신이 수술을 통제할 수 없고 의사를 신뢰해야한다는 것을 알기 때문에 숙면을 취할지 모른다. 두 번째 여자는 침착한 상태에 있다. 때때로 사람들은 숙련되었기 때문에 침착함을 느낀다. 눈길에서 여러 번 운전해 보았기 때문에 눈보라 속의 운전자는 그 날씨를 침착하게 대처할 수 있다. 마찬가지로, 소방관과 경찰관들도 매일 위험한 상황을 겪는데 그들은 위험에 직면할 때 침착하게 일을 수행한다.」

**2021 소방공무원**

**01**  (A)와 (B)에 들어갈 말로 가장 적절한 것은?

---

Mental preparation is great advice in many situations — including social situations. Whether you're about to walk into a job interview or going to a dinner party, a little mental preparation might make things go more smoothly. _____(A)_____, you might imagine yourself successfully talking to several new people. Or you might picture yourself making good eye contact and asking questions that keep the conversation flowing. Of course, you don't have control over everything. _____(B)_____, one thing you can control is your own behavior. A little mental preparation can help you feel calm enough to be your best self in social situations.

---

| (A) | (B) |
|---|---|
| ① In contrast | Therefore |
| ② For example | However |
| ③ In contrast | Nevertheless |
| ④ For example | Furthermore |

**단어** 「마음의 준비는 사회적 상황들을 포함한 여러 상황에서 훌륭한 고문이다. 당신이 직업 면접을 곧 보거나 디너파티에 가던지, 약간의 마음의 준비는 일들이 더 순탄하게 진행되도록 만들 것이다. (A) 예를 들어, 당신은 자신이 성공적으로 새로운 몇 사람들에게 말을 거는 상상을 할 수도 있다. 아니면 당신은 자신이 사람들과 훌륭한 눈맞춤을 하며 대화가 계속 흘러가도록 질문을 하는 이미지를 그려볼 수도 있다. 물론 당신이 모든 것에 통제권이 있는 것은 아니다. (B) 하지만, 당신이 통제할 수 있는 한 가지는 당신 자신의 행동이다. 약간의 마음의 준비는 사회적 상황들 속에서 당신의 최선의 면을 보여줄 만큼 충분히 침착하게 느끼도록 해준다.」

**보기** ① 그에 반해서 / 그러므로
② 예를 들어 / 하지만
③ 그에 반해서 / 그럼에도 불구하고
④ 예를 들어 / 뿐만 아니라

**Answer** 01.②

**02** (A)와 (B)에 들어갈 말로 가장 적절한 것은?

When you're a first responder, work hours are often long and unpredictable. Fire fighters can't control when a fire starts ; they just have to stop it, no matter how inconvenient the time. _____(A)_____, police officers can't leave a crime scene just because their scheduled shift is over and it's time to go home. They have to make sure the situation is safe before leaving. Because of the time commitment alone, first responders make substantial personal sacrifices. Whatever activities, hobbies, or family time they enjoy often takes a backseat to their service to the community. _____(B)_____, time isn't the only thing first responders sacrifice. Every day, they put their safety on the line for our benefit. They run into dangerous situations so that we don't have to, sometimes risking their lives in the process.

|  | (A) | (B) |
|---|---|---|
| ① | On the contrary | Similarly |
| ② | In short | Moreover |
| ③ | Consequently | Nevertheless |
| ④ | Likewise | However |

단어 **first responder** 응급 의료요원 **inconvenient** 불편한 **substantial** 상당한

「응급 요원이라면, 근무시간이 길고 예측할 수 없는 경우가 많다. 소방관들은 화재가 시작되는 때를 통제할 수 없다.; 아무리 그 시간이 편하지 않더라도, 그들은 그저 화재를 진압해야 한다. (A) 마찬가지로 경찰관들도 그들의 교대 근무가 끝나고 집에 갈 시간이라는 이유만으로 범죄 현장을 떠날 수 없다. 그들은 떠나기 전에 상황이 안전한지 확인해야 한다. 그러한 시간적 헌신만으로도 응급 요원들은 상당한 개인적 희생을 치른다. 그들이 즐기는 활동이나 취미, 가족과의 시간일지라도 지역사회를 위한 봉사로 인해 빈번하게 뒷전이 된다. (B) 하지만 시간만이 응급 요원들이 희생하는 유일한 것은 아니다. 그들은 우리의 혜택을 위해 자신들의 안전마저 내놓는다. 그들은 과정 중에 때때로 자신들의 목숨이 위태로울 때에도, 우리가 위험에 처하지 않도록 자신들이 그런 상황으로 뛰어든다.」

보기 ① 대조적으로 / 마찬가지로
② 요컨대 / 게다가
③ 따라서 / 그럼에도 불구하고
④ 마찬가지로 / 하지만

**Answer** 02.④

## 03 주어진 글 다음에 이어질 글의 순서로 가장 적절한 것은?

As the body rebuilds its muscles, the muscles also increase in strength and capacity. Usually, the old tissue is discarded before the synthesis of new tissue. Consuming a lot of protein will help to provide raw material to help with the synthesis of new tissue.

(A) They are happening; you don't see them until the changes are substantial enough for you to notice. This is especially true if you have a lot of body fat.

(B) Your body will constantly be burning fat and building new tissue, which can give you the idea that you still look the same.

(C) Regarding the synthesis of new tissue, keep in mind that it will take a bit of time to start seeing body changes. However, this does not mean that the changes are not ongoing.

① (A) — (B) — (C)  ② (A) — (C) — (B)

③ (B) — (A) — (C)  ④ (C) — (A) — (B)

**단어** tissue (세포로 이루어진)조직  synthesis 통합  discard 폐기하다  consume 먹다

**해석** 「신체가 근육을 다시 만들 때, 근육들도 힘과 능력을 증가시킨다. 보통 오래된 조직은 새로운 조직의 통합 전에 폐기된다. 많은 양의 단백질을 섭취하는 것은 새로운 조직 통합에 도움이 되는 원료를 공급하도록 도울 것이다.
(C) 새로운 조직 통합에 대해 말하자면, 신체 변화를 눈으로 보기까지 시간이 약간 걸릴 것임을 기억하라. 하지만, 이것이 변화가 계속되지 않음을 의미하는 것은 아니다.
(A) 변화는 일어나고 있다.; 당신이 알아차릴 만큼 변화가 상당할 때까지 당신은 알아보지 못한다. 이것은 당신이 체지방이 많다면 특히 더 그러하다.
(B) 당신의 몸은 지속적으로 지방을 태울 것이고 새로운 조직을 다시 만들어내고 있지만, 그것은 여전히 당신이 똑같아 보인다는 생각이 들도록 할 수 있다.」

**해설** ④ (C) − (A) − (B)

**04** 주어진 글 다음에 이어질 글의 순서로 가장 적절한 것은?

> There are hundreds of gas stations around San Francisco in the California Bay Area. One might think that gas stations would spread out to serve local neighborhoods.

> (A) The phenomenon is partly due to population clustering. Gas stations will be more common where demand is high, like in a city, rather than in sparsely populated areas like cornfields.
> (B) But this idea is contradicted by a common observation. Whenever you visit a gas station, there is almost alwaysan other in the vicinity, often just across the street. In general, gas stations are highly clustered.
> (C) Moreover, there are many factors at play. Locating a gas station is an optimization problem involving demand, real estate prices, estimates of population growth, and supply considerations such as the ease of refueling.

① (A) — (C) — (B)  
② (B) — (A) — (C)  
③ (C) — (A) — (B)  
④ (C) — (B) — (A)

**단어** contradict 모순되다 vicinity 인근 clustered 무리를 이룬 phenomenon 현상 sparsely 드문드문 real estate 부동산 optimization 최적화 refueling 연료 보급의

**해석** 「California 만안지역에 있는 San Francisco 주위에는 수많은 주유소가 있다. 어떤 사람은 주유소가 지역 주민들을 위해 확산되었을 거라고 생각할지도 모른다.
(B) 하지만 이 생각은 일반적인 관찰로 볼 때 모순된다. 당신이 주유소를 가보면 인근에 거의 항상 다른 주유소가 있고, 종종 바로 길 건너편에 있다. 일반적으로 주유소는 매우 밀집되어 있다.
(A) 그 현상은 어느 정도 인구 밀집으로 인한 것이다. 주유소는 옥수수밭처럼 인구밀도가 희박한 지역 보다는 도시 같이 수요가 높은 지역에서 더 흔할 것이다.
(C) 게다가 많은 요소들이 작용하고 있다. 주유소의 입지 선정은 수요, 부동산 가격, 인구증가 추정치, 연료 공급의 용이성과 같은 충분한 고려사항을 포함하는 최적화 문제이다.」

**해설** ② (B) — (A) — (C)

**Answer** 04.②

**05** 주어진 문장이 들어갈 위치로 가장 적절한 것은?

> For example, the state archives of New Jersey hold more than 30,000 cubic feet of paper and 25,000 reels of microfilm.

Archives are a treasure trove of material : from audio to video to newspapers, magazines and printed material—which makes them indispensable to any History Detective investigation. While libraries and archives may appear the same, the differences are important. ( ① ) An archive collection is almost always made up of primary sources, while a library contains secondary sources. ( ② ) To learn more about the Korean War, you'd go to a library for a history book. If you wanted to read the government papers, or letters written by Korean War soldiers, you'd go to an archive. ( ③ ) If you're searching for information, chances are there's an archive out there for you. Many state and local archives store public records—which are an amazing, diverse resource. ( ④ ) An online search of your state's archives will quickly show you they contain much more than just the minutes of the legislature—there are detailed land grant information to be found, old town maps, criminal records and oddities such as peddler license applications.

※ treasure trove : 귀중한 발굴물(수집물)

※ land grant : (대학 · 철도 등을 위해) 정부가 주는 땅

**단어** **archive** 기록 보관소 **treasure trove** 보물 창고, 보고 **indispensable** 필수적인 **primary source** 1차 자료 **secondary source** 2차 자료 **legislature** 입법부 **minute** (보통 pl.) 회의록 **oddity** 특이한(이상한) 것(사람)

**해석** 「기록 보관소는 오디오에서 비디오, 신문, 잡지 및 인쇄물에 이르기까지 모든 자료의 보고이며, 기록 보관소는 역사 탐정 조사에서 필수적이다. 도서관과 기록 보관소가 똑같아 보일 수 있지만, 차이점이 중요하다. 기록 보관소의 소장품들이 거의 항상 1차 자료로 구성되는 반면, 도서관은 2차 자료로 구성된다. 한국 전쟁에 대해 더 알기 위해 여러분은 역사책을 찾아 도서관에 갈 것이다. 만약 여러분이 정부 문서나 한국 전쟁 참전용사들이 쓴 편지를 읽고자 한다면, 여러분은 기록 보관소에 갈 것이다. 만약 여러분이 정보를 찾고 있다면, 아마 당신을 위한 기록 보관소가 있을 것이다. 많은 주 및 지역 기록 보관소에서 경이롭고 다양한 자료인 공공 기록들을 보관한다. 예를 들어, 뉴저지의 주 기록 보관소에는 30,000 입방피트 이상의 문서와 25,000개 릴 이상의 마이크로필름이 보관되어 있다. 여러분의 주 기록 보관소를 온라인으로 검색하면 입법부의 회의록보다 훨씬 더 많은 내용이 있다는 것을 빠르게 알 수 있을 것이다. 자세한 토지 보조금 정보, 구시가지 지도, 범죄 기록 및 행상 면허 신청서와 같은 특이 사항들이 있다.」

**해설** ④번 앞 문장에서 기록 보관소에서 찾고자 하는 자료를 찾을 확률이 높고 그 자료가 다양하다는 것을 언급했으므로, ④번에 기록 보관소가 보관하는 방대한 양의 자료에 대한 문장이 들어가는 것이 가장 적절하다.

**Answer** 05.④

**06** 주어진 글 다음에 이어질 글의 순서로 가장 적절한 것은?

2021 인사혁신처

To be sure, human language stands out from the decidedly restricted vocalizations of monkeys and apes. Moreover, it exhibits a degree of sophistication that far exceeds any other form of animal communication.

(A) That said, many species, while falling far short of human language, do nevertheless exhibit impressively complex communication systems in natural settings.

(B) And they can be taught far more complex systems in artificial contexts, as when raised alongside humans.

(C) Even our closest primate cousins seem incapable of acquiring anything more than a rudimentary communicative system, even after intensive training over several years. The complexity that is language is surely a species-specific trait.

① (A) - (B) - (C)　　② (B) - (C) - (A)
③ (C) - (A) - (B)　　④ (C) - (B) - (A)

단어 **stand out from** ~에서 두드러지다 **decidedly** 확실히 **restricted** 제한[한정]된 **vocalization** 발성(법) **ape** 유인원 **exhibit** 드러내다 **sophistication** 정교 **exceed** 능가하다 **fall short of** ~에 못 미치다 **impressively** 인상적으로 **artificial** 인위적인 **alongside** ~와 함께 **primate** 영장류 **incapable of** ~할 수 없는 **rudimentary** 기초[초보]의 **intensive** 집중적인 **species-specific** 종 특이(성)의 **trait** 특성

해석 「분명히, 인간의 언어는 원숭이나 영장류들의 명백히 제한된 발성과는 구별된다. 또한 이는 동물들의 어떠한 의사소통 형태보다 훨씬 능가하는 정도의 정교함을 보여준다.
(C) 심지어 우리와 가장 가까운 영장류 사촌들조차 심지어 몇 년 이상의 집중적인 훈련을 거친 이후에도 기초적인 의사소통 체계 이상의 것은 어떤 것도 획득하지 못하는 것처럼 보인다. 언어라는 복잡함은 분명 종의 고유한 특성이다.
(A) 그렇다 쳐도, 인간의 언어에는 훨씬 못 미치기는 하지만, 그럼에도 불구하고 많은 종들이 자연환경에서는 인상적으로 복잡한 의사소통 체계를 보여준다.
(B) 그리고 인간과 함께 길러지는 경우와 같이 인위적인 상황에서 이들은 훨씬 더 복잡한 체계를 배울 수 있다.」

Answer 06.③

332 PART 03. 독해

# 07 빈칸 (A)와 (B)에 들어갈 말로 가장 적절한 것은?

At one time, all small retail businesses, such as restaurants, shoe stores, and grocery stores, were owned by individuals. They often gave the stores their own names such as Lucy's Coffee Shop. For some people, owning a business fulfilled a lifelong dream of independent ownership. For others, it continued a family business that dated back several generations. These businesses used to line the streets of cities and small towns everywhere. Today, _____(A)_____, the small independent shops in some countries are almost all gone, and big chain stores have moved in to replace them. Most small independent businesses couldn't compete with the giant chains and eventually failed. _____(B)_____, many owners didn't abandon retail sales altogether. They became small business owners once again through franchises.

|  | (A) | (B) |
|---|---|---|
| ① | in contrast | However |
| ② | in addition | Furthermore |
| ③ | in contrast | Therefore |
| ④ | in addition | Nevertheless |

**단어** retail business 소매 업체 **fulfill** 성취하다 **line** 일렬로 늘여 세우다 **eventually** 결국 **abandon** 포기하다

**해석** 「한때 식당, 신발 가게, 식료품점과 같은 모든 소규모 소매 업체는 개인 소유였다. 그들은 종종 가게들에 루시의 커피숍과 같은 그들만의 이름을 지어주었다. 어떤 사람들은 창업으로 독립적인 소유에 대한 평생의 꿈을 성취하기도 했다. 다른 사람들은 몇 세대 전으로 거슬러 올라가는 가족 사업을 계속했다. 이 사업체들은 도시와 작은 마을들의 거리를 일렬로 늘여 세우곤 했다. 이와는 <u>대조적으로</u> 오늘날 일부 국가의 작은 독립 상점들은 거의 모두 사라졌고, 대형 체인점들은 그것들을 대체하기 위해 이사했다. 대부분의 소규모 독립기업들은 거대 체인점들과 경쟁할 수 없었고 결국 실패했다. <u>하지만</u> 많은 소유주들이 소매 판매를 완전히 포기하지는 않았다. 그들은 프랜차이즈를 통해 다시 한번 소상공인이 되었다.」

**보기** ① 대조적으로 / 하지만
② 게다가 / 더욱이
③ 대조적으로 / 그러므로
④ 게다가 / 그럼에도 불구하고

**Answer** 07.①

**08** 주어진 글 다음에 이어질 글의 순서로 가장 적절한 것은?

---

In World War II, Japan joined forces with Germany and Italy. So there were now two fronts, the European battle zone and the islands in the Pacific Ocean.

---

(A) Three days later, the United States dropped bombs on another city of Nagasaki. Japan soon surrendered, and World War II finally ended.

(B) In late 1941, the United States, Britain and France participated in a fight against Germany and Japan; the U.S. troops were sent to both battlefronts.

(C) At 8:15 a.m. on August 6, 1945, a U.S. military plane dropped an atomic bomb over Hiroshima, Japan. In an instant, 80,000 people were killed. Hiroshima simply ceased to exist. The people at the center of the explosion evaporated. All that remained was their charred shadows on the walls of buildings.

---

① (A)−(B)−(C)  
② (B)−(A)−(C)  
③ (B)−(C)−(A)  
④ (C)−(A)−(B)

---

**단어** front 전선 cease 그만두다 explosion 폭발 evaporate 증발하다 remain 남다 char 까맣게 태우다 surrender 항복하다

**해석** 「제2차 세계대전에서 일본은 독일과 이탈리아와 힘을 합쳤다. 그래서 이제 유럽 전투 지역과 태평양에 있는 섬 두 개의 전선이 있었다.

(B) 1941년 말, 미국, 영국, 프랑스는 독일과 일본에 대항하는 싸움에 참가했다; 미군은 두 전선에 모두 파견되었다.

(C) 1945년 8월 6일 오전 8시 15분, 미군 비행기가 일본 히로시마 상공에 원자 폭탄을 투하했다. 순식간에 8만 명이 목숨을 잃었다. 히로시마는 그저 존재하지 않게 되었다. 폭발의 중심에 있던 사람들이 증발했다. 남은 것은 건물 벽에 새까맣게 그을린 그림자뿐이었다.

(A) 3일 후, 미국은 다른 도시 나가사키에 폭탄을 투하했다. 일본은 곧 항복했고, 제2차 세계대전은 마침내 끝났다.」

**Answer** 08.③

**09** 주어진 글 다음에 이어질 글의 순서로 가장 적절한 것은?

> Trivial things such as air conditioners or coolers with fresh water, flexible schedules and good relationships with colleagues, as well as many other factors, impact employees' productivity and quality of work.

> (A) At the same time, there are many bosses who not only manage to maintain their staff's productivity at high levels, but also treat them nicely and are pleasant to work with.
>
> (B) In this regard, one of the most important factors is the manager, or the boss, who directs the working process.
>
> (C) It is not a secret that bosses are often a category of people difficult to deal with: many of them are unfairly demanding, prone to shifting their responsibilities to other workers, and so on.

① (A) − (B) − (C)

② (B) − (A) − (C)

③ (B) − (C) − (A)

④ (C) − (B) − (A)

**단어** trivial 사소한　productivity 생산성　in this regard 이러한 측면에서　category 범주　demanding 요구가 많은 prone ~하기 쉬운

**해석** 「에어컨이나 신선한 물이 든 쿨러, 유연한 일정, 동료들과의 좋은 관계 등의 사소한 것들은 물론 많은 다른 요소들도 직원들의 생산성과 업무 질에 영향을 미친다.
(B) 이런 점에서 가장 중요한 요인 중 하나는 업무 프로세스를 지휘하는 관리자 또는 상사이다.
(C) 상사가 다루기 어려운 사람들의 범주인 것은 비밀이 아니다. 그들 중 많은 사람들은 부당하게 요구하고, 책임을 다른 노동자들에게 전가시키기 쉽다.
(A) 동시에, 직원들의 생산성을 높은 수준으로 유지하면서도 잘 대해주고 함께 일하기에 즐거운 상사들도 많다.」

**Answer** 09.③

**10** 다음 주어진 문장이 들어가기에 가장 적절한 곳은?

> But what if one year there was a drought and there wasn't much corn to go around?

> When people bartered, most of the time they knew the values of the objects they exchanged. ( ① ) Suppose that three baskets of corn were generally worth one chicken. ( ② ) Two parties had to persuade each other to execute the exchange, but they didn't have to worry about setting the price. ( ③ ) Then a farmer with three baskets of corn could perhaps bargain to exchange them for two or even three chickens. ( ④ ) Bargaining the exchange value of something is a form of negotiating.

**단어** barter (물물) 교환하다 **value** 가치 **object** 물건 **exchange** 교환하다 **basket** 바구니 **worth** 가치있는 **persuade** 설득하다 **each other** 서로서로 **execute** 처형하다, 실행하다 **what if** ~라면 어떨까? **drought** 가뭄 **corn** 옥수수 **go around** (사람들에게 몫이) 돌아가다 **bargain** 흥정하다 **negotiate** 협상하다

**해석** 「사람들이 물물교환을 할 때, 대부분 그들은 그들이 교환하는 사물의 가치를 안다. 옥수수가 들어있는 3개의 바구니가 일반적으로 닭 한 마리의 값어치가 있다고 가정해 보자. 두 사람이 서로에게 교환을 실행하도록 설득해야 하지만, 그들은 가격을 정하는 것에 대해서는 걱정할 필요가 없다. 하지만 일 년 동안 가뭄이 있었고 사람들에게 돌아갈 옥수수가 많지 않다면 어떨까? 그러면 옥수수 3바구니를 가지고 있는 한 농부는 아마 그것들을 2마리나 심지어 3마리의 치킨과 교환할 것을 흥정 할 수도 있다. 어떤 것을 교환 가치를 흥정하는 것은 협상의 한 형태이다.」

**해설** 가뭄이 있었다는 내용과 함께 옥수수가 많지 않다는 주어진 문장은 3바구니의 옥수수와 2~3마리의 치킨과 바꿀 수 있다는 내용의 앞에 와야 한다. 따라서 정답은 ③번이다.

**Answer** 10.③

**11** 다음 빈칸 (A), (B)에 들어갈 말로 가장 적절한 것은?

Culture consists of the rules, norms, values, and mores of a group of people, which have been learned and shaped by successive generations. The meaning of a symbol such as a word can change from culture to culture. To a European, _____(A)_____, a "Yankee" is someone from the United Sates; to a player on the Boston Red Sox, a "Yankee" is an opponent; and to someone from the American South, a "Yankee" is someone from the American North. A few years ago, one American car company sold a car called a Nova. In English, nova means bright star — an appropriate name for a car. In Spanish, _____(B)_____, the spoken word nova sounds like the words "no va," which translate "It does not go." As you can imagine, this name was not a great sales tool for the Spanish—speaking market.

|     | (A) |     | (B) |
| --- | --- | --- | --- |
| ① | for example | ⋯ | as a result |
| ② | for example | ⋯ | however |
| ③ | similarly | ⋯ | moreover |
| ④ | similarly | ⋯ | in fact |

**단어** consist of 이루어져 있다  **rule** 규칙  **norm** 규범  **value** 가치  **mores** 관습  **successive** 연속적인  **opponent** 상대
**appropriate** 적절한  **nova** 신성  **translate** 번역하다  **for example** 예를 들어서  **as a result** 결과적으로  **however**
하지만  **similarly** 마찬가지로  **moreover** 더욱이  **in fact** 사실

**해석** 「문화는 연속적인 세대들에 의해 학습되고, 형성되는 규칙, 규범, 가치 그리고 한 그룹의 사람들의 사회적 관습으로 구성된다. 단어와 같은 상징의 의미는 문화마다 바뀔 수 있다. (A) 예를 들어 한 유럽인에게, "양키"는 미국 출신의 사람이다. 보스턴 레드삭스에서 뛰는 한 선수에게, "양키"는 상대방 선수이다. 그리고 미국 남부 출신의 사람에게, "양키"는 미국 북부 출신의 사람이다. 몇 년 전에, 한 미국 자동차 회사가 노바라는 이름의 자동차를 팔았다. 영어로, 노바는 밝은 별을 의미하는데, 자동차에 있어서는 적절한 이름이다. 하지만 스페인어로, 구어체로의 노바는 "그것은 가지 않는다"로 번역되는 "노 비"단어처럼 소리가 난다. 당신이 상상 할 수 있듯이, 이 이름은 스페인어를 말하는 시장에서는 훌륭한 도구가 아니었다.」

**해설** 문화마다 단어의 의미가 달라질 수 있다는 내용이 나오고 다음에 구체적인 내용이 나오기 때문에 "예를 들어"라는 의미의 "for example"이 적절하다. nova라는 이름이 영어로는 "밝을 별"을 의미하지만 스페인어로는 반대의 의미인 "가지 않는다"는 것을 의미하기 때문에 역접을 나타내는 "however"가 적절하다.

**Answer** 11.②

**12** 주어진 글 다음에 이어질 글의 순서로 가장 적절한 것은?

---

When people eat, they tend to confuse or combine information from the tongue and mouth (the sense of taste, which uses three nerves to send information to the brain) with what is happening in the nose (the sense of smell, which utilizes a different nerve input).

(A) With your other hand, pinch your nose closed. Now pop one of the jellybeans into your mouth and chew, without letting go of your nose. Can you tell what flavor went into your mouth?

(B) It's easy to demonstrate this confusion. Grab a handful of jellybeans of different flavors with one hand and close your eyes.

(C) Probably not, but you most likely experienced thesweetness of the jellybean. Now let go of your nose. Voilà — the flavor makes its appearance.

---

① (B) − (A) − (C)　　　　　　② (B) − (C) − (A)

③ (C) − (A) − (B)　　　　　　④ (C) − (B) − (A)

**단어** confuse 혼란스럽게 하다　combine 결합하다　tongue 혀　nerve 신경　utilize 이용하다　input 입력 정보　pinch 꼬집다　pop (물건을) 탁 놓다　jellybean 젤리빈　chew 씹다　let go of 놔주다　tell 알다　flavor 맛　demonstrate 설명하다　confusion 혼란　grab 잡다　a handful of 한 움큼의　sweetness 달콤함　appearance 출현, 나타남

**해석** 「사람들이 먹을 때, 그들은 혀와 입(정보를 뇌로 보내기 위해 3개의 신경을 사용하는 미각)으로부터 오는 정보를 코(다른 신경 입력 정보를 사용하는 후각)에서 일어나는 것과 혼란스러워하거나 결합하는 경향이 있다.
(B) 이 혼란스러움을 설명하는 것은 쉽다. 한 움큼의 다른 맛의 젤리빈을 한손에 움켜쥐고 눈을 감아 보라.
(A) 다른 손으로, 너의 코를 막아라. 이제 젤리빈 중 하나를 코를 막은 상태로 너의 입속에 넣고 씹어라. 너는 어떤 맛이 너의 입속으로 들어갔는지를 알 수 있나?
(C) 아마도 아닐 것이다. 하지만 당신은 아마 젤리빈의 달콤함은 경험할 것이다. 이제 막고 있었던 너의 코를 놓아라. 자 보아라. 맛이 모습을 드러낼 것이다.」

**해설** 주어진 글 후반부에 혼란스러워(confuse)하는 경향이 있다는 내용이 (B)에 confusion으로 받고 있다. 또한 후반부에 한 손으로 젤리빈을 움켜 쥐라는 내용과 함께, 다른 손으로 코를 막으라는 내용이 나오는 (A)가 오는 것이 자연스럽고, 후반부에 이어지는 질문에 대한 답이 나오는 (C)가 마지막에 오는 것이 가장 자연스럽다.

**Answer** 12.①

**13** 다음 글의 빈칸에 들어갈 말로 가장 적절한 것은?

---

### Why Are Fire Trucks Red?

Fire trucks are red because back in the 1900s, roads were mostly filled with black-colored cars manufactured by Ford. _____, the striking red color of fire trucks stood out amongst the sea of black vehicles vying for space on the roads.

\* vying 경쟁하는

---

① In addition
② Likewise
③ For example
④ Therefore

> **단어** striking 눈에 띄는  stand out 두드러지다

> **해석** 「왜 소방차들은 빨간색인가?
>   소방차들은 빨간색이다. 왜냐하면 1900년대에, 도로는 포드사에 의해 생산된 검정색 자동차들로 거의 꽉 차 있었기 때문이다. 그러므로, 소방차의 눈에 띄는 빨간색은 도로 위 공간을 위해 경쟁하는 검은 자동차들의 바다 사이에서 두드러졌다.」

> **보기** ① 게다가
>   ② 비슷하게
>   ③ 예를 들어
>   ④ 그러므로

**Answer** 13.④

**14** 다음 주어진 문장이 들어가기에 가장 적절한 곳은?

> But road traffic crashes and injuries are preventable.

Road traffic injuries are a growing public health issue, disproportionately affecting vulnerable groups of road users, including the poor. ( ① ) More than half the people killed in traffic crashes are young adults aged between 15 and 44 years – often the breadwinners in a family. ( ② ) Furthermore, road traffic injuries cost low–income and middle–income countries between 1% and 2% of their gross national product – more than the total development aid received by these countries. ( ③ ) In high–income countries, an established set of interventions have contributed to significant reductions in the incidence and impact of road traffic injuries. ( ④ ) These include the enforcement of legislation to control speed and alcohol consumption, mandating the use of seat belts and crash helmets.

\* breadwinner 생계를 책임지는 사람

**단어** **road traffic injury** 교통사고 부상 **disproportionately** 불균형적으로 **vulnerable** 취약한 **breadwinner** 가장
**intervention** 개입 **incidence** 발생 정도 **legislation** 입법

**해석** 「교통사고 부상은 점점 대중의 건강 이슈가 되고 있고, 가난한 사람들을 포함한 도로 이용자들의 취약한 집단에 불균형적으로 영향을 미치고 있다. 교통사고에서 죽는 사람의 절반 이상이 15세에서 44세 사이의 젊은 성인들이다 – 종종 가족의 가장인. 더욱이, 교통사고 부상은 저소득과 중소득 국가들에게 그들 국가총생산량의 1~2%의 비용이 들게 한다 – 이런 나라들에 의해서 받는 전체적인 발전기금보다 많은. 그러나 도로 교통사고와 부상들은 예방할 수 있다. 고소득 국가에서, 확립된 일련의 개입은 교통사고 부상의 영향과 발생 정도의 상당한 감소에 기여했다. 이것들은 속도제한과 술의 소비, 안전벨트와 충돌 헬멧의 의무화에 대한 입법의 강화를 포함한다.」

**Answer** 14.③

**15** 다음 주어진 문장이 들어가기에 가장 적절한 곳은?

> However, if the same fire spreads in an uncontrolled manner, it can be a vicious enemy for the mankind, property and any living creature nearby.

> Fire may occur anytime anywhere and in any kind of facility. ( ① ) No one denies that fire is nothing but a chemical reaction ignited by heat energy where the presence of oxygen in the air facilitates the substance to burn. ( ② ) No doubt, it is a great friend of humanity when used in a controlled and safe manner. ( ③ ) Thus, a fire-fighting system assumes importance for a building, a public place or an industrial house, etc. ( ④ ) Unfortunately, it is a fact that a fire-fighting system is not a priority item while raising a building or holding an event for a certain purpose.

**단어** **vicious** 잔인한 **facility** 시설, 기능 **ignite** 불이 붙다 **assume** (양상을) 띠다 **priority** 우선사항

**해석** 「불은 언제 어디서나 그리고 어떤 종류의 시설에서도 발생할 수 있다. 아무도 불이 공기 중에 있는 산소의 존재가 탈 수 있는 물질이 열에너지에 의해 발화하기 용이하게 해주는 화학반응에 지나지 않음을 부인하지 않는다. 의심할 여지없이, 통제되고 안전한 방식으로 사용이 되었을 때는 불은 인간의 매우 좋은 친구이다. 그러나, 만약 불이 통제되지 않는 방식으로 퍼진다면, 그것은 인간, 재산 그리고 주변에 살아있는 생물에게 잔인한 적이 될 수 있다. 그래서 방재시스템은 빌딩과 공공장소 또는 산업시설 등등에서 중요성을 띤다. 불행하게도, 방재시스템은 빌딩을 올리고 특정 목적의 이벤트를 개최하는 동안에는 우선사항이 아니다.」

**Answer** 15.③

**16** 다음에 이어질 글의 순서로 가장 적절한 것은?

The twentieth century has been labeled the Plastic Age, and for good reason. In 1909, New York chemist Leo Baekeland introduced Bakelite, the world's synthetic plastic. Bakelite was a durable substance that could be molded into almost anything; by the 1930's, manufacturers were producing 90,000 tons of it every year.

(A) Nylon fabrics for parachutes, for example, were turned into ladies' stockings. Today, plastic is replacing metal in buildings and machines, and almost all electronic data is stored on plastic.

(B) After the war, plastic synthetics used for military purposes were adapted for everyday life.

(C) During World War Ⅱ, shortages of natural resources increased the demand for plastic even more. The result was vinyl, a rubber substitute that provided soldiers with tents and boots.

① (B) ─ (A) ─ (C)

② (B) ─ (C) ─ (A)

③ (C) ─ (A) ─ (B)

④ (C) ─ (B) ─ (A)

**단어** synthetic 합성한  durable 내구성이 있는  substitute 대용품  adapt for ~용으로 조정하다  parachute 낙하산

**해석** 「20세기는 플라스틱의 시대로 불려 왔고, (거기엔) 좋은 이유가 있다. 1909년 뉴욕의 화학자 Leo Baekeland는 Bakelite라는 세계의 합성 플라스틱을 소개했다. Bakelite는 거의 어떤 형태로든 주조될 수 있는 내구성이 있는 물질이었다; 1930년대에는, 제조업자들이 매년 90,000톤을 생산하고 있었다.

(C) 제2차 세계대전 동안, 천연자원의 고갈이 플라스틱의 수요를 훨씬 더 증가시켰다. 그 결과는 군인들에게 텐트와 부츠를 제공해 주는 고무 대용품인 비닐이었다.

(B) 전쟁이 끝난 후, 군사목적으로 쓰였던 플라스틱 화합물은 일상생활용으로 조정되었다.

(A) 예를 들어, 낙하산을 위한 나일론 섬유는 여성의 스타킹으로 바뀌게 되었다. 오늘날, 플라스틱은 빌딩과 기계에서 금속을 대체하고 있다. 그리고 거의 모든 전자 데이터는 플라스틱 위에 저장된다.」

**Answer** 16.④

**17** 주어진 문장 다음에 이어질 글의 순서로 가장 적절한 것은?

A technique that enables an individual to gain some voluntary control over autonomic, or involuntary, body functions by observing electronic measurements of those functions is known as biofeedback.

(A) When such a variable moves in the desired direction (for example, blood pressure down), it triggers visual or audible displays—feedback on equipment such as television sets, gauges, or lights.

(B) Electronic sensors are attached to various parts of the body to measure such variables as heart rate, blood pressure, and skin temperature.

(C) Biofeedback training teaches one to produce a desired response by reproducing thought patterns or actions that triggered the displays.

① (A) − (B) − (C)　　　　　　　② (B) − (C) − (A)

③ (B) − (A) − (C)　　　　　　　④ (C) − (A) − (B)

**단어**　**voluntary** 자발적인　**autonomic** 자율적인　**involuntary** 본의 아닌　**biofeedback** 생체 자기 제어　**variable** 가변적인 변수　**desired** 바랐던　**direction** 지시　**trigger** 유발하다

**해석**　「이러한 기능의 전자적 측정을 관찰함으로써 개인이 자율적으로 또는 무의식적으로 신체기능을 자발적으로 제어할 수 있게 해주는 기술을 생체 자기 제어라고 한다.
(B) 전자 센서는 심장박동, 혈압, 체온 등과 같은 변수들을 측정하기 위해 신체의 다양한 부분에 붙여진다.
(A) 이러한 가변적인 변수가 원하는 방향(예: 혈압 강하)으로 이동하면 텔레비전 세트, 측정기나 조명과 같은 장치에 시각적 또는 청각적 신호를 유발시킨다.
(C) 생체 자기 제어 훈련은 생각의 패턴이나 표시장치를 촉발시킨 행동을 재현하여 원하는 반응을 도출하도록 가르친다.」

**Answer** 17.③

**18** 주어진 문장이 들어갈 위치로 가장 적절한 것은?

If neither surrendered, the two exchanged blows until one was knocked out.

The ancient Olympics provided athletes an opportunity to prove their fitness and superiority, just like our modern games. ( ① ) The ancient Olympic events were designed to eliminate the weak and glorify the strong. Winners were pushed to the brink. ( ② ) Just as in modern times, people loved extreme sports. One of the favorite events was added in the 33rd Olympiad. This was the pankration, or an extreme mix of wrestling and boxing. The Greek word pankration means "total power." The men wore leather straps with metal studs, which could make a terrible mess of their opponents. ( ③ ) This dangerous form of wrestling had no time or weight limits. In this event, only two rules applied. First, wrestlers were not allowed to gouge eyes with their thumbs. Secondly, they could not bite. Anything else was considered fair play. The contest was decided in the same manner as a boxing match. Contenders continued until one of the two collapsed. ( ④ ) Only the strongest and most determined athletes attempted this event. Imagine wrestling "Mr. Fingertips," who earned his nickname by breaking his opponents' fingers!

**단어** **glorify** 미화하다 **wrestling** 레슬링 **gouge** 찌르다 **contender** 경쟁자

**해석** 「고대 올림픽은 현대 경기와 마찬가지로 선수들에게 그들의 체력과 우월성을 증명할 수 있는 기회를 제공했다. 고대 올림픽 경기들은 약한 자들을 제거하고, 강한 자를 찬양하기 위해 만들어졌다. 우승자들은 극단으로 내몰렸다. 현 시대와 마찬가지로 사람들은 극한 스포츠를 좋아했다. 가장 좋아하는 경기들 중 하나가 33회 올림픽 경기에 추가되었다. 그리스어로 판크라티온이라는 것으로 레슬링과 복싱의 극단적인 조합이었다. 그리스어로 판크라티온은 전제적인 힘을 의미한다. 선수들은 징이 박힌 가죽 끈을 착용했는데 이것이 상대방을 처참하게 엉망으로 만들어버릴 수 있었다. 이 위험한 형태의 레슬링은 시간과 체중 제한이 없었다. 이 경기에서는 오직 두 가지 규칙만이 적용되었다. 첫째, 레슬러는 엄지손가락으로 눈을 찌르는 것이 허용되지 않았다. 둘째로, 그들은 깨물 수 없었다. 그 외에는 권투와 동일한 방식으로 결정되었다. 경쟁자는 두 사람 중 하나가 쓰러질 때까지 경기를 계속했다. 만일 어느 쪽도 항복하지 않으면, 두 사람은 한 사람이 쓰러질 때까지 주먹을 휘둘렀다. 가장 강하고 가장 결의 있는 선수들만이 이 경기에 참가했다. 상대의 손가락을 부러뜨려 "Mr. Fingertips"라는 별명을 얻은 선수와 레슬링한다는 것을 상상해 봐라.」

**Answer** 18.④

**19** 밑줄 친 (A), (B)에 들어갈 말로 가장 적절한 것은?

Does terrorism ever work? 9/11 was an enormous tactical success for al Qaeda, partly because it involved attacks that took place in the media capital of the world and the actual capital of the United States, ___(A)___ ensuring the widest possible coverage of the event. If terrorism is a form of theater where you want a lot of people watching, no event in human history was likely ever seen by a larger global audience than the 9/11 attacks. At the time, there was much discussion about how 9/11 was like the attack on Pearl Harbor. They were indeed similar since they were both surprise attacks that drew America into significant wars. But they were also similar in another sense. Pearl Harbor was a great tactical success for Imperial Japan, but it led to a great strategic failure: Within four years of Pearl Harbor the Japanese empire lay in ruins, utterly defeated. ___(B)___, 9/11 was a great tactical success for al Qaeda, but it also turned out to be a great strategic failure for Osama bin Laden.

| | (A) | (B) |
|---|---|---|
| ① | thereby | Similarly |
| ② | while | Therefore |
| ③ | while | Fortunately |
| ④ | thereby | On the contrary |

**단어** tactical 전술적인 thereby 그렇게 함으로써 take place in 열리다 coverage 보도 significant 중요한

**해석** 「테러는 정말 효과가 있는 것인가? 9·11 테러는 알카에다에게는 엄청난 전술상의 성공이었는데, 그 이유 중 하나는 세계의 미디어 수도와 미국의 실제 수도에서 일어난 공격들과 관련있었기 때문이었고, (A) 그것으로 인해 이 사건의 가능한 가장 광범위한 보도를 보장했기 때문이다. 만약 테러가 많은 사람들이 보고 싶어 하는 극장의 한 형태라면 9·11 테러보다 인류 역사상 더 많은 전 세계 관객들에게 알려진 사건은 없었을 것이다. 그 당시에는 9·11 테러가 진주만 공격과 얼마나 유사한지에 대해 많은 논의가 있었다. 그것들은 둘 다 미국을 심각한 전쟁으로 몰아 넣은 기습 공격이었기 때문에 정말로 비슷했다. 하지만 그것들은 다른 의미에서도 비슷했다. 진주만 공격은 제국주의 일본의 커다란 전술적인 성공이었지만, 그 전략은 커다란 전략적 실패로 이어졌다. 진주만에서 4년 만에 일본 제국은 완전히 파괴되어 폐허가 되었다. (B) 마찬가지로 9·11 테러는 알카에다에게 커다란 전술적 성공이었지만, 오사마 빈라덴에게는 전략적으로 큰 실패로 판명되었다.」

**Answer** 19.①

**20** 주어진 문장 다음에 이어질 글의 순서로 가장 적절한 것은?

> Devices that monitor and track your health are becoming more popular among all age populations.

(A) For example, falls are a leading cause of death for adults 65 and older. Fall alerts are a popular gerotechnology that has been around for many years but have now improved.

(B) However, for seniors aging in place, especially those without a caretaker in the home, these technologies can be lifesaving.

(C) This simple technology can automatically alert 911 or a close family member the moment a senior has fallen.

※ gerotechnology : 노인을 위한 양로 기술

① (B) — (C) — (A)　　　　② (B) — (A) — (C)

③ (C) — (A) — (B)　　　　④ (C) — (B) — (A)

**단어** **white as a sheet** 백지장처럼 창백하다　**convincing** 설득력 있는　**tornado** 분출　**swim** 빙빙 돌듯 보이다 **desperately** 필사적으로　**arithmetic** 연산　**geometric** 기하학　**scramble** 허둥지둥해내다　**algebraic** 대수학

**해석** 「건강상태를 모니터링하고 추적하는 장치가 모든 연령층에서 인기를 얻고 있다.
(B) 하지만 지역사회 계속 거주 노인들 중 특히 가정 내에 돌보는 사람이 없는 경우 이러한 기술들은 생명을 구할 수도 있다.
(A) 예를 들어, 낙상은 65세 이상 성인들에게 있어 사망의 주된 원인이다. 낙상 경고 장치는 수년 동안 있어 왔던 대중적인 노인을 위한 양로 기술이지만 지금은 개선되었다.
(C) 이 간단한 기술은 노인이 넘어지자마자 자동으로 911 또는 가까운 가족에게 알려준다.」

**해설** 제시된 글은 건강을 감시 및 추적하는 장치들이 인기를 얻고 있다고 했다. (B)의 'these technologies'는 이런 장치들을 뜻한다. (A)는 낙상 경보 기술이 필요한 이유를 설명하고, (C)에서는 낙상 경보 기술을 연결하여 설명하고 있다.

**Answer** 20.②

**21** 글의 흐름상 빈칸에 들어갈 표현으로 가장 옳은 것은?

> Contemporary art has in fact become an integral part of today's middle class society. Even works of art which are fresh from the studio are met with enthusiasm. They receive recognition rather quickly — too quickly for the taste of the surlier culture critics. ＿＿＿＿＿＿＿, not all works of them are bought immediately, but there is undoubtedly an increasing number of people who enjoy buying brand new works of art. Instead of fast and expensive cars, they buy the paintings, sculptures and photographic works of young artists. They know that contemporary art also adds to their social prestige. ＿＿＿＿＿＿＿, since art is not exposed to the same wear and tear as automobiles, it is a far better investment.

① Of course - Furthermore

② Therefore - On the other hand

③ Therefore - For instance

④ Of course - For example

**단어** contemporary 현대의, 당대의  integral 필수적인, 완전한  enthusiasm 열광, 열정

**해석** 「현대 미술은 실제로 오늘날 중산층 사회의 필수적인 부분이 되었다. 스튜디오에서 갓 나온 예술 작품들에도 심지어 열광하게 된다. 그들은 비우호적인 문화평론가의 취향에 있어 더욱 빨리 인정을 받는다. 물론, 모든 작품을 즉시 구입할 수 있는 것은 아니지만, 확실히 새로운 예술 작품을 구입하는 것을 즐기는 사람들의 수가 증가하고 있다. 빠르고 값비싼 자동차 대신 그들은 젊은 예술가들의 그림, 조각품, 사진 작품을 산다. 그들은 현대 미술이 그들의 사회적 명성을 높여 준다는 것을 안다. 게다가, 예술은 자동차와 같은 마모와 파손에 노출되지 않기 때문에, 훨씬 더 나은 투자이다.」

**Answer** 21.①

**22** 글의 문맥에 가장 어울리는 순서대로 배열한 것은?

---

ⓐ Today, however, trees are being cut down far more rapidly. Each year, about 2 million acres of forests are cut down. That is more than equal to the area of the whole of Great Britain.

ⓑ There is not enough wood in these countries to satisfy the demand. Wood companies, therefore, have begun taking wood from the forests of Asia, Africa, South America, and even Siberia.

ⓒ While there are important reasons for cutting down trees, there are also dangerous consequences for life on earth. A major cause of the present destruction is the worldwide demand for wood. In industrialized countries, people are using more and more wood for paper.

ⓓ There is nothing new about people cutting down trees. In ancient times, Greece, Italy, and Great Britain were covered with forests. Over the centuries those forests were gradually cut back. Until now almost nothing is left.

---

① ⓐ - ⓑ - ⓒ - ⓓ

② ⓓ - ⓐ - ⓑ - ⓒ

③ ⓑ - ⓐ - ⓒ - ⓓ

④ ⓓ - ⓐ - ⓒ - ⓑ

**단어**　**satisfy** 충족시키다, 채우다　**gradually** 서서히

**해석**　「ⓓ 사람들이 나무를 베는 것에는 새로울 것이 없다. 고대에는 그리스, 이탈리아 그리고 영국이 숲으로 덮여 있었다. 수세기를 거치면서 그 숲들은 서서히 축소되었다. 지금까지 거의 남아 있는 것이 없다.

ⓐ 하지만 오늘날 나무들은 훨씬 더 빠르게 잘려 나가고 있다. 매년 약 2백 만 에이커의 숲이 벌채되고 있다. 그것은 영국 전체의 면적과 동일하다.

ⓒ 나무를 베는 데는 중요한 이유가 있지만, 지구상의 생명체에게는 위험한 결과가 따르기도 한다. 현재 파괴의 주요 원인은 목재에 대한 전 세계적인 수요이다. 산업화된 국가에서는 사람들이 종이를 사용하기 위해 목재를 점점 더 많이 사용하고 있다.

ⓑ 이 나라들에는 수요를 충족시킬 만큼 목재가 충분하지 않다. 따라서 목재 회사들은 아시아, 아프리카, 남미, 심지어 시베리아의 숲에서 목재를 벌채하기 시작했다.」

**Answer**　22.④

**23** 〈보기〉 글을 문맥에 가장 어울리게 순서대로 배열한 것은?

---

〈보기〉

㉠ The trigger for the aggressive driver is usually traffic congestion coupled with a schedule that is almost impossible to meet.

㉡ Unfortunately, these actions put the rest of us at risk. For example, an aggressive driver who resorts to using a roadway shoulder to pass may startle other drivers and cause them to take an evasive action that results in more risk or even a crash.

㉢ As a result, the aggressive driver generally commits multiple violations in an attempt to make up time.

㉣ Aggressive driving is a traffic offense or combination of offenses such as following too closely, speeding, unsafe lane changes, failing to signal intent to change lanes, and other forms of negligent or inconsiderate driving.

---

① ㉠ - ㉢ - ㉡ - ㉣

② ㉠ - ㉣ - ㉢ - ㉡

③ ㉣ - ㉠ - ㉢ - ㉡

④ ㉣ - ㉡ - ㉢ - ㉠

> **단어** trigger 계기, 도화선  traffic congestion 교통 혼잡  startle 깜짝 놀라게 하다  take evasive action 회피 작전을 쓰다  violation 위반, 방해  attempt 시도, 도전  negligent 태만한, 부주의한  inconsiderate 사려 깊지 못한

> **해석** 「㉣ 난폭 운전은 하나의 교통위반 혹은 지나치게 붙어서 따라가거나 과속하기, 안전하지 못한 차선 변경, 차선 변경을 위한 신호를 보내지 않는 것, 그리고 부주의하거나 사려 깊지 못한 여러 형태의 운전과 같은 위반 행위들의 결합이다.
> ㉠ 난폭 운전자의 계기는 보통 충족시키기 거의 불가능한 일정과 겹친 교통 혼잡이다.
> ㉢ 결과적으로 난폭 운전자는 일반적으로 부족한 시간을 보충하기 위해 여러 가지 위반을 저지른다.
> ㉡ 불행하게도, 이러한 행동들은 우리를 위험에 빠뜨린다. 예를 들어, 도로 갓길을 이용하여 추월하는 난폭 운전자는 다른 운전자를 깜짝 놀라게 만들고 더 큰 위험이나 심지어 충돌을 초래하여 회피적인 행동을 취하게 할 수 있다.」

**Answer** 23.③

**24** 〈보기〉 문장이 들어갈 곳으로 가장 적절한 것은?

---

〈보기〉

If you are unhappy yourself, you will probably be prepared to admit that you are not exceptional in this.

---

( ① ) Animals are happy so long as they have health and enough to eat. Human beings, one feels, ought to be, but in the modern world they are not, at least in a great majority of cases. ( ② ) If you are happy, ask yourself how many of your friends are so. ( ③ ) And when you have reviewed your friends, teach yourself the art of reading faces ; make yourself receptive to the moods of those whom you meet in the course of an ordinary day. ( ④ )

---

**단어** **exceptional** 이례적일 정도로 우수한, 극히 예외적인 **receptive** 수용적인 **ordinary** 보통의, 일상적인

**해석** 「동물들은 건강하고 먹을 게 충분히 있다면 항상 행복하다. 사람들이 느끼기에 사람도 반드시 그래야 한다고 생각하지만 현대 사회에서는 그렇지 않다. 적어도 대다수의 경우에는 말이다. 만약 당신 자신이 불행하다면, 당신은 아마도 이 점에 있어서 극히 예외적인 사람이 아니라는 것을 인정할 준비가 되어 있을 것이다. 만약 당신 자신이 행복하다면, 당신의 친구들에게 얼마나 그러한지 물어보아라. 그리고 당신이 친구들을 관찰해 볼 때, 그들의 표정을 읽는 기술을 길러보아라. : 일상 중에 당신이 만나는 사람들의 기분을 받아들이도록 해라.」

**Answer** 24.②

**25** 다음 문장에 이어질 글의 순서로 가장 적절한 것은?

At first, man didn't have any way to control his food supply ; therefore, he had to move to another region to find new sources of food when all the available foods had been used up.

(A) From that time on, he was not so dependent on natural conditions and did not have to worry so much about always having enough food.

(B) If there was no rain, or if the weather was too hot or too cold, plants would not grow and man had little or no food.

(C) However, man gradually learned ways to grow plants and raise animals himself.

① (A) — (C) — (B)　　　　　　　　　② (B) — (A) — (C)

③ (B) — (C) — (A)　　　　　　　　　④ (C) — (A) — (B)

**단어** **supply** 공급, 공급하다　**from that time on** 그때부터　**gradually** 차차, 점차적으로

**해석** 「맨 처음에 인간은 그의 식량공급을 통제하는 어떤 방법도 없었다. 그래서 인간은 자연 식품이 다 떨어지게 되면 새로운 식량의 원천을 찾으러 다른 지역으로 이동해야만 했다.
(B) 비가 안 내리거나, 날씨가 너무 덥거나 추우면 식물은 자라지 않았고, 인간은 거의, 또는 전혀 식량을 얻지 못했다.
(C) 그러나 인간은 점차적으로 식물을 재배하고, 동물 사육하는 것을 직접 배웠다.
(A) 그때부터 인간은 자연 환경에 그렇게 의존하지 않았고, 늘 충분한 식량을 구하기 위해 그렇게 걱정할 필요가 없었다.」

**26** 글의 흐름으로 보아, 주어진 문장이 들어가기에 가장 적절한 곳은?

> Yet all of them have one thing in common: they are alive. What does being 'alive' mean?

> ( ⓐ ) Plants and animals live on the land and in the lakes, rivers, and seas. ( ⓑ ) Billions of tiny microbes live in both water and soil. ( ⓒ ) These many plants, animals, and microbes are very different from one another. ( ⓓ ) Perhaps there are tests for living, such as eating and moving. But will all the tests apply to every living thing? Does everything that is alive move and eat?

① ⓐ
② ⓑ
③ ⓒ
④ ⓓ

> **단어** **microbe** 세균, 미생물, 병원균

> **해석** 「식물과 동물은 땅 위와 호수, 강, 바다 속에 산다. 수십억 개의 미세한 세균은 물과 토양에서 살고 있다. 이 많은 식물, 동물 그리고 세균들은 서로 많이 다른 존재들이다. 그러나 이 모든 것들은 살아 있다는 공통점을 하나 가지고 있다. '살아 있는' 것의 의미는 무엇인가? 어쩌면 먹는 것이나 움직이는 것과 같은 살아 있음을 측정하는 테스트가 있을지도 모른다. 그러나 이 모든 테스트들이 모든 생물체에 적용되는가? 모든 살아 있는 것들이 움직이고 먹을 수 있는가?」

**27** 주어진 문장 다음에 이어질 글의 순서로 가장 적절한 것은?

> Some kinds of birds can be seen only in certain areas of the United States.

> (A) Yet, many people living in the West have never seen the blue jay, since they only live in the East.
> (B) There is a jay bird found in the West that is very much like the blue jay, but it's not a blue jay.
> (C) For example, many people living in most areas of the East can expect to see blue jays.

① (A) — (C) — (B)
② (B) — (A) — (C)
③ (B) — (C) — (A)
④ (C) — (A) — (B)

**Answer** 26.④ 27.④

**단어** jay 어치새

**해석** 「어떤 종류의 새들은 미국의 특정 지역에서만 볼 수 있다.
　(C) 예를 들자면, 동부 대부분의 지역에 사는 많은 사람들은 푸른 어치새를 볼 수 있을 것이다.
　(A) 그러나 서부에 사는 많은 사람들은 푸른 어치새를 본 적이 없다. 왜냐하면 그것들은 동부에서만 살기 때문이다.
　(B) 푸른 어치새와 매우 닮은 어치새가 서부에서 발견되기는 하지만, 그것은 푸른 어치새가 아니다.」

## 28  다음 주어진 문장에 이어질 글의 순서로 알맞은 것은?

> The population explosion gives rise to a number of problems.

> (A) Also, this concerns getting proper medical care for all of them, especially the aged.
>
> (B) Thus, we come face to face with more and more difficult problems.
>
> (C) One of them has to do with finding enough food for all the people in the world.

① (A) − (B) − (C)　　　　　　② (B) − (C) − (A)

③ (C) − (A) − (B)　　　　　　④ (C) − (B) − (A)

**단어** explosion 폭발, 급증  give rise to ~을 낳다, 일으키다, 야기하다  a number of 많은  concern 관계하다, 이해관계
가 있다  proper 적당한, 적절한  medical care 의료, 건강관리  especially 특히, 특별히  come face to face with
~에 직면하다  more and more 점점 더, 더욱 더  do with (일 등을) 다루다, 처리하다, 해나가다

**해석** 「인구폭발은 많은 문제들을 일으켰다.
　(C) 그것들(문제들) 중 하나는 전 세계에 있는 모든 사람들을 위하여 충분한 식량을 찾아내야 한다.
　(A) 또한 이것은 그들 모두, 특히 노인들을 위하여 적절한 의료를 받는 것과 관계가 있다.
　(B) 그래서 우리는 점점 더 어려운 문제들에 직면한다.」

**Answer**  28.③

**29** 다음 글의 흐름상, 주어진 문장이 들어가기에 가장 적절한 곳은?

So he bent his head and ran back to the little hole under the ledge where he slept at night.

The young sea gull was alone on his ledge. ( ⓐ ) His two brothers and his sister had already flown away the day before. ( ⓑ ) He had been afraid to fly with them. ( ⓒ ) Somehow when he had taken a step forward to the brink of the ledge and attempted to flap his wings he became afraid. He felt certain that his wings would never support him. ( ⓓ )

① ⓐ             ② ⓑ

③ ⓒ             ④ ⓓ

단어 **sea gull** 갈매기   **ledge** (절벽의) 바위, 선반   **brink** (절벽·벼랑의) 가장자리 **somehow** 어떻게든 하여, 웬일인지 **flap** (새가) 날개를 치다

해석 「어린 갈매기는 암벽에 혼자 남았다. 그의 두 형과 여동생은 그 전날 벌써 날아갔다. 그는 그들과 함께 나는 것이 두려웠다. 웬일인지 그가 암벽의 가장자리로 걸어 나가 그의 날개를 치려고 시도하면 두려워졌다. 그는 그의 날개가 그를 결코 지탱하지 못할 거라고 믿었다. 그래서 그는 머리를 숙이고 그가 밤에 잤던 암벽 아래 작은 구멍으로 뒷걸음질쳤다.」

**30** 다음 주어진 문장이 들어갈 알맞은 것은?

Then she went up into the sky.

Rita went to the amusement park last Sunday. ( ⓐ ) Her favorite ride was the merry-go-round. She climbed into a beautiful white horse. ( ⓑ ) The merry-go-round went faster and faster. ( ⓒ ) She looked down and saw lots of houses. She saw rivers and forests. Everything was very small. ( ⓓ ) She liked flying. Then the horse started to go down and down. Then Rita saw a mountain. Thud! She fell off the horse.

① ⓐ　　　　　　　　　　　　　　② ⓑ
③ ⓒ　　　　　　　　　　　　　　④ ⓓ

**단어** thud 쿵, 털썩　**fall off** 떨어지다

**해석**「Rita는 지난 일요일에 놀이공원에 갔다. 그녀가 제일 좋아하는 탈 것은 회전목마였다. 그녀는 아름다운 흰색 말에 올라갔다. 회전목마는 점점 빨라졌다. 곧이어 그녀는 하늘로 올라갔다. 그녀는 아래를 내려다보았는데, 많은 집들을 보았다. 그녀는 강과 숲을 보았다. 모든 것이 아주 작았다. 그녀는 나는 게 좋았다. 그 다음에 말이 점점 아래로 내려가기 시작했다. 그 다음에 Rita는 신을 보았다. 쿵! 그녀는 말에서 떨어졌다.」

PART

04

# 생활영어

# 생활영어

기출PLUS

**기출** 2020. 6. 20. 소방공무원

밑줄 친 부분의 뜻으로 가장 적절한 것은?

┌ 보기 ┐

A : 119, what is your emergency?
B : There is a car accident.
A : Where are you?
B : I'm not sure. I'm somewhere on Hamilton Road.
A : Can you see if anyone is hurt?
B : One of the drivers is lying on the ground unconscious and the other one is bleeding.
A : Sir, <u>I need you to stay on the line</u>. I'm sending an ambulance right now.
B : Okay, but hurry!

① 전화 끊지 말고 기다려 주세요.
② 차선 밖에서 기다려 주세요.
③ 전화번호를 알려 주세요.
④ 차례를 기다려 주세요.

**‹정답** ①

## section 1 전화

- This is Mary speaking. I'd like to speak to Mr. Jones.
  Mary입니다. Jones씨 좀 부탁드립니다.
- Who's speaking(calling), please? 누구십니까?
- Whom do you wish to talk to? 누구를 바꿔 드릴까요?
  = Who would you like to speak to, sir?
- Hold the line a moment, please. I'll connect you with Mr. Smith.
  잠시 기다리세요. Smith씨에게 연결해 드리겠습니다.
- The party is on the line. Please go ahead. 연결됐습니다. 말씀하세요.
- What number are you calling? 몇 번에 거셨습니까?
- The line is busy. He's on another phone. 통화중입니다.
- The lines are crossed. 혼선입니다.
- A phone for you, Tom. Tom, 전화 왔어요.
- Please speak a little louder. 좀더 크게 말씀해 주세요.
- Who shall I say is calling, please? 누구라고 전해 드릴까요?
- May I take your message? 전할 말씀이 있나요?
  = Would you like to leave a message.
- May I leave a message, please? 메시지를 남겨 주시겠어요?
- Guess who this is. Guess who? 누구인지 알아 맞춰보시겠어요?
- You have the wrong number. 전화를 잘못 거셨습니다.
- There is no one here by that name. 그런 분은 안계십니다.
- What is she calling for? 그녀가 무엇 때문에 전화를 했지요?
- May I use your phone? 전화를 좀 빌려 쓸 수 있을까요?
- Give me a call(ring, phone, buzz). 나에게 전화하세요.

## section 2 길안내

- Excuse me, but could you tell me the way to the station?
  실례지만, 역으로 가는 길을 가르쳐 주시겠습니까?
- Pardon me, but is this the (right) way to the station?
  실례지만, 이 길이 역으로 가는 (바른) 길입니까?
- Where am I(we)? 여기가 어디입니까?
- I'm sorry, but I can't help you(I don't know this area).
  죄송합니다만, 저도 길을 모릅니다.
- (I'm sorry, but) I'm a stranger here myself. (죄송합니다만) 저도 처음(초행길)입니다.
- Turn to the left. 왼쪽으로 가세요.
- Go straight on. 곧장 가세요.
- Walk until you come to the crossing. 교차로가 나올 때까지 계속 걸어가십시오.
- Take the left road. 왼쪽 도로로 가세요.
- Are there any landmarks?
  길을 찾는 데 도움이 되는 어떤 두드러진 건물 같은 것은 없습니까?
- How far is it from here to the station? 이 곳에서 역까지 얼마나 멉니까?
- I'll take you there. 제가 당신을 그 곳에 데려다 드리겠습니다.
- You can't miss it. You'll never miss it. 틀림없이 찾을 것입니다.

## section 3 시간

- What time is it? 몇 시입니까?
  = What is the time?
  = Do you have the time?
  = What time do you have?
  = Could you tell me the time?
  = What time does your watch say?
- Do you have time? 시간 있습니까?
- What is the date? 몇 일입니까?
- What day is it today? 오늘이 무슨 요일입니까?

기출PLUS

기출 2016. 6. 18. 제1회 지방직

**밑줄 친 부분에 들어갈 말로 가장 적절한 것은?**

┌ 보기 ┐

John : Excuse me. Can you tell me where Namdaemun Market is?

Mira : Sure. Go straight ahead and turn right at the taxi stop over there.

John : Oh, I see. Is that where the market is?

Mira : _____

① That's right. You have to take a bus over there to the market.

② You can usually get good deals at traditional markets.

③ I don't really know. Please ask a taxi driver.

④ Not exactly. You need to go down two more blocks.

기출 2015. 6. 27. 제1회 지방직

**밑줄 친 부분에 들어갈 표현으로 가장 적절한 것은?**

┌ 보기 ┐

M : Excuse me. How can I get to Seoul Station?

W : You can take the subway.

M : How long does it take?

W : It takes approximately an hour.

M : How often does the subway run?

W : _____

① It is too far to walk

② Every five minutes or so

③ You should wait in line

④ It takes about half an hour

**〈정답 ④, ②**

기출PLUS

**기출** 2014. 3. 15. 제1차 경찰공무원(순경)

**다음 빈칸에 들어갈 말로 가장 적절한 것은?**

─ 보기 ─

A : Hi Josh. How is it going?
B : Not so good. I think I need a new job.
A : What's the problem? Is it the people you work with?
B : No, my coworkers are fine, but ＿＿＿＿＿＿＿.
A : Maybe you should start looking for a more interesting job.
B : You are right. I can probably find something better.

① my workplace is too far from home
② I think my salary is too low
③ I do the same thing everyday
④ I am too busy to find free time

**〈정답 ③**

## section 4 소개 · 인사 · 안부

### (1) 소개

• May I introduce my friend Mary to you? 내 친구 Mary를 소개해 드릴까요?
• Let me introduce myself. May I introduce myself to you?
  제 소개를 하겠습니다.
• Miss. Lee, this is Mr. Brown. Lee양, 이 분은 Brown씨입니다.
• I've been wanting to see you for a long time.
  오래 전부터 뵙고 싶었습니다.

### (2) 인사

#### ① 처음 만났을 때

• How do you do? 처음 뵙겠습니다.
• I'm glad to meet you. 만나서 반가워요.
  = I'm very pleased(delighted) to meet you.
  = It's a pleasure to know you.

#### ② 아는 사이일 때

  How are you getting along? 안녕, 잘 있었니? 어떻게 지내니?
  = How are you (doing)?
  = How are things with you?
  = How is it going?
  = What happened?
  = What's up?

#### ③ 오랜만에 만났을 때

• How have you been? 그간 잘 있었니?
• I haven't seen you for ages(a long time). 정말 오랜만이야.
• Pretty good. It's been a long time, hasn't it? 그래, 오랜만이다, 그렇지 않니?
• I've been fine. It's ages since we met. 잘 지냈어. 우리가 만난 지 꽤 오래됐지.

#### ④ 작별인사

  ㉠ 작별할 때
  • I'd better be going. 이제 가봐야 되겠습니다.
    = I really must be going now.
    = I'm afraid I must go now.
    = I really should be on my way.
    = It's time to say good-bye.
    = I must be off now.

- So soon? Why don't you stay a little longer?
  이렇게 빨리요? 좀더 있다가 가시지요?
  ⓒ 작별의 아쉬움을 나타낼 때
  - It's really a shame that you have to leave. 떠나셔야 한다니 정말 유감입니다.
  - It's too bad that you have to go. 가셔야 한다니 정말 유감입니다.

## (3) 안부

- Remember me to Jane. Jane에게 안부 전해 주세요.
  = Give my regards to Jane.
  = Say hello to Jane.
  = Please send my best wishes to Jane.
- Sure, I will. 예, 꼭 그러겠습니다.
  = Certainly.

## section 5 제안 · 권유 · 초대

### (1) 제안

① 제안할 때
  - Let's have a party, shall we? 파티를 열자.
  - Why don't we go to see a movie? 영화 보러 가는 게 어때요?

② 제안을 수락할 때
  - (That's a) Good idea. 좋은 생각이에요.
  - That sounds great, Why not? 좋은 생각(제안)이야.

③ 제안을 거절할 때
  - I'm afraid not. 안되겠는데요.
  - I'm afraid I have something to do that afternoon.
    그 날 오후에는 할 일이 있어서 안되겠는데요.
  - I'd rather we didn't, if you don't mind. 괜찮다면, 그러지 말았으면 합니다만.

기출PLUS

기출 2015. 3. 14. 사회복지직

밑줄 친 부분에 들어갈 가장 적절한 것은?

┌ 보기 ┐
A : What do you say we take
    a break now?
B : _____
A : Great! I'll meet you in the
    lobby in five minutes.
└─────────────────┘

① Okay, let's keep working.
② That sounds good.
③ I'm already broke.
④ It will take one hour.

◀ 정답 ②

기출PLUS

기출 2015. 6. 27. 제1회 지방직

**밑줄 친 부분에 들어갈 표현으로 가장 적절한 것은?**

보기

M : Would you like to go out for dinner, Mary?
W : Oh, I'd love to. Where are we going?
M : How about the new pizza restaurant in town?
W : Do we need a reservation?
M : I don't think it is necessary.
W : But we may have to wait in line because it's Friday night.
M : You are absolutely right. Then, I'll _____ right now.
W : Great.

① cancel the reservation
② give you the check
③ eat some breakfast
④ book a table

기출 2021. 4. 3. 인사혁신처

**밑줄 친 부분에 들어갈 가장 알맞은 표현은?**

보기

A : Have you taken anything for your cold?
B : No, I just blow my nose a lot.
A : Have you tried nose spray?
B : _____
A : It works great.
B : No, thanks. I don't like to put anything in my nose, so I've never used it.

① Yes, but it didn't help.
② No, I don't like nose spray.
③ No, the pharmacy was closed.
④ Yeah, how much should I use?

**< 정답 ④, ②**

## (2) 권유

### ① 권유할 때

- Won't you come and see me next Sunday?
  다음주 일요일에 놀러오지 않으시렵니까?
- How about going to the movies this evening?
  오늘 저녁에 영화 구경가는 것이 어떨까요?
- Would you like to go out this evening?
  오늘 저녁에 외출하지 않으시렵니까?
- I would like to have dinner with you this evening. Can you make it?
  오늘 저녁에 당신과 저녁식사를 같이 하고 싶습니다. 가능하십니까(괜찮으십니까)?

### ② 권유에 응할 때

- Yes, I'd like to. Yes, I'd love to. 예, 좋습니다.
- Thank you, I shall be very glad to. 감사합니다. 기꺼이 그렇게 하지요.
- That's very kind of you to say so. 그렇게 말씀해 주시니 매우 친절하십니다.

### ③ 권유를 거절할 때

- I should like to come, but I have something else to do.
  꼭 가고 싶지만 다른 할 일이 있어서요.
- I'm sorry to say, but I have a previous appointment.
  죄송하지만, 선약이 있어서요.

## (3) 초대

### ① 초대할 때

- How about going out tonight? 오늘밤 외출하시겠어요?
- Would you like to come to the party tonight? 오늘밤 파티에 오시겠어요?

### ② 초대에 응할 때

- That's a nice idea. 그것 좋은 생각이군요.
- Yes. I'd like that. Fine with me. 감사합니다. 그러고 싶어요.

### ③ 초대를 거절할 때

- I'd love to but I'm afraid I can't. 그러고 싶지만 안될 것 같군요.
- Sorry. I'm afraid I can't make it. Maybe another time.
  죄송합니다만 그럴 수 없을 것 같군요. 다음 기회에 부탁드려요.

**(4) 파티가 끝난 후 귀가할 때**

- I must be going(leaving) now. I must say good-bye now.
  이제 가야 할 시간입니다.
- Did you have a good time? Did you enjoy yourself? 즐거우셨어요?
- I sure did. Yes, really(certainly). 아주 즐거웠습니다.

## section 6 부탁·요청

- Would you please open the window? 창문을 열어 주시겠습니까?
- All right. Certainly, with pleasure. 예, 알았습니다. 예, 그렇게 하죠.
- Would you mind opening the window? 창문을 열어 주시지 않겠습니까?
- (Would you mind ~?의 긍정의 대답으로) No, I wouldn't. 아니, 그렇게 하죠.
  = No, not at all.
  = No, of course not.
  = Certainly not.
  = Sure(ly).
- (Would you mind ~?의 부정의 대답으로) Yes. I will. 예, 안되겠습니다.
- May I ask a favor of you? 부탁을 하나 드려도 될까요?
- What is it? 무슨 일이죠?
- Sure, (if I can). 물론입니다. 부탁을 들어드리겠습니다.
  = By all means.
  = With great pleasure.
  = I'll do my best for you.
- Well, that depends (on what it is).
  글쎄요, (무슨 일인지) 들어보고 해드리죠.
- I'm sorry to trouble you, but would you please carry this baggage for me?
  폐를 끼쳐 죄송하지만, 저를 위해 이 짐 좀 날라다 주시겠습니까?

**기출PLUS**

기출 2016. 4. 9. 인사혁신처

**밑줄 친 부분에 들어갈 말로 가장 적절한 것을 고르시오.**

┌ 보기 ┐

A : Hello? Hi, Stephanie. I'm on my way to the office. Do you need anything?

B : Hi, Luke. Can you please pick up extra paper for the printer?

A : What did you say? Did you say to pick up ink for the printer?
Sorry, _____

B : Can you hear me now? I said I need more paper for the printer.

A : Can you repeat that, please?

B : Never mind. I'll text you.

A : Okay. Thanks, Stephanie. See you soon.

① My phone has really bad reception here.

② I couldn't pick up more paper.

③ I think I've dialed the wrong number.

④ I'll buy each item separately this time.

❮정답 ①

2021 소방공무원

**01** 빈칸에 들어갈 말로 가장 적절한 것은?

> A : Ryan and I are having a chess match today. Do you think I'll win?
>
> B : Of course, you'll win. I'm _____. After all, I'm betting ten bucks that you'll win.
>
> A : Thanks.

① counting on you
② worn out
③ expecting company
④ all ears

**해석** 「A : Ryan과 나는 오늘 체스 경기가 있어. 너는 내가 이길 거라고 생각하니?
B : 물론 네가 이길 거야. 난 너를 믿어. 네가 이긴다에 10달러를 걸게.
A : 고마워.」

**보기** ① 너를 믿는  ② 지친
③ 일행이 있는  ④ 경청하는

## ┃02 ~03┃ 밑줄 친 부분에 들어갈 말로 가장 적절한 것을 고르시오

2021 인사혁신처

**02**

> A : Were you here last night?
>
> B : Yes. I worked the closing shift. Why?
>
> A : The kitchen was a mess this morning. There was food spattered on the stove, and the ice trays were not in the freezer.
>
> B : I guess I forgot to go over the cleaning checklist.
>
> A : You know how important a clean kitchen is.
>
> B : I'm sorry. _____

① I won't let it happen again.
② Would you like your bill now?
③ That's why I forgot it yesterday.
④ I'll make sure you get the right order.

**Answer** 01.① 02.①

**단어** **shift** (교대제의) 근무 시간 **mess** 엉망인 상태 **spatter** 튀기다, 튀다 **go over** ~을 점검(검토)하다 **bill** 계산서

**해석**  「A: 어젯밤에 여기에 있었나요?
B: 네, 제가 마감 근무를 했어요. 무슨 일인가요?
A: 오늘 아침 주방이 엉망이었어요. 음식이 레인지 위에 튀어 있었고, 얼음 트레이가 냉동실 안에 있지 않았어요.
B: 제가 청소 목록을 점검하는 걸 잊었나봐요.
A: 깨끗한 주방이 얼마나 중요한지 알잖아요.
B: 죄송합니다. 다시는 그런 일 없도록 하겠습니다.」

**보기**  ① 다시는 그런 일 없도록 하겠습니다.
② 지금 계산해 드릴까요?
③ 그래서 제가 어제 그걸 잊은 거예요.
④ 주문하신 것을 제대로 받도록 하겠습니다.

**2021 인사혁신처**

**03**

A: Have you taken anything for your cold?
B: No, I just blow my nose a lot.
A: Have you tried nose spray?
B: _____
A: It works great.
B: No, thanks. I don't like to put anything in my nose, so I've never used it.

① Yes, but it didn't help.
② No, I don't like nose spray.
③ No, the pharmacy was closed.
④ Yeah, how much should I use?

**단어**  **pharmacy** 약국

**해석**  「A: 감기에 무엇이라도 하셨습니까?
B: 아뇨, 그저 코를 많이 풀고 있습니다.
A: 코 스프레이는 사용해보셨습니까?
B: 아뇨, 저는 코 스프레이를 좋아하지 않습니다.
A: 그거 효과 좋습니다.
B: 사양할게요. 제 코에 무언가 넣는 것을 좋아하지 않아요. 그래서 그것을 사용해본 적 없습니다.」

**Answer** 03.②

**04** 다음 대화의 빈칸에 들어갈 말로 가장 적절한 것은?

---

A: I am totally drained.

B: What do you mean? You drank too much water?

A: No, I mean I am exhausted.

B: You are quite tired today.

A: Much more than that. I am totally worn out.

B: Okay. Then you should _____.

---

① keep your promise

② find the door and leave

③ take a rest and get some sleep

④ work out at a gym and go hiking

> **단어** **drained** 진이 빠진  **exhausted** 기진맥진한  **worn out** 매우 지친

> **해석** 「A : 나는 완전히 진이 빠졌어.
> B : 무슨 뜻이야? 너무 많은 물을 마셨다고?
> A : 아니, 내 말은 나는 기진맥진하다는 뜻이야.
> B : 너 오늘 꽤 피곤하구나.
> A : 그것보다 훨씬 더해. 나는 완전히 지쳤어.
> B : 그래. 그러면 넌 휴식을 취하고 잠을 좀 자야 해.」

> **보기** ① 약속을 지켜
> ② 문을 열고 떠나
> ③ 휴식을 취하고 잠을 좀 자
> ④ 체육관에서 운동하고 등산을 가

**Answer** 04.③

**05** 밑줄 친 부분에 들어갈 말로 가장 적절한 것은?

---

A : My computer just shut down for no reason. I can't even turn it back on again.

B : Did you try charging it? It might just be out of battery.

A : Of course, I tried charging it.

B : _____

A : I should do that, but I'm so lazy.

---

① I don't know how to fix your computer.

② Try visiting the nearest service center then.

③ Well, stop thinking about your problems and go to sleep.

④ My brother will try to fix your computer because he's a technician.

> **단어** shut down 멈추다  turn on 켜다  charge 충전하다
>
> **해석** 「A : 내 컴퓨터가 이유도 없이 멈췄어. 심지어 다시 켤 수도 없네.
> B : 충전했어? 배터리가 거의 방전됐을지도 몰라.
> A : 물론 충전도 다시 해봤지.
> B : 그럼 가장 가까운 서비스센터를 가봐.
> A : 그래야 하는데, 내가 너무 게을러.」
>
> **보기** ① 어떻게 네 컴퓨터를 고쳐야 할 지 모르겠어.
> ② 그럼 가장 가까운 서비스센터를 가봐.
> ③ 글쎄, 문제에 대한 걱정 그만하고 자러 가.
> ④ 내 동생이 기술자니까 네 컴퓨터 고쳐 보라고 할게.

**Answer** 05.②

**06** 밑줄 친 부분에 들어갈 말로 가장 적절한 것을 고르면?

---

A : Where do you want to go for our honeymoon?

B : Let's go to a place that neither of us has been to.

A : Then, why don't we go to Hawaii?

B : _____

---

① I've always wanted to go there.

② Isn't Korea a great place to live?

③ Great! My last trip there was amazing!

④ Oh, you must've been to Hawaii already.

**해석** 「A : 신혼여행 어디 가고 싶어?
B : 우리 둘 다 한 번도 간 적 없는 곳으로 가자.
A : 그럼 하와이에 가는 거 어때?
B : 난 늘 그곳에 가고 싶었어.」

**보기** ① 난 늘 그곳에 가고 싶었어.
② 한국은 살기 좋은 곳 아니니?
③ 좋았어! 지난번에 갔던 여행은 정말 멋졌어!
④ 오, 넌 하와이에 벌써 가본 게 틀림없구나.

**Answer** 06.①

## 07 밑줄 친 부분에 들어갈 말로 가장 적절한 것을 고르면?

---

A : How do you like your new neighborhood?

B : It's great for the most part. I love the clean air and the green environment.

A : Sounds like a lovely place to live.

B : Yes, but it's not without its drawbacks.

A : Like what?

B : For one, it doesn't have many different stores. For example, there's only one supermarket, so food is very expensive.

A : _____

B : You're telling me. But thank goodness. The city is building a new shopping center now. Next year, we'll have more options.

---

① How many supermarkets are there?

② Are there a lot of places to shop there?

③ It looks like you have a problem.

④ I want to move to your neighborhood.

**단어** **drawback** 결점, 문제점

**해석** 「A : 새 동네는 어때?
B : 대부분 훌륭해. 깨끗한 공기와 녹지 환경이 좋아.
A : 살기 좋은 곳으로 들리네.
B : 응, 그렇지만 단점이 없지는 않아.
A : 어떤?
B : 우선, 여긴 다른 가게가 많이 없어. 예를 들면 슈퍼마켓이 단 하나뿐이야. 그래서 음식이 매우 비싸
A : 문제가 좀 있어 보이네.
B : 내 말이 그 말이야. 고마워라. 도시는 지금 새로운 쇼핑센터가 세워지고 있어. 내년에, 더 많은 선택권이 생길거야.」

**보기** ① 거기 슈퍼마켓이 몇 개나 있어?
② 거기 쇼핑할 곳이 많아?
③ 문제가 좀 있어 보이네.
④ 나 너희 동네로 이사 가고 싶어.

**Answer** 07.③

**08** 대화의 흐름으로 보아 빈칸에 들어갈 가장 적절한 것은?

> A : Why don't you let me treat you to lunch today, Mr. Kim?
> B : _____.

① No, I'm not. That would be a good time for me

② Good. I'll put it on my calendar so I don't forget

③ OK. I'll check with you on Monday

④ Wish I could but I have another commitment today

**단어** commitment 약속

**해석** 「A : Mr. Kim, 오늘 제가 당신에게 점심을 대접해도 될까요?
B : 그럴 수 있으면 좋겠지만, 오늘은 다른 약속이 있습니다.」

**보기** ① 아니요, 그것은 저에게 좋은 시간이 될 것입니다.
② 좋습니다. 제가 잊지 않도록 달력에 적어두겠습니다.
③ 좋아요. 월요일에 함께 체크해 봅시다.
④ 그럴 수 있으면 좋겠지만, 오늘은 다른 약속이 있습니다.

**해설** 대화의 흐름상 적절한 답변은 ④번이다.

**2017 지방직**

**09**

> A : I just received a letter from one of my old high school buddies.
> B : That's nice!
> A : Well, actually it's been a long time since I heard from him.
> B : To be honest, I've been out of touch with most of my old friends.
> A : I know. It's really hard to maintain contact when people move around so much.
> B : You're right. _____. But you're lucky to be back in touch with your buddy again.

① The days are getting longer

② People just drift apart

③ That's the funniest thing I've ever heard of

④ I start fuming whenever I hear his name

**단어** drift apart 뿔뿔이 흩어지다   fume 화가 나서 씩씩대다

**해석** 「A : 나 오래된 고등학교 친구 중 한 명에게서 편지를 받았어.
B : 와 멋지다!
A : 응, 사실 그 친구로부터 소식을 들은 지 오래되었지.
B : 솔직히 말하면, 난 내 오랜 친구들과 연락을 못하고 있어.
A : 맞아. 사람들이 이사를 많이 가면 연락을 유지하기가 어려워.
B : 네 말이 맞아. 사람들은 뿔뿔이 흩어져. 하지만 너는 친구와 다시 연락이 닿았다니 행운이다.」

**보기** ① 낮이 점점 길어지고 있어.
② 사람들은 뿔뿔이 흩어져.
③ 그것은 내가 들어본 중 제일 웃기다.
④ 내가 그의 이름을 들을 때마다 화가 나기 시작해.

**해설** 밑줄의 앞부분 move around와 일맥상통하는 drift apart가 있는 ②번이 대화의 흐름상 적절하다.

**Answer** 09.②

**10**

A : What are you getting Ted for his birthday? I'm getting him a couple of baseball caps.

B : I've been _____ trying to think of just the right gift. I don't have an inkling of what he needs.

A : Why don't you get him an album? He has a lot of photos.

B : That sounds perfect! Why didn't I think of that? Thanks for the suggestion!

① contacted by him

② sleeping all day

③ racking my brain

④ collecting photo albums

**단어** inkling 눈치챔

**해석**  「A : Ted 생일선물로 뭐 사줄꺼니? 나는 야구 모자 몇 개를 사주려고 해.
　　　B : 나는 좋은 선물을 생각해 내기 위해 머리를 쥐어짜고 있었어. 나는 그가 필요한 것을 전혀 눈치 채지 못하겠어.
　　　A : 앨범을 사 주는 것은 어때? Ted는 사진을 많이 갖고 있잖아.
　　　B : 완벽한데? 나는 왜 그 생각을 하지 못했지? 제안해줘서 고마워.」

**보기** ① 그에게 연락을 받아오다.
　　　② 하루 종일 잠을 잤다.
　　　③ 머리를 쥐어짜고 있다.
　　　④ 사진 앨범을 모으고 있다.

**해설** 빈칸에는 선물을 고르기 위해 고민하는 내용이 들어가야 하므로 ③번이 대화의 흐름상 적절하다.

**Answer** 10.③

**2017 인사혁신처**

**11**

> A : May I help you?
> B : I bought this dress two days ago, but it's a bit big for me.
> A : _____
> B : Then I'd like to get a refund.
> A : May I see your receipt, please?
> B : Here you are.

① I'm sorry, but there's no smaller size.

② I feel like it fits you perfectly, though.

③ That dress sells really well in our store.

④ I'm sorry, but this purchase can't be refunded.

**해석** 「A : 도와드릴까요?
　　　 B : 제가 이 드레스는 이틀 전에 샀는데, 저에게 좀 큰 것 같아요.
　　　 A : 죄송합니다만, 더 작은 사이즈는 없습니다.
　　　 B : 그러면 환불을 하고 싶습니다.
　　　 A : 영수증 좀 보여주시겠어요?
　　　 B : 여기 있습니다.」

**보기** ① 죄송합니다만, 더 작은 사이즈는 없습니다.
　　　 ② 그런데 제 생각에는 손님에게 딱 맞는 것 같은데요.
　　　 ③ 그 드레스는 저희 가게에서 매우 잘 팔립니다.
　　　 ④ 죄송합니다만 이 제품은 환불이 되지 않습니다.

**해설** B가 드레스가 크다고 이야기를 했고 A의 발화 뒤에 B가 환불을 요구하고 있기 때문에 빈 칸에는 ①번 더 작은 사이즈는 없다는 내용이 적절하다.

**12**

A : Every time I use this home blood pressure monitor, I get a different reading. I think I'm doing it wrong. Can you show me how to use it correctly?

B : Yes, of course. First, you have to put the strap around your arm.

A : Like this? Am I doing this correctly?

B : That looks a little too tight.

A : Oh, how about now?

B : Now it looks a bit too loose. If it's too tight or too loose, you'll get an incorrect reading.

A : _____

B : Press the button now. You shouldn't move or speak.

A : I get it.

B : You should see your blood pressure on the screen in a few moments.

① I didn't see anything today.

② Oh, okay. What do I do next?

③ Right, I need to read the book.

④ Should I check out their website?

**단어** blood pressure monitor 혈압측정기

**해석** 「A : 제가 집에 있는 혈압측정기를 사용할 때마다 다른 결과를 얻게 됩니다. 제가 무엇인가를 잘못하고 있는 것 같은데요. 혈압측정기를 올바르게 사용하는 방법을 알려주실 수 있나요?
B : 물론입니다. 먼저 끈을 팔에 두르세요.
A : 이렇게요? 맞게 하고 있는 건가요?
B : 너무 꽉 조인 것 같습니다.
A : 그럼 지금은 어떤가요?
B : 이번에는 너무 느슨한 것 같습니다. 너무 꽉 조이거나 느슨하다면 잘못된 결과를 얻게 됩니다.
A : 알겠습니다. 다음에는 무엇을 해야 하나요?
B : 이제 버튼을 누르세요. 움직이거나 말을 해서는 안 됩니다.
A : 알겠습니다.
B : 잠시 후에 측정기의 화면을 읽어야 합니다.」

**보기** ① 오늘은 아무것도 보지 못했습니다.
② 알겠습니다. 다음에는 무엇을 해야 하나요?
③ 맞습니다. 저는 책을 좀 읽어야겠습니다.
④ 그들의 웹사이트를 체크해 봐야 할까요?

**해설** 혈압측정기를 사용하는 단계를 묻는 과정으로 빈칸에는 끈을 팔에 두른 뒤 해야 하는 단계의 설명이 나오고 있으므로 ②번이 적절하다.

**Answer** 12.③

**13** 밑줄 친 부분에 가장 적절한 것은?

---

A : Did you see Steve this morning?

B : Yes. But why does he _____?

A : I don't have the slightest idea.

B : I thought he'd be happy.

A : Me too. Especially since he got promoted to sales manager last week.

B : He may have some problem with his girlfriend.

---

① have such a long face

② step into my shoes

③ jump on the bandwagon

④ play a good hand

> **단어** **slightest** 최소의  **promote** 승진(진급)하다
>
> **해석** 「A : 오늘 아침에 Steve 봤어?
> B : 응, 그런데 왜인지 표정이 안 좋던데?
> A : 나는 전혀 모르겠어.
> B : 나는 그가 행복할거라 생각했는데.
> A : 나도 마찬가지야. 특히 지난주에 영업부장으로 승진도 했잖아.
> B : 어쩌면 여자 친구와 문제가 있을지도 몰라.」
>
> **보기** ① 우울한 얼굴을 하다.
> ② 내 입장이 돼 봐.
> ③ 우세한 편에 붙다.
> ④ 멋진 수를 쓰다.

**14** 밑줄 친 부분에 가장 적절한 것은?

---

A : Excuse me. I'm looking for Nambu Bus Terminal.
B : Ah, it's right over there.
A : Where? _____
B : Okay. Just walk down the street, and then turn right at the first intersection. The terminal's on your
   left. You can't miss it.

---

① Could you be more specific?

② Do you think I am punctual?

③ Will you run right into it?

④ How long will it take from here by car?

단어 **intersection** 교차로  **specific** 구체적인, 명확한  **punctual** 시간을 지키는(엄수하는)

해석 「A : 실례합니다. 제가 남부터미널을 찾고 있는데요.
B : 아, 바로 저기예요.
A : 어디라고요? 좀 더 구체적으로 말씀해주실 수 있나요?
B : 네. 그냥 길 아래로 걸어가다가, 첫 번째 교차로에서 오른쪽으로 꺾으세요. 터미널은 왼쪽에 있어요. 분명히 찾을 수 있을
거예요.」

보기 ① 좀 더 구체적으로 말씀해주실 수 있나요?
② 제가 시간을 엄수했나요?
③ 바로 그곳으로 갈 건가요?
④ 차로 여기서 얼마나 걸릴까요?

Answer  14.①

**15**

A : Would you like to get some coffee?
B : That's a good idea.
A : Should we buy Americano or Cafe-Latte?
B : It doesn't matter to me. _____
A : I think I'll get Americano.
B : Sounds great to me.

① Not really.
② Suit yourself.
③ Come see for yourself.
④ Maybe just a handful or so.

해석 「A : 커피 마시는 것 어때요?
　　　B : 그거 괜찮은데요.
　　　A : 아메리카노하고 카페라떼 중 어떤 거 드실래요?
　　　B : 나는 상관없어요. 당신 맘대로 하세요.
　　　A : 아메리카노를 가져올 생각이에요.
　　　B : 좋습니다.」

보기 ① 그렇지도 않아.
　　　② 네 맘대로 해.
　　　③ 네가 스스로 보러 와라.
　　　④ 아마 한 스푼 또는 그 정도

Answer 15.②

**16**

A : _____

B : Today is Monday, so you can have it until next Monday.

A : Can I have the book for a few more days?

B : No. Books borrowed should be returned within one week.

A : Is there any way to keep this book for around 10 days?

B : Well, I'm afraid there isn't. You'll just have to renew the book for another week.

① What date is it?

② When is this book due?

③ I'd like to return this book.

④ This book can be checked out in due form, right?

**17**

A : Are you ready to go to the party, Amy?

B : I don't know whether I can go. I'm feeling a little sick, and my dress is really not that nice. Maybe you should just go without me.

A : Come on, Amy. Stop _____. I know you too well. You're not sick. What is the real root of the problem?

① shaking a leg

② hitting the ceiling

③ holding your horses

④ beating around the bush

Answer 16.② 17.④

**18** 다음 대화에서 밑줄 친 곳에 들어갈 알맞은 문장은?

---

A : Hello. This is the long distance operator.

B : Hello, operator. I'd like to make a person-to-person call to Mr. James at the Royal Hotel in Seoul.

A : Do you know the number of the Hotel?

B : No, I don't. _____

A : Just a moment, please. The number is 385 − 2824.

---

① Would you find out for me?

② Would you hold the line, please?

③ May I take a message?

④ What about you?

**단어** **person-to-person call** 지명통화

**해석** 「A : 여보세요. 장거리 전화교환원입니다.
B : 여보세요, 교환원. 서울 로얄호텔에 있는 James씨와 지명통화를 하고 싶은데요.
A : 호텔 전화번호를 아세요?
B : 아니요. 좀 알아봐주시겠어요?
A : 잠깐만 기다리세요. 385 − 2824번입니다.」

**보기** ① 좀 알아봐주시겠어요?
② 끊지 말고 기다려주시겠습니까?
③ 메시지를 남기시겠어요?
④ 당신은요?

PART

05

# 최근 기출문제분석

2021. 4. 3. 소방공무원 채용

**01** 밑줄 친 부분과 의미가 가장 가까운 것은?

There was the <u>unmistakable</u> odor of sweaty feet.

① accessible                    ② distinct
③ desirable                     ④ complimentary

**단어** **odor** 냄새, 낌새, 평판  **unmistakable** 오해의 여지가 없는, 틀림없는

**해석** 「<u>틀림없는</u> 땀에 젖은 발 냄새였다.」

**보기** ① 이해하기 쉬운
② 확실한, 분명한
③ 바람직한
④ 칭찬하는

**02** 밑줄 친 부분과 의미가 가장 가까운 것은?

Candidates interested in the position should <u>hand in</u> theirresumes to the Office of Human Resources.

① emit                          ② omit
③ permit                        ④ submit

**단어** **Office of Human Resources** 인사과  **hand in** 제출하다

**해석** 「그 자리에 관심 있는 후보자들은 인사과에 이력서를 <u>제출해야</u> 한다.」

**보기** ① 내보내다
② 제외하다
③ 허용하다
④ 제출하다

**Answer**  01.②  02.④

**03** 밑줄 친 부분과 의미가 가장 가까운 것은?

> It is easy to understand the conflict that arises between humans and nature as human populations grow. We bring to every <u>encounter</u> with nature an ancient struggle for our own survival. In the old days, all too often it was nature — her predators, winters, floods, and droughts — that did us in.

① confrontation
② reproduction
③ encouragement
④ magnificence

> **단어** encounter 맞닥뜨리다

> **해석** 「인간과 자연 사이에서 인구 증가로 인해 일어나는 갈등을 이해하기는 쉽다. 우리는 자연과 맞닥뜨릴 때마다 우리 자신의 생존을 위한 오래된 투쟁을 해왔다. 옛날에는 포식동물, 동절기, 홍수, 가뭄과 같은 자연이 아주 빈번히 우리를 그런 상황으로 만들었다.」

> **보기** ① 대치
> ② 생식
> ③ 격려
> ④ 장려

**04** 빈칸에 들어갈 말로 가장 적절한 것은?

> When the fire alarm sounds, act immediately to ensure your safety. The fire alarm system is designed and engineered to provide you with an early warning to allow you to safely _____ the building during an urgent situation.

① exit
② renovate
③ demolish
④ construct

> **단어** ensure 보장하다

> **해석** 「화재 경보가 울릴 때, 즉시 당신의 안전을 보장할 행동을 취하라. 화재 경보 시스템은 당신에게 당신이 긴급 상황에서 건물을 안전하게 빠져나가게끔 초기에 경고를 주도록 설계, 계획되었다.」

> **보기** ① 나가다
> ② 개조하다
> ③ 철거하다
> ④ 건설하다

**Answer** 03.① 04.①

**05** 빈칸에 들어갈 말로 가장 적절한 것은?

> A : Ryan and I are having a chess match today. Do you think I'll win?
> B : Of course, you'll win. I'm _____. After all, I'm betting ten bucks that you'll win.
> A : Thanks.

① counting on you       ② worn out

③ expecting company      ④ all ears

> **해석** 「A : Ryan과 나는 오늘 체스 경기가 있어. 너는 내가 이길 거라고 생각하니?
> B : 물론 네가 이길 거야. 난 너를 믿어. 네가 이긴다에 10달러를 걸게.
> A : 고마워.」

> **보기** ① 너를 믿는
> ② 지친
> ③ 일행이 있는
> ④ 경청하는

**06** 다음 글의 요지로 가장 적절한 것은?

> To demonstrate that you are thankful, you should say "thank you" immediately when you walk into the room and do the interview. This is a step that many people forego and do not remember, but when you do it, you demonstrate a level that is above the average candidate. So, you should say something to the interviewer like the following : "Thank you for inviting me to have this interview. I appreciate the time that you have committed to talk to me about this available position." You don't have to fluff up your words or try to make it into something fancy. Instead, keep it simple and to the point to show your gratitude to the interviewer.

① 면접자는 면접 시간 약속을 철저하게 지켜야 한다.
② 면접자는 면접 요청을 받으면 최대한 빨리 답장해야 한다.
③ 면접자는 면접관에게 곧바로, 간단히 감사를 표현해야 한다.
④ 면접에서 자신의 의견을 말할 때는 근거를 정확히 밝혀야 한다.

**Answer** 05.① 06.③

해석 「당신이 감사하다는 것을 보여주기 위해, 당신이 방에 들어가 인터뷰를 할 때 즉시 "감사하다."라고 말해야 한다. 이것은 많은 사람들이 앞서 들어가 기억하지 못한 단계이지만, 당신이 그렇게 한다면 당신은 보통 지원자 우위의 레벨임을 보여주게 된다. 그렇기에 당신은 면접관에게 다음과 같은 말을 해야 한다. "이런 인터뷰 기회를 주셔서 감사합니다. 당신이 이 공석에 관해 저와 이야기 나눌 수 있는 시간을 내주심에 감사드립니다." 당신은 당신의 말을 부풀리거나 멋지게 만들어낼 필요는 없다. 대신에 면접관에게 당신의 고마움을 표현하는 데에 당신의 말을 간단명료하게 하라.」

해설 ③ 주어진 글의 첫문장에서 글의 주요 내용이 드러나고 있다.

## 07 다음 글에서 필자가 주장하는 바로 가장 적절한 것은?

It's drilled into us that we need to be more active to lose weight. So it spins the mind to hear that a key to staying thin is to spend more time doing the most sedentary inactivity humanly possible. Yet this is exactly what scientists are finding. In light of Van Cauter's discoveries, sleep scientists have performed a flurry of analyses on large datasets of children. All the studies point in the same direction: on average, children who sleep less are fatter than children who sleep more. This isn't just in America —scholars all around the world are considering it because children everywhere are both getting fatter and getting less sleep.

① 과도한 다이어트는 건강에 좋지 않다.
② 수면 부족은 체중 증가와 관계가 있다.
③ 균형 잡힌 식습관은 수면의 질을 높인다.
④ 신체 성장을 위해 충분한 수면이 필요하다.

단어 sedentary 몸을 많이 움직이지 않는  flurry 돌풍  inactivity 비활동

해석 「우리는 체중 감량을 위해 더 적극적이어야 한다고 주입 당했다. 그래서 마른 몸을 유지하는 비결이 인력으로 가능한 가장 몸을 쓰지 않는 무위의 시간을 더 보내는 것이라고 듣고 싶은 심정이다. 하지만 이것이 바로 과학자들이 발견하고 있는 것이다. Van Cauter의 발견에 비추어 보면, 수면 과학자들은 아동에 대한 대용량 데이터셋을 기반으로 많은 연구를 해왔다. 연구들은 모두 같은 방향으로 향한다. : 평균적으로, 수면이 부족한 어린이들이 더 많이 자는 어린이들보다 더 살이 쪘다. 이것은 단지 미국에서만의 이야기가 아니다. – 전 세계의 학자들은 이 사실을 고려하고 있다. 왜냐하면 곳곳의 아이들이 비만이 되어가고 수면을 덜 취하기 때문이다.」

해설 ② 본문 전반에 걸쳐 인간의 활동과 비만에 관하여 이야기하고 있는데 수면 과학자들의 연구결과 수면이 부족한 아이일 수록 더 살이 찌는 것을 발견했다고 했으므로 필자의 주장은 ②가 적절하다.

Answer 07.②

## 08 밑줄 친 부분 중 어법상 틀린 것은?

Honey's role as a primary sweetener was challenged by the rise of sugar. Initially made from the sweet juice of sugar cane, sugar in medieval times was very expensive and time-consuming ① to produce. By the eighteenth century, however, sugar — due to the use of slave labor on colonial plantations — ② had become more affordable and available. Honey is today ③ far more expensive than sugaror other artificial sweeteners. While ④ considering as something of a luxury rather than an essential, honey is still regarded with affection, and, interestingly, it continues to be seen as an ingredient with special, health-giving properties.

**단어** **sugar cane** 설탕수수 **medieval** 중세의 **time-consuming** 시간이 많이 걸리는 **colonial** 식민의 **plantation** 농장 **affordable** 입수 가능한 **available** 구할 수 있는

**해석** 「주요 감미료로서 꿀의 역할은 설탕의 대두로 인해 도전받았다. 처음에 설탕은 사탕 수수의 즙으로 만들어졌고, 중세 시대에는 만들어지는 데에 비용이 매우 많이 들고, 시간이 많이 걸렸다. 하지만 18세기까지 식민지 농장에서 강제 노동을 이용했기 때문에 설탕은 더 알맞은 가격에 구할 수 있게 되었다. 오늘날 꿀은 설탕이나 다른 인공 감미료보다 훨씬 더 비싸다. 꿀이 필수품이라기보다는 사치품으로 ④ 여겨지면서도, 꿀은 여전히 총애를 받고 흥미롭게도 특별하고 건강에 이로운 성질을 가진 재료로 계속 여겨진다.」

**해설** ④ 부사절에서 생략된 주어가 honey인 분사구문이기 때문에, honey is considered에서 (being) considered로 변경해야 한다.

## 09 빈칸에 들어갈 말로 가장 적절한 것은?

When you provide basic medical care to someone experiencing a sudden injury or illness, it's known as first aid. In some cases, first aid consists of the initial support provided to someone in the middle of a medical _____. This support might help them survive until professional help arrives. In other cases, first aid consists of the care provided to someone with a minor injury. For example, first aid is often all that's needed to treat minor burns, cuts, and insect stings.

① profession
② emergency
③ qualification
④ breakthrough

**Answer** 08.④ 09.②

해석 「당신이 갑작스러운 부상이나 질병을 겪고 있는 누군가에게 기본적인 치료를 해야 할 때, 그것을 응급처치라고 한다. 어떤 경우에 응급처치는 응급의료상황 가운데 있는 누군가에게 제공하는 초기 지원이다. 이런 지원은 전문적인 도움이 이르기 전까지 그 사람들을 살리는 데 도움이 될 수도 있다. 다른 경우에, 응급처치는 경상을 입은 사람들에게 제공되는 치료이다. 예를 들어, 응급처치는 종종 가벼운 화상, 자상, 벌레 쏘임을 치료하는 데 필요한 전부이기도 하다.」

보기 ① 전문직
② 응급
③ 자격
④ 돌파구

해설 빈칸이 있는 문장 전, 후에 first aid, help the survive 등 응급상황에서의 응급처치를 설명하고 있다. 따라서 ② emergency가 적절하다.

## 10 밑줄 친 부분 중 문맥상 낱말의 쓰임이 적절하지 않은 것은?

Egg yolks range dramatically in color, but yolk variations are caused by dietary differences rather than genetic ones. Yolk color is ① underline{influenced} primarily by the pigments in the chicken feed. If the hen gets plenty of yellow–orange plant pigments known as xanthophylls, the pigments will be deposited in the yolk. Hens receiving mash with yellow corn and alfalfa meal will ② underline{lay} eggs with medium yellow yolks. Those fed on wheat or barley produce lighter yolks. A totally colorless diet, such as white corn, will yield a ③ underline{colorful} yolk. For cosmetic reasons alone, farmers avoid giving chickens a colorless diet, because consumers ④ underline{prefer} a yellowish hue to their yolks.

단어 yolk 노른자  pigment 색소  xanthophylls 엽황소  mash 삶은 곡물 사료  barley 보리  hue 색조

해석 「달걀노른자는 극적으로 색깔이 다양하지만, 노른자의 변화는 유전적인 부분보다 식이적 차이에서 비롯된다. 노른자 색상은 닭 모이에 들어있는 색소에 의해 주로 ①영향을 받는다. 만약 암탉이 엽황소로 알려진 노랑–주황 식물색소를 많이 먹는다면, 그 색소는 노른자 안에 들어가게 될 것이다. 노란 옥수수와 알팔파 식사를 사료로 받은 암탉들은 중간 정도의 노랑을 띠는 노른자 알을 ②낳을 것이다. 밀이나 보리에 넣어 먹인 닭들은 더 밝은 노른자를 생산한다. 흰 옥수수 같은 완전히 무색의 식단은 ③화려한 노른자를 낸다. 미용의 이유를 제쳐두더라도, 농부들은 닭에게 무색의 식단 주는 것을 피한다. 왜냐하면 소비자들이 노른자에 노르스름한 색소가 있는 것을 더 ④선호하기 때문이다.」

보기 ① 영향을 받는
② 낳다
③ 화려한
④ 선호하다

해설 ③ 식단에 있는 색소가 노른자에 영향을 주기 때문에, 무색의 식단은 색이 희미하거나 없는 노른자를 낼 것이다. 따라서 ③의 '화려한'은 적절하지 않다.

Answer 10.③

For most adults, the ability to drive a car is an integral part of our sense of empowerment and freedom. We ① seldom think of what it would be like if we couldn't just "jump in the car and go." But that feeling of complete freedom to go where you want and when you want is such a deep part of how we all function that it seems inconceivable to any of us to ② lose that mobility and freedom. But for senior citizens, there will come a time when they will need to stop driving. The causes are many, but the most common reason that calls for senior citizens to stop driving is ③ enhanced eyesight. While much can be done to preserve the eyesight of senior citizens, if their ability to see becomes a hazard behind the wheel, they will have to be told that it's time to let that ④ precious freedom go.

**단어** **integral** 필수적인 **empowerment** 자율권한 **inconceivable to** —로서는 상상도 할 수 없는 **enhance** 향상시키다 **behind the wheel** 운전하여 **hazard** 위험요소

**해석** 「대부분의 성인에게 차를 운전하는 능력은 우리의 자율권한과 자유 의식의 필수적인 부분이다. 우리는 ①좀처럼 우리가 만약 "차에 타고 갈" 수 없다면 어떨지 생각하지 않는다. 하지만 당신이 원하는 곳으로 원하는 때에 가는 완전한 자유의 느낌은 우리가 구실을 하는 정말 깊은 부분이기 때문에 우리 중 누구도 그런 이동성과 자유를 ②잃는다는 것은 상상도 할 수 없는 일인 듯 보인다. 하지만 노인들에게는 운전을 멈춰야 할 때가 올 것이다. 이유는 많지만, 노인들이 운전을 그만두도록 요구하는 가장 일반적인 이유는 ③향상된 시력이다. 노인들의 시력을 지키기 위해 할 수 있는 것들이 있긴 하지만, 만약 그들의 보는 능력이 운전을 하는 데에 위험요소가 된다면 그들은 ④귀중한 자유를 그만 보내야 될 때가 됐다고 당부를 받게 될 것이다.」

**보기** ① 좀처럼 ~않다
② 잃다
③ 향상된
④ 귀중한

**해설** 노인들은 일반적으로 시력이 향상되기보다 노화로 시력이 떨어지기 때문에 ③ enhanced는 적절하지 않다.

**Answer** 11.③

**12** **(A)와 (B)에 들어갈 말로 가장 적절한 것은?**

Mental preparation is great advice in many situations — including social situations. Whether you're about to walk into a job interview or going to a dinner party, a little mental preparation might make things go more smoothly. _____(A)_____, you might imagine yourself successfully talking to several new people. Or you might picture yourself making good eye contact and asking questions that keep the conversation flowing. Of course, you don't have control over everything. _____(B)_____, one thing you can control is your own behavior. A little mental preparation can help you feel calm enough to be your best self in social situations.

| (A) | (B) |
|-----|-----|
| ① In contrast | Therefore |
| ② For example | However |
| ③ In contrast | Nevertheless |
| ④ For example | Furthermore |

해석 「마음의 준비는 사회적 상황들을 포함한 여러 상황에서 훌륭한 고문이다. 당신이 직업 면접을 곧 보거나 디너파티에 가던지, 약간의 마음의 준비는 일들이 더 순탄하게 진행되도록 만들 것이다. (A)예를 들어, 당신은 자신이 성공적으로 새로운 몇 사람들에게 말을 거는 상상을 할 수도 있다. 아니면 당신은 자신이 사람들과 훌륭한 눈맞춤을 하며 대화가 계속 흘러가도록 질문을 하는 이미지를 그려볼 수도 있다. 물론 당신이 모든 것에 통제권이 있는 것은 아니다. (B)하지만, 당신이 통제할 수 있는 한 가지는 당신 자신의 행동이다. 약간의 마음의 준비는 사회적 상황들 속에서 당신의 최선의 면을 보여줄 만큼 충분히 침착하게 느끼도록 해준다.」

보기 ① 그에 반해서 / 그러므로
② 예를 들어 / 하지만
③ 그에 반해서 / 그럼에도 불구하고
④ 예를 들어 / 뿐만 아니라

## 13 (A)와 (B)에 들어갈 말로 가장 적절한 것은?

When you're a first responder, work hours are often long and unpredictable. Fire fighters can't control when a fire starts; they just have to stop it, no matter how inconvenient the time. _____(A)_____, police officers can't leave a crime scene just because their scheduled shift is over and it's time to go home. They have to make sure the situation is safe before leaving. Because of the time commitment alone, first responders make substantial personal sacrifices. Whatever activities, hobbies, or family time they enjoy often takes a backseat to their service to the community. _____(B)_____, time isn't the only thing first responders sacrifice. Every day, they put their safety on the line for our benefit. They run into dangerous situations so that we don't have to, sometimes risking their lives in the process.

|  | (A) | (B) |
|---|---|---|
| ① | On the contrary | Similarly |
| ② | In short | Moreover |
| ③ | Consequently | Nevertheless |
| ④ | Likewise | However |

**단어** first responder 응급 의료요원 inconvenient 불편한 substantial 상당한

**해석** 「응급 요원이라면, 근무시간이 길고 예측할 수 없는 경우가 많다. 소방관들은 화재가 시작되는 때를 통제할 수 없다.; 아무리 그 시간이 편하지 않더라도, 그들은 그저 화재를 진압해야 한다. (A) 마찬가지로 경찰관들도 그들의 교대 근무가 끝나고 집에 갈 시간이라는 이유만으로 범죄 현장을 떠날 수 없다. 그들은 떠나기 전에 상황이 안전한지 확인해야 한다. 그러한 시간적 헌신만 으로도 응급 요원들은 상당한 개인적 희생을 치른다. 그들이 즐기는 활동이나 취미, 가족과의 시간일지라도 지역사회를 위한 봉사로 인해 빈번하게 뒷전이 된다. (B) 하지만 시간만이 응급 요원들이 희생하는 유일한 것은 아니다. 그들은 우리의 혜택을 위해 자신들의 안전마저 내놓는다. 그들은 과정 중에 때때로 자신들의 목숨이 위태로울 때에도, 우리가 위험에 처하지 않도록 자신들이 그런 상황으로 뛰어든다.」

**보기** ① 대조적으로 / 마찬가지로
② 요컨대 / 게다가
③ 따라서 / 그럼에도 불구하고
④ 마찬가지로 / 하지만

**Answer** 13.④

**14** 주어진 글 다음에 이어질 글의 순서로 가장 적절한 것은?

As the body rebuilds its muscles, the muscles also increase in strength and capacity. Usually, the old tissue is discarded before the synthesis of new tissue. Consuming a lot of protein will help to provide raw material to help with the synthesis of new tissue.

(A) They are happening; you don't see them until the changes are substantial enough for you to notice. This is especially true if you have a lot of body fat.

(B) Your body will constantly be burning fat and building new tissue, which can give you the idea that you still look the same.

(C) Regarding the synthesis of new tissue, keep in mind that it will take a bit of time to start seeing body changes. However, this does not mean that the changes are not ongoing.

① (A) — (B) — (C)　　　　　② (A) — (C) — (B)

③ (B) — (A) — (C)　　　　　④ (C) — (A) — (B)

**단어** tissue (세포로 이루어진)조직　synthesis 통합　discard 폐기하다　consume 먹다

**해석** 「신체가 근육을 다시 만들 때, 근육들도 힘과 능력을 증가시킨다. 보통 오래된 조직은 새로운 조직의 통합 전에 폐기된다. 많은 양의 단백질을 섭취하는 것은 새로운 조직 통합에 도움이 되는 원료를 공급하도록 도울 것이다.

(C) 새로운 조직 통합에 대해 말하자면, 신체 변화를 눈으로 보기까지 시간이 약간 걸릴 것임을 기억하라. 하지만, 이것이 변화가 계속되지 않음을 의미하는 것은 아니다.

(A) 변화는 일어나고 있다.; 당신이 알아차릴 만큼 변화가 상당할 때까지 당신은 알아보지 못한다. 이것은 당신이 체지방이 많다면 특히 더 그러하다.

(B) 당신의 몸은 지속적으로 지방을 태울 것이고 새로운 조직을 다시 만들어내고 있지만, 그것은 여전히 당신이 똑같아 보인다는 생각이 들도록 할 수 있다.」

**해설** ④ (C) - (A) - (B)

**15** 주어진 글 다음에 이어질 글의 순서로 가장 적절한 것은?

---

There are hundreds of gas stations around San Francisco in the California Bay Area. One might think that gas stations would spread out to serve local neighborhoods.

---

(A) The phenomenon is partly due to population clustering. Gas stations will be more common where demand is high, like in a city, rather than in sparsely populated areas like cornfields.

(B) But this idea is contradicted by a common observation. Whenever you visit a gas station, there is almost alwaysan other in the vicinity, often just across the street. In general, gas stations are highly clustered.

(C) Moreover, there are many factors at play. Locating a gas station is an optimization problem involving demand, real estate prices, estimates of population growth, and supply considerations such as the ease of refueling.

---

① (A) ― (C) ― (B)　　　　　② (B) ― (A) ― (C)

③ (C) ― (A) ― (B)　　　　　④ (C) ― (B) ― (A)

단어 **contradict** 모순되다　**vicinity** 인근　**clustered** 무리를 이룬　**phenomenon** 현상　**sparsely** 드문드문　**real estate** 부동산　**optimization** 최적화　**refueling** 연료 보급의

해석 「California 만안지역에 있는 San Francisco 주위에는 수많은 주유소가 있다. 어떤 사람은 주유소가 지역 주민들을 위해 확산되었을 거라고 생각할지도 모른다.
(B) 하지만 이 생각은 일반적인 관찰로 볼 때 모순된다. 당신이 주유소를 가보면 인근에 거의 항상 다른 주유소가 있고, 종종 바로 길 건너편에 있다. 일반적으로 주유소는 매우 밀집되어 있다.
(A) 그 현상은 어느 정도 인구 밀집으로 인한 것이다. 주유소는 옥수수밭처럼 인구밀도가 희박한 지역 보다는 도시 같이 수요가 높은 지역에서 더 흔할 것이다.
(C) 게다가 많은 요소들이 작용하고 있다. 주유소의 입지 선정은 수요, 부동산 가격, 인구증가 추정치, 연료 공급의 용이성과 같은 충분한 고려사항을 포함하는 최적화 문제이다.」

해설 ② (B) ― (A) ― (C)

**16** 밑줄 친 부분이 가리키는 대상이 나머지 셋과 다른 것은?

A way of testing a fire safety management plan in a building, fire drills are considered training exercises for all involved. Everyone in a building must comply with ① them, including staff, students, and visitors. ② They help building users learn and remember alternative escape routes and allow fire wardens to practice their evacuation role. Shortcomings in fire drills can be identified and rectified. ③ They are planned events, but advance warning should not normally be given to building users. This ensures ④ they react normally when the fire alarm sound sand are not unnaturally prepared. False fire alarm activations and evacuations do not count as fire drills as they are unplanned.

**단어** **fire drill** 소방 훈련 **comply** 따르다 **evacuation** 대피 **fire warden** 소방 감독관 **shortcoming** 단점 **rectify** 바로잡다 **activation** 활성화, 작동

**해석** 「건물 내 화재 안전 관리계획을 시험하는 한 가지 방법인 소방 훈련은 관련된 모든 사람들을 위한 훈련 연습으로 여겨진다. 건물 내부의 직원, 학생, 방문객을 포함한 모든 사람들은 ①그것들(소방 훈련)은 따라야만 한다. ②그것들(소방 훈련)은 건물 이용객들이 대체 탈출로를 배우고 기억하도록 돕고 소방 감독관들이 대피 임무 역할을 연습하도록 해준다. 소방 훈련에서 단점들은 확인하고 바로잡힐 수 있다. ③그것들(소방 훈련)은 계획된 이벤트이지만, 보통은 건물 이용객들이 사전 경고를 받아서는 안 된다. 이 점은 화재 경보가 울렸을 때 ④그들(건물 이용객)이 일반적으로 반응을 하고 부자연스럽게 준비되지 않도록 해준다. 허위 화재 경보 작동과 대피는 계획되지 않은 것이어서 소방 훈련으로 포함하지 않는다.」

**해설** ④번이 있는 문장에서 소방 훈련 중 건물 이용객들이 준비되지 않은 자연스러운 반응을 언급하고 있으므로 they는 이전 문장에서 나왔던 builing users이다.

**17** 밑줄 친 부분이 가리키는 대상이 나머지 셋과 다른 것은?

Gregory Bare, a Bloomington firefighter, was at home getting ready to go to bed when he noticed his neighbor's house was on fire. Even though ① <u>he</u> was off duty and did not have access to his protective clothing or equipment, Bare leaped into action. After reporting the fire to 911 operators, he ran over to find his neighbor struggling to get out of her window. Removing the screen and helping her escape, ② <u>he</u> learned that an additional resident remained inside. With the front of the home burning, Bare entered through the rear where there was no smoke or fire, woke up the sleeping housemate, and escorted ③ <u>him</u> out of the home to safety. Several firefighters called to the scene credited Bare with saving the two residents. After review, ④ <u>his</u> action will likely be recognized at the Bloomington Fire Department's annual awards banquet.

**단어** **run over** 재빨리 훑어보다   **banquet** 연회

**해석** 「Bloomington의 소방관 Gregory Bare는 그의 이웃의 집에 불이 났음을 알아차렸을 때 집에서 잘 준비를 하고 있었다. 비록 ①그(Gregory Bare)는 비번이었고 그의 방호복과 장비를 갖고 있지 않았지만, Bare는 바로 행동을 취했다. 911 전화 상담원들에게 신고를 한 뒤, 그는 그의 이웃이 창문 밖으로 나오려고 애쓰는 것을 재빨리 훑어 발견했다. 방충망을 제거하고 그녀의 구출을 도우며 ②그(Gregory Bare)는 실내에 또 다른 주민이 남아있다는 것을 알게 됐다. Bare는 집 현관이 불타고 있어서 연기나 불이 붙지 않은 뒤쪽을 통해 들어가, 잠들어 있는 동거인을 깨워 ③그(housemate)를 집 밖으로 안전하게 부축했다. 현장에 도착한 몇몇 소방관들은 두 명의 주민을 구해낸 Bare를 인정했다. 검토 후, ④그(Gregory Bare)의 행동은 아마 Bloomington의 소방국의 연례 시상식 연회에서 그 공로가 인정될 것 같다.」

**해설** ①, ②, ④는 Gregory Bare를 가리키지만, ③은 Bare가 구출한 이웃의 동거인이다.

**Answer** 17.③

**18** Hansberry에 관한 다음 글의 내용과 일치하지 않는 것은?

> Hansberry was born on May 19, 1930, in Chicago, Illinois. She wrote The Crystal Stair, a play about a struggling black family in Chicago, which was later renamed A Raisin in the Sun, a line from a Langston Hughes poem. She was the first black playwright and, at 29, the youngest American to win a New York Critics' Circle award. The film version of A Raisin in the Sun was completed in 1961, starring Sidney Poitier, and received an award at the Cannes Film Festival. She broke her family's tradition of enrolling in Southern black colleges and instead attended the University of Wisconsin in Madison. While at school, she changed her major from painting to writing, and after two years decided to drop out and move to New York City.

① The Crystal Stair라는 연극 작품을 썼다.
② 29세에 New York Critics' Circle 상을 수상했다.
③ 가문의 전통에 따라 남부 흑인 대학에 등록했다.
④ 학교에서 전공을 미술에서 글쓰기로 바꿨다.

**단어** **starring** 주연 **drop out** 중퇴하다

**해석** 「Hansberry는 Illinois의 Chicago에서 1930년 5월 19일에 태어났다. 그녀는 Chicago에서 분투하는 한 흑인 가족에 대한 연극 The Crystal Stair를 집필했고, 그것은 후에 Langston Hughes의 시의 한 구절에서 따온 A Raisin in the Sun으로 이름이 바뀌었다. 그녀는 최초의 흑인 극작가였고, 29세에 최연소 미국인으로 New York Critics' Circle 상을 받았다. Sidney Poitier가 주연인 A Raisin in the Sun을 영화화한 작품은 1961년에 완성되었고, Cannes Film Festival에서 상을 받았다. 그녀는 남부 흑인 대학에 가는 그녀 가문의 전통을 깨고 대신에 Madison의 Wisconsin 대학에 진학했다. 학교에 다니는 동안, 그녀는 전공을 회화에서 작문으로 바꾸었고, 2년 후에 중퇴하고 New York 시로 이사하기로 결심했다.」

**해설** ③ Hansberry는 가문의 전통을 따르지 않고 Wisconsin 대학에 진학했다.

**Answer** 18.③

다음 글에서 전체 흐름과 관계없는 문장은?

Genetic engineering of food and fiber products is inherently unpredictable and dangerous — for humans, for animals, for the environment, and for the future of sustainable and organic agriculture. ① As Dr. Michael Antoniou, a British molecular scientist, points out, gene-splicing has already resulted in the "unexpected production of toxic substances in genetically engineered (GE) bacteria, yeast, plants, and animals." ② So many people support genetic engineering which can help to stop the fatal diseases. ③ The hazards of GE foods and crop sfall basically into three categories: human health hazards, environmental hazards, and socioeconomic hazards. ④ A brief look at the already-proven and likely hazards of GE products provides a convincing argument for why we need a global moratorium on all GE foods and crops.

**단어** genetic 유전학의  fiber 섬유  inherently 본질적으로  sustainable 지속 가능한  organic agriculture 유기농업  molecular 분자의  gene-splicing 유전자 접합  fatal 치명적인  hazard 위험  fall into -로 나뉘다  socioeconomic 사회 경제적

**해석** 「식품과 섬유 제품의 유전 공학은 인간, 동물, 환경, 그리고 지속 가능한 유기농업의 미래에 본질적으로 예측할 수 없고 위험하다. ①영국의 분자 과학자인 Michael Antoniou 박사가 지적한 바와 같이 유전자 접합은 이미 "유전자공학에 의해 생성된(GE) 박테리아, 효모, 식물, 동물에서 예기치 못한 독성 물질 생성"이라는 결과를 냈다. (②그래서 많은 사람들이 치명적인 질병들을 멈추는 데 도움을 줄 수 있는 유전공학을 지지한다.) ③GE 식품과 농작물의 위험은 기본적으로 세 가지 범주로 분류된다.: 인간의 건강 위험, 환경 위험, 사회 경제적 위험. ④이미 입증된 GE 생산품의 위험 여지를 간략히 살펴보는 것은 왜 우리가 GE 식품과 농작물에 글로벌 모라토리엄이 필요한지에 대해 설득력 있는 주장을 가능하게 해준다.」

**해설** ② 유전공학의 위험에 대해 서술하는 전체 흐름과 관계없이 유전공학에 대한 사람들의 지지를 서술하고 있다.

**Answer** 19.②

**20** 다음 글의 내용과 일치하지 않는 것은?

A local Lopburi inn owner, Yongyuth, held the first buffet for the local monkeys in 1989, and the festival now draws thousands of tourists every year. The Lopburi people revere the monkeys so much that every year they hold an extravagant feast for them in the ruins of an old Khmer temple. Over 3,000 monkeys attend the banquet of fruit, vegetables and sticky rice, which is laid out on long tables. Before the banquet, Lopburi locals perform songs, speeches and monkey dances in honour of the monkeys. The Lopburi people believe that monkeys descend from Hanuman's monkey army, who, according to legend, saved the wife of Lord Ram from a demon. Since then, monkeys have been thought to bring good luck and are allowed to roam where they please in the city, even if they do cause chaos and tend to mug people.

① Lopburi 여관의 주인이 원숭이를 위한 뷔페를 처음 열었다.
② Lopburi 사람들은 원숭이를 매우 존경해서 매년 호화로운 잔치를 연다.
③ Lopburi 사람들은 연회가 끝나면 원숭이 춤을 춘다.
④ 원숭이가 행운을 가져다준다고 여겨진다.

**단어** inn 여관 revere 숭배하다 extravagant 화려한 banquet 만찬 roam 배회하다 even if -일지라도

**해석** 「현지 Lopburi 여관 주인인 Yongyuth는 1989년에 지역 원숭이들을 위한 첫 번째 뷔페를 열었고, 이제 그 축제는 해마다 수 천 명의 관광객들을 끌어모으고 있다. Lopburi 사람들은 원숭이들을 무척 숭배해서 해마다 오래된 Khmer 사원의 폐허에서 그들을 위한 화려한 잔치를 베푼다. 3,000마리가 넘는 원숭이들이 기다란 탁자에 놓여있는 과일, 야채, 찹쌀의 만찬에 참여한다. 연회가 열리기 전에 Lopburi 현지인들은 원숭이들에게 경의를 표하기 위해 노래, 연설, 원숭이 춤을 춘다. Lopburi 사람들은 원숭이들이 Hanuman의 원숭이 군대에서 내려온다고 믿는데, 전설에 따르면 Hanuman은 Ram 경의 아내를 악마로부터 구했다고 한다. 그 이후 원숭이들은 복을 가져온다고 생각되었고, 난장판을 만들고 사람들에게 강도 짓을 하더라도 그들은 도시에서 마음에 드는 곳을 돌아다녀도 된다.」

**해설** ③ 본문에서 Lopburi 사람들은 연회 전에 원숭이 춤을 춘다고 언급되었다.

Answer  20.③

서원각과 함께

꿈의 날개를 펴요